民法典与民事诉讼法协同实施研究

三部曲 · 教科书

民法典与民事诉讼法的交错

任　重　著

中国人民大学出版社

· 北京 ·

本书是国家社科基金重大项目
"民法典与民事诉讼法的协同实施研究"
（项目批准号：22&ZD206）的阶段性研究成果

序　走在充满荆棘与鲜花的道路上

在国内，倡导在民事诉讼法学研究中将实体法与程序法结合，清华大学的青年长江学者、博士研究生导师任重副教授肯定不是第一人（江伟教授、李浩教授等学者也都提倡过）；在对民事诉讼法具体问题的研究中，将实体法与程序法结合起来进行交叉研究，任重博士也一定不是第一人（在有关实体法具体问题的研究中，将实体法与程序法结合，关注程序法问题的实体法学者也有不少，如著名民法学者清华大学文科资深教授崔建远、长江学者房绍坤教授等）。虽然人们在对民事诉讼具体制度进行研究时都可能会注意到实体法的规范和理论与民事诉讼理论的相关性，例如当事人适格、共同诉讼、第三人、诉讼标的、诉的变更、诉的合并等，无一不会涉及实体法规范及实体法理论，但有意识地切入实体法领域，将程序法的理念、理论、方法融入实体法、关照实体法，从程序法和实体法两个维度审视实践与理论问题，并系统地展开这样的研究，任重博士应该是第一人。

我对实体法与程序法交叉研究的兴趣，缘于两个讲座和一本书。"两个讲座"是指1993年我在东京大学访学时听过的两个讲座——一个是东京大学民事诉讼法学教授高桥先生讲授的"实体法中的程序法"，另一个是东京大学民法学教授讲授的"程序法中的实体法"。"一本书"是指东京大学法学部原部长兼子一教授的《实体法与程序法》。虽然当时没有完全弄清两者的关联，但它们至少对我认识两者的关系有了启蒙作用。不过遗憾的是，我在两者的交叉研究方面没有走得更远、挖得更深。好在任博士在这方面有所发扬光大。

任博士在学术研究上的特别之处在于，其研究不仅在"主场"——程序法领域展开，以民事诉讼法中的问题为出发点，同时也在"客场"——实体法领域展开，并且将后者作为主战场之一。我谓之"双面交叉研究"——以乒乓球中的"正反两面攻"或"正反弧线球"打法喻之是妥当的。对比之下，实体法学者中鲜有深入作为"客场"的程序法，从实体法视角对程序法问题"发声"的（在国外有，例如日本东京大学的石田穰教授作为民法学者涉足证明责任的研究；同为民法学者的奥田昌道教授、加藤雅信教授参与了诉讼标的的研究）。如果有像任博士这样的程序法学者在实体法领域中如此发声，当有助于避免实体法学者在实体法与程序法交叉研究问题上偏离程序法的"五线谱"现象（程序法学者在交叉研究中自然也要靠实体法的"谱"）。

民法典成为中国法治建设的"新宠"，民法典的实施正在带动整个私法法治的建设，甚至会影响到中国法治发展的进程。但在民法典制定中也存在着民法学者独自前行、自顾自的情形。例如，民法学者在引进英美民事实体法律制度时就存在未能充分考虑程序法上英美法与大陆法诉讼体制的界别问题，没有考虑实体法律制度的移植是否会遭遇程序法上的"排斥"，给程序法的制度安排制造障碍和麻烦，"行为禁令"即为一例。因此，在实体法的建构和实践中需要更多的程序法学者发出应有的声音，"温馨提示"实体法学者，注意不要"跑偏"。

"客场作战"，显然难度要大得多，主要的问题是对"地形"不熟。这里所言"地形"，包括实体法的具体规定，实体法中特定概念的内涵、话语表达方式，实体法规定的背景，实体法学者的思维方法和理念等。不了解这些，拿着"程序法"的武器是无法施展拳脚的。实体法学者会认为，此研究者是在班门弄斧。因而，在这个意义上，任博士踏上了一条充满荆棘之路。可以想象在这条路上，任博士还将付出多少艰辛。

然而，一条充满荆棘之路同样可能是一条鲜花盛开之路。任博士在这条路上，不断披荆斩棘，也不断迎来鲜花的拥抱。任博士的《形成判决的效力——兼论我国物权法第28条》（载《政法论坛》2014年第1期）一文就是其证明；同年发表的《论虚假诉讼——兼评我国第三人撤销诉讼实践》（载《中国法学》2014年第6期）又进一步运用了这种方法，拓展和深化了实体法、程序法的交叉研究；之后发表的《担保物权实现的程序标的：实践、识别与制度化》（载《法学研究》2016年第2期）将这一研究方法的运用提升到了一个新的高度。任博士的"双面交叉研究"的路子变得更加宽广，可谓前程似锦。任博士已经与出版社签约，准备撰写民法典的程序法解读之作，即将展开一幅更为宏大的、壮观的，关于实体法与程序法交叉研究的"画卷"。

"双面交叉研究"简直就成了任博士研究成果的"收割机"，学术的"鲜花"在这条充满荆棘的道路上不断绽放！2021年任博士获得了"青年长江学者"的荣誉，此乃实至名归。在民事诉讼法学研究中，任博士已成为先锋和中坚，立于学术研究的前沿，成为青年领军。对此，应该没有疑义。

任何成功都是由辛勤和才智铺就的，这话有些老套，却也是实话。任博士是勤奋努力的，以我的感受而言，他的勤奋是少有的，学习、研究就是他生活最重要的部分。学术"雷达"始终全天候开放，随时捕捉学术上的任何蛛丝马迹。扎实的学术根底、娴熟的德语工具、敏感的学术触角、善于抽象和概括的能力、条理清晰的辩证思维、高效的资料收集、高超的文字驾驭能力，有这些功力的存在，学术上的成功是必然的。可以说在学术上，任博士已入佳境，继续前行，必将迎来更加灿烂的前景。

当然，学术之路没有止境，依然任重而道远，就像任博士的名字所赋予及承载的意义一样。

向前！需要注意的依然是飞行的姿态——平稳而坚定！有稳定的姿态才能飞得更远！

注意！鲜花丛中亦有荆棘！

张卫平[1]

2025 年 3 月

于清华园寒晴书斋

---

[1]　烟台大学黄海学者特聘教授、清华大学教授。

法律法规缩略语表

法律法规、司法解释等名称	缩略语
《中华人民共和国民法典》	《民法典》
《中华人民共和国民事诉讼法》	《民事诉讼法》
《中华人民共和国民事诉讼法（试行）》	《民事诉讼法（试行）》
《中华人民共和国婚姻法》	《婚姻法》
《中华人民共和国诉讼程序试行通则（草案）》	《程序通则》
《中华人民共和国刑法》	《刑法》
《中华人民共和国刑事诉讼法》	《刑事诉讼法》
《中华人民共和国民法通则》	《民法通则》
《中华人民共和国担保法》	《担保法》
《中华人民共和国合同法》	《合同法》
《中华人民共和国侵权责任法》	《侵权责任法》
《中华人民共和国物权法》	《物权法》
《中华人民共和国民法总则》	《民法总则》
《最高人民法院关于适用〈中华人民共和国合同法〉若干问题的解释（一）》	《合同法解释（一）》
《最高人民法院关于适用〈中华人民共和国民法典〉总则编若干问题的解释》	《总则编解释》
《最高人民法院关于适用〈中华人民共和国民事诉讼法〉的解释》	《民诉法解释》
《最高人民法院关于适用〈中华人民共和国民法典〉有关担保制度的解释》	《担保解释》
《最高人民法院关于民事诉讼证据的若干规定》	《证据规定》
《最高人民法院关于适用〈中华人民共和国物权法〉若干问题的解释（一）》	《物权法解释（一）》

续表

法律法规、司法解释等名称	缩略语
《最高人民法院关于适用〈中华人民共和国民法典〉物权编的解释（一）》	《物权编解释（一）》
《中华人民共和国经济合同法》	《经济合同法》
《最高人民法院关于贯彻执行〈民事诉讼法（试行）〉若干问题的意见》	《民事诉讼法（试行）意见》
《最高人民法院关于审理民间借贷案件适用法律若干问题的规定》	《民间借贷规定》
《最高人民法院关于审理人身损害赔偿案件适用法律若干问题的解释》	《人身损害赔偿解释》
《最高人民法院关于适用〈中华人民共和国民事诉讼法〉执行程序若干问题的解释》	《执行程序解释》
《中华人民共和国宪法》	《宪法》
《中华人民共和国立法法》	《立法法》
《最高人民法院关于适用〈中华人民共和国民法典〉侵权责任编的解释（一）》	《侵权责任编解释（一）》
《中华人民共和国诉讼程序试行通则（草案）》	《程序通则》
《关于各级人民法院民事案件审判程序总结》	《程序总结》
《民事案件审判程序（草稿）》	《程序草稿》
《人民法院审判民事案件程序制度的规定（试行）》	《制度规定》
《最高人民法院关于适用〈中华人民共和国民事诉讼法〉若干问题的意见》	《民诉意见》
《最高人民法院关于审理消费民事公益诉讼案件适用法律若干问题的解释》	《消费民事公益诉讼解释》
《最高人民法院关于审理医疗损害责任纠纷案件适用法律若干问题的解释》	《医疗损害责任解释》
《最高人民法院关于审理垄断民事纠纷案件适用法律若干问题的解释》	《垄断民事纠纷解释》
《中华人民共和国农村集体经济组织法》	《农村集体经济组织法》
《中华人民共和国公司法》	《公司法》
《最高人民法院关于适用〈中华人民共和国公司法〉若干问题的规定（二）》	《公司法解释（二）》
《中华人民共和国行政复议法》	《行政复议法》
《中华人民共和国行政诉讼法》	《行政诉讼法》

续表

法律法规、司法解释等名称	缩略语
《关于贯彻执行〈中华人民共和国民法通则〉若干问题的意见（试行）》	《民法通则意见（试行）》
《最高人民法院关于适用〈中华人民共和国民法典〉有关担保制度的解释》	《担保解释》
《最高人民法院关于适用〈中华人民共和国担保法〉若干问题的解释》	《担保法解释》
《中华人民共和国企业破产法》	《企业破产法》
《最高人民法院关于审理民事案件适用诉讼时效制度若干问题的规定》	《诉讼时效规定》
《全国法院民商事审判工作会议纪要》	《九民纪要》
《最高人民法院关于适用〈中华人民共和国民法典〉婚姻家庭编的解释（一）》	《婚姻家庭编解释（一）》
《最高人民法院关于确定民事侵权精神损害赔偿责任若干问题的解释》	《精神损害赔偿解释》
《最高人民法院关于适用〈中华人民共和国民法典〉合同编通则若干问题的解释》	《合同编通则解释》
《民事案件案由规定》	《案由规定》
《中华人民共和国仲裁法》	《仲裁法》
《最高人民法院关于适用〈中华人民共和国公司法〉若干问题的规定（一）》	《公司法解释（一）》
《最高人民法院关于适用〈中华人民共和国公司法〉若干问题的规定（四）》	《公司法解释（四）》
《最高人民法院关于适用〈中华人民共和国公司法〉若干问题的规定（五）》	《公司法解释（五）》

目 录

细 目

第一讲　民法典与民事诉讼法的关系

民法与民事诉讼法的协同实施是"切实实施民法典"的关键核心技术。协同实施的前提是科学界定民法典与民事诉讼法的关系（以下简称两法关系）。关于两法关系在新中国成立之初虽存在"重实体、轻程序"的端倪，但并无"先实体、后程序"或"先程序、后实体"之痼疾。通过强调独立性，民事诉讼法在 40 余年前即完成形式法典化。① 强调独立性和能动性并弱化协同性的路径依赖逐渐生成，与民法脱钩从权宜之计内化为民事诉讼法学研究的底层逻辑。这可谓我国两法关系的初始时刻和路径依赖。

鉴于此，两法协同实施面临四重困境，具体表现为（1）民法规范的动态化、阶层化、诉讼化困境，（2）实体构成要件的证明困境，（3）法律效果的空转与裁判效力泛化困境，以及（4）民事权利保护与诉讼程序的错位困境。进入《民法典》时代，独立化与能动化愈发加剧民事诉讼法学的"贫困化"，即相对民事实体法强调独立性，对于民事司法实践又欠缺自主性。② "切实实施民法典"面临"诉讼爆炸""案多人少"等超大规模民事纠纷的时代挑战。③ 在科学配置"人案比"的前提下，亲近民法的民事诉讼立法、司法和理论转向是切实实施《民法典》的必然要求。这也要求以实体为导向重塑民事诉讼法律制度，以动态化和阶层化的诉讼之维重新审视民事实体法律规范，并以民法典与民事诉讼法相互关系的妥适处理范式作为民事诉讼法与公司法等民商事实体法律部门协同实施的科学范式。

---

① 参见张卫平：《民事诉讼法法典化：基本要求与构建》，《河北法学》2022 年第 8 期；胡学军：《家族相似性：民事诉讼法法典化的逻辑与技术》，《当代法学》2023 年第 6 期；任重：《我国民事诉讼法典化：缘起、滞后与进步》，《河北法学》2022 年第 8 期。

② 参见张卫平：《对民事诉讼法学贫困化的思索》，《清华法学》2014 年第 2 期。

③ 参见张海燕：《法院"案多人少"的应对困境及其出路——以民事案件为中心的分析》，《山东大学学报（哲学社会科学版）》2018 年第 2 期；程金华：《中国法院"案多人少"的实证评估与应对策略》，《中国法学》2022 年第 6 期；任重：《"案多人少"的成因与出路——对本轮民事诉讼法修正之省思》，《法学评论》2022 年第 2 期。

本书以民法典与民事诉讼法的关系作为切入点（第一讲），以民法典视域下的民事诉讼法（第二讲）以及民事诉讼视域下的民法典（第三讲）为两个向度，随后围绕实体/程序交互的民事诉讼目的论（第四讲）、诉讼标的论（第五讲到第六讲）、证明责任论（第七讲到第八讲）、判决效力论（第九讲）、共同诉讼论（第十讲到第十二讲）和法官释明论（第十三讲）具体展开，最后以上述分析框架为参照举一反三地探讨民法典、公司法与民事诉讼法的协同实施（第十四讲）以及实体/程序交互的股东代表诉讼（第十五讲）。

第一节　位于交汇处的协同实施研究

随着民法典编纂工作的展开，特别是在《民法典》颁布实施之后，两法关系及两法协同实施问题愈发成为理论界与实务界、民法学与民事诉讼法学的共同关注。[①] 其之所以能引发同频共振和广泛关注，是因为宏观、中观和微观三个维度的共同作用。从宏观视角观察，两法关系及两法协同实施处于全面依法治国、国家治理体系和治理能力现代化以及"切实实施民法典"的交汇处；从中观维度出发，"切实实施民法典"必然要求民事诉讼法等配套制度不断完善甚至转型，并进一步呈现出协同实施的两个具体面向，即《民事诉讼法》应以《民法典》的最新立法精神和基本要求为准据加以全面更新，这可谓"实体→程序"面向，以及以实体/程序交叉融合作为方法创新对实体法律规范加以阶层化、动态化等诉讼化转码，以及在此基础上对《民法典》中的若干规定加以修改完善，即"程序→实体"之面向；而从微观视角分析，两法关系的科学处理及两法协同实施不仅有政策意义和理论价值，为民事诉讼目的论、诉讼标的论、判决效力论、共同诉讼论、证明责任论和法官释明论等前《民法典》时代的实体、程序交错难题的科学解决注入了新活力，而且是科学处理具体民事案件的必然要求，这较为集中地体现为司法裁判三段论在诉讼审理结构中的合理

[①] 相关学术论文，如张卫平：《民法典的实施与民事诉讼法的协调和对接》，《中外法学》2020 年第 4 期；王利明：《论〈民法典〉实施中的思维转化——从单行法思维到法典化思维》，《中国社会科学》2022 年第 3 期。相关学术著作，如王德新：《民法典与民事诉讼法协同实施研究》，中国社会科学出版社 2022 年版；马强主编：《民事诉讼法与民法典的协调对接》，法律出版社 2023 年版；唐力、张力主编：《民法与民事诉讼法原理与实务》，中国人民大学出版社 2024 年版；郭伟清主编：《民事诉讼法与民法典衔接问题研究》，法律出版社 2024 年版。

安排与顺畅运转。

上述三个维度并非彼此孤立，而是层层递进且相互制约。《民法典》被誉为"人民权利的宣言书"，其第 1 条和第 3 条体现出权利本位和权利中心之指导思想。①《民法典》赋予民众的权利能否借助民事诉讼得到正确判定和有效实现，直接关系到科学立法、严格执法、公正司法和全民守法，这同样是严格贯彻全面依法治国、全面推进国家治理体系和治理能力现代化以及"切实实施民法典"的重要内容。只有《民事诉讼法》有效承接、判定和实现《民法典》中规定的实体权利，人民群众才可能在每个民事司法案件中感受到公平正义。有鉴于此，有必要以《民法典》的颁布作为断代根据，对前《民法典》时代和《民法典》时代的两法关系研究及两法的协同实施讨论作以点带面的梳理和总结，以充分认识既有研究取得的协同实施成就，同时直面相关研究与"切实实施民法典"的现实差距。在全局性和科学性的文献梳理基础上，本章还将初探随着经济社会不断发展变化产生的新问题，依靠中国素材充分挖掘我国两法协同实施的困境与成因，并展望《民法典》时代应然的两法关系和两法协同实施方案，以期为民事权利的切实实现和《民事诉讼法》的全面修订提出若干新视角与新思路。

第二节　分合之道：新中国成立以来的协同实施研究

无论是编纂民法典，抑或是《民法典》的颁布实施，都从应然的层面强化了两法关系研究及两法协同实施讨论，亦即《民法典》时代必然要求民事实体法与程序法交错呼应并形成合力。不应忽视的是，上述倡导背后隐含着《民法典》与《民事诉讼法》分离甚至割裂的预判。无论是民事诉讼立法与民事司法，抑或是诉讼理论研究，都尚未对《民法典》时代的到来做好充分准备，这才给两法关系和协同实施的进一步推进留出了空间和余量。换句话说，《民法典》与现行《民事诉讼法》的简单相加，无法自动带来民事权利的科学判定与顺畅实现。作为突出例证，《民法典》第 1 条和第 3 条呈现出的权利中心和权利本位至今未能充分融贯于《民事诉讼法》第 2 条②，对应

---

①　参见黄薇主编：《中华人民共和国民法典总则编解读》，中国法制出版社 2020 年版，第 9 页。

②　《民法典》第 1 条规定："为了保护民事主体的合法权益（第一顺位），调整民事关系（第二顺位），维护社会（第三顺位）和经济秩序（第四顺位），适应中国特色社会主义发展要求（第五顺位），弘扬社会主义核心价值观（第六顺位），根据宪法，制定本法。"

民事权益保护的民事诉讼目的设定仅位居第八顺位。①

上述两法不协调甚至相互掣肘并非《民法典》时代的新问题，而是我国法学研究已有充分认识并着力解决的传统话题，这被提炼为"民事诉讼法学的滞后"②"民事诉讼法学贫困化"③，并凝聚为"走向与实体法紧密联系的民事诉讼法学研究"之理论倡导。④ 以实体视角观察，上述倡导不存在理解和落实上的困难。然而，以上述学术主张作为标准加以判断，我国民事诉讼立法、司法和理论尚未因为进入《民法典》时代而真正走向与实体法紧密联系的民事诉讼法。《民法典》时代的两法关系和协同实施亟待直接回应以下重要问题：（1）民事诉讼立法、司法和理论为何难以根据民事实体法加以完善和转型？（2）民事案件为何难以完全根据《民法典》加以审理和解决？无论是《民法典》的颁布实施抑或是"切实实施民法典"的重要部署，均为上述问题的直接回应和实质解决提供了有利环境，也为梳理和总结上述问题的背景和成因提供了契机。

一、民法与民事诉讼法具有相同精神：新中国成立以来的两法认识

民法是实体法，民事诉讼法是程序法。民事实体法对民事主体的民事权利义务和民事法律关系加以规定。当民事主体之间产生民事纠纷，当事人告到法院要求保护其合法权益时就产生了诉讼上的权利义务关系，形成了民事诉讼法的主要内容。⑤ 应该说，以上民法与民事诉讼法协同配合的基本认识不仅是两法关系的自然逻辑延伸，而且是新中国成立后理论界与实务界的普遍共识。⑥ 融会贯通民法与民事诉讼法同样被认为是担任民事法官的必备条件。⑦ 上述认识并非偶然。在论及民法与民事诉讼法相互关系的学术著述中，马克思在《关于林木盗窃法的辩论》中的经典论述被作为两法关系认识的重要论据："审判程序和法二者之间的联系如此密切，

---

① 《民事诉讼法》第2条规定："中华人民共和国民事诉讼法的任务，是保护当事人行使诉讼权利（第一顺位），保证人民法院查明事实（第二顺位），分清是非（第三顺位），正确适用法律（第四顺位），及时审理民事案件（第五顺位），确认民事权利义务关系（第六顺位），制裁民事违法行为（第七顺位），保护当事人的合法权益（第八顺位），教育公民自觉遵守法律（第九顺位），维护社会秩序（第十顺位）、经济秩序（第十一顺位），保障社会主义建设事业顺利进行（第十二顺位）。"

② 参见张卫平：《民事诉讼法学：滞后与进步》，《法学研究》2011年第6期。

③ 参见张卫平：《对民事诉讼法学贫困化的思索》，《清华法学》2014年第2期。

④ 参见李浩：《走向与实体法紧密联系的民事诉讼法学研究》，《法学研究》2012年第5期。

⑤ 参见法学教研室：《法学问题解答》，《党校教学》1986年第6期。

⑥ 参见曾昭度、宋太郎：《〈民事诉讼法学〉重点问题解答（上）》，《法学评论》1986年第1期。

⑦ 参见王战平：《振奋精神，努力开创民事审判工作的新局面——在第四次全国民事审判工作会议上的报告》，《人民司法》1984年第8期。

就像植物的外形和植物的联系，动物的外形和血肉的联系一样。审判程序和法律应该具有同样的精神，因为审判程序是法律的生命形式，因而也是法律的内部生命的表现。"① 其中，审判程序指向民事诉讼法，法和法律指的则是民事实体法。② 上述重要论述还曾成为学界关于"经济诉讼法"以及经济纠纷专门法院建设的主要争点，亦即民法和经济法能否被融贯于统一的民事诉讼法，抑或是应否分别针对民事纠纷和经济纠纷配置不同的审理程序和审判机构。③

综上所述，无论是依据马克思关于两法关系的经典论述，还是从理论界与实务界对协同实施的普遍认识来看，两法和谐共舞自新中国成立以来都被视为一般常识和基本规律。《婚姻法》颁布后不久，中央人民政府法制委员会于 1950 年 12 月 31 日颁布《程序通则》。《程序通则》第 2 条规定："根除反动司法机关压迫人民的、繁琐迟缓的、形式主义的诉讼程序；实行便利人民的、简易迅速的、实事求是的诉讼程序。"第 3 条继续规定："人民司法机关处理案件，有中国人民政治协商会议共同纲领、人民政府或人民解放军的纲领、法律、法令、条例、命令、决议规定者，依其规定；无规定者，依新民主主义的政策。"④ 由此可见，虽然两法关系在新中国成立之初就存在"重实体，轻程序"的端倪，但并不存在"先实体，后程序"或"先程序，后实体"的割裂问题。

二、民事诉讼法与民法的割裂：以《民事诉讼法（试行）》为标志

1979 年 7 月，全国人大常委会法制委员会着手推动民法与民事诉讼法的起草和制定。其中，民事诉讼法起草小组由高克林负责，邀请专家和学者共同参与。⑤ 1982 年 3 月，民法与民事诉讼法草案被提交第五届全国人民代表大会常务委员会第二十二次会议讨论。⑥

（一）"先程序，后实体"的民事立法模式

遗憾的是，与民事诉讼法立法同步进行的民法立法由于种种原因而被

① 《马克思恩格斯全集（第 1 卷）》，人民出版社 2008 年版，第 248 页。
② 参见曾昭度、宋太郎：《〈民事诉讼法学〉重点问题解答（上）》，《法学评论》1986 年第 1 期。
③ 参见顾培东：《经济诉讼中的几个法律问题》，《政治与法律》1984 年第 4 期；宗琴娟：《我国应否单独制订经济诉讼法——兼与顾培东同志商榷》，《政治与法律》1987 年第 1 期。
④ 参见杨荣新、叶志宏：《民事诉讼法参考资料》，中央广播电视大学出版社 1986 年版，第 195 页。
⑤ 参见张卫平：《中国民事诉讼法立法四十年》，《法学》2018 年第 7 期。
⑥ 参见《彭真传》编写组：《彭真传》（第 4 卷），中央文献出版社 2012 年版，第 1566 页。

中止。① 与此对照，《刑法》与《刑事诉讼法》经第五届全国人民代表大会第二次会议审议通过，率先开启了刑事实体法与程序法的协同实施时代。值得注意的是，《民事诉讼法（试行）》之所以能克服民法编纂的停滞而率先颁布实施，是诉讼法学界强化民事诉讼独立性的结果。② 以《民事诉讼法（试行）》的率先颁布为契机，新中国成立以来呈现出的"重实体，轻程序"的倾向在立法顺序上得以克服。然而，"试行"的表述并非全然意味着改革开放之初立法和司法经验之局限，而是重在表明《民事诉讼法（试行）》脱离《民法典》独立发展并非长久之计，待《民法典》颁布实施后还须对其进行结构性大修和根本性调整。作为旁证，早于《民事诉讼法（试行）》近 3 年颁布的《刑事诉讼法》并未标注"试行"。

（二）民事诉讼法的独立化和能动化

以推进《民事诉讼法（试行）》率先颁布实施为目标，民事诉讼法学界强化诉讼法的独立价值，并从马克思经典论述、立法目的和比较立法例等多方面证成民事诉讼立法可以脱离开民事实体立法而独立前行。上述学界努力使我国民事诉讼法在 40 余年前即率先完成形式法典化③，其对民事司法实践的指导作用和对民事诉讼法学研究的推动作用更不必多言。然而，独立化的负面作用理应引起充分重视。强调独立性和能动性并弱化协同性的路径依赖逐渐生成，这不仅型塑了自改革开放至今的民事诉讼法学研究，而且逐渐形成了两法分割甚至互相掣肘的痼疾。本章将通过检索中国知网数据库，试图以点带面地勾勒出 1982 年以来实体与程序割裂的总体趋势和基本面貌。

在中国知网数据库中勾选"期刊论文"，并选择"社会科学Ⅰ辑"中的"民商法"与"诉讼法与司法制度"两项子栏目，将检索条件设定为全文包含"民法""民事诉讼法"以及"协同"或"衔接"的论文，相关论文据不完全统计数量高达 4 318 篇。④ 这一方面表明两法关系和协同实施

① 参见魏振瀛：《中国的民事立法与民法法典化》，《中外法学》1995 年第 3 期；王明锁：《论罗马法体系的沿革与中国民法的法典化》，《法律科学》1995 年第 5 期；余能斌、李国庆：《中国民法法典化之索源与前瞻》，《法学评论》1995 年第 1 期；《彭真传》编写组：《彭真传》（第 4 卷），中央文献出版社 2012 年版，第 1552 - 1555 页。

② 参见江伟：《探索与构建——民事诉讼法学卷》（上卷），中国人民大学出版社 2008 年版，第 3 - 7 页；杨荣新：《应尽快颁布施行民事诉讼法》，《北京政法学院学报》1981 年第 2 期。

③ 参见张卫平：《民事诉讼法法典化的意义》，《东方法学》2022 年第 5 期。

④ 参见中国知网，最后检索时间：2025 年 2 月 10 日。需要说明的是，上述检索数据仅能反映两法衔接研究状况的趋势，但检索结果中的若干论文存在偏离两法关系及其协同实施主题的情况，如黄太云：《刑事诉讼法修改释义》，《人民检察》2012 年第 8 期。

研究愈发受到关注和重视，两法割裂问题开始得到实质解决，但学术成果的分布情况同时表明，民事诉讼法独立化的理论倡导曾在相当时期内导致协同实施研究的荒芜，如图 1-1 所示。

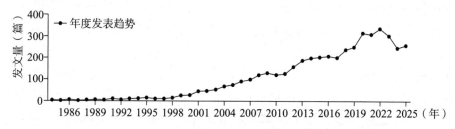

图 1-1　两法协同论文年度发表趋势

相关文献首次出现于 1984 年，共计 2 篇。① 尽管《民事诉讼法（试行）》于 1982 年率先颁布实施，但无论是实务专家还是理论学者均强调实体法与诉讼法之间的血肉联系以及实体法对法院主管、管辖以及法官职业要求的决定作用。截至 1991 年《民事诉讼法》颁布实施，相关研究成果总体停留在年均个位数的低位②，且呈现出两个趋势：一是继续依托马克思经典论述，认为民法与民事诉讼法有相同精神③；二是从经济社会发展和司法实践需求的角度反思《民事诉讼法（试行）》的滞后性。④ 随着民事实体法的逐步配备，特别是 1986 年《民法通则》的颁布，实体法开始影响民事诉讼立法、司法和理论研究，这较为集中地体现为"民事诉讼制度与《民法通则》的协调"⑤ 以及"继承法、涉外经济合同法、技术合同法、专利法、商标法、著作权法对程序方面的补充要求"⑥。尽管如此，民事实体法律体系的丰富完善却并未带来《民事诉讼法（试行）》的全面更新和体系重构。

立法者认为，1991 年《民事诉讼法》并非对 1982 年《民事诉讼法

---

① 参见顾培东：《经济诉讼中的几个法律问题》，《政治与法律》1984 年第 4 期；王战平：《振奋精神，努力开创民事审判工作的新局面——在第四次全国民事审判工作会议上的报告》，《人民司法》1984 年第 8 期。

② 1984 年（2 篇）、1985 年（1 篇）、1986 年（5 篇）、1987 年（1 篇）、1988 年（4 篇）、1989 年（5 篇）、1990 年（4 篇）。

③ 如曾昭度、宋太郎：《〈民事诉讼法学〉重点问题解答（上）》，《法学评论》1986 年第 1 期；宗琴娟：《我国应否单独制订经济诉讼法——兼与顾培东同志商榷》，《政治与法律》1987 年第 1 期。

④ 如胡康生：《论〈民事诉讼法（试行）〉的修订》，《中国法学》1991 年第 3 期；顾昂然：《谈谈民事诉讼法的补充和修改》，《人民司法》1991 年第 6 期。

⑤ 常怡、张卫平、郭明忠：《民事诉讼法学的新课题（上）》，《中国法学》1987 年第 5 期。

⑥ 顾昂然：《谈谈民事诉讼法的补充和修改》，《人民司法》1991 年第 6 期。

（试行）》的彻底更新，而是在 8 年多时间的司法实践基础上，结合新情况，针对新问题，作必要的修订和补充修改。① 在与实体法协同实施方面的补充主要是根据《民法通则》的新规定调整诉讼主体，增加认定限制行为能力案件和宣告失踪案件的程序，此外还针对合同纠纷案件的管辖以及协议管辖作出调整，为了保障实体权利借助强制执行而顺利实现配置诉前保全制度，以及新增督促程序、公示催告程序和企业法人破产还债程序。② 不仅如此，《民事诉讼法》强调人民法院应在自愿、合法的原则下扩大调解的适用范围，将企业之间的经济合同纠纷案件也纳入调解的范围。无论是《民事诉讼法》对民事实体法的局部回应，还是调解对实体标准的柔化处理和消解作用，《民事诉讼法》并未在根本上解决《民事诉讼法（试行）》率先颁布实施所带来的民事诉讼法独立化问题。

（三）"先程序，后实体"对民事诉讼法学研究的型塑

两法关系讨论在《民事诉讼法》正式颁布实施后依旧呈现出独立化和能动化，民事诉讼法与民法的脱钩逐渐从 1982 年的"权宜之计"演变为民事诉讼法学研究的底层逻辑。③ 从结果上看，民事诉讼法独立性和能动性之倡导部分扭转了"重实体，轻程序"之痼疾。然而，长期欠缺实体准据也导致诉讼法学界对实体法发展的关注不足。④ 实体准据的逐步完备未能如愿带来民事诉讼法的革新，独立性遮盖了民事诉讼法学研究的滞后性和贫困化，并促使民事诉讼法学将研究将重心锁定在"大调解"、和谐诉讼等脱离实体法的司法改革命题上。⑤

三、民事诉讼法与民法的交融：亲近实体法的民事诉讼法学

进入 21 世纪的第二个十年，随着民法各主要部门逐步配备，民事诉讼法独立化及其弊端愈发引起民事诉讼法学界的自省。⑥

（一）民事诉讼法学研究的实体导向

在两法关系的处理上，对实体法导向作用的强调，或者说倡导亲近实

---

① 参见胡康生：《论〈民事诉讼法（试行）〉的修订》，《中国法学》1991 年第 3 期。

② 参见顾昂然：《谈谈民事诉讼法的补充和修改》，《人民司法》1991 年第 6 期。

③ 参见江伟：《市场经济与民事诉讼法学的使命》，《现代法学》1996 年第 3 期；常怡：《民事程序价值之管见》，《现代法学》1999 年第 2 期；齐树洁、王建源：《民事程序法与实体法关系的省思》，《法学杂志》1999 年第 1 期。

④ 参见李浩：《走向与实体法紧密联系的民事诉讼法学研究》，《法学研究》2012 年第 5 期。

⑤ 参见唐力：《辩论主义的嬗变与协同主义的兴起》，《现代法学》2005 年第 6 期；王次宝：《反思"协动主义"》，《清华法学》2010 年第 1 期。

⑥ 参见张卫平：《民事诉讼法学：滞后与进步》，《法学研究》2011 年第 6 期；李浩：《走向与实体法紧密联系的民事诉讼法学研究》，《法学研究》2012 年第 5 期；张卫平：《对民事诉讼法学贫困化的思索》，《清华法学》2014 年第 2 期。

体法的民事诉讼立法、司法和理论体系开始获得学界的共鸣和响应。① 在中国知网数据库中检索两法协同实施研究论文数据可以发现，随着《担保法》《合同法》《物权法》《侵权责任法》《民法总则》的陆续颁布实施，协同实施研究成果水涨船高。②

进入《民法典》时代后，两法协同实施的研究成果不仅数量多，而且涵盖主题广泛，如图1-2所示。③

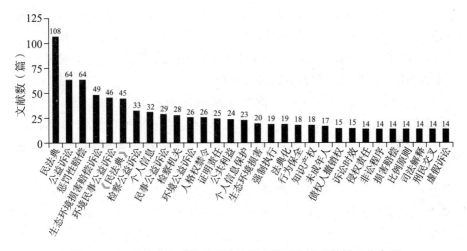

图1-2 《民法典》时代的两法协同实施研究论文关键词分布图

在涉及两法协同实施的论述统计中，"民法典"是绝对的高频关键词，共计153篇，这也从一个侧面表明协同实施的探讨存在浮于表面和归于抽象的现象和问题，亦即强调应该协同实施有余，而对于如何协同实施还有相当研究空间。在"民法典"之后，"公益诉讼""惩罚性赔偿""生态环境损害赔偿诉讼""环境民事公益诉讼""检察公益诉讼""个人信息""民事公益诉讼""检察机关""环境公益诉讼""人格权禁令"等立法和司法热点问题并无意外地成为高频关键词。

---

① 参见李浩：《不当得利与民间借贷的交集——诉讼实务中一个值得关注的问题》，《清华法学》2015年第1期；许可：《论当事人主义诉讼模式在我国法上的新进展》，《当代法学》2016年第3期；林剑锋：《既判力相对性原则在我国制度化的现状与障碍》，《现代法学》2016年第1期。

② 1994年（11篇）、1995年（14篇）、1996年（10篇）、1997年（10篇）、1998年（14篇）、1999年（26篇）、2000年（27篇）、2001年（44篇）、2002年（46篇）、2003年（53篇）、2004年（69篇）、2005年（75篇）、2006年（91篇）、2007年（101篇）、2008年（122篇）、2009年（130篇）、2010年（121篇）、2011年（127篇）、2012年（159篇）、2013年（188篇）、2014年（199篇）、2015年（204篇）、2016年（208篇）、2017年（203篇）、2018年（241篇）、2019年（252篇）、2020年（320篇）、2021年（312篇）、2022年（257篇）。

③ 参见中国知网，最后检索时间：2025年2月10日。

（二）协同实施研究的分析框架缺失

无论是协同实施研究的论文数量，还是以上述关键词为表征的具体成果，都在相当程度上缓和了民事诉讼法与民法的割裂与相互掣肘。不过，民法典与民事诉讼法的协同实施研究虽然得到了持续关注，但存在政策化和热点化的现象。在两法协同实施的分析框架中，除证明责任问题受到持续关注外，民事诉讼目的论、诉讼标的论、判决效力论、共同诉讼论和法官释明论等基础理论并未获得足够重视。可见，两法关系问题尚未在机制和模式上得到根本解决。究竟应以何为抓手才有可能一改实体、程序分离割裂之现状？如何体系化和系统化地实现两法协同实施？上述两法关系的"希尔伯特之问"依旧存在着较大研究空间。①

总体而言，以《民法典》的编纂和颁行为重大历史机遇，协同实施研究更具针对性和实效性，也愈发从理论倡导演变为方法自觉。在《民法典》时代，民法学者将研究重心从立法论转化为解释论，《民法典》评注类研究成果较为深入地拓展至民法规范的要件事实论和证明责任论。② 而在民法学实质推进民法规范的诉讼应用化研究的趋势和背景下，民事诉讼法学对协同实施研究的应有贡献是必须追问的两法关系命题。③

第三节　协同之困：两法协同实施的四重困境

编纂民法典和《民法典》的颁布实施为两法协同实施研究注入了强劲动力，并带来了实体与程序交叉研究成果的井喷。在《民法典》权利中心和权利本位的指导思想影响下，民事权利保护和实现进入了全新的发展阶段，但也遇到了历史遗留问题和社会变迁引发的全新挑战。

作为历史遗留问题，《合同法》曾在第 122 条规定侵权责任与违约责任竞合的实体方案，并在《合同法解释（一）》第 30 条规定"一审开庭

---

① 两法协同实施基础理论和分析框架的既有探讨，如张卫平：《双向审视：民事诉讼制度建构的实体与程序之维》，《法制与社会发展》2021 年第 2 期；洪浩：《民法典时代民事诉讼制度发展的几个基本问题》，《政法论丛》2020 年第 5 期；王福华：《民事诉讼制度类型的历史考察》，《法学杂志》2020 年第 10 期。

② 参见庄加园：《〈合同法〉第 79 条（债权让与）评注》，《法学家》2017 年第 3 期。

③ 改革开放初期的民法研究已经存在场景化和动态化的意识。参见史际春、国世平：《关于消费者权益保护中的民事诉讼》，《社会科学》1989 年第 2 期；杨振山、龙卫球：《民事救济权制度简论》，《法学研究》1993 年第 3 期。

以前变更诉讼请求"之程序方案。虽然《民法典》第186条沿用了《合同法》第122条的责任竞合实体机制，但《总则编解释》并未保留《合同法解释（一）》第30条之程序对策。对此问题至今还有较大的协同实施研究空间，尤其是关于如何从实体、程序两个面向理解"有权选择"以及民事责任与诉讼请求的转换关系。① 为了应对社会变迁引发的全新挑战，《民法典》创造性规定"人格权编"，并专门针对人格权保护的特殊性设置了人格权禁令制度。② 就《民法典》第997条之"申请采取责令行为人停止有关行为的措施"如何对应民事诉讼程序，在立法、司法和理论上存在不同理解和认识。尽管全国人大常委会法工委释义丛书将《民法典》第997条指向现行《民事诉讼法》第104条之诉前行为保全③，最高人民法院理解与适用丛书却考虑以专门禁令程序应对《民法典》第997条之人格权保护目标。④ 由于立法目标与司法理解之间存在着显而易见的认识分歧，学界对《民法典》第997条的程序应对亦呈现出诉前行为保全说、非讼程序说、禁令程序说、略式程序说等不同方案。⑤ 这导致司法实践对《民法典》第997条的犹豫和徘徊，相关裁判文书在数量上显著低于预期。进入聚法案例数据库，在"本院认为"部分输入"第九百九十七条"，仅得到相关案例53件。⑥ 这也从侧面反映出人格权保护的民法典规范目的在司法实践中落地存在不小的困难，良好的实体立法理念尚未被激活，各司其职、各尽其用的全流程保障机制的民事权利保护程序承接机制还未清晰划定和顺畅运行。

以上两个面向的协同实施挑战并非孤例。《民法典》第143条第1款第1项和第144条分别从正反两个方面规定民事行为能力，进而在形式上

---

① 参见冯珏：《我国民事责任体系定位与功能之理论反思》，《政法论坛》2022年第4期；冯祝恒：《〈民法典〉第186条（违约与侵权请求权竞合）诉讼评注》，《华东政法大学学报》2023年第1期。

② 参见王利明：《论侵害人格权禁令的适用》，《人民司法》2020年第28期。

③ 参见黄薇主编：《中华人民共和国民法典人格权编解读》，中国法制出版社2020年版，第43页。

④ 参见最高人民法院民法典贯彻实施工作领导小组主编：《中华人民共和国民法典人格权编理解与适用》，人民法院出版社2020年版，第88页。

⑤ 参见郭小冬：《人格权禁令的基本原理与程序法落实》，《法律科学》2021年第2期；吴英姿：《人格权禁令程序研究》，《法律科学》2021年第2期；程啸：《论我国民法典中的人格权禁令制度》，《比较法研究》2021年第3期；严仁群：《人格权禁令之程序法路径》，《法学评论》2021年第6期；毕潇潇：《人格权侵害禁令研究——实体与程序的双重视角》，《东方法学》2022年第3期；刘子赫：《人格权禁令独立性的保全路径——以起诉期间制度为核心》，《财经法学》2023年第5期。

⑥ 参见聚法案例，最后检索时间：2025年2月10日。

引发《民诉法解释》第 91 条的证明责任分配困局,亦即《民法典》第 143 条第 1 项归入基础规范(《民诉法解释》第 91 条第 1 款第 1 项),而《民法典》第 144 条则指向反对规范(《民诉法解释》第 91 条第 1 款第 2 项)。① 《民法典》第 687 条第 2 款在规定一般保证人"有权拒绝"后,《担保解释》在落实上述规定时却有意删去"有权拒绝",而是在第 26 条第 1 款规定:"债权人未就主合同纠纷提起诉讼或者申请仲裁,仅起诉一般保证人的,人民法院应当驳回起诉。"《民法典》实体规范与构成要件体系之间的分离以及民事权利保护与诉讼程序之间的不匹配的具体例证无法在本章的有限篇幅中予以穷尽,而构成要件与证据证明之间的隔阂更是广泛存在。

为了最大限度描述两法协同实施面临的困境,以下从四重维度加以展开分析。只有在总体上和框架上锚定亲近实体法的民事诉讼法学之困,才有可能打破横亘在《民法典》和《民事诉讼法》之间的藩篱与隔阂。

一、困境一:民法规范的动态化、阶层化、诉讼化困境

从民事诉讼实务视角观察,影响中国民事司法质量的关键是实体问题与程序运用的分离,在实体法与程序法之间缺乏一个彼此联系的桥梁。《民法典》第 143 条第 1 款第 1 项和第 144 条以及第 186 条都部分呈现出静态、抽象的实体规范被机械搬入动态化和阶段化的诉讼程序所引发的协同实施困境。民事诉讼立法、司法和理论对《民法典》实体规范缺乏足够的关照,对实体规范如何有机嵌入诉讼程序欠缺系统思维。② 民法学者对实体请求权基础的应用性研究部分改善了上述分离局面。③ 囿于实体法与程序法几十年来的分离和割裂,《民法典》实体规范的动态化、阶层化、诉讼化尚未最终实现,尤其是请求权基础检索方法与诉讼标的识别标准之间存在错位甚至冲突。④ 这直接影响我国民事司法对《民法典》中实体规范的正确理解与适用。民事案件审理欠缺应有的确定性和统一性,引发"同案不同判"的严重问题。

---

① 参见李浩:《规范说视野下法律要件分类研究》,《法律适用》2017 年第 15 期。
② 参见李浩:《走向与实体法紧密联系的民事诉讼法学研究》,《法学研究》2012 年第 5 期。
③ 参见吴香香:《中国法上侵权请求权基础的规范体系》,《政法论坛》2020 年第 6 期;王洪亮:《〈民法典〉中得利返还请求权基础的体系与适用》,《法学家》2021 年第 3 期。
④ 参见任重:《论民事诉讼案例分析框架:案例教学与研究方法》,《法治现代化研究》2020 年第 1 期。

二、困境二：实体构成要件的证明困境

证据是民事司法的生命线，是民事权益保护和诉权保障的重要前提。甚至可以说，打官司就是打证据。《民法典》中共出现"证据"17 次、"证明"47 次。《民法典》第 997 条同样存在着证据证明提示，亦即"民事主体有证据证明"。这也表明，若将人格权禁令作为独立于民事诉讼已有程序类型的新程序，仅靠规范宣示远远不够，而是需要从程序衔接、证明标准、证据资料、认定程序、异议程序等方面全方位系统构建。仅从立法成本和学习成本的角度观察，将《民法典》第 997 条纳入重塑后的《民事诉讼法》第 104 条不失为合理方案。

进入 21 世纪，随着 2001 年《证据规定》的颁布实施及该规定 2019 年的全面修正，一系列系统成因和制度原因导致的"证明难"已经得到根本缓解。不过，"证明难"尚未如"执行难"那样得到基本解决。[1] 一方面，以要件事实体系科学构建为前提的证据证明体系[2]，尤其是证明责任与"谁主张，谁举证"之间的关系还有进一步澄清的空间，司法实务对两者的关系更是尚未形成清晰认识。[3] 另一方面，民事证据裁判原则还未得到系统化澄清，误识的主要原因是脱离了《民法典》的标准及其导向，按照公法思维而非民法思维去认识证据裁判的意义。[4] 以上多方面原因使民事司法实践中普遍存在的"证明难"成为各界长期想解决而没有能够根本解决的历史遗留问题。这在《民法典》时代将成为制约民事权利认定与实现的结构性问题。

三、困境三：法律效果的空转与裁判效力泛化困境

改革开放以来，我国民事案件数量伴随着经济社会的高速发展而水涨船高，2014 年开始推行的法官员额制改革甚至在短期内造成了"诉讼爆炸""案多人少"的现象和问题。[5] 然而，民事诉讼法的独立性和能动性并非必然选择，相反，以《民法典》之法律效果为导向对民事裁判效力体系进行系统反思同样可带来诉讼公正与诉讼效率的共赢。一方面，在《民

---

① 参见李浩：《新〈民事诉讼证据规定〉的主要问题》，《证据科学》2020 年第 3 期。

② 参见许可：《当事人主义诉讼体制下法官审判方法的基础——要件事实概说》，《国际关系学院学报》2008 年第 1 期。

③ 参见李浩：《证明责任的概念——实务与理论的背离》，《当代法学》2017 年第 5 期；胡学军：《在"生活事实"与"法律要件"之间：证明责任分配对象的误识与回归》，《中国法学》2019 年第 2 期。

④ 参见张卫平：《"民事证据裁判原则"辨识》，《比较法研究》2021 年第 2 期。

⑤ 参见张卫平：《"案多人少"困境的程序应对之策》，《法治研究》2022 年第 3 期；胡学军：《系统论视角下"案多人少"的应对之道》，《法治研究》2022 年第 3 期。

法典》要件事实体系和证据证明体系构建的基础上，根据《民法典》重塑判决效力体系是自然逻辑延伸，也是"切实实施民法典"的必然要求。另一方面，《民法典》裁判效力体系构建是在实现实体公正、保护人民合法权益的同时实质回应和解决"诉讼爆炸""案多人少"的关键步骤。① 最后，裁判效力以实体/程序交叉方法为《民法典》中涉及法律文书、判决等裁判内容的实体规范提供了新视角和新思路，集中例证是《民法典》第229条法律文书的范围界定。作为《民法典》第229条的前身，《物权法》第28条在立法之初曾假定所有法院裁判都可能产生变动实体法律关系甚至物权变动的法律效果②，这一认识集中表现出实体法律效果与民事裁判效力之间的冲突甚至抵牾。鉴于此，限缩解释导致物权变动的法院判决之见解被提出和倡导③，并被《物权编解释（一）》第7条所吸收。

四、困境四：民事权利保护与诉讼程序的错位困境

《民法典》的诉讼实施是一个庞大的系统性制度工程，亦即以《民法典》权利保护为导向协同配备诉讼程序，使民事权利获得全流程诉讼保障。《民法典》中规定的民事权益有不同的立法目的与效果要求，对于财产权、人格权、知识产权和生态环境保护等重点领域的民事权益保护必然要求构建有针对性和多元化的诉讼程序加以有效承接和落实，《民法典》第997条是突出例证。《民法典》第997条的程序对应紊乱一方面反映出立法目的与司法适用的紧张关系，另一方面则体现出对民事权利进行全流程法律保护的缺位以及民事权利与某一程序——对应的机械化认识，即人格权保护要么是通过普通诉讼程序，要么是通过诉讼保全程序或者特别程序等略式程序，特别程序与普通程序之间的顺利转换也受制于上述机械归类而出现对《民事诉讼法》第186条"民事权益争议"的泛化理解。相较而言，从请求权主张到权利实现的链条更具贯穿性，"请求权主张→（诉讼保全→）给付之诉→给付判决→既判力→执行力→权利实现（自愿或强制）"的全流程权利保护和错落有致的程序路径存在着严重堵塞。

五、四重困境的内在关联

从宏观视角观察，上述《民法典》实体规范与要件事实体系的割裂、构成要件的"证明难"、法律效果与裁判效力的背反、权利保护的程序割

---

① 参见任重：《民事纠纷一次性解决的限度》，《政法论坛》2021年第3期。

② 立法观点参见胡康生主编：《中华人民共和国物权法释义》，法律出版社2007年版，第78-79页；崔建远：《中国民法典释评·物权编》（上卷），中国人民大学出版社2020年版，第168页。

③ 参见房绍坤：《导致物权变动之法院判决类型》，《法学研究》2015年第1期。

裂与机械对应等四重困境，是从四个角度对民法典与民事诉讼法协同实施困境的素描，它们的底层逻辑是民事诉讼目的论、诉讼标的论、证明责任论、判决效力论、共同诉讼论和法官释明论的实体/程序割裂。随着视角从宏观转换为具体案件的诉讼处理，上述四重困境也将递次展开。其中，《民法典》中的实体规范并不能自动成为法官裁判的大前提，这毋宁需要借助要件事实理论构建出阶层化和动态化的大前提系统，即建基于《民诉法解释》第 91 条规定的"请求→抗辩→再抗辩→再再抗辩"系统。为此，除主要根据《民法典》的句式和一般/例外关系之外，还需要进行实质性和功能性的判定。

应该说，这同样是历史遗留问题，且未能在《民法典》的编纂过程中被最终解决。《物权法》第 106 条第 1 款第 1 项曾对善意采取正面规定，亦即"受让人受让该不动产或者动产时是善意的"。虽然从民法上善意取得构成的角度观察，《物权法》第 106 条全面且周延，但按照《民诉法解释》第 91 条在原告（所有权人）和被告（受让人）之间建立"请求→抗辩→再抗辩→再再抗辩"之大前提系统时将出现证明责任分配困境，亦即善意这一构成要件对应的要件事实是受让人不知道之主观状态，这对于受让人而言意味着极高的证明成本与证明风险。有鉴于此，实体法学者主张根据规范目的以及证明难易等实质理由将"善意"的证明责任分配给原告（所有权人），即面对原告（所有权人）向被告（受让人）的所有物返还请求权主张（请求），被告（受让人）只需要根据《物权法》第 106 条提出"善意"以外的其他构成要件即可完成抗辩，复由原告（所有权人）提出受让人具有"恶意"并加以证据证明，据此击破被告（受让人）的"善意取得抗辩"①。当然，即便是完全按照《物权法》第 106 条将"善意"作为善意取得抗辩的构成也并不意味着绝对无法证明，只不过其路径要更为曲折复杂且会增加不确定性。②

《物权法解释（一）》第 15 条第 2 款一定程度上终结了上述"善意"证明责任的实体/程序分歧，亦即："真实权利人主张受让人不构成善意的，应当承担举证证明责任。"不无遗憾的是，《民法典》第 317 条沿用《物权法》第 106 条对"善意"要件的处理模式，即将其作为"善意取得抗辩"的构成，而并未将其明确分配给所有权人承担。随后《物权编解释（一）》第 14 条第 2 款采纳《物权法解释（一）》第 15 条第 2 款之解释

---

① 参见徐涤宇、胡东海：《证明责任视野下善意取得之善意要件的制度设计——〈物权法〉第 106 条之批评》，《比较法研究》2009 年第 4 期。

② 参见吴泽勇：《论善意取得制度中善意要件的证明》，《中国法学》2012 年第 4 期。

路径。这种较为稳健的规定模式不会再次引发"善意取得"证明责任分配论争，但表明《民法典》的规定句式和一般/例外关系并未在条文表述过程中被清晰地表达出来，甚至可以说立法者并未在编纂《民法典》时考虑到"请求→抗辩→再抗辩→再再抗辩"的动态化、阶层化的诉讼构造。

《民法典》第317条反映出法官三段论大前提系统之静态化和抽象化问题也较为普遍地存在于新增条文中。例如，《民法典》第1010条第1款正面规定"违背他人意愿"，将其作为性骚扰受害人诉讼请求的基础规范。然而，"违背他人意愿"对应的要件事实是受害人不同意行为人实施的"骚扰"，这不仅会遇到与"善意"类似的证明困境，而且将使性骚扰的权利救济和责任承担更为严峻，甚至提出自己不同意及其证明本身都可能对受害人造成心理上和事实上的二次伤害。① 是故，从民法规范目的与诉讼审理构造的双重视角观察，将"违背他人意愿"分配给受害人负责主张和证明并不能让人满意。而要在《民法典》第1010条第1款正面规定的基础上将其"违背他人意愿"解释为行为人的抗辩规范，则面临突破《民法典》句式结构所打开的"潘多拉盒子"，在结果上将可能进一步动摇法律统一适用和裁判结果的统一。即便将"违背他人意愿"解释为行为人的抗辩事由，也仍存在人格权编与侵权责任编的关系问题，亦即在受害人根据《民法典》第1010条第1款提起诉讼败诉后，又根据《民法典》第1165条第1款向行为人提起诉讼，是否落入《民事诉讼法》第127条第1款第5项和《民诉法解释》第247条之"一事不再理"。与此类似的问题还有：若受害人根据《民法典》第997条业已完成人格权禁令程序后，又是否可再依据诉讼程序要求法院判决行为人承担民事责任，而《民法典》第1010条所谓"民事责任"的具体内容是否包含《民法典》第997条人格权禁令之内容。

就宏观而言，困境一到困境四分别是《民法典》诉讼实施的四个层面，就个案观察，困境一和困境二分别指向法官三段论框架中大前提和小前提的适用困难，困境三和困境四则以前述法官三段论的处理为基础，涵盖《民法典》各编民事权利之间的关系及前后诉问题，并涵盖相同编章内同一权利的不同程序适用问题。这也再次表明，民法典与民事诉讼法的协同实施是庞大的系统性制度工程，《民法典》的颁布实施并不能一蹴而就地达成民事权利的顺畅判定和有效实现。两法的协同实施研究在《民法

---

① 参见王天玉：《言辞型职场性骚扰的司法裁判逻辑》，《妇女研究论丛》2020年第5期。

典》时代依旧是一项关键核心技术，亟须民法与民事诉讼法的双向审视和积极协动。

第四节　协同之法：可能的协同实施分析框架

《民法典》颁布实施以来，实体法与程序法学界对协同实施研究投入大量精力，协同困境中的一系列历史性难题已出现破解的契机。在此基础上，如何将协同实施研究成果有机整合起来，使其发挥出以点带面和举一反三的规模效应，是学界必须予以实质回应的基础理论问题。不仅如此，在《民法典》共计 1 260 个法律条文中，"人民法院"共出现 87 次①，"仲裁机构"出现 13 次。不仅如此，《民法典》若干条文还涉及民事主体向法院提起诉讼和获取判决等诉讼（公法）行为。② 其中，"起诉"出现 19 次，"判决"则被使用 13 次。③ 这表明，协同实施的理论体系与分析框架不仅具有基础性的理论价值，而且对于正确理解与适用《民法典》有迫切的现实和实践意义。虽然总体性的协同实施框架意义重大，且有较为丰富的具体协同成果支撑，但协同实施分析框架的提出仍面临挑战。总体而言，《民法典》的颁布实施对民事诉讼体制转型的指向作用还不清晰。

一、《民法典》时代的民事诉讼：独立性与非自主性并存

（一）《民法典》颁行后的两次民事诉讼法修正

从立法视角观察，虽然"切实实施民法典"是重要契机，权利中心与权利本位也被提升到了前所未有的高度，但这并非《民法典》时代民事诉讼法修正案的核心命题。2021 年民事诉讼法修正案的重心是将繁简分流改革的经验立法化。作为《民法典》实施元年的首次民事诉讼法修订，对

---

① 《民法典》中首次出现"人民法院"表述的是第 24 条第 1 款："不能辨认或者不能完全辨认自己行为的成年人，其利害关系人或者有关组织，可以向人民法院申请认定该成年人为无民事行为能力人或者限制民事行为能力人。"最后出现"人民法院"表述的是第 1196 条第 2 款："网络服务提供者接到声明后，应当将该声明转送发出通知的权利人，并告知其可以向有关部门投诉或者向人民法院提起诉讼……"

② 参见陈刚：《民事诉讼法的实质规范和程序规范》，《法学杂志》2021 年第 2 期。

③ 对民法程序要素的既有研究，参见杨巍：《〈民法典〉第 195 条评注之二（起诉、其他中断事由）》，《法学家》2021 年第 5 期；王杏飞：《论监护人的侵权责任与诉讼地位——以〈民法典〉第 1188 条的适用为中心》，《法学评论》2021 年第 2 期；李晓倩：《个人信息保护民事公益诉讼的原告适格——以〈个人信息保护法〉第 70 条的解释论为中心》，《吉林大学社会科学学报》2022 年第 5 期。

《民法典》的回应仅有第 16 条，即通过将"诚实信用"修改为"诚信"，将"民法通则""物权法"修改为"民法典"，以与《民法典》保持形式上和表达上的一致。① 2023 年民事诉讼法修正案的重心是涉外民事诉讼程序的特别规定，非涉外编的修改主要涉及三个方面：（1）扩大回避制度适用范围；（2）完善虚假诉讼认定规则，特别是新增单方虚假诉讼；（3）增加指定遗产管理人案件作为特别程序。② 总体而言，《民法典》时代的民事诉讼法修订依旧以民事司法改革（繁简分流、审级职能定位）为主线，《民法典》并未触发民事诉讼立法的转型与革新。特别是考虑到 1982 年《民事诉讼法（试行）》中的"试行"以及 1991 年《民事诉讼法》仅对前者作必要补充和修正，《民事诉讼法》与《民法典》的协同实施体现出计划经济的法与商品经济之权利之间的抵牾冲突。对此详见本书第二讲。

（二）《民法典》颁行后的司法改革动向

从司法视角分析，《民法典》中民事权利的正确判定和严格落实并不是司法改革中优先级最高的事项。无论是繁简分流改革，抑或是正在试点进行中并试图通过法律修订上升为立法的四级法院审级职能定位改革，均旨在有效化解"诉讼爆炸""案多人少"③。可以说，若要严格贯彻落实《民法典》中的权利规定和实体构造，就可能导致民事案件数量的进一步增长，这与民事司法改革的宗旨背道而驰。在有效贯彻民事权利规范与"纠纷一次性解决"之间，民事司法改革的重心落在后者。《担保解释》第 26 条对《民法典》第 687 条第 2 款"有权拒绝"的职权处理就是以纠纷一次性解决弱化民事权利行使的突出例证，对此不再赘言。这也是民事权利难以在民事诉讼中充分体现和亲近实体法的民事诉讼法学难以形成的重要现实原因。

（三）《民法典》颁行后的民事诉讼理论研究

从理论视角观察，虽然亲近实体法的民事诉讼法学愈发成为主流倡导，但在具体诉讼法律问题的分析和解决上其依旧受到独立化、能动化、效率化的底层逻辑影响。上述诉讼独立化之研究取向同样是多种原因综合作用的结果：除前文所述《民事诉讼法（试行）》的率先颁布实施及由此产生的研究路径依赖，还存在学科设置等外在因素的影响。此外，在民事

---

① 参见潘剑锋：《"基本"与"其他"：对〈民事诉讼法〉相关制度和程序修订的体系化思考》，《法学评论》2022 年第 2 期。

② 参见王瑞贺主编、黄薇副主编：《中华人民共和国民事诉讼法释义》（最新修订版），法律出版社 2023 年版，导读第 4 页。

③ 张卫平：《"案多人少"困境的程序应对之策》，《法治研究》2022 年第 3 期。

诉讼法根植于社会实践,社会实践决定民事诉讼法学的认识的基础上[1],民事司法实践集中反映出的"诉讼爆炸"、"案多人少"以及"纠纷一次性解决"的取向也带来了民事诉讼法学研究的非自主性,即相对于民事实体法强调自身独立性但对于民事司法实践欠缺自主性。《民法典》时代的判决效力研究可以被看作是上述取向的具体例证。在《民法典》第565条第1款明确规定解除权的行使方式,甚至在第2款专门规定以起诉解除合同之实体/程序互相作用的基础上,且在民事诉讼法及其司法解释并无相反规定的情况下,该理论主张遮断解除权的后诉行使。[2]

二、实体/程序交互的协同实施分析框架

进入《民法典》时代,亲近民法的民事诉讼立法、司法和理论转型虽然是时代最强音,但其同时存在口号化的现实风险。无论是立法、司法抑或诉讼理论研究都存在与《民法典》的疏离和割裂问题。这一现象有其现实成因,尤其是法官员额制改革所引发的"案多人少"导向了无视实体准据的"纠纷一次性解决"。《民法典》与《民事诉讼法》的协同实施需要通过司法投入切实解决人案矛盾,否则民事权利对民事诉讼的指引功能将难以落到实处。与德国的人案比相比,我国当前员额法官的数量还有较大缺口,这导致法官以各种诉讼程序设置"压迫"当事人"一次性"解决纠纷,正常的民事权利主张可能在法官视角下异化为滥用实体权利和诉讼权利,上述遮断效倡导中已见端倪。

(一)"一总":实体/程序交互的民事诉讼基础理论体系

在重视和完善法官员额制度等有利基础上,民法典与民事诉讼法的协同实施或可沿着"一总四分"的总体思路次第展开。其中的"一总"是指实体/程序交互的民事诉讼基础理论体系,"四分"是实体/程序交互的民事诉讼制度重塑,分别是"实体规范与要件事实协同实施研究""构成要件与证据证明协同实施研究""法律效果与裁判效力协同实施研究""权利保护与诉讼程序协同实施研究"。"一总"虽然相对于"四分"更为一般且抽象,但可谓是制约我国构建亲近实体法的民事诉讼法学的"卡脖子"难题。

实体/程序交互的民事诉讼目的论、诉讼标的论、证明责任论、判决效力论、共同诉讼论和法官释明论当前还存在基础性分歧。不仅如此,上

---

①　参见常怡、张卫平、郭明忠:《民事诉讼法学的新课题(上)》,《中国法学》1987年第5期。

②　关于遮断效理论的解释路径,参见王福华:《论民事判决的遮断效力》,《中国法学》2021年第3期。

述基本问题上的理论争鸣甚至可以反向体现出脱离实体法的民事诉讼法学路径。例如，囿于《民事诉讼法》第 2 条之目的设定与排序并未在《民法典》时代得到任何调整，民事诉讼目的在我国更侧重纠纷解决而非民事权利保护。虽然根据民事权利准据裁判也是解决纠纷的一种路径，但纠纷解决同时能兼容脱离甚至背离民事实体标准的矛盾化解机制。这在我国集中体现为"案结事了"，而仅根据民事权利裁判案件则可能面对"案结事未了"的质疑。诉讼标的识别标准罕见得到了最高人民法院对旧实体法说的明确选取①，并存在《民法典》第 186 条、2001 年《证据规定》第 35 条第 1 款以及 2019 年全面修正后的《证据规定》第 53 条第 1 款等实体/程序规范基础，但以"纠纷一次性解决"为目标扩大标的容量甚至职权扩容的理论主张和实务做法并不鲜见。既判力相对性虽然在我国历经数十年的理论准备和学术倡导，且已存在《民事诉讼法》第 127 条第 1 款第 5 项和《民诉法解释》第 247 条的规范根据，但学界依旧以既判力在我国尚不完备为由主张需要借助第三人撤销之诉、案外人执行异议之诉等既判力击破机制作为另诉主张民事权利之前置条件。同理，司法实践也普遍对虚假诉讼的生效判决类型采取泛化理解与认识。②

综上，虽然"一总"中的各项基础理论分歧存在各自的理由和论据，但却总体上反映出脱离实体法准据的独立化倾向与迎合司法实践"纠纷一次性解决"的非独立性特征。只有在上述认识下，才能理解为何对亲近实体法的目的论、标的论和既判力相对论采"排除一切合理怀疑"的证成标准，却对纠纷解决说、案多人少、纠纷一次性解决、遮断效等倡导采取"只可信其有，不可信其无"的宽容理解。在民事诉讼法经过 40 余年的独立发展之后，当民事诉讼同时呈现出独立性与非自主性的面貌时，《民法典》权利中心和权利本位的立法宗旨与规范目的理应作为重塑民事诉讼基础理论的动力与导向，在此基础上建成实体/程序协同实施的理论体系。

（二）"四分"：实体/程序交互的民事诉讼制度重塑

以协同实施的理论体系为根基，"四分"分别针对民法规范向审理结构的动态化、阶层化转码，通过要件事实的证明得出司法裁判三段论之小前提并顺利充实大前提，随后以实体法律效果与生效判决效力的协同为框架，科学有序划定国家公权力对民事权利义务秩序的作用机制与影响后果。以大前提、小前提与法律效果为准据分别理顺民法与民事诉讼法的协

---

① 参见最高人民法院修改后民事诉讼法贯彻实施工作领导小组编著：《最高人民法院民事诉讼法司法解释理解与适用（上）》，人民法院出版社 2015 年版，第 635 页。

② 参见任重：《论虚假诉讼：兼评我国第三人撤销诉讼实践》，《中国法学》2014 年第 6 期。

同实施关系后，还有必要从权利快速实现与司法成本的视角出发，理清民事权利保护的民事程序配置以及不同民事程序之间的统筹。囿于本书篇幅，第二讲和第三讲将分别从民法典视域下的民事诉讼法和民事诉讼视域下的民法典两个向度，举一反三地探讨如下论题。

1. 实体规范的动态化和阶层化

通过《民法典》实体规范与要件事实协同实施研究实现实体规范的动态化、阶层化等诉讼转码工作。实体规范与要件事实协同实施研究的总体目标就是将抽象化和静态化的实体规范予以动态化、阶层化、诉讼化，使民事诉讼立法、司法和理论真正树立"民法典思维"，使实体规范贯通"诉讼法思维"，在每个民事案件中坚持以民法典为准据的裁判方法。通过要件事实论将实体法与程序法紧密结合，将实体法的程序运用充分技术化，对《民法典》从总则编到侵权责任编进行全方位的"要件事实扫描"，将实体规范纳入以"请求→抗辩→再抗辩→再再抗辩"为主干的动态化、阶层化的程序进程，同时全面分析和梳理《民法典》中的程序要素，锚定其程序功能。实体规范的动态化和阶层化除构成本书第三讲的论题外，相关具体问题的探讨还将辐射第五讲和第六讲。

2. 实体/程序交互的证明责任体系构建

依托《民法典》构成要件与证据证明协同实施研究打通"切实实施民法典"的堵点、痛点。民事司法实践中普遍存在"证明难"，这在《民法典》时代将成为直接制约民法典全面科学落实的结构性问题。民法典与民事诉讼法的协同实施必然要求以《民法典》立法精神和规范目的为指引，在要件事实体系建设的基础上进一步推进民法典构成要件与证据证明协同实施研究，尤其是通过证明责任、证明标准、证明减轻、典型证据种类、法官心证说理为"切实实施民法典"提供民事证据裁判原则的全面保障。对此的详细探讨集中于第七讲和第八讲。

3. 实体/程序交互的裁判效力体系构建

通过《民法典》法律效果与裁判效力协同实施研究架设起连接《民法典》与公正高效权威司法的桥梁。在《民法典》时代，司法公正应更加重视和强调以《民法典》为纲：不仅要以实体法构成要件和法律效果作为诉讼构造和证据证明的重要导向，而且要自觉将其作为裁判效力的重要衡量标准。改革开放以来，我国民事案件数量伴随着经济社会的高速发展而显著增多，特别是"诉讼爆炸""案多人少"的现象和问题突出。上述契机和挑战都要求以《民法典》法律效果为导向的裁判效力体系构建。一方面，在《民法典》要件事实体系和证据证明体系构建的基础上，根据《民法典》重塑判决效力体系是自然逻辑延伸，也是"切实实施民法典"的必然要求。另一方面，《民法典》裁判效力体系构建是在实现实体公正、保护人民合法权益的同时实质回应和解决"诉讼爆炸""案多人少"的关键步骤。最后，裁判效力以实体程序交叉方法为《民法典》中涉及法律文书、判决等裁判内容的实体规范提供了新视角和新思路，集中例证是《民法典》第 229 条对法律文书的范围界定。本书第九讲着力以民事权利和实体构成为导向，以既判力和形成力为重点构建实体/程序交互的裁判效力体系，以期实现实体公正与司法成本之间的统筹协同，为"切实实施民法典"提供具有明确性和可操作性的诉讼实现路径。

4. 实体/程序交互的诉讼程序体系构建

通过《民法典》权利保护与诉讼程序协同实施研究实现各司其职、各尽其用的全流程保障机制。对于财产权、人格权、知识产权和生态环境保护等重点领域的民事权益保护必然要求针对上述实体规范的不同特点和侧重点配置有针对性并且全流程的民事程序保障机制。据此，民事权利将在四元诉权体系下分别对应保全程序诉权、审判程序诉权、执行程序诉权以及非讼程序诉权①，并相应生成"多点对焦"②。鉴于此，本书将着重以实体/程序交互的共同诉讼（第十讲到第十二讲）以及法官释明（第十三讲）为中心呈现权利保护与诉讼程序的科学协同。

第五节　亲近实体法的民事诉讼法学研究

我国两法关系和协同实施研究的起步晚，但发展快且历史包袱较轻。辩证地看待我国两法关系研究和协同实施讨论会发现，我国民事诉讼法学虽然经历跨越式发展，但也面临着基础理论不够牢固以及诉讼法独立性和非自主性的路径依赖问题，对此将在本书第二讲详细展开。在"切实实施民法典"的政策红利以及实体程序交错互动的有利背景下，"诉讼爆炸""案多人少"等是重要现实制约。协同实施理论体系与分析框架在"切实实施民法典"的基础上，须将司法成本控制在合理的和可接受的范围内。协同实施研究尤其需要证成，亲近《民法典》的民事诉讼立法、司法和理论同时能够为当事人提供明确和统一的行为指引，引导当事人理性解决权

---

① 参见任重：《中国式现代化视域下民事诉权的反思与重塑》，《中国法学》2024 年第 4 期。

② 任重：《民事判决既判力与执行力的关系——反思穿透式审判思维》，《国家检察官学院学报》2022 年第 5 期。

利纷争，而不会因为诉权保障和民事权利落实而出现民事案件的激增。这可谓实体理想与程序现实之间的科学平衡，也是我国协同实施能够成功落到实处的关键。"切实实施民法典"要求合理的司法保障，即通过人财物的充实来切实保障民事权利主张得以进入诉讼程序并获得司法背书。对符合我国国情的人案比仅凭民事诉讼法学研究无法圆满解决，这毋宁需要法教义学与社科法学、比较法学，甚至统计学、管理学等社会科学的协力，故而非本书研究能力所及。鉴于此，本书对两法关系的探讨系以科学且合理之"人案比"为语境和前提。不仅如此，司法成本与诉讼效率也本不应被宽泛理解为掣肘和抵触《民法典》诉讼实施的正当事由。

"切实实施民法典"要求回归民事诉讼的原点，重塑以民事权利保护说为内核的民事诉讼目的论，将民事实体权利能否顺利认定和实现作为重要衡量标准，以此为导向重塑诉讼标的论、证明责任论、判决效力论、共同诉讼论和法官释明论。上述问题不仅不会随着《民法典》的颁布实施而自动消解，反而越发出现背离实体导向的现象和问题。鉴于此，"切实实施民法典"、民事诉讼法典化以及中国式的民事程序法治现代化均有赖于民法与民事诉讼法的双向审视和实质互动，亦即直面协同实施的四重困境，形成"一总四分"的协同实施理论体系与分析框架。

第二讲　民法典视域下的民事诉讼法

以民法典为参照的编纂式民事诉讼法法典化是"切实实施民法典"的应有之义。2021年和2023年修正案使民事诉讼法逐渐脱离法典化的时代浪潮，以解决"诉讼爆炸""案多人少"等问题为主要考量的法律修订使民事诉讼法面临与民法典脱钩的结构性风险。民事诉讼法"试行化"的根本原因是"先程序，后实体"的民事立法模式，即以实体法的缺位为时代背景，以"民事审判工作的经验"为立法来源，以"案多人少""诉讼爆炸"为"实际情况"。1991年《民事诉讼法》及其不断加速的修正频率并未最终实现"去试行化"，举证责任、起诉条件、诉讼时效、一般保证等诉讼构造未能与民法典保持同一精神。民事诉讼法"去试行化"是一项系统工程，诉权、诉讼目的论和既判力本质论是首先要解决的"希尔伯特之问"。我国亟待完成从二元诉权论向权利保护请求权论的模式转型，民事权利保护亟须被确立为民事诉讼的首要目的，法院生效判决认定的民事权利义务关系原则上不改动既有私法秩序。以上述本原问题的"去试行化"为起点，以民法典为参照，民事诉讼法将经由"去试行化"稳步实现编纂式法典化，由此开启民事诉讼法典与民法典协同融合的新格局。

第一节　法典化运动中的民事诉讼法

《民法典》的颁布实施为民事诉讼法典这一民事诉讼法学中的固有概念注入了新的内涵，展开了新的发展阶段。[①]《民法典》是新中国历史上

[①] 诉讼法学者一般将《民事诉讼法（试行）》称为民事诉讼法典，参见柴发邦、刘家兴、江伟、范明辛：《民事诉讼法通论》，法律出版社1982年版，第3页。1991年《民事诉讼法》也被称为民事诉讼法典，参见江伟、徐继军：《民事诉讼法典修订的若干基本问题》，《中国司法》2004年第2期；何文燕：《再论民事诉讼法典体例结构的调整》，《政法论丛》2005年第1期；汤维建、刘静：《论我国民事诉讼法典之纯化》，《法学论坛》2005年第3期；柯阳友：《论我国民事诉讼法典总则构造之完善》，《河北法学》2008年第8期；李浩：《民事诉讼法典修改后的"新证据"——〈审监解释〉对"新证据"界定的可能意义》，《中国法学》2009年第3期。

第一部以法典命名的法律，无论是其法典体例抑或是具体制度都被认为彰显出民法的中国式现代化①，是崭新的知识创造。② 不仅如此，《民法典》被认为并不是对已有民法制度的简单整理，而是具有基础性、体系性、价值融贯性、内容完备性、规则稳定性的编纂式法典。③ 在以《民法典》为开端，以环境法典、刑法典、行政法典、教育法典递次展开的法典化运动中④，诉讼法学界也以民法典为参照并以编纂式法典为目标展开了民事诉讼法典化研究。

一、民事诉讼法法典化的理论倡导

在上述法典化运动中，民事诉讼法典化自 2022 年伊始被集中关注和讨论，如张卫平教授对法典化的总体目标、基本特征及其重要意义的总论式研究⑤；胡学军教授对民事诉讼法典谱系及其编纂技术的探讨⑥；冯珂教授以诉为主线推进民事诉讼法典化的研究⑦；郭小冬教授关于禁令程序对民事诉讼法典化的功能与定位的讨论⑧；王次宝教授对民事诉讼法典中管辖规则的体系建构⑨；曹云吉教授就既判力体系的法典化探索⑩；曹建军教授对民事诉讼法典化进程中在线诉讼规则的体系建构。⑪ 笔者也曾就民事诉讼法典化的现实困境以及未来展望进行若干探讨。⑫

二、民事诉讼法修正案与法典化运动的脱钩

民事诉讼法典化可以被看作是对中国式民事诉讼法治现代化的直接回应⑬，是以人民为中心的民事诉讼体制或模式转型的最新发展。⑭ 进入民

---

① 参见石佳友：《人格权编的中国范式与中国式现代化的实现》，《中国法学》2023 年第 3 期。

② 参见彭诚信：《中国式现代化的民法学知识创造》，《开放时代》2024 年第 1 期。

③ 参见王利明：《论编纂式法典化》，《政治与法律》2023 年第 12 期。

④ 参见吕忠梅、窦海阳：《民法典"绿色化"与环境法典的调适》，《中外法学》2018 年第 4 期；周光权：《法典化时代的刑法典修订》，《中国法学》2021 年第 5 期；马怀德：《中国行政法典的时代需求与制度供给》，《中外法学》2022 年第 4 期；湛中乐：《论教育法典的地位与形态》，《东方法学》2021 年第 6 期。

⑤ 参见张卫平：《民事诉讼法法典化的意义》，《东方法学》2022 年第 5 期。

⑥ 参见胡学军：《家族相似性：民事诉讼法法典化的逻辑与技术》，《当代法学》2023 年第 6 期。

⑦ 参见冯珂：《民事诉讼法典化背景下诉的理论之体系化重思》，《河北法学》2022 年第 8 期。

⑧ 参见郭小冬：《禁令程序在民事诉讼法典中的体系定位》，《河北法学》2022 年第 8 期。

⑨ 参见王次宝：《民事诉讼法典化背景下的管辖规则体系》，《河北法学》2022 年第 8 期。

⑩ 参见曹云吉：《"既判力撤销"制度的法典化研究》，《河北法学》2022 年第 8 期。

⑪ 参见曹建军：《在线诉讼规则与民事诉讼法法典化》，《河北法学》2022 年第 8 期。

⑫ 参见任重：《我国民事诉讼法典化：缘起、滞后与进步》，《河北法学》2022 年第 8 期。

⑬ 参见张卫平：《民事诉讼现代化标准判识》，《东方法学》2024 年第 2 期。

⑭ 以人民为中心的民事诉讼模式集中体现为当事人主导型诉讼体制。参见张卫平：《转制与应变——论我国传统民事诉讼体制的结构性变革》，《学习与探索》1994 年第 4 期。

法典时代，民事诉讼法迎来了两次修正案，这无疑进一步增强了立法的体系性和科学性。然而，上述修正案与法典化运动的时代精神及其基本要求还有相当距离。例如，2021年修正案以小额程序扩张适用以及普通程序、上诉程序的独任审理为模式创新①，以有效回应"诉讼爆炸""案多人少"的实际情况。②《民法典》实施当年的上述法律修正并未实质回应两法协同融合问题③，相关修订局限于概念整合，如根据《民法典》第7条"诚信原则"的概念表述，将《民事诉讼法》第13条第1款相应调整为"民事诉讼应当遵循诚信原则"。两年后，2023年修正案以涉外民事诉讼程序的特别规定为主要修正内容，非涉外民事诉讼程序的调整主要表现为虚假诉讼法定类型的增加④、回避人员范围的扩大，而涉及两法协同实施的修订则集中表现为新增指定遗产管理人案件（第194条至第197条）作为特别程序，以回应《民法典》第1146条的程序需求。⑤

三、民事诉讼法法典化之困

毋庸讳言，2021年和2023年修正案使民事诉讼法逐渐脱离编纂式法典的时代浪潮。

（一）立法资源的加速消耗

密集推动的两次法律修订使短期内再次通过立法实现民事诉讼法法典化的可能性和可行性降低。以1991年《民事诉讼法》为开端，法律修正频率不断增加，即修正案出台的时间间隔从2007年的16年到2012年的5年，2017年的5年，再到2021年的4年和2023年的2年。上述不断加速的法律修正不可持续，其消耗了较为宝贵的立法资源。作为程序基本法，《民事诉讼法》在短期内难以启动大修。

（二）民法典传动作用微弱

作为编纂式法典的代表，《民法典》的贯彻落实在逻辑上必然要求民

---

① 参见潘剑锋：《"基本"与"其他"：对〈民事诉讼法〉相关制度和程序修订的体系化思考》，《法学评论》2022年第2期；任重：《中国式民事程序简化：逻辑与省思》，《法治研究》2022年第3期。

② 值得注意的是，"诉讼爆炸""案多人少"并非新话题，1991年《民事诉讼法》的主要背景同样是"诉讼爆炸"和"案多人少"。参见顾昂然：《关于民事诉讼法的补充和修改》，载马原主编：《民事诉讼法的修改与适用》，人民法院出版社1991年版，第1页。

③ 《民法典》颁布后的两法协同讨论，参见张卫平：《民法典的实施与民事诉讼法的协调和对接》，《中外法学》2020年第4期；洪浩：《民法典时代民事诉讼制度发展的几个基本问题》，《政法论丛》2020年第5期。

④ 参见林剑锋：《论单方虚假诉讼的民事程序规制》，《现代法学》2023年第3期。

⑤ 参见王瑞贺主编：《中华人民共和国民事诉讼法释义》（最新修订版），法律出版社2023年版，导言第2页。

事诉讼法的编纂式法典化，即以《民法典》的精神和民事权利的实现为总体及具体目标，渐次展开程序反思与体系优化，最终通过法典化实现《民事诉讼法典》与《民法典》的协同融合。① 可以说，法典化浪潮中处于第一顺位的正是《民事诉讼法典》的编纂、颁布和实施，这是"切实实施民法典"的应有之义和必然要求。遗憾的是，两次修正案对《民法典》的回应仍局限于形式上和具体制度上的小修小补。

（三）"去法典化"倾向

面对超大规模的民事纠纷，民事诉讼法修正案理应通过制度创新和程序调整作出有效回应。不过，上述以解决"诉讼爆炸""案多人少"等问题为主要目标的立法修订必然进一步加剧立法的碎片化和去体系化。例如，"案多人少"的缘由并非"案多"，而是"人少"②。然而，"人少"这一现实问题的有效解决远远超出民事诉讼立法的权限和职能。是故，修正案只能朝着解决"案多"这一问题的方向发力，即将原本由合议庭处理的案件转变为独任制审理案件（现行《民事诉讼法》第 40 条第 2 款第 2 句和第 41 条第 2 款），将原本贯彻"两审终审"的案件转变为实行"一审终审"（现行《民事诉讼法》第 165 条）。除上述对民事案件的"瘦身"之外，修正案还在党的十八届四中全会后继续坚持对"案多"进行截流，这集中表现为立案登记制改革中的起诉条件高阶化及其条件审查。③ 为了控制案件数量，民事诉讼法将受理前的诉讼纠纷排除在民事案件概念之外。受理程序也不被视为审理程序④，而是作为"诉讼前程序"。⑤ 尽管如此，员额法官却又不得不亲自或挂名处理现行《民事诉讼法》规定的三类共计 19 种起诉条件。⑥ 对于上述起诉条件高阶化以及立案审理的非案化，两次修正案并未作出有效回应和予以实质解决。显然，起诉条件的高阶化、模糊化和非案化虽然是民事诉讼法法典化必须直面和解决的问题，但却有助于法院灵活应对"案多人少"的问题。经过两次修订的民事诉讼法愈发呈现出内部规则化，司法机关以审理便利为主要考量因素实质影响了修订内容。显然，这与价值融贯性、内容完备性、规则稳定性的编纂式民事诉讼

---

① 参见任重：《民法典与民事诉讼法的协同实施：回眸与展望》，《当代法学》2023 年第 1 期。

② 参见任重：《"案多人少"的成因与出路——对本轮民事诉讼法修正之省思》，《法学评论》2022 年第 2 期。

③ 参见张卫平：《民事案件受理制度的反思与重构》，《法商研究》2015 年第 3 期。

④ 参见马原主编：《民事诉讼法的修改与适用》，人民法院出版社 1991 年版，第 123 页。

⑤ 参见张卫平：《起诉条件与实体判决要件》，《法学研究》2004 年第 6 期。

⑥ 具体为积极起诉条件 5 项（第 122 条）、消极起诉条件 8 项（第 127 条）和起诉手续 6 项（第 123 条到第 125 条）。

法法典化渐行渐远。

综上所述，以解决"诉讼爆炸""案多人少"问题为主要考量的法律修订使民事诉讼法面临与民法典脱钩的结构性风险。若不正确认识上述问题，民事诉讼法将在法典化运动中逐渐边缘化，最终降格为法院内部技术规则。有鉴于此，本讲以民法典为参照审视我国民事诉讼法的发展与迭代。民事诉讼法之"去试行化"问题可谓民事诉讼法法典化必须正视和回应的前置问题。只有充分理解和认识民事诉讼法的"试行化"，才能找出"去试行化"的科学路径，为民事诉讼法法典化扫清观念上的障碍，使民事诉讼法法典化真正融入以中国式法治现代化为基本特征的法典化浪潮中去。

第二节　民事诉讼法的"试行化"

我国第一部形式意义上的民事诉讼法是 1982 年颁布的《民事诉讼法（试行）》。① 其中，"试行"是民事诉讼法的突出特点。《民事诉讼法（试行）》第 1 条后半句是"试行化"的具体表现，即"结合我国民事审判工作的经验和实际情况制定"。仅从文义出发，民事诉讼法的"试行化"可以被理解为，在改革开放初期立法、司法和理论储备尚不充分的情况下，采取"摸着石头过河"的立法思路，从"民事审判工作的经验"和"实际情况"出发制定民事诉讼法，待司法经验和理论储备加强之后，最终实现民事诉讼立法的体系化和科学化。这也是民事诉讼立法、司法和理论研究中的普遍认识。② 然而，上述"两步走"的做法并非民事诉讼法"试行化"的充分条件，而仅构成必要条件。

一、"试行化"的形式特征

在改革开放后逐步建立的法制体系中，《民事诉讼法（试行）》是唯一在名称中标注"试行"的基本法律。在《民事诉讼法（试行）》颁布之前，第五届全国人民代表大会第二次会议同步审议通过了《刑法》和《刑事诉讼法》。值得注意的是，先于《民事诉讼法（试行）》颁布实施的

---

① 新中国第一部实质意义上的"民事诉讼法"是最高人民法院于 1956 年 10 月发布的《关于各级人民法院刑、民事案件审判程序总结》，其直到 1979 年年初一直为各级人民法院所遵循。参见柴发邦、刘家兴、江伟等：《民事诉讼法通论》，法律出版社 1982 年版，第 49 - 50 页。

② 参见江流：《民诉法的立法原则与国情》，载杨荣新、叶志宏：《民事诉讼法参考资料》，中央广播电视大学出版社 1986 年版，第 420、424 页；顾昂然：《关于民事诉讼法的补充和修改》，载马原主编：《民事诉讼法的修改与适用》，人民法院出版社 1991 年版，第 1 页；江伟：《谈民事诉讼法的补充和修改——为民事诉讼法正式颁布而作》，《法学杂志》1991 年第 3 期。

《刑事诉讼法》并未在名称中注明"试行"。同样，在先颁布实施的《经济合同法》也不存在"试行"标注。在民事基本法中，无论是 1950 年颁布实施的《婚姻法》，抑或是改革开放后实质发挥民法典功能的《民法通则》，均无"试行化"问题。

上述基本法律的名称中虽无"试行"，但若干具体条文的确呈现出"试行化"特征。仍以《刑事诉讼法》为例，其于 1979 年颁布时在第 1 条后段规定"结合我国各族人民实行无产阶级领导的、工农联盟为基础的人民民主专政即无产阶级专政的具体经验和打击敌人、保护人民的实际需要制定"。这与《民事诉讼法（试行）》第 1 条"结合我国民事审判工作的经验和实际情况制定"形成一定程度的对照。然而，上述内容在 1996 年修正案中被彻底删去，沿用至今的《刑事诉讼法》第 1 条相应被修改为"为了保证刑法的正确实施，惩罚犯罪，保护人民，保障国家安全和社会公共安全，维护社会主义社会秩序，根据宪法，制定本法"。

以《刑事诉讼法》为参照，《民事诉讼法（试行）》无论是法典名称抑或是开篇规定都体现出浓重的"试行化"。一方面，这固然是出于改革开放初期"摸着石头过河"的立法实际；另一方面，"试行化"还须探寻自身的特殊原因。为何早于《民事诉讼法（试行）》颁布实施的《刑事诉讼法》并未在法典名称中标注"试行"？难道刑事司法经验和理论储备在改革开放之初并不需要"摸着石头过河"？相反，民事诉讼法却必须以"试行"为名？

二、"试行化"的实质考量

上述问题的科学解答有赖于探究"试行化"的实质原因。《刑事诉讼法》第 1 条的立法变迁为此提供了有益思路。《刑事诉讼法》同样存在"摸着石头过河"的立法进路，这亦能体现在 1979 年《刑事诉讼法》第 1 条之"具体经验"和"实际需要"等概念表述中。尽管如此，《刑事诉讼法》在立法之初并未独自前行，而是与《刑法》同步颁布实施，这使 1979 年《刑事诉讼法》并未标注"试行"。1996 年修正案对第 1 条之修正更是直接点出了上述实质考量，即"为了保证刑法的正确实施"。

根据改革开放后的立法规划，民事诉讼法与民法典本应采取类似《刑法》与《刑事诉讼法》的同步立法模式。囿于经济体制以及民法与经济法之关系等重大分歧①，民法典的编纂再次受阻。② 基于民事诉讼法与民法

---

① 参见《彭真传》编写组：《彭真传》（第 4 卷），中央文献出版社 2012 年版，第 1552 - 1555 页。

② 参见谢鸿飞、涂燕辉：《民法法典化：历史回溯、基础要件及经验启示》，《贵州省党校学报》2022 年第 2 期。

的血肉联系，"为了保证民法的正确实施"而制定的民事诉讼法也面临搁浅风险。可以说，正是"试行化"为《民事诉讼法（试行）》赢得了先于《民法典》颁布实施的宝贵契机。面对"重刑轻民""重实体，轻程序"的固有认识，民事诉讼法学者发出了"先程序，后实体"的鼓与呼。

（一）"先程序，后实体"的诉讼理论根据

总体而言，主张民事诉讼立法先行的主要论点有如下方面。[①]

第一，民事诉讼法并非民法的随从和附庸，马克思著名的两法关系论断乃强调民事诉讼法应与民法具有"同一精神"，而并未提出两法必须同时制定。

第二，民事诉讼法是独立的法律部门，无论是调整对象、法律关系，还是立法目的都与民法显著不同。

第三，若干民事诉讼具体制度需要依托民法规定，如法人、证据、代理人、诉讼时效等，但民事诉讼法可以对此进行集中规定，待民法颁布后再做体系协调。

第四，比较法中不乏民事诉讼法先行的立法例，这既表现为在同一法律文件中诉讼部分先行，亦表现为民事诉讼法律文件先行，如日本1891年公布民事诉讼法，而自1896年开始才陆续公布民法典的相关内容。

第五，我国民主革命和社会主义革命各阶段立法实践也都遵循（实质）民事诉讼法先行的立法模式。

民事诉讼法学界的上述集体呼吁有力推动了《民事诉讼法（试行）》的率先颁布实施。《民事诉讼法（试行）》第1条体现出"先程序，后实体"的独立化取向。"结合我国民事审判工作的经验和实际情况制定"不仅是《民事诉讼法（试行）》的初始时刻，而且成为历次法律修订的路径依赖。值得注意的是，现行《民事诉讼法》第1条与《民事诉讼法（试行）》第1条相比并无任何改动。尽管如此，"实际情况"对"民事审判工作的经验"之规制作用却愈发羸弱。

（二）"实际情况"对"民事审判工作的经验"的规制

为应对改革开放后日新月异的社会经济发展，民事诉讼法需对审判工作的经验加以扬弃。《民事诉讼法（试行）》第1条在"民事审判工作的经验"后并列"实际情况"的主要目的即在于此，例如，"一步一回头"的案件回访制度并未被《民事诉讼法（试行）》接受[②]，立法者同样认为

[①] 参见江伟、刘家兴：《建议民事诉讼法先于民法颁布施行》，载江伟：《探索与构建——民事诉讼法学研究》（上卷），中国人民大学出版社2008年版，第3-7页。

[②] 参见常怡等：《民事诉讼基础理论研究》，法律出版社2020年版，第46页。

不应照搬照抄马锡五审判方式，对其蕴含的便民精神应该坚持，但对其表现形式需要结合"实际情况"调整，法院必须按照系统化、制度化的诉讼程序办案，否则不利于案件的正确处理；同样，"十六字方针"中的"就地解决"也被认为不符合"实际情况"，难以在大、中城市中贯彻执行。①通过"实际情况"检验"审判工作的经验"，这也是在民事诉讼法与民法脱钩后的法典化进路，即以系统化和制度化为目标，以诉讼规律为主线，以"实际情况"对"民事审判工作的经验"进行有效规制，避免在立法中照搬照抄实务中的做法，使民事诉讼法不因"摸着石头过河"而降格为法院内部技术规则。

客观而言，"实际情况"对司法实务做法的有效规制成功推动了《民事诉讼法（试行）》的系统化、体系化和科学化。然而，这与具有基础性、体系性、价值融贯性、内容完备性、规则稳定性的编纂式法典仍然存在相当距离。不仅如此，"实际情况"要真正发挥上述规制作用有赖于若干重要制度保障，这尤其体现为《民事诉讼法（试行）》所坚持的"专家组模式"。《民事诉讼法（试行）》的起草小组由专家和学者组成，其中，中国人民公安大学柴发邦教授任组长，小组成员包括中国人民大学江伟教授、北京大学刘家兴教授、中国政法大学杨荣新教授、西北政法学院吴明同教授等。②

（三）"实际情况"与"民事审判工作的经验"的趋同

"专家组模式"如昙花一现，其后的民事诉讼立法工作改由全国人大常委会法工委相关部门会同最高人民法院形成草案后向专家学者征求意见。随着法制建设的快速全面发展和立法工作负担的增加，全国人大常委会法工委逐步确立委托最高人民法院起草民事诉讼法及其修正案的一般做法。③ 值得反思的是，正因为起草小组由理论专家和实务专家共同组成，"实际情况"才能发出不同于民事审判工作经验的声音。虽然在司法机关主导的起草工作中也有专家论证、多部门征求意见以及全国人大常委会法工委的审查程序，但"实际情况"已经难以发挥对"民事审判工作的经验"之规制功能。作为例证，在1991年《民事诉讼法》正式颁布实施后的第一时间，曾参与起草《民事诉讼法（试行）》的专家学者就已经开始

---

① 参见江流：《民诉法的立法原则与国情》，《法学》1982年第5期。
② 参见张卫平：《中国民事诉讼法立法四十年》，《法学》2018年第7期。
③ 参见马原主编：《民事诉讼法的修改与适用》，人民法院出版社1991年版，前言第1页。

探讨立法中的重大问题及其改进完善方案。① 1991 年《民事诉讼法》修改和颁布后，"实际情况"几乎等值于"民事审判工作的经验"，例如，"诉讼爆炸""案多人少"这类民事审判工作中的主观感受一再以"实际情况"的面貌对民事诉讼立法产生实质塑造作用，2021 年民事诉讼法修正案正是其集中体现。② 起草模式的上述变迁也正是民事诉讼法学贫困化的重要制度成因。③

第三节　民事诉讼法的"正式化"

以 1982 年为起点，《民事诉讼法（试行）》历经 9 年"试行化"。与同时期的民事基本法以及《刑事诉讼法》加以比照，"试行化"并非立法、司法和理论储备的不足，而是对民事诉讼法与民法脱钩的风险提示，即在民法典颁布实施后亟须对"试行化"的《民事诉讼法》加以协同融合，使其切实体现"为了保证民法的正确实施"之应有立法精神。值得注意的是，这同样是主张"先程序，后实体"的应有之义。例如，马克思关于两法关系的论断虽然并未言明民事诉讼法必须与民法同步制定，但明确指出了民事诉讼法必须与民法保持"同一精神"：民事诉讼法的调整对象、法律关系和制度效果不能脱离民法而独自前行，民事诉讼法要避免沦为"空洞的形式"④。民事诉讼立法中的法人、证据、代理人、诉讼时效等具体制度也被认为亟待以民法的最新发展为参照加以体系协调。同样，体现"先程序，后实体"的比较立法例均在民事诉讼法颁布实施后的较短时间内出台民法典，并于民法典实施时同步完成以两法协同融合为主要内容的民事诉讼法系统修订。⑤ 以德国法为例，在《德国民事诉讼法》实施 17 年后的 1896 年，《德国民法典》终获颁布。为了与《德国民法典》和《德国商法典》相适应，《德国民事诉讼法》于 1898 年完成全面修订，并于

---

①　参见江伟、王强义：《完善我国民事诉讼立法的若干理论问题》，《中国社会科学》1991年第 5 期。

②　由此引发的学界批判与集体反思，如傅郁林：《"司法提速"需要科学化和系统化》，载《上海法治报》2021 年 11 月 26 日 B7 版；段厚省：《民诉法修改应守住程序保障的底线》，载《上海法治报》2021 年 11 月 26 日 B7 版。

③　参见张卫平：《对民事诉讼法学贫困化的思索》，《清华法学》2014 年第 2 期。

④　江伟、刘家兴：《建议民事诉讼法先于民法颁布施行》，载江伟：《探索与构建——民事诉讼法学研究》（上卷），中国人民大学出版社 2008 年版，第 4 页。

⑤　参见马原主编：《民事诉讼法的修改与适用》，人民法院出版社 1991 年版，前言第 1 页。

1900 年 1 月 1 日同步实施。① 可见，上述经典论述、融合制度、比较法例均为《民事诉讼法（试行）》的"去试行化"指出了总体方向和具体步骤。

遗憾的是，《民事诉讼法（试行）》并未因为 1991 年《民事诉讼法》的颁布而实现"去试行化"。法律名称中删除"试行"仅仅实现了民事诉讼法的"正式化"。在不到 10 年的时间内，在并未真正实现两法"同一精神"和体系融合的背景下开启"正式化"，主要源于如下现实考量，即"试行化"使实务部门在思想认识上出现了试行法可执行可不执行的误解，同时将"试行化"理解为"内部规则化"，即"民事诉讼法就是一个办案的方法，对当事人的诉讼权利不予重视"②。

总体而言，1991 年《民事诉讼法》是在 1982 年《民事诉讼法（试行）》的基础上补充修改而成的，主要修法背景是 1982 年以来骤增的民事案件数量：据统计，从 1979 年到 1982 年年底，全国法院受理的一审经济案件只有 4.9 万件，而 1991 年前后全国各级法院受理的一审经济纠纷却达到年均 70 万件左右。③ "诉讼爆炸""案多人少"的实际情况为民事诉讼法典的"正式化"确定了基调。例如，在传统民事审判模式下，法院负有全面证据调查的职责，以此充分贯彻"以事实为依据，以法律为准绳"。然而，面对民事案件的数量骤增和愈发复杂的实体法律关系，全面证据调查愈发成为难以承受之重，"当事人动动嘴，法官跑断腿"的现实问题使举证责任进入司法机关的视野，亦即通过强化当事人的举证责任减轻法院的调查取证负担。

一、举证责任的"正式化"

举证责任可谓区分民事诉讼法典"正式化"与"去试行化"的风向标。

（一）举证责任改革的减负导向

《民事诉讼法（试行）》第 56 条第 1 款已对举证责任作出规定："当事人对自己提出的主张，有责任提供证据"。这一立法表述一直沿用至今。1991 年《民事诉讼法》第 64 条在保留上述规定的同时，将第 2 款（"人民法院应当按照法定程序，全面地、客观地收集和调查证据"）修改为"当

---

① 参见［德］罗森贝克、［德］施瓦布、［德］戈特瓦尔德：《德国民事诉讼法（上）》，李大雪译，中国法制出版社 2007 年版，第 31 页。

② 常怡等：《民事诉讼基础理论研究》，法律出版社 2020 年版，第 47 页。

③ 参见顾昂然：《关于民事诉讼法的补充和修改》，载马原主编：《民事诉讼法的修改与适用》，人民法院出版社 1991 年版，第 1 页。

事人及其诉讼代理人因客观原因不能自行收集的证据，或者人民法院认为审理案件需要的证据，人民法院应当调查收集"。修法目的是将当事人推向收集和提出证据的前台，明确当事人才是以证据证明的第一责任人。根据新增设的第 3 款规定，法院由证据的调查收集者转变为证据的审查核实者。这表明，法院原则上不再负责调查收集证据，而是仅在例外情况下有调查收集证据之职责。① 以当事人主义诉讼体制或模式转型的视角观察，举证责任的立法变迁可谓将法院调查取证权关进了制度的笼子里。然而，上述转型的第一推动却并不是约束性辩论原则的第三要义②，而是作为"实际情况"的"诉讼爆炸""案多人少"，其转型目标是彻底改变"当事人动嘴，法院跑断腿"的情况。③

（二）举证责任构建的去实体化

举证责任的上述"正式化"并未真正实现"去试行化"，亦即使举证责任与民事实体法具有"同一精神"。一般认为，举证责任或证明责任乃对实体风险的科学分配，亦即在穷尽所有证明手段后，要件事实仍于言词辩论终结时陷入真伪不明的，应判决何方当事人承担真伪不明的诉讼风险。④ 由是观之，举证责任及其分配是与实体法紧密相连的概念与制度，证明责任的制度效果与分配结果理应根据民法规范加以最终确定。在民事诉讼法从"试行化"到"正式化"的 9 年时间里，《民法通则》业已颁布实施。例如，《民法通则》第 126 条、第 127 条分别体现出请求权基础范围内的构成要件要素举证责任倒置和抗辩事由的举证责任正置：根据《民法通则》第 126 条，受害人对侵权行为、损害后果和因果关系承担举证责任，行为人对自己无过错承担举证责任（过错推定责任）。与之相对，《民法通则》第 127 条则在规定受害人就侵权行为、损害后果、因果关系承担举证责任之后，在中段提示行为人通过证明受害人过错（与有过失）而免责。面对上述实体法中的举证责任分配提示，《民事诉讼法》并未以此为参照对举证责任的概念及举证责任的分配"去试行化"。

---

① 2015 年《民诉法解释》第 96 条将人民法院依职权调查取证限定为五种具体情形："（一）涉及可能损害国家利益、社会公共利益的；（二）涉及身份关系的；（三）涉及民事诉讼法第五十五条规定诉讼的；（四）当事人有恶意串通损害他人合法权益可能的；（五）涉及依职权追加当事人、中止诉讼、终结诉讼、回避等程序性事项的。"

② 参见张卫平：《我国民事诉讼辩论原则重述》，《法学研究》1996 年第 6 期。

③ 参见马原主编：《民事诉讼法的修改与适用》，人民法院出版社 1991 年版，第 63 - 64 页。

④ 参见李浩：《证明责任的概念——实务与理论的背离》，《当代法学》2017 年第 5 期；胡学军：《中国式举证责任制度的内在逻辑——以最高人民法院指导案例为中心的分析》，《法学家》2018 年第 5 期。

（三）举证责任模式的基本特征

"正式化"的民事诉讼法依旧在"民事审判工作的经验"之维将举证责任理解为法院与当事人就收集和提出证据的责任分配，这与"去试行化"的举证责任模式转型有着本质区别。

其一，"正式化"的举证责任调整法院与当事人之间的关系，而并未对当事人之间的诉讼风险分配作出明确界定，其修法目的是强化当事人收集和提出证据的责任，减轻法院调查收集证据的司法负担。

其二，"正式化"的举证责任并未根据实体法分配，"谁主张，谁举证"同样适用于法院与当事人之间的举证负担，即提出事实主张的当事人应该相应负责以证据证明，这也为"谁主张，谁举证"在理论上和实务中的严重分歧埋下了伏笔。①

其三，"正式化"的举证责任将适用范围限定在具体事实主张层面，而与民法具有"同一精神"的证明责任则是在构成要件层面的风险分配。② 将举证责任的适用范围限定于具体事实主张，是为了强调当事人必须为此提出证据加以证明，而不能怠于收集和提出证据，要破除"查明事实、收集证据是人民法院的事"之片面理解。③ 相反，贯彻"去试行化"的举证责任必然要与"请求→抗辩→再抗辩→再再抗辩"之实体审理构造相衔接④，根据民事实体法对上述构成要件的风险分配确定举证责任。

值得注意的是，上述体现"去试行化"的立法方案曾于1991年民事诉讼法起草过程中被专家学者提出，并为最高人民法院所关注。然而，对于在民事诉讼法中规定举证责任的法律后果以使该制度完整化和系统化的立法建议，起草者以"民事审判工作的经验"和"实际情况"为由未予采纳：（1）民事诉讼中决定胜败的是案件事实而非是否举证；（2）我国当事人法律知识和法律意识普遍较为薄弱；（3）不利于发挥审判人员的积极性。⑤

---

① 参见胡东海：《"谁主张谁举证"规则的历史变迁与现代运用》，《法学研究》2017年第3期；任重：《罗森贝克证明责任论的再认识——兼论〈民诉法解释〉第90条、第91条和第108条》，《法律适用》2017年第15期。

② 参见胡学军：《在"生活事实"与"法律要件"之间：证明责任分配对象的误识与回归》，《中国法学》2019年第2期。

③ 参见马原主编：《民事诉讼法的修改与适用》，人民法院出版社1991年版，第63页。

④ 参见许可：《民事审判方法：要件事实引论》，法律出版社2009年版，第147页；吴香香：《请求权基础视角下〈民法典〉的规范类型》，《南京大学学报（哲学·人文科学·社会科学版）》2021年第4期；任重：《夫妻债务规范的诉讼实施——兼论民法典与民事诉讼的衔接》，《法学》2020年第12期。

⑤ 参见马原主编：《民事诉讼法的修改与适用》，人民法院出版社1991年版，第64-65页。

二、起诉条件的"正式化"

"正式化"的修法主线是将有效应对"诉讼爆炸""案多人少"的"民事审判工作的经验"上升为立法，而并非通过系统修订使民事诉讼法与民法具备"同一精神"。有鉴于此，体现民事诉讼一般规律的"实际情况"对"去试行化"的积极作用难以为继，告状难或称起诉难同样是典型例证。

（一）"告状难"的立法回应

修法背景是，立法机关曾明确指出民事审判工作中存在的问题，这尤其表现为告状难、争管辖、审判难、执行难。[①] 与审判难、执行难等通过修法来解决相比，告状难的解决举步维艰。原因在于，审判难、执行难的解决在结果上扩充了司法职权，而告状难的克服需要有效规制司法职权（程序控制权）；审判难、执行难的解决并未直接增加司法负担，而告状难的有效化解必然会显著提升审判压力。是故，围绕告状难的法律修订在专家学者和负责起草法案的司法机关之间产生了显著的理解分歧。

告状难在 1991 年《民事诉讼法》中的制度回应主要体现在两个方面：一是在第 3 条明确规定案件受理范围（"人民法院受理公民之间、法人之间、其他组织之间以及他们相互之间因财产关系和人身关系提起的民事诉讼"），二是于第 111 条明确"人民法院对符合本法第一百零八条的起诉，必须受理"。学界曾对第 3 条寄予厚望，即新增民事诉讼法的调整范围后，能有效防止和纠正某些人民法院自定立案标准，任意决定是否受理，甚至把应受理的案件拒之门外。[②] 然而，上述理论倡导并未落实于司法机关对《民事诉讼法》的理解与适用中。对于《民事诉讼法》第 3 条的功能，最高人民法院认为，其仅在于明确法院主管范围，是对积极起诉条件中"属于人民法院受理民事诉讼的范围"（第 108 条第 1 款第 4 项前段）的具体化。

（二）起诉条件的修法困境

由于 1991 年《民事诉讼法》的主要功能是"正式化"而非"去试行化"，立法机关和理论学界对告状难的重视和关注并未实质降低起诉门槛。以《民事诉讼法》第 3 条为代表的立法努力也被柔性处理为起诉条件中法院主管的具体化。《民事诉讼法》第 3 条所蕴含的民事纠纷解决的兜底性

[①] 参见顾昂然：《关于民事诉讼法的补充和修改》，载马原主编：《民事诉讼法的修改与适用》，人民法院出版社 1991 年版，第 1 页。

[②] 参见江伟：《谈民事诉讼法的补充和修改——为民事诉讼法正式颁布而作》，《法学杂志》1991 年第 3 期。

质以及"法官不得以法无明文规定为由拒绝裁判"的立法精神因为"民事审判工作的经验"而被消耗殆尽。《民事诉讼法》完成"正式化"后,"起诉难"不仅未被有效解决,反而不断成为立法和理论重点关注的社会、法律问题。截至 1999 年年底,我国各级法院均建立起专门立案机构。[①] 这也从一个侧面表明,缺乏"实际情况"有效规制的"民事审判工作的经验"难以跳出"明希豪森陷阱"。例如,2012 年修正案明确规定"人民法院应当保障当事人依照法律规定享有的起诉权利"(现行《民事诉讼法》第 126 条),同时后移消极起诉条件至"起诉和受理"章节的最后,但均未能动摇"民事审判工作的经验",将三类共 19 种起诉条件作为受理标准。在立案登记制改革之后,"起诉难"问题依旧存在。[②]

三、"去试行化"的形式回应:以诉讼时效为例

在"试行化"的 9 年间,我国制定了一批民事或者有关民事的实体法,立法者认为民事诉讼法有必要作出相应的程序调整,以实现民事诉讼法与民事实体法的相互衔接。[③]

(一)民事诉讼法与民法的形式协同

上述法律修订包括但不限于:针对票据纠纷新增公示催告程序;为解决集体企业、私营企业、外商投资企业破产还债程序新增企业法人破产还债程序;在特别程序中补充规定宣告失踪和认定公民限制行为能力程序。

除针对实体法律规定新增诉讼程序外,《民事诉讼法》还在概念术语上与《民法通则》等实体规范加以协调。例如,《民事诉讼法(试行)》第 81 条第 1 款将起诉条件中的原告适格表述为"原告是与本案有直接利害关系的个人、企业事业单位、机关、团体"[④]。在《民法通则》第 2 条将民事主体规定为公民和法人之后,1991 年《民事诉讼法》第 3 条相应将民事诉讼主体规定为公民、法人和其他组织,并将起诉条件中的原告适格相应修改为"原告是与本案有直接利害关系的公民、法人和其他组织"。

(二)民事诉讼法与民法的实质龃龉

上述与民法在形式上具有"同一精神"的修法模式也成为其后历次法律修订的基本选择,即根据民事实体法的最新发展新增相应民事诉讼程序

[①] 参见张嘉军:《立案登记背景下立案庭的定位及其未来走向》,《中国法学》2018 年第 4 期。

[②] 参见曹志勋:《反思民事诉讼中对立案证据的要求》,《法学》2024 年第 1 期。

[③] 参见顾昂然:《关于民事诉讼法的补充和修改》,载马原主编:《民事诉讼法的修改与适用》,人民法院出版社 1991 年版,第 1 页。

[④] 关于原告适格的理论探讨,参见曹云吉:《立案登记制下"当事人"的程序构造》,《法制与社会发展》2017 年第 5 期;李晓倩:《个人信息保护民事公益诉讼的原告适格——以〈个人信息保护法〉第 70 条的解释论为中心》,《吉林大学社会科学学报》2022 年第 5 期。

（非讼程序），结合民事实体法的术语相应调整民事诉讼法中的条文表述。可见，民事诉讼法与民法要真正具有"同一精神"还有相当长的路要走。或许正是出于这一原因，1991 年《民事诉讼法》虽然对"民事诉讼法的任务"作出重大调整，如在"保证人民法院查明事实，分清是非"之前规定"保护当事人行使诉讼权利"，将"保护国家、集体和个人的权益"修改为"保护当事人的合法权益"，但其并未在第 1 条中旗帜鲜明地表明"为了保证民法的切实实施"。即便在《民法典》实施后的两次法律修订中也未作出上述宣示。可见，虽然《民事诉讼法》已经在名称上摘掉了"试行"，但并未真正达成"去试行化"，《民事诉讼法》尚未实现与《民法典》的"同一精神"。①

（三）诉讼时效制度的实体/程序分离

上述问题同样呈现于民事诉讼具体制度中。主张"先程序，后实体"的专家学者曾建议，民事诉讼法可先行集中规定诉讼时效，待民法中作出相应规定后再做体系协调。由于实体法并未对诉讼时效作出明确规定，无论是 1982 年《民事诉讼法（试行）》还是《民事诉讼法（试行）意见》均未触及诉讼时效问题。随着《民法通则》第七章对诉讼时效做专门规定，其第 135 条将诉讼时效表述为"向人民法院请求保护民事权利的诉讼时效期间"，诉讼时效制度在两法中的定位也存在不同解释空间。②

1. 作为特殊起诉条件的诉讼时效

在诉讼法学者看来，"向人民法院请求保护民事权利"对应"起诉—受理"程序。是故，法院在受理案件前应查明当事人的起诉是否超过诉讼时效期间，这是《民法通则》中规定的特殊起诉条件，宜理解为《民事诉讼法（试行）》颁布后起诉条件的再次扩充。③ 然而，上述观点并未充分回应《民法通则》第 138 条当事人自愿履行规定的体系解释。由于义务人可以通过自愿履行满足已过诉讼时效的请求权，诉讼时效据此不可能归入起诉条件，而是归入实体审理事项中的诉讼时效抗辩权，法院也无法在"起诉—受理"阶段根据原告单方陈述对诉讼时效问题作出准确判定。不仅如此，诉讼时效还有普通、短期、长期、中止、中断等复杂规则，法院在 7 日内进行正确判定的可能性和可行性存疑。

---

① 这一问题较早得到学界的关注和强调，参见李浩：《走向与实体法紧密联系的民事诉讼法学研究》，《法学研究》2012 年第 5 期。

② 关于诉讼时效系消灭诉权抑或是对请求权发生作用的学术分歧，参见王锡三：《近代诉权理论的探讨》，《现代法学》1989 年第 6 期。

③ 参见刘新英：《论诉权和诉权的消灭》，《法学评论》1988 年第 3 期。

2. 诉讼时效制度的实体/程序二元格局

上述诉讼时效认识分歧并未随着 1991 年《民事诉讼法》的出台而被彻底消除，反而进一步埋下了实体程序割裂的伏笔。"正式化"的民事诉讼法共有两处诉讼时效规定，即在新增的人数不确定之代表人诉讼（集团诉讼）中规定"未参加登记的权利人在诉讼时效期间提起诉讼的，适用该判决、裁定"（现行《民事诉讼法》第 57 条第 4 款），随后在认定财产无主案件的特别程序中规定原财产所有人或继承人"在民法典规定的诉讼时效期间可以对财产提出请求"（现行《民事诉讼法》第 204 条）。

上述两处诉讼时效规定虽然在术语上与《民法通则》保持一致，但在概念内涵以及法律效果上呈现明显分歧。第一处诉讼时效规定旨在明确人数不确定的代表人诉讼对未登记当事人发生效力。之所以用诉讼时效作为限定，是基于如下认识，即如果权利人在诉讼时效期间外提起诉讼，其权利不再受人民法院的审判保护。[1] 然而，上述认识并未充分考虑到诉讼时效的实体抗辩权性质，在未考虑义务人自愿履行的前提下要求人民法院判决驳回诉讼请求。同样，第二处诉讼时效规定也存在与《民法通则》第 138 条之间的认识分歧。

上述关于诉讼时效规定的分歧并未在《民法典》颁布实施后的两次修正案中得到科学解决。将民事实体法中明确界定为实体审理事项的相关规定作为起诉条件的"试行化"做法并不鲜见。在《民法典》第 687 条第 2 款规定先诉抗辩权之后，《担保解释》第 26 条第 1 款第 2 句仍将先诉抗辩权前置为债权人单独起诉一般保证人的特殊起诉条件，要求人民法院驳回起诉，这是"正式化"的民事诉讼法以"民事审判工作的经验"拒斥民法之"同一精神"的又一具体例证。

第四节　民事诉讼法"去试行化"的希尔伯特问题

从 1982 年《民事诉讼法（试行）》到 1991 年《民事诉讼法》的立法变迁虽然实现了"正式化"，但并未同步完成"去试行化"。举证责任、起诉条件、诉讼时效和一般保证的适用困境背后都存在"试行化"的观念掣肘。"试行化"的《民事诉讼法》以实体法的缺位为时代背景，以"民事审判工作的经验"为立法来源，以"案多人少""诉讼爆炸"为"实际情

---

[1]　参见马原主编：《民事诉讼法的修改与适用》，人民法院出版社 1991 年版，第 55 页。

况"，对"切实实施民法典"及具体民事权利的实现进行筛选和改造，民事诉讼法总体而言尚未与民法保持"同一精神"。1991 年以后修订间隔时间不断缩短的 5 次法律修订同样未能改弦更张。虽然《民事诉讼法（草案）》被称为"民事诉讼法典"，但以编纂式法典和"去试行化"为标准，我国尚未实现民事诉讼法的法典化。

"试行化"观念的形成并非一朝一夕，"去试行化"也难以一蹴而就。《民事诉讼法》在《民法典》颁布实施后依旧停留于"试行化"，有其客观原因，这集中表现为"先程序，后实体"的时间间隔远超预期。将近 40 年的独自前行使"去试行化"的难度加剧、周期增长。囿于《民法典》的编纂进度未如预期，民事单行立法的进度也较为迟缓①，为了有效应对"诉讼爆炸""案多人少"的"实际情况"，避免司法实务对"试行化"的误读，1991 年《民事诉讼法》在并未完成"去试行化"的背景下启动"正式化"。毋庸讳言，这可能使人们产生《民事诉讼法》业已完成法典化的误读。"去试行化"的两法协同融合努力被主要限定为特别程序的增设以及术语的协调。

"去试行化"是我国民事程序法治现代化进程中的本土问题，其成因是民事诉讼法与民法将近 40 年的分离。长期的"试行化"造成两法在观念和理念上的分离割裂。如何在观念和理念上完成"去试行化"也将是我国民事诉讼法法典化的重点问题、难点问题和痛点问题。当前，在观念和理念上对民事诉讼法"去试行化"产生严重制约的理论问题主要表现为两法协同实施的原点问题，即诉权论、诉讼目的论和既判力本质论，这也是民事诉讼法法典化的希尔伯特之问。②

一、民事诉权模式转型

民事诉讼法与民法具有"同一精神"这一民事诉讼法法典化的标志性特征，是基于如下基本认识，即民事诉讼法与民法构成两个彼此独立又相互协同的法律部门。

---

① 如《合同法》于 1999 年颁布实施，《物权法》和《侵权责任法》则先后于 2007 年和 2010 年实施。

② 1900 年 8 月，在巴黎国际数学家代表大会上，希尔伯特发表了题为《数学问题》的著名讲演。他根据过去特别是 19 世纪数学研究的成果和发展趋势，提出了 23 个最重要的数学问题。这 23 个问题通称希尔伯特问题，后来成为许多数学家力图攻克的难关，对现代数学的研究和发展产生了深刻的影响，并起了积极的推动作用。希尔伯特问题中有些现已得到圆满解决，有些至今仍未解决。关于法学希尔伯特问题的相关探讨参见《中外法学》编辑部刊登的系列文章。如朱庆育：《中国民法总则的希尔伯特问题》，《中外法学》2023 年第 2 期；程啸：《侵权法的希尔伯特问题》，《中外法学》2022 年第 6 期。

（一）作为两法关系起点的民事诉权论

新中国成立以来，无论是立法规划抑或是学科设置都体现出民事诉讼法与民法并非同一法律部门。在苏联诉权理论影响下，我国逐步建立二元诉权论，将起诉权（程序意义上的诉权）和胜诉权（实体意义上的诉权）作为诉权的内核。① 随着起诉条件和"起诉—受理"程序的设立，起诉权被理解为当事人据以要求法院开启审理程序的公法请求权。胜诉权则相应被界定为当事人据以要求法院作出实体上有利判决的公法请求权。② 当然，在起诉权和胜诉权之外，还存在答辩权、提证权、反诉权、上诉权、再审诉权等一系列诉讼权利，但结合"起诉难"的社会现象以及"有错必纠"的司法理念，起诉权和胜诉权无疑是诉权体系中的重中之重。

在新中国成立之初，借助苏联民事诉讼法典、教科书、论文集和诉权专著继受二元诉权论以来③，以起诉权和胜诉权为内核的诉权模型始终是我国的绝对通说。虽然在改革开放之后，学者对二元诉权论的反思与日俱增④，以德日为代表的大陆法系诉权学说也被更为全面地引介到国内⑤，但并未动摇二元诉权论的通说地位及对司法实践的实质影响。⑥

（二）民事诉权模式选择的系统性影响

诉权模式的选择不仅对解决"起诉难""告状难"和贯彻"有错必纠"的司法理念有决定性影响，而且能体系化地决定诉讼时效等具体制度的模式选择。不仅如此，现代诉权理论本身就是民事诉讼法与民法从实体程序不分逐渐演变成两个法律部门的催化剂。不同诉权模式的选择也直接影响民事诉讼法能否与民法体现"同一精神"。有鉴于此，民事诉讼法的"去

---

① 参见江伟、邵明、陈刚：《民事诉权研究》，法律出版社 2002 年版，前言第 3 页。

② 参见柴发邦、刘家兴、江伟等：《民事诉讼法通论》，法律出版社 1982 年版，第 195 页。

③ 参见中央人民政府法制委员会编：《苏俄民事诉讼法典》，张文蕴译，人民出版社 1951 年版；［苏］C. H. 阿布拉莫夫：《苏维埃民事诉讼》（上、下册），中国人民大学民法教研室译，中国人民大学出版社 1954 年版；［苏］克列曼：《苏维埃民事诉讼》，法律出版社 1957 年版；［苏］吉泽尔等：《苏维埃民事诉讼论文集》，师根鸿、王明毅、刘书锜等译，法律出版社 1956 年版；［苏］M. A. 顾尔维奇：《诉权》，康宝田、沈其昌译，中国人民大学出版社 1958 年版。

④ 参见顾培东：《诉权辨析》，《西北政法学院学报》1983 年第 1 期。

⑤ 参见王锡三：《近代诉权理论的探讨》，《现代法学》1989 年第 6 期；江伟、单国军：《关于诉权的若干问题的研究》，载陈光中、江伟主编：《诉讼法论丛》（第 1 卷），法律出版社 1998 年版，第 214－218 页。

⑥ 如最高人民法院第 130 号指导性案例"重庆市人民政府、重庆两江志愿服务发展中心诉重庆藏金阁物业管理有限公司、重庆首旭环保科技有限公司生态环境损害赔偿、环境民事公益诉讼案"；最高人民法院第 198 号指导性案例"中国工商银行股份有限公司岳阳分行与刘某良申请撤销仲裁裁决案"；最高人民检察院第 122 号指导性案例"李某滨与李某峰财产损害赔偿纠纷支持起诉案"。

试行化"首先要求明确二元诉权论的诉权模式定位。诉权概念虽可以追溯至罗马法①，但体现民事诉讼法与民法二元协同格局的诉权理论发轫于德国普通法末期②，即从私法诉权论向公法诉权论的模式转型时期。

1. 私法诉权论与立案审查制

传统私法诉权论的代表学者萨维尼将诉权理解为实体权利受到侵害或有被侵害之虞的发展阶段或者衍生物，亦即诉权产生的前提是实体权利的存在及受害。③ 有鉴于此，法院在受理起诉之前必须仔细审查诉权产生的两个构成要件是否成立，即实体权利是否存在以及是否受到了被告的侵害。在此认识基础上，起诉权才真正具有了专门程序的指代，即原告必须向法院主张并证明其是真正权利人和权利受害人，否则，其起诉便无法启动审理程序。值得注意的是，上述起诉条件的高阶化并未得到司法实践的贯彻落实。④ 对德国民法典和德国民事诉讼法典产生实质影响的温德沙伊德诉权论则明确区分请求权和诉权，其中请求权是原告针对被告的实体权利，而诉权则是原告针对法院的权利。不过，温德沙伊德并未明确诉权是否以请求权的存在为必要，也因为当时公法理论尚不发达而并未点出诉权的公法属性。⑤ 有鉴于此，温德沙伊德的诉权理论依旧具有私法性质，可被称为修正的私法诉权论。

2. 抽象公法诉权论与立案登记制

真正对德国普通法后期司法实践中存在的"告状难""起诉难"发出理论挑战的是抽象公法诉权论这一公法诉权理论流派。以彪罗为代表的抽象公法诉权说认为，对起诉人是否为真正权利人和实质受害人进行在先审查的司法实践严重贬损了当事人诉权。由于国家垄断暴力，个人原则上被禁止通过自力救济实现权利，因此公民有权利要求法院审理自己的诉求。这一权利是抽象的，是不依赖于权利存在和权利受害等具体条件的，凡是有权利能力的人就有通过起诉开启诉讼程序的诉权。⑥ 客观而言，就"告状难""起诉难"的实质解决而言，抽象公法诉权论作出了巨大贡献，但

---

① 参见巢志雄：《诉权概念史》，厦门大学出版社 2021 年版，前言第 1 页。

② 参见江伟、邵明、陈刚：《民事诉权研究》，法律出版社 2002 年版，第 4 页。

③ 详细讨论参见任重：《论我国民事诉讼标的与诉讼请求的关系》，《中国法学》2021 年第 2 期，第 255－258 页。

④ Vgl. Althammer, Streitgegenstand und Interesse: Eine zivilprozessuale Studie zum deutschen und europäischen Streitgegenstandsbegriff, Mohr Siebeck, 2012, S. 25.

⑤ 参见［德］米夏埃尔·马丁内克：《伯恩哈德·温德沙伊德（1817—1892）——一位伟大的德国法学家的生平与作品》，田士永译，载郑永流主编：《法哲学与法社会学论丛》（第六辑），中国政法大学出版社 2003 年版，第 33 页以下。

⑥ 参见顾培东：《法学与经济学探索》，中国人民公安大学出版社 1994 年版，第 199 页。

这一理论的体系化功能受到质疑。

3. 权利保护请求权说与两法协同实施

由于抽象公法诉权论将诉权理解为任何具有诉讼权利能力的人要求法院启动审理程序的权利，即要求被告参加诉讼和要求法院作出裁判的权利，这就使抽象诉权论与诉讼权利能力制度没有根本区别。① 不仅如此，其也难以对法院结合实体构成要件进行审理后作出判决的现象作出科学解释，甚至与原告提起诉讼的初衷相矛盾：原告要求法院开启程序是为了获得对自己有利的判决，而不仅仅是"程序空转"②。为此，公法诉权说的另一流派权利保护请求权说（即具体公法诉权论）应运而生，其旨在对从起诉到判决，从诉讼再到保全以及执行的广义诉讼现象加以系统整合，重塑民事诉讼法与民法的协同关系。根据权利保护请求权说，当事人通过起诉开启诉讼程序是毫无疑问的，因为起诉开启诉讼程序并无具体条件，所以不应将起诉称为"起诉权"。起诉开启程序仅是一种"诉的可能性"。相反，权利保护请求权说中的诉权是在审判程序中原告或被告要求法院作出有利判决的权利。作为权利保护请求权说的核心特征，阶层化的诉权要件乃以胜诉或败诉判决作为导向，而非以获得法院受理或者引发被告的答辩作为诉权的法律效果。鉴于此，权利保护请求权论的问题意识不再满足于立案登记制改革，而是以实现实体/程序交互的民事诉讼理论体系化为己任。③

4. 主要民事诉权模式的基本特征

虽然在权利保护请求权说之后，又先后出现德国法的司法保护请求权论以及日本法的本案判决请求权论④，但均可谓抽象公法诉权论和具体公法诉权论之间的折中。相反，苏联法的二元诉权论虽以权利保护请求权说为重要蓝本，但通过"起诉—受理"的程序构建在结果上退回了萨维尼时代的私法诉权论模式。

如表 2-1 所示，各主要民事诉权模式在两法分立、两法协同、"起诉—受理"程序的确立以及实体正当性要素方面既有区别亦有联系。在苏联诉权理论影响下，我国当前的诉权模式基本呈现出二元诉权模式的基本特征，尤

---

① 参见［苏］M. A. 顾尔维奇：《诉权》，康宝田、沈其昌译，中国人民大学出版社 1958 年版，第 12-13 页。

② ［德］赫尔维格：《诉权与诉的可能性：当代民事诉讼基本问题研究》，任重译，法律出版社 2018 年版，第 86-87 页。

③ 参见任重：《中国式现代化视域下民事诉权的反思与重塑》，《中国法学》2024 年第 4 期。

④ 参见［日］伊藤真：《民事诉讼法》（第四版补订版），曹云吉译，北京大学出版社 2019 年版，第 12 页；Rosenberg/Schwab/Gottwald, Zivilprozessrecht, 18. Aufl., C. H. Beck Verlag, 2018, § 3 Rdnr. 1 ff.

其是两法分立的基本观念、"起诉—受理"的程序构建以及对实体正当性的强烈追求，这集中表现为"有错必纠"的司法理念。不过，囿于民事诉讼法之"去试行化"并未最终达成，我国二元诉权论存在偏重起诉权而虚置胜诉权的现象，特别是在诉讼时效抗辩权、先诉抗辩权等问题上呈现"胜诉权的起诉权化"①。值得注意的是，虽然囿于"试行化"的痼疾，我国民事诉讼法存在与民法的严重割裂，但我国在起诉权的认识上又走向了私法诉权论②，特别是要求当事人在案件受理前提出并一定程度证明其为真正权利人和权利受害人，亦即原告适格要求和诉讼请求的事实根据要求。③

表 2-1　主要民事诉权模式的基本特征

民事诉权模式	基本特征			
	两法分立	两法协同	起诉—受理	实体正当性
罗马诉权论	✕	✕	✓	✓
传统私法诉权论	✕	✕	✓	✓
修正私法诉权论	✓	✕	✓	✓
抽象公法诉权论	✓	✕	✕	✕
具体公法诉权论	✓	✕	✕	✕
司法保护请求权论	✓	✕	✕	✕
本案判决请求权论	✓	✕	✕	✕
二元诉权论	✓	✕	✓	✓

（三）以权利保护请求权说为导向协同两法关系

在二元诉权论之后，我国应该构建怎样的本土化诉权模式？这或许是以《民法典》为参照重塑两法关系，使民事诉讼法经由"试行化"而真正实现法典化的希尔伯特第一问。笔者认为，从民事诉讼法典的体系化之维出发，以权利保护请求权论或称具体公法诉权论为基础构建中国式民事诉权模式的比较优势明显。④一方面，具体公法诉权论在"切实实施民法典"方面有自身优势，这尤其体现在其将实体审理构造纳入诉权要件，以贯彻"有错必究"的实体正当性要求，这无疑也更契合我国的审判监督程

---

① 关于胜诉权的起诉权化与实体判决要件的诉讼条件化之异同，参见张卫平：《起诉条件与实体判决要件》，《法学研究》2004 年第 6 期。

② 参见任重：《民事诉权的中国意涵——基于民事诉讼自主知识体系的追问》，《河北法学》2025 年第 3 期。

③ 参见柴发邦、刘家兴、江伟等：《民事诉讼法通论》，法律出版社 1982 年版，第 278 页。

④ 参见［苏］M. A. 顾尔维奇：《诉权》，康宝田、沈其昌译，中国人民大学出版社 1958 年版，第 16 页。

序以及第三人撤销之诉等纠错机制。另一方面，具体公法诉权论在克服"起诉难""告状难"方面吸收了抽象公法诉权论的制度优势，通过将起诉权转型为"诉的可能性"来充分落实"有案必立，有诉必理，保障当事人诉权"的顶层设计。不仅如此，诉权要件阶层化的理论构造也为我国合理分配诉权要件以科学应对"案多人少"的问题预留了理论空间。①

二、诉权模式的体系展开

我国既有诉权研究相对集中于审判程序，这也与"起诉难""告状难"的社会现实密切相关，是我国民事诉讼基础理论发展阶段的体现。随着民事强制执行法的起草和审议，以及知识产权领域、家事人身安全领域以及人格权保护领域对临时性保护措施的强调②，诉权理论体系亟待展开，即在以审判程序为背景的诉权模式基础上扩展到全过程诉权保护的权利保护请求权领域，特别是将诉讼保全、禁令制度以及民事强制执行法以及家事程序、非讼程序均纳入广义诉权模式中来。

以诉讼保全为例，不同于"起诉难""告状难"越发受到社会各界的普遍关注，"保全申请难"并未被等同视之。这既与诉讼保全的临时性有关，也囿于人们对诉权的狭义理解。通过确立审限制度以及司法绩效考核制度，我国民事案件的审理效率不断提高，但当事人自起诉到判决最终生效期间仍旧存在着权利保护的真空。这就对临时性法律保护的申请提出了制度需求。然而，我国诉讼保全特别是诉前行为保全向来存在"申请难"，其受理比例要远低于起诉受理比例。③ 正是考虑到诉前行为保全"申请难"的普遍长期存在，知识产权、家事事件以及人格权保护等特殊领域另辟蹊径，建立禁令制度以实现民事权利的及时保护。④ 不过，在既有临时性法律保护措施的基础上叠床架屋地设置禁令制度虽然能有效克服"申请难"，其代价却是程序上的重叠以及理论性质上的模糊，这与编纂式民事诉讼法典的要求背道而驰。不仅如此，通过特别规定的方式在诉讼保全程序之外探索临时性权利救济的可能，也难以真正实现临时性法律保护/权利救济的点面结合。有鉴于此，临时性法律保护措施"申请难"的根本解

---

① 参见任重：《中国式现代化视域下民事诉权的反思与重塑》，《中国法学》2024 年第 4 期。

② 参见刘子赫：《人格权禁令独立性的保全路径——以起诉期间制度为核心》，《财经法学》2023 年第 5 期。

③ 参见任重：《我国诉前行为保全申请的实践难题：成因与出路》，《环球法律评论》2016 年第 4 期。

④ 参见张卫平：《防御请求之诉：实体与程序的关联分析——兼论人格权防御请求之诉》，《清华法学》2023 年第 5 期；吴英姿：《民事禁令程序构建原理》，《中国法学》2022 年第 2 期；毕潇潇：《人格权侵害禁令研究——实体与程序的双重视角》，《东方法学》2022 年第 3 期。

决路径是将诉前行为保全纳入诉权体系，作为与审判程序之狭义诉权并列的广义诉权类型，通过阶层化的诉权要件构造和诉讼标准的实质降低，切实填补诉权保护体系上的空白。对此，2019 年全面修正的《证据规定》第 86 条第 2 款业已明确将诉讼保全证明事项纳入适用优势盖然性的较低证明标准的范围。

据此，狭义诉权要件在二元诉权论的基础上被区分为起诉权要件和胜诉权要件。当然，起诉权要件有必要进一步细分为受理要件和合法性要件（实体判决要件或称诉讼要件）。胜诉权要件则根据《民法典》中的具体制度规定而细分为"请求→抗辩→再抗辩→再再抗辩"等不同阶层。① 不仅如此，无论是以起诉权要件与合法性要件为代表的程序事项（广义起诉权），抑或是以实体制度分层为特征的实体事项（胜诉权），均存在事实主张以及证据证明问题。② 以狭义诉权的上述诉权要件分层为蓝本，保全请求权、执行请求权和非讼程序申请权均可形成诉权要件之分层结构，进而生成我国民事诉权的四元体系。

三、诉讼目的和既判力本质论的模式转型

传统观点认为，民事诉讼法学有三大抽象而重要的基础理论问题，即诉权论、诉讼目的论和既判力本质论。③ 囿于我国民事诉讼法的"试行化"，这一提法也体现出实体、程序之间的分离与隔膜。

（一）民事诉讼目的的"试行化"及其转型

以诉讼目的论为例，在德国法看来，诉讼目的论和诉权论乃两个虽有联系但并不等同的理论板块。与此不同，日本学者将诉权论与民事诉讼目的论作为一体两面看待。据此，日本诉权论与诉讼目的论被整体界定为纠纷解决说（本案判决请求权论）。④ 虽然德国诉权理论已经退回到更贴近抽象公法诉权说的司法保护请求权论，亦即局限于第一审且并不对实体正当性负有保证责任，但其诉讼目的设定坚持（实体）权利保护未有动摇。⑤ 目光回到我国，无论是采取诉权论与诉讼目的论的一体两面，抑或是分置模式，

---

① 参见刘子赫：《〈民法典〉第 580 条第 2 款（违约方司法解除权）诉讼评注》，《云南社会科学》2023 年第 1 期。

② 对于起诉条件等程序事项是否存在证明问题，学界存在不同认识，参见李浩：《民事诉讼法适用中的证明责任》，《中国法学》2018 年第 1 期；胡学军：《证明责任中国适用的限缩——对"程序法上证明责任"在本土适用性的质疑》，《法学家》2022 年第 2 期。

③ 参见陈荣宗：《举证责任分配与民事程序法》，三民书局 1984 年版，第 153 页。

④ 参见［日］伊藤真：《民事诉讼法》（第四版补订版），曹云吉译，北京大学出版社 2019 年版，第 12 页。

⑤ Vgl. Rosenberg/Schwab/Gottwald, Zivilprozessrecht, 18. Aufl., C. H. Beck Verlag, 2018, §1 Rdnr. 9 ff.

"权利保护请求权论—（实体）权利保护说"的"诉权—请求权"模式选择都能对"切实实施民法典"发挥更直接的保障功能。基于此，我国民事诉讼制度目的设定也亟待从纠纷解决模式转型为（实体）权利保护模式。[1] 其修法模式可参照《刑事诉讼法》第 1 条，在《民事诉讼法》第 1 条规定"为了保证民法典的正确实施，保护民事主体的人身权利、财产权利以及其他合法权益，根据宪法，制定本法"；同时保留现行《民事诉讼法》第 2 条之民事诉讼法的任务规定，实现民事诉讼目的与任务的明确界分；最后相应删去"结合我国民事审判工作的经验和实际情况"等"试行化"标识。

（二）既判力本质论的实体/程序协同

与诉权论、民事诉讼目的论相比，既判力本质论在我国的关注度并不能等量齐观。这背后同样是"试行化"的掣肘。

1. 民事裁判效力的宽泛化

基于"民事审判工作的经验"以及"诉讼爆炸""案多人少"等"实际情况"，既判力相对性原则在我国向来被忽视。虽然学界以 2015 年《民诉法解释》在第 247 条中细化"一事不再理"为契机进行了系统研究，但司法实践中针对"一事不再理"的具体操作仍较为灵活且模糊。[2] 不仅如此，与既判力相对性之客观范围并不相符的所谓案件事实预决效力也长期存在宽泛适用问题。[3]

2. 判决作用方式的绝对化

与上述既判力相对性原则的问题群紧密相连，既判力本质论旨在厘清生效判决中实体权利义务关系的判定对私法秩序的作用及影响。简而言之，当法院就原告的权利主张以及诉讼审理的结果作出了与私法秩序并不相同的判定时，私法秩序是否因生效判决而改变？既判力本质论有两种基本模式，即实体法说和诉讼法说。其中，实体法说认为，基于法院的权威应认可生效判决中的实体权利义务安排，亦即在错误判决时依旧要根据法院的认定重塑私法秩序。[4] 值得注意的是，实体法说与私法诉权论相关联，强调诉权的本质是对既存权利受到侵害后的发展阶段，按此逻辑自然

---

① 参见任重：《民法典的实施与民事诉讼目的之重塑》，《河北法学》2021 年第 10 期。

② 参见张卫平：《既判力相对性原则：根据、例外与制度化》，《法学研究》2015 年第 1 期；林剑锋：《既判力相对性原则在我国制度化的现状与障碍》，《现代法学》2016 年第 1 期；金印：《既判力相对性法源地位之证成》，《法学》2022 年第 10 期。

③ 参见曹志勋：《反思事实预决效力》，《现代法学》2015 年第 1 期。

④ Vgl. Rosenberg/Schwab/Gottwald, Zivilprozessrecht, 18. Aufl., C. H. Beck Verlag, 2018, § 152 Rdnr. 4 ff.

能得出被修复的权利义务关系构成新的权利义务秩序。进入公法诉权论时代，诉权与既存的实体权利脱钩。基于对私法秩序的尊重，作为公法秩序的实体判决内容原则上不能侵入实体权利义务关系，而是必须坚持公权力介入私法秩序的谦抑性。不仅如此，基于人类认识的有效性，错误判决虽然应该规制但无法完全避免，为克服错误判决连锁反应及其对私法秩序造成的紊乱，也有必要否定生效判决能一般性地变动实体权利义务秩序。有鉴于此，德国法在既判力本质论上采诉讼法说①，亦即生效判决原则上只是对实体法律秩序的描述，而不产生变动既有权利义务关系的作用，例外限定在形成判决。

3. 虚假诉讼的判决效力归因

现行《民事诉讼法》虽然并未明确规定三大诉讼类型，即给付之诉、确认之诉和形成之诉，但司法和理论均以此为规律性认识。其中，形成判决长期以来被称为变更判决，顾名思义是通过判决发生权利义务关系变动的特殊类别。② 不过，以虚假诉讼和第三人撤销之诉为代表的学术探讨仍旧说明，关于既判力的作用方式尚未在我国达成广泛共识。不仅是形成判决，给付判决与确认判决也均被泛化理解为"发生法律效力的判决、裁定、调解书的部分或者全部内容错误，损害其民事权益"（现行《民事诉讼法》第59条第3款）的适用范围，案外人可以提起第三人撤销之诉。就此观之，我国在既判力本质论上尚未夯实诉讼法说的通说地位。《民法典》第229条对诉讼法说的明确指引并未得到足够强调和充分重视③，这同样是《民事诉讼法》"试行化"的具体例证。

第五节　以民法典为参照的民事诉讼基础理论重塑

诉权论、诉讼目的论、既判力本质论是民事诉讼的三大本原问题。上述问题的解答共同指向民事诉讼法与民法典的协同融合。诉权模式转型及其体系展开亟须依据《民法典》中的请求权、支配权、形成权、抗辩权制

---

① Vgl. Rosenberg/Schwab/Gottwald, Zivilprozessrecht, 18. Aufl., C. H. Beck Verlag, 2018，§152 Rdnr. 7.

② 参见刘子赫：《共有物分割诉讼的类型分析》，《苏州大学学报（法学版）》2023年第3期。

③ 参见房绍坤：《导致物权变动之法院判决类型》，《法学研究》2015年第1期；任重：《形成判决的效力——兼论我国物权法第28条》，《政法论坛》2014年第1期；任重：《〈民法典〉第229条（法律文书导致物权变动）诉讼评注》，《云南社会科学》2023年第1期。

度充实传统诉讼标的理论①，在此基础上建立"请求→抗辩→再抗辩→再再抗辩"的胜诉权分层。但同时也要明确，起诉权并不以实体权利既存为前提，否则必然因为过度"亲近"实体法而陷入"起诉难""告状难"的司法困境。

同理，虽然法院为民事权利义务秩序的判定付出了人力、物力和时间，但民事诉讼制度仍应坚持（实体）权利保护的目的，尤其是要提示法院注意，诉讼过程并非实体权利行使的真空，法院正在判定的并非起诉时即已冻结不变的实体权利义务秩序，而是需要在尊重私法自治的前提下不断追随原告对实体权利义务关系的塑造，否则，民事诉讼所追求的权利实现、秩序维持和纠纷解决就会脱离当事人视角。

在承认法官认识有限性的前提下，生效判决自然不能避免错判，判决中确定的权利义务秩序直接变动既有私法秩序的既判力本质论不仅危险且不合国情，这尤其体现在我国再审比例的高企以及"有错必纠"的司法理念。

以《民法典》为参照妥善解决上述三大本原问题无疑是"去试行化"必须实质回应的希尔伯特之问。不仅如此，基于民事诉讼理论和制度之间的"串联"结构，上述原点问题的"去试行化"也将产生"多米诺骨牌效应"，为民事诉讼基本原则、一般规定和具体制度的"去试行化"和全过程的两法协同实施提供基本思路和解决方案。

---

① 参见冯祝恒：《〈民法典〉第 186 条（违约与侵权请求权竞合）诉讼评注》，《华东政法大学学报》2023 年第 1 期。

第三讲　民事诉讼视域下的民法典

　　民法典与民事诉讼法的协同实施需要两个面向的审视与互动。本书第一讲旨在从总论角度厘清两法的相互关系、现实制约和协同方向。第二讲则首先从民法典的视角审视民事诉讼法，两法协同实施尤其需要以民法典为参照实现民事诉讼法的"去试行化"，据此方能开启民事诉讼法与民法典协同融合的新格局。

　　在民事诉讼法"去试行化"的基础上，民事诉讼也将为民法典实体规范和诉讼规范的动态化、阶层化提供分析框架，其目标是"切实实施民法典"，避免因为实体规范与诉讼规范的混同以及实体规范的平面化和静态化而实质贬损当事人的实体权利和诉讼权利。本讲的主要落脚点是民法典中的诉讼规范，通过将诉讼规范排除于请求权基础规范和诉讼标的规范（本书第五讲）之外，从根本上克服因传统诉讼标的理论而产生的多诉讼标的问题，有效回应"诉讼爆炸""案多人少"的"实际情况"，从源头上化解超大规模的民事纠纷。可见，民法典中诉讼规范的识别不仅具有理论价值，而且具有较为迫切的现实意义。将诉讼规范理解为请求权基础或叠加要件不仅增加当事人的诉累，且在结果上贬损当事人的民事实体权利。以《民法典》第1170条共同危险行为为例，其司法裁判的不统一部分源于对规范性质的误判。以诉讼规范为视角，以法律上的事实推定制度为参照，通过在民事诉讼法中建立法律推定的一般规则，将可能逐步解决理论研究与民事司法实践中的相关问题，这亦构成化解民事诉讼法与民法典相互脱节的问题的重要步骤。

第一节　民法典中的诉讼规范

　　民事诉讼的主要功能是由法院代表国家行使审判权以定分止争，并通过国家强制力保障民事实体权利的实现。就此而言，民事诉讼法体现出民法保障法的制度属性。① 这就要求诉讼法与实体法相协调，使民事实体权利能够通过诉讼程序得到有效保障，而不应以诉讼程序拒绝或者架空实体权利。这也是处理民事实体法和民事程序法相互关系的基本出发点。② 然而，这并非意味着不需要对实体法和诉讼法进行根本区分，反而对概念、制度和研究方法加以同一性理解，这同样是现阶段的另一种极端表现，例如对抗辩事由与诉讼抗辩的混淆。③ 强调民事诉讼法与民法之间的区别不仅有方法论或认识论上的意义，还将对民事司法实践产生重要影响，例如法官和当事人诉讼行为瑕疵并不会引发与民事法律行为瑕疵同样的效果。④ 可见，无论从理论研究出发，抑或以民事司法实践为视角，都要求对民法和民事诉讼法在制度内涵和法律效果上的差异给予足够强调和重视。

一、民法规范与民事诉讼规范的实质界分

民事诉讼法有实质和形式之分，形式民事诉讼法仅指以此为名称的法律文本，实质民事诉讼法以规范性质作为识别标准，进而对民法和民事诉讼法的法律文本进行全面检索。对实质民事诉讼规范的识别具有决定作用的是民事诉讼法律关系以及诉讼场景：民事诉讼法律关系呈现为法院与双方当事人组成的等腰三角形结构，其中双方当事人与法院之间的相互关系构成民事诉讼法律关系的主要内容，这使其带有较为明显的公法色彩。而实质民法规范原则上针对的是平等主体构成的民事法律关系。

然而仅以民事诉讼法律关系尚难以将实质民法规范完全排除在实质民事诉讼规范之外。从裁判规范属性观察，实质民法规范同样作用于民事诉讼法律关系，是法官处理民事权利义务争议的裁判依据。是故，在民事诉讼法律关系之外还需要参考民事诉讼场景：实质民事诉讼规范直接作用于民事诉讼法律关系，并且只有在民事诉讼情境中才能实现规范效果。

二、民法典中实质民事诉讼规范的识别困境

实质民事诉讼规范并不限于《民事诉讼法》及相关司法解释，而是同样存在于其他法律文本中，包括民法典文本。实质民事诉讼规范因此也被

---

① 除了保障实体权利义务实现，民事诉讼法同样具有实现程序权利义务的重要作用。我国的立法、司法以及理论研究中还存在较突出的重实体轻程序倾向，因此同样应当强调民事诉讼实现程序正义的功能和价值。

② 参见张卫平：《对民事诉讼法学贫困化的思索》，《清华法学》2014 年第 2 期。

③ 参见冯珏：《论侵权法中的抗辩事由》，《法律科学》2011 年第 4 期；陈刚：《论我国民事诉讼抗辩制度的体系化建设》，《中国法学》2014 年第 5 期。

④ 关于民事诉讼行为的内涵和瑕疵的处理，参见刘荣军：《民事诉讼行为瑕疵及其处理》，《中国法学》1999 年第 3 期；廖永安：《法院诉讼行为要论》，《法学家》2003 年第 2 期。

学者称为民事实质诉讼法。① 由于形式民事诉讼法律规范通过法律文本的名称表明其规范属性，因此不易被民事诉讼理论研究和司法实践忽视。对于民法典中的诉讼规范，则应当给予特别关注和重视，因为其可能被误读为实质民法规范，进而使对其制度内涵及法律效果的理解产生偏差：要么将其与真正的请求权基础同等对待，作为请求权竞合；要么将其作为特殊构成要件进行叠加。上述做法加重了当事人的证明难度，将法官应当依职权运用的相关程序规定误识为依当事人申请才适用的实体规范，显然与实质诉讼规范的立法初衷相悖。不仅如此，司法实践中还存在要求以相关诉讼规范作为请求权基础另行诉讼的做法，这不仅浪费宝贵的司法资源，而且加剧了当事人的诉累。

上述问题较为突出地反映在有关共同危险行为的民事司法实践中。对《侵权责任法》第 10 条后段的误读或许正是其深层次的理论原因，这一问题并未在《民法典》第 1170 条的理解与适用中被完全解决。在进行构成要件分析时不应忽视规范的定性问题。首先，构成要件这一术语本身就有指代不明的显著问题。关于德文"Tatbestandsmerkmale"在相关文献中有两种翻译方法：一种译为构成要件要素，另一种译为要件事实。虽然德文 Tatbestand 有"事实"的语义，但 Tatbestandsmerkmale 意指法律规范的具体组成部分。虽然部分法律规范是在归纳和总结众多具体生活事实类型基础上抽象而成的，但其依旧构成了司法三段论中的大前提，属于法律问题而非事实问题。不仅如此，一些法律规范的具体构成并非基于事实的归纳，例如过错、因果关系等。为了避免将 Tatbestandsmerkmale 归入小前提的风险，并使翻译结果更能够体现词源的内涵和外延，宜将 Tatbestandsmerkmale 翻译为构成要件要素，而非要件事实。② 学界一般将大前提意义上的 Tatbestandsmerkmale 简译为构成要件。据此，构成要件将根据语境分别对应作为整体的构成要件（Tatbestand）和作为整体构成要件的一个组成部分的构成要件要素（Tatbestandsmerkmale）。

三、《民法典》侵权责任编的诉讼规范分析

侵权责任是民事主体侵害他人合法权益应当承担的法律后果。作为"社会生活百科全书"和"民事权利宣言书"，《民法典》第七编"侵权责任"以"一般→特殊"之体系结构对社会生活中已有的典型侵权行为加以规制，并为侵权行为类型的新发展提供系统接口，以在具体案件中切实保

---

① 参见陈刚：《民事实质诉讼法论》，《法学研究》2018 年第 6 期。
② 参见［日］高桥宏志：《民事诉讼法制度与理论的深层分析》，林剑锋译，法律出版社 2003 年版，第 342 页。

障民事主体合法权益，落实《民法典》第 1 条和第 3 条权利本位与权利导向之立法宗旨①，调和民事权利保护与个人行动自由之间的紧张关系（第 1165 条第 1 款），在总体上预防和制裁侵权行为（第 1167 条），克服证明困境（第 1165 条第 2 款），分散不确定风险（第 1166 条）。

　　侵权责任编的多元立法目标为实质诉讼规范的识别提供了试验场。就侵权责任的请求基础而言，95 个法律条文是否均可归入"一般→特殊"之法典结构，进而使侵权责任编不出现请求权竞合的实体法律现象（《民法典》第 186 条）和"请求权主张竞合"（诉讼法意义的请求权竞合）的诉讼法律现象?②

　　《民法典》第 1170 条的诉讼实施受《民法典》第 186 条之实质影响③，这集中表现为请求权基础竞合与请求权竞合之不同解释路径。从文义出发，综合考量 2001 年《证据规定》第 35 条第 1 款（"当事人主张的法律关系的性质"）和 2019 年《证据规定》第 53 条第 1 款④，《民法典》第 186 条采取请求权竞合之处理方案。⑤ 据此，当事人分别以违约责任和侵权责任提出的前后诉不落入《民事诉讼法》第 127 条第 1 款第 5 项和《民诉法解释》第 247 条之"一事不再理"的情形。⑥

---

　　① 参见黄薇主编：《中华人民共和国民法典总则编解读》，中国法制出版社 2020 年版，第 9 页。

　　② 参见叶名怡：《〈合同法〉第 122 条（责任竞合）评注》，《法学家》2019 年第 2 期；冯祝恒：《〈民法典〉第 186 条（违约与侵权请求权竞合）诉讼评注》，《华东政法大学学报》2023 年第 1 期。

　　③ 《民法典》第 186 条规定："因当事人一方的违约行为，损害对方人身权益、财产权益的，受损害方有权选择请求其承担违约责任或者侵权责任。"

　　④ 2001 年《证据规定》第 35 条第 1 款规定："诉讼过程中，当事人主张的法律关系的性质或者民事行为的效力与人民法院根据案件事实作出的认定不一致的，不受本规定第三十四条规定的限制，人民法院应当告知当事人可以变更诉讼请求。"2019 年《证据规定》第 53 条第 1 款规定："诉讼过程中，当事人主张的法律关系性质或者民事行为效力与人民法院根据案件事实作出的认定不一致的，人民法院应当将法律关系性质或者民事行为效力作为焦点问题进行审理。但法律关系性质对裁判理由及结果没有影响，或者有关问题已经当事人充分辩论的除外。"

　　⑤ 这也得到我国台湾地区学者的认同，参见黄茂荣：《侵权行为法（债法总论第五册）》，2022 年自版，第 156 页。

　　⑥ 《民事诉讼法》第 127 条第 1 款第 5 项规定："人民法院对下列起诉，分别情形，予以处理：……（五）对判决、裁定、调解书已经发生法律效力的案件，当事人又起诉的，告知原告申请再审，但人民法院准许撤诉的裁定除外……"《民诉法解释》第 247 条规定："当事人就已经提起诉讼的事项在诉讼过程中或者裁判生效后再次起诉，同时符合下列条件的，构成重复起诉：（一）后诉与前诉的当事人相同；（二）后诉与前诉的诉讼标的相同；（三）后诉与前诉的诉讼请求相同，或者后诉的诉讼请求实质上否定前诉裁判结果。当事人重复起诉的，裁定不予受理；已经受理的，裁定驳回起诉，但法律、司法解释另有规定的除外。"相关理论探讨参见张卫平：《重复诉讼规制研究：兼论"一事不再理"》，《中国法学》2015 年第 2 期；林剑锋：《既判力相对性原则在我国制度化的现状与障碍》，《现代法学》2016 年第 1 期；金印：《既判力相对性法源地位之证成》，《法学》2022 年第 10 期；任重：《民事判决既判力与执行力的关系——反思穿透式审判思维》，《国家检察官学院学报》2022 年第 5 期。

以违约责任与侵权责任呈现出的"复数请求权→复数诉讼标的"为模型，2001年《证据规定》第35条第1款着眼于"当事人主张的法律关系的性质或者民事行为的效力"与"人民法院根据案件事实作出的认定"之间的不一致，以事实主张和事实认定之不同事实维度拓宽了"复数请求权（主张）→复数诉讼标的"的适用范围①，将实体法中不可能纳入请求权竞合的民事行为效力问题和部分法律关系性质问题囊括其中。② 2019年《证据规定》第53条第1款并未否定上述审理构造，而只是不再要求法官承担对变更诉讼请求的释明义务。③ 在此基础上，《民间借贷规定》第23条第1款以及《九民纪要》第36条和第49条针对具体场景作出了细化规定。

以上述认识为基础，侵权责任类型（如过错责任、过错推定责任和无过错责任）是否呈现"复数请求权（主张）→复数诉讼标的"之对应关系，系诉讼规范识别必须实质回应的问题。类似的问题也存在于一般侵权与共同侵权以及多数人侵权的不同形态。《民法典》第1168条到第1172条勾勒出多数人侵权的法定类型。④ 然而，这是否意味着当事人在请求法院根据第1168条判决被告承担侵权责任不成后，可再根据第1170条提起诉讼要求被告承担共同危险责任？从法官视角观察，在原告请求法院判决被告承担共同危险连带责任时，其可否在诉讼中转而适用第1172条判决被告承担按份责任？⑤ 进入民法典时代，上述问题有进一步探讨的必要和空间，这也为诉讼规范的识别提供了宝贵契机。⑥

---

① 民事诉讼中的事实存在四个维度，即原告主张事实、被告主张事实、法院查明事实和客观真实，据此，在实体法语境下并不并存的"请求权主张"得以共存于民事诉讼中。请求权主张竞合在适用范围上大于请求权竞合。参见任重：《论民事诉讼案例分析框架：案例教学与研究方法》，《法治现代化研究》2020年第1期。

② 参见曹云吉：《释明权行使的要件及效果论——对〈证据规定〉第35条的规范分析》，《当代法学》2016年第6期。

③ 参见任重：《我国新诉讼资料释明的反思与重构——以〈九民会议纪要〉与〈新证据规定〉为中心的解读》，《当代法学》2020年第5期。

④ 如方益权：《共同加害行为与共同危险行为之区分》，《华东政法大学学报》2006年第2期；梁慧星：《共同危险行为与原因竞合——〈侵权责任法〉第10条、第12条解读》，《法学论坛》2010年第2期；史尊魁：《共同危险行为与高空抛物之区分》，《武汉大学学报（哲学社会科学版）》2010年第4期；林耕宇：《市场份额责任模式之选择——从与共同危险责任的区别角度》，《沈阳大学学报（社会科学版）》2013年第2期。

⑤ 类似案例参见"潘某贵、胡某等健康权纠纷一审民事案"，江西省宜丰县人民法院（2021）赣0924民初1310号民事判决书。

⑥ 诉讼法学者对共同危险行为的已有探讨参见许可：《论我国侵权责任法上之共同危险行为构成要件与免责事由——基于诉讼的视角》，载中国法学会民事诉讼法学研究会主办：《民事程序法研究》（第十三辑），厦门大学出版社2015年版，第63-75页；霍海红：《论共同危险行为规则之无因果关系免责：以〈侵权责任法〉第10条之解释为中心》，《中外法学》2015年第1期；任重：《民事诉讼视野下的共同危险行为》，《法制与社会发展》2015年第6期。

第二节　共同危险行为的规范模式

一、概念界定

受学界通说影响，全国人大常委会法制工作委员会释义书认为，"共同危险行为是指数人的危险行为对他人的合法权益造成了某种危险，但对于实际造成的损害无法查明具体是由何人所为，法律为保护被侵权人的利益，数个行为人被视为侵权行为人"①。最高人民法院理解与适用书认同上述概念界定，并借助已有的理论研究成果将其界定为"准共同侵权"②，归入广义的共同侵权类型。③ 相比于上述理解，学界对共同危险行为的概念界定与基本特征存在多元化解读，如学者释义书认为，共同危险行为是指二人以上的行为人，每一个人都分别实施了危及他人人身、财产安全的行为，其四项基本法律特征分别是：（1）每一个人的行为都具有危险性，危及他人的人身、财产安全；（2）每一个人的行为都是积极的作为行为，都是侵害性行为，具有不法性；（3）每一个行为人的行为在危险性的种类和危险的内容上相同或相似；（4）分别过错。④ 也有观点认为，共同危险行为是指二人以上实施危及他人人身、财产安全的行为，其中一人或数人的行为实际造成了损害，但不能确定是何人所致，故而由全体参与实施危险行为之人承担连带赔偿责任。⑤ 共同危险行为更早被民法学界理解为二人及二人以上共同实施有侵害他人权利的危险的行为，对所造成的损害后果不能判定谁是加害人的情况，并将其特征归结为：（1）行为是由数人实施（数量特征）；（2）行为的性质具有危险性（质量特征）；（3）具有危险性的共同行为是致人损害的原因；（4）损害结果不是共同危险行为人全体

---

① 参见黄薇主编：《中华人民共和国民法典侵权责任编解读》，中国法制出版社 2020 年版，第 27 页。

② "准共同侵权"的概念考证参见程啸：《共同危险行为论》，《比较法研究》2005 年第 5 期；梁慧星：《共同危险行为与原因竞合——〈侵权责任法〉第 10 条、第 12 条解读》，《法学论坛》2010 年第 2 期。对"准共同侵权"这一概念表述的批评参见杨会：《论共同危险行为的定位与革新》，《社会科学研究》2018 年第 4 期。

③ 参见最高人民法院民法典贯彻实施工作领导小组主编：《中华人民共和国民法典侵权责任编理解与适用》，人民法院出版社 2020 年版，第 69 页。

④ 参见张新宝：《中国民法典释评·侵权责任编》，中国人民大学出版社 2020 年版，第 29 页。

⑤ 参见程啸：《侵权责任法》（第三版），法律出版社 2021 年版，第 402 页。

所致。①

上述定义和特征为《民法典》第 1170 条的文义解读提供了基本导向，但也埋下了概念分歧，例如，是否要求每个人都积极作为？再如，过错是否构成要件？又如，"共同"是否意味着"时空同一性"？复如，共同危险行为的特殊免责事由如何确定？② 经过民法学界的持续推进，上述实体问题已经基本得到厘清。《民法典》第 1170 条仅表述为"二人以上实施"，而并未如第 1168 条表述为"二人以上共同实施"，这背后的立法考量是我国共同危险行为并不要求时空上的共同性。③

二、规范构造

与实体理论问题的实质推进和基本厘清形成鲜明对比的是共同危险行为背后的诉讼实施分歧。④ 全国人大常委会法工委和最高人民法院共同使用"视为侵权行为人"之概念表述。"视为"是《民法典》中的法律术语，有其固定的内涵与外延。《民法典》中"视为"共出现 44 次，例如第 16 条"胎儿视为具有民事权利能力"、第 18 条第 2 款"十六周岁以上的未成年人，以自己的劳动收入为主要生活来源的，视为完全民事行为能力人"，以及第 519 条"连带债务人之间的份额难以确定的，视为份额相同"。"视为"通常表征法律拟制，而非法律推定。前者系立法者明知无而规定为有，而后者是立法者在不确定有无时暂时推定为有。法律推定允许被告通过对被推定事实的不存在进行证明（反面本证）予以推翻。与此不同，法律拟制的前提条件一旦具备，就无法在具体个案中被推翻，其效力源于法律直接规定，而非现实生活中的盖然性。若将上述"视为侵权行为人"理

---

① 参见杨立新：《试论共同危险行为》，《法学研究》1987 年第 5 期。

② 相关争点整理和讨论参见许可：《侵权责任法要件事实分析》，人民法院出版社 2018 年版，第 92－108 页；许可：《从诉讼法视角论共同危险行为之构成要件与免责事由——以〈侵权责任法〉第 10 条为中心》，载中国法学会民事诉讼法学研究会主办：《民事程序法研究》（第十二辑），厦门大学出版社 2014 年版，第 243－252 页。

③ 参见黄薇主编：《中华人民共和国民法典侵权责任编解读》，中国法制出版社 2020 年版，第 27 页。

④ 随着检索范围的扩大，对共同危险行为的理解还将呈现更多维度，如李锡鹤：《论共同危险行为》，《华东政法大学学报》2011 年第 2 期；郭辉：《共同危险侵权责任之法律重构——按份责任对连带责任的替代》，《法律科学》2014 年第 1 期；叶金强：《共同危险行为争议问题探析》，《法学论坛》2012 年第 2 期；原永红：《论共同危险行为》，《法学论坛》2000 年第 4 期；刘凯湘、余文玲：《共同危险行为若干问题研究》，《河南省政法管理干部学院学报》2005 年第 3 期；刘保玉、王仕印：《共同危险行为争议问题探讨》，《法学》2007 年第 2 期；王竹：《再论共同危险行为——以客观关联共同侵权行为理论为视角》，《福建师范大学学报（哲学社会科学版）》2010 年第 4 期；曹险峰、刘丽丽：《论共同危险行为》，《法制与社会发展》2000 年第 6 期；高留志：《共同危险行为若干问题之我见》，《信阳师范学院学报（哲学社会科学版）》2000 年第 2 期。

解为法律拟制，则被告无法通过证明其不是具体侵权人而免责。原因在于，触发法律拟制的条件是"实际造成的损害无法查明具体是由何人所为"。行为人仅证明非因其危险行为造成他人损害并未否定上述拟制前提，故而依旧要承担连带赔偿责任。值得注意的是，最高人民法院对《民法典》第 1170 条的上述界定改变了其对《侵权责任法》第 10 条的见解："鉴于存在具体加害人不明这一因果关系证明上的困境，为了缓和受害人的举证困难，给受害人以充分的救济，法律要求共同危险行为人承担连带责任，从而构成所谓的'法定的因果关系推定'"[①]。

学者释义书认为，不能确定何人所致，故而由全体参与实施危险行为之人承担连带赔偿责任。[②] 这虽然在结果上与法律拟制（"视为侵权行为人"）类似，即均在"不能确定何人所致"时要求全体危险行为人承担连带赔偿责任，但"视为"之阙如表明，其并非在单独侵权或共同侵权的基础上拟制因果关系并导向连带赔偿责任，而是意图构建出独立于一般侵权和共同侵权又有别于其他多数人侵权类型的独立侵权行为模式。其中，"不能确定具体侵权人"是其独特且核心的构成要件与法律特征。[③] 是故，虽然其构成要件与拟制前提保持一致，且在法律效果上与拟制结果相契合，但却为受害人构建出了新的请求基础。前者可谓"因果关系拟制"，后者则是"独立请求基础"。

"因果关系拟制"和"独立请求基础"的规范模式均侧重受害人保护。[④] 这同样能在抗辩事由的立法选择中得到印证。在"因果关系拟制"的规范模式下，"只有在确定加害人的情形下，其他行为人才可以免除责任"[⑤]。最高人民法院认同上述"因果关系确证"模式[⑥]，但在理解与释用书"审判实践中应注意的问题"中复认为，如果一损害后果是其中一人或数人的行为所造成的，能够证明自己的行为与损害后果没有因果关系的行

---

① 最高人民法院侵权责任法研究小组：《〈中华人民共和国侵权责任法〉条文理解与适用》，人民法院出版社 2010 年版，第 84 页。

② 张新宝：《中国民法典释评·侵权责任编》，中国人民大学出版社 2020 年版，第 31 页。

③ 参见王利明：《论共同危险行为中的加害人不明》，《政治与法律》2010 年第 4 期。

④ 参见刘凯湘、余文玲：《共同危险行为若干问题研究》，《河南省政法管理干部学院学报》2005 年第 3 期；高留志：《共同危险行为若干问题之我见》，《信阳师范学院学报（哲学社会科学版）》2000 年第 2 期。

⑤ 黄薇主编：《中华人民共和国民法典侵权责任编解读》，中国法制出版社 2020 年版，第 30 页。

⑥ "因果关系确证"也曾被表述为"因果关系证明"。参见陈现杰：《〈最高人民法院关于审理人身损害赔偿案件适用法律若干问题的解释〉的若干理论与实务问题解析》，《法律适用》2004 年第 2 期。

为人不承担侵权责任。① 原因在于，在构成共同危险行为的情况下要求部分行为人确证具体侵权人，虽然在立法逻辑上存在证明的可能，但在司法实务中几乎不存在成功证明的事例。② 有鉴于此，学者对免责事由的上述立法选择也提出了或委婉或明确的批评。③

总体而言，《民法典》第 1170 条沿用《侵权责任法》第 10 条之规范表述，使"因果关系确证"得到了立法上的再次强调，旨在为司法实践提供明确指引。④ 即便是学术批评也以立法明确选定"因果关系确证"作为逻辑前提。不仅如此，从《民法典》颁布实施后的学术论文观察，上述重申一定程度上抑制了对免责事由模式的再次争执。⑤

从文义出发，"不能确定具体侵权人的，行为人承担连带责任"并未明确指向"因果关系排除"，但也并不能绝对得出"因果关系确证"。这毋宁是以比较法为起点，以原告（受害人）和被告之间的利益平衡作为实质考量的目的解释结论。全国人大常委会法工委和最高人民法院采取"视为"而非"推定"之表达，与《民法典》第 1170 条后段的免责事由在逻辑上是一贯的，即以"实际造成的损害无法查明具体是由何人所为"作为拟制前提，以"危险行为人承担连带赔偿责任"作为拟制结果。相反，对"因果关系确证"的批评一般以"推定"作为前提和语境，进而认为因果关系上的推定或称可能的因果关系、选择的因果关系或择一的因果关系必然允许行为人通过反面证明推翻上述法律上的事实推定。⑥ 为了跳出"因果关系排除"模式，"因果关系拟制"和"独立请求基础"模式强调共同

---

① 参见最高人民法院民法典贯彻实施工作领导小组主编：《中华人民共和国民法典侵权责任编理解与适用》，人民法院出版社 2020 年版，第 75 页。

② 参见程啸：《侵权责任法》（第三版），法律出版社 2021 年版，第 413 页；陈现杰：《〈最高人民法院关于审理人身损害赔偿案件适用法律若干问题的解释〉的若干理论与实务问题解析》，《法律适用》2004 年第 2 期。

③ 参见张新宝：《中国民法典释评·侵权责任编》，中国人民大学出版社 2020 年版，第 30 - 31 页；程啸：《侵权责任法》（第三版），法律出版社 2021 年版，第 412 - 413 页。

④ 《侵权责任法》第 10 条的立法模式未能解决共同危险行为的理论争议，这集中表现在免责事由模式上。相关观点梳理参见霍海红：《论共同危险行为规则之无因果关系免责：以〈侵权责任法〉第 10 条之解释为中心》，《中外法学》2015 年第 1 期。

⑤ 参见季若望：《〈民法典〉视域下共同危险行为规则解释论——基于案例统计的分析》，《法学家》2021 年第 4 期；杨钉、陈龙江：《共同危险行为侵权的免责事由》，《人民司法》2021 年第 14 期。

⑥ 参见程啸：《侵权责任法》（第三版），法律出版社 2021 年版，第 412 - 413 页。值得注意的是，最高人民法院理解与适用丛书虽然认同"因果关系确证说"，但却将《民法典》第 1170 条理解为"法定的因果关系推定"。参见最高人民法院民法典贯彻实施工作领导小组主编：《中华人民共和国民法典侵权责任编理解与适用》，人民法院出版社 2020 年版，第 73 页。

危险行为中"加害人不明"的构成要件属性。①

三、诉讼功能

《民法典》第 1170 条明确选取"因果关系确证"模式，此为立法之实然选择。对此的应然判断须综合考量侵权责任体系、受害人利益与被告人利益以及共同危险行为与"肇因原则"的关系调和。② 这背后是实体法的价值判断与体系考量。尽管如此，以第 1170 条的程序维度和诉讼功能作为新视角对共同危险行为加以考察，将可能为"因果关系确证"与"因果关系排除"之争提供若干更为技术化和更具中立性的参考。③

《民法通则》并未规定共同危险行为，但民法学界均承认该制度。于 2003 年《人身损害赔偿解释》颁布之前，人民法院就已经根据共同危险行为理论处理过相关案件。④ 亦有学者认为，依《民法通则》第 130 条等条文已可解释出共同危险行为规则。⑤ 通过对《民法通则》第 130 条加以扩张解释，2003 年《人身损害赔偿解释》第 4 条确立共同危险行为规则，并就免责事由明确规定"因果关系排除"模式。在此基础上，《侵权责任法》第 10 条以国家立法的形式对共同危险行为作出规定，除将 2003 年《人身损害赔偿解释》第 4 条的保护对象扩张至财产安全之外，还在免责事由上转向"因果关系确证"模式。由于实践效果良好，《民法典》第 1170 条全面吸收了《侵权责任法》第 10 条之规范模式和表述方式。⑥ 上述以比较研究为起点，通过理论与实践的互动，以司法解释为突破口并最终在立法中正式确立的发展历程，主要以实体法为视角展开，亦即为共同危险行为的受害人提供请求基础，充分保障其损害赔偿请求权得到满足。

---

① 参见王利明：《论共同危险行为中的加害人不明》，《政治与法律》2010 年第 4 期。对将"加害人不明"作为核心构成要件的反思参见刘凯湘、余文玲：《共同危险行为若干问题研究》，《河南省政法管理干部学院学报》2005 年第 3 期；许可：《侵权责任法要件事实分析》，人民法院出版社 2018 年版，第 98 页。

② 关于"肇因原则"参见程啸：《论共同危险行为的构成要件——以〈侵权责任法〉第 10 条为中心》，《法律科学》2010 年第 2 期。

③ 虽然法律拟制和独立请求基础两种模式存在诉讼实施上的显著差异，但在特殊免责事由的设置上二者存在高度一致性，故而本书将二者合并为"因果关系确证"，以与法律推定的"因果关系排除"相区别。而对法律拟制与独立请求基础两种模式在诉讼构造上的差别将在后文详加展开。

④ 参见最高人民法院中国应用法学研究所：《人民法院案例选：民事、经济、知识产权、海事、民事诉讼程序卷》(1992—1996 年合订本)，人民法院出版社 1997 年版，第 757 页以下。

⑤ 参见孔祥俊：《试论共同侵权责任》，《法学研究》1991 年第 4 期。

⑥ 参见黄薇主编：《中华人民共和国民法典侵权责任编解读》，中国法制出版社 2020 年版，第 27 页；最高人民法院民法典贯彻实施工作领导小组主编：《中华人民共和国民法典侵权责任编理解与适用》，人民法院出版社 2020 年版，第 71 页。

（一）共同危险行为的诉讼困境

厘清共同危险行为的诉讼困境及其出路，是研究共同危险行为不可或缺的程序之维。无论是共同危险行为规则的入法初衷，抑或是"因果关系确证"模式的理论证成，诉讼困境的解决都是其实质的考量因素。① 共同危险行为的受害人向法院起诉，要求法院判决被告承担人身或财产损害赔偿责任时，其是否会因为《民法通则》中共同危险行为规范之阙如而无法获得胜诉？无论是"因果关系拟制"模式，抑或是"独立请求基础"模式，对此均采肯定见解，即受害人必然因加害人不明而无法获得胜诉判决并实现损害之填补。②

以共同危险行为人为两人这一极简模型为例，受害人甲若认为共同危险行为人乙最具有赔偿能力，故而仅以乙作为被告提起诉讼且未将共同危险行为人丙拉入诉讼，实则可满足《民事诉讼法》第122条之积极起诉条件且不存在第127条之消极起诉条件。特别是在党的十八届四中全会明确提出变立案审查制为立案登记制的顶层设计后，当事人起诉权已经得到更全面和更切实的保障。③

共同危险行为中的"加害人不明"并不自然导出受害人对被告的选定困难：虽然对具体行为人的判定存在证明困境，但这并不影响受害人在诉状中选定危险行为人作为被告，并请求法院判决其承担损害赔偿责任。就被告的选取而言，《民事诉讼法》第122条第1款第2项仅要求"有明确的被告"，而并不要求作为受害人的原告提供初步证据证明被告是具体加害人。④ 而在实体审理阶段，与本案更为契合的请求基础并非《民法通则》第130条之共同侵权，而是一般侵权行为规范（《民法通则》第117条至第119条）。具体而言，在不法行为、损害后果、因果关系和过错四项构成要件的实体审理中，被告乙曾实施不法危险行为、原告甲受有损害后果以及被告乙具有过错方面均不存在审理困难⑤，而是就因果关系存在

---

① 参见杨立新：《〈中华人民共和国侵权责任法〉条文释解与司法适用》，人民法院出版社2010年版，第61－62页。

② 参见王利明：《共同危险行为若干问题研究——兼评〈最高人民法院关于审理人身损害赔偿案件适用法律若干问题的解释〉第四条》，《法学杂志》2004年第4期。对此的反思参见霍海红：《论共同危险行为规则之无因果关系免责：以〈侵权责任法〉第10条之解释为中心》，《中外法学》2015年第1期。

③ 参见张卫平：《民事案件受理制度的反思与重构》，《法商研究》2015年第3期；冯珂：《民事诉讼驳回起诉的理论困境与功能转型》，《法治研究》2022年第3期；曹云吉：《民事诉讼正当当事人判断标准的建构——兼谈起诉条件的"双重高阶化"》，《北方法学》2019年第5期。

④ 参见任重：《我国民事诉讼释明边界问题研究》，《中国法学》2018年第6期。

⑤ 共同危险行为同样适用过错推定责任与无过错责任，特此说明。

证明困境，即原告难以证明系被告的危险行为具体造成了损害后果，这也是共同危险行为在比较法上被称为选择的因果关系且被认为不具有独立性的原因。[1] 相反，原告甲若要借助《民法通则》第 130 条克服诉讼困境，则须再对被告乙和被告丙之间的意思联络进行举证并承担证明责任。由于共同危险行为并不存在行为人之间的意思联络，故而原告甲经由《民法通则》第 130 条不仅无法克服因果关系的证明难题，反而走进意思联络的死胡同而面临败诉风险。

对于共同危险行为损害赔偿之诉，原告甲更有利的诉讼策略是在一般侵权行为的请求基础上克服因果关系之证明困境。[2] 2001 年《证据规定》第 4 条第 1 款第 7 项为此作出专门规定："因共同危险行为致人损害的侵权诉讼，由实施危险行为的人就其行为与损害结果之间不存在因果关系承担举证责任。"该规则有效化解了原告甲以一般侵权行为要求被告乙承担损害赔偿责任的诉讼障碍，使原告甲跳出了因果关系的证明困境。

（二）共同危险行为的程序应对

2001 年《证据规定》出台前，若干高级人民法院已就解决共同危险行为的诉讼困境进行了多元化探索，并开始呈现出"因果关系确证"和"因果关系排除"两种模式。前者如江苏省高级人民法院 1995 年 12 月 15日颁布的《关于审理人身损害赔偿案件若干具体问题的意见》，其第 45 条规定："二人以上共同侵权造成他人人身损害，不能查明谁为侵害人的，应当由全体行为人承担连带责任。"后者如山东省高级人民法院 2001 年 2月 22 日颁布的《关于审理人身损害赔偿案件若干问题的意见》（以下简称《人身损害赔偿意见》），其第 25 条规定："二人以上共同实施危险行为造成他人人身伤害的，如果当事人之间不能举证确定损害后果是哪人的行为造成的，可根据证据规则和过错推定原则，推定各个行为人为共同侵权人，由各行为人作为共同被告，对损害后果共同承担连带民事责任。"总体而言，2001 年《证据规定》第 4 条第 1 款第 7 项并未接受"因果关系确证"模式，而是更贴近"因果关系排除"方案。

相较《人身损害赔偿意见》第 25 条，2001 年《证据规定》第 4 条第1 款第 7 项更为科学和有效地解决了受害人的诉讼障碍与证明困境。一方面，其未采取"根据证据规则"的模糊表述，也并未将共同危险行为制度

---

[1]　参见［荷］施皮尔：《侵权法的统一：因果关系》，易继明等译，法律出版社 2009 年版，第 18 页。

[2]　共同危险行为也被学界认为是在一般侵权行为的基础上发展而来。参见杨立新：《试论共同危险行为》，《法学研究》1987 年第 5 期。

理解为"过错推定"①，而是聚焦于"行为与损害结果之间不存在因果关系"的证明责任。另一方面，2001 年《证据规定》第 4 条第 1 款第 7 项不采取追加共同被告的诉讼方案，这为甲仅起诉乙的单独诉讼扫清了实践障碍，进而更充分地保护受害人。

（三）共同危险行为的实体/程序分离

以诉讼场景和程序语境加以考察和分析，2001 年《证据规定》第 4 条第 1 款第 7 项对共同危险行为产生实质规制功能，且与比较法理保持一致。较为遗憾的是，2001 年《证据规定》第 4 条第 1 款第 7 项并未得到足够重视。全国人大常委会法工委将 2003 年《人身损害赔偿解释》第 4 条作为共同危险行为在司法解释中的首次确立。相反，2001 年《证据规定》第 4 条第 1 款第 7 项未能进入立法者视野。② 释评丛书同样未将 2001 年《证据规定》第 4 条第 1 款第 7 项纳入相关条文范畴。③ 最高人民法院虽然指出 2001 年《证据规定》第 4 条第 1 款第 7 项系司法解释的首次规定，但将其意义限定在证明责任的负担，在此基础上将 2003 年《人身损害赔偿解释》第 4 条作为共同危险行为在实体法意义上的首次确立。④ 这是在学界具有普遍性的看法。⑤

以"独立请求基础"和"因果关系确证"为标准，2001 年《证据规定》第 4 条第 1 款第 7 项仅着眼于证明责任倒置，并未完整规定共同危险行为的构成要件，也未明确其特殊免责事由。《侵权责任法》第 10 条之实体构成与 2003 年《人身损害赔偿解释》第 4 条并无本质差别。其中，删去"共同"乃强调共同危险行为与共同侵权在意思联络方面的实质区别，

① 关于共同危险行为之过错推定参见最高人民法院民事审判第一庭：《民事诉讼证据司法解释的理解与适用》，中国法制出版社 2002 年版，第 49 页；曹险峰、刘丽丽：《论共同危险行为》，《法制与社会发展》2000 年第 6 期。

② 参见黄薇主编：《中华人民共和国民法典侵权责任编解读》，中国法制出版社 2020 年版，第 27 页。

③ 参见张新宝：《中国民法典释评·侵权责任编》，中国人民大学出版社 2020 年版，第 29 页。

④ 参见最高人民法院民法典贯彻实施工作领导小组主编：《中华人民共和国民法典侵权责任编理解与适用》，人民法院出版社 2020 年版，第 70～71 页；陈现杰：《〈最高人民法院关于审理人身损害赔偿案件适用法律若干问题的解释〉的若干理论与实务问题解析》，《法律适用》2004 年第 2 期。

⑤ 参见王利明：《共同危险行为若干问题研究——兼评〈最高人民法院关于审理人身损害赔偿案件适用法律若干问题的解释〉第四条》，《法学杂志》2004 年第 4 期；王利明：《论共同危险行为中的加害人不明》，《政治与法律》2010 年第 4 期；程啸：《论共同危险行为的构成要件——以〈侵权责任法〉第 10 条为中心》，《法律科学》2010 年第 2 期；霍海红：《论共同危险行为规则之无因果关系免责：以〈侵权责任法〉第 10 条之解释为中心》，《中外法学》2015 年第 1 期；许可：《侵权责任法要件事实分析》，人民法院出版社 2018 年版，第 92 页。

随后将保护对象从"人身安全"进一步扩展到"财产安全"。"其中一人或者数人的行为造成他人损害"系对择一之因果关系的再强调，以与《侵权责任法》第12条相区别。相较于《人身损害赔偿解释》第4条，《侵权责任法》第10条还规定"能够确定具体侵权人的，由侵权人承担责任"。

经过诉讼场景和程序维度的分析与讨论，无论是"因果关系推定"还是"因果关系拟制"，抑或是"独立请求基础"，都旨在保障受害人向加害人提起诉讼并获得胜诉判决，以在结果上充分填补损害。共同危险行为诉讼的关键制约是因果关系证明困境，三种不同路径在受害人保护强度上呈现"因果关系推定＜因果关系拟制＝独立请求基础"的相互关系，这集中表现在行为人能否通过证明其行为并未引起损害结果而免责这一核心问题上。

第三节　共同危险行为的诉讼构造

以诉讼维度观察，"因果关系推定""因果关系拟制"以及"独立请求基础"三种规范模式均能实质解决受害人的因果关系证明困境。有观点认为，《民法典》第1170条并非独立请求基础。[①] 该见解与"因果关系排除"类似，均以《民法典》第1170条实为法律上事实推定作为逻辑前提，未能与反对观点产生实质对话。其原因在于，《民法典》第1170条被理解为"因果关系拟制"或"独立请求基础"，而非"因果关系推定"。有鉴于此，《民法典》第1170条的规范定性须以共同危险诉讼作为"试验场"，以期为三种规范模式的实际运行提供程序维度的比较与判定。

一、"因果关系推定"规范模式的诉讼构造

以比较研究为起点，在学说倡导和司法实践的基础上[②]，2001年《证据规定》第4条第1款第7项系典型的因果关系推定，其并不意图实现共同危险行为的法律拟制或构建独立请求基础。虽然最高人民法院曾有"共同危险行为是指二人及二人以上共同实施了危险的行为，但不能确定损害后果是由谁造成的一种侵权责任的表现形式"[③] 之表述，但其同样认为共同危险行为应具备"侵权行为"的四个要件，并在此基础上采取因果关系

---

① 参见程啸：《侵权责任法》（第三版），法律出版社2021年版，第405页。

② 参见张新宝：《中国侵权行为法》，中国社会科学出版社1998年版，第171页。

③ 最高人民法院民事审判第一庭：《民事诉讼证据司法解释的理解与适用》，中国法制出版社2002年版，第48页。

的举证责任倒置。① 有鉴于此，2001 年《证据规定》第 4 条第 1 款第 7 项并非独立请求基础，而系对一般侵权行为（《民法通则》第 117 条至第 119 条）之因果关系要件的证明责任倒置规范。②

例如，受害人甲起诉共同危险行为人乙要求其承担全部损害赔偿责任时，只需主张乙实施过危险行为，且甲的损害系由乙和丙实施的危险行为所致（选择的因果关系），即可满足因果关系要件的证明要求。此时，若乙不能成功证明其行为并未导致甲的损害，法院应根据《民法通则》第 117 条至第 119 条判决被告乙向甲承担全部损害赔偿责任。

（一）法律上事实推定的诉讼原理

法律上事实推定是直接规定了有某事实的存在便可以认定待证事实的存在，进而直接显示相关法律构成要件要素成立的诉讼规范③，其包含三个重要的组成部分：（1）作为证明主题的推定基础事实（能够充实推定前提条件）；（2）无须主张和证明的被推定事实；（3）待适用的法律构成件要素，如图 3-1 所示。

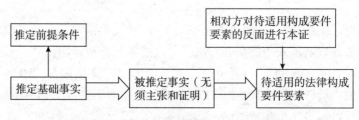

图 3-1　法律上事实推定的三段式基本结构

因为法律规范直接规定从推定基础事实得出被推定的事实，进而认定待适用的法律构成要件要素成立，所以被推定的事实既不需要当事人主张，也不构成证明的对象，其在民事诉讼中属于无须证明的事实。是故，《民诉法解释》第 93 条第 1 款第 3 项也明确将其列为无须举证证明的事实。

不仅如此，被推定的事实在民事司法实践中也往往是无法被证明的：从制度构造视角观察，被推定的事实只是沟通推定基础事实和待适用法律

---

① 参见最高人民法院民事审判第一庭：《民事诉讼证据司法解释的理解与适用》，中国法制出版社 2002 年版，第 49 页。

② 法律上的事实推定规范可被纳入证明责任倒置规范的语义中。参见任重：《民事诉讼视野下的共同危险行为》，《法制与社会发展》2015 年第 6 期。

③ Vgl. Hans Pruetting, Gegenwartsprobleme der Beweislast: Eine Untersuchung moderner Beweislasttheorien und ihrer Anwendung insbesondere im Arbeitsrecht, Verlag C. H. Beck, Muenchen, 1983, S. 48.

构成要件要素之间的桥梁，是法官推理过程中的思维工具，而并非已经被证明。因此当事人不仅不需要进行主张和证明，而且往往难以进行主张和证明。例如，共同危险行为中的受害人通常/往往并不明确知道或并不能够成功证明谁是具体加害人，因此不能苛求受害人必须指出并证明行为人中的一个或多个是具体加害人。就此而言，被推定事实只是法律上事实推定的桥梁，其并不针对生活事实，而是面向待适用的法律构成要件要素。①

（二）法律上事实推定与因果关系倒置规范的界分

法律上事实推定被认为属于广义的证明责任倒置规范。为避免混淆，此处将一般意义上的证明责任倒置规范表述为普通证明责任倒置规范。与法律上事实推定不同，普通证明责任倒置规范并不存在三段式推理结构，而是直接由对方当事人对法律构成要件要素不能得到满足进行本证。法律上事实推定规范与普通证明责任倒置规范不同的制度结构也决定其在具体诉讼中的证明主题并不相同：在前者的诉讼程序中，并不能直接充实构成要件要素的推定基础事实是证明主题；在后者的诉讼程序中，能够显示构成要件要素不成立的具体事实是证明主题。②

以推定基础事实是否得到证明为分界，对方当事人对待适用构成要件要素的反面无法进行本证时将产生截然相反的诉讼法律效果，这也是肯定说和否定说的不同侧重。否定说更侧重推定基础事实并未得到证明的情形，肯定说则以推定基础事实得到证明作为潜在前提。综合考量推定基础事实的证明经过，基本可以认定法律上事实推定为特殊的证明责任倒置规范，只是对方当事人对待适用构成要件要素反面的证明责任是附条件的：如果推定基础事实并未被证明，即便对方当事人并未实现对构成要件要素反面的本证也并不承担不利后果；一旦推定基础事实被证明，对方当事人仅当实现反面本证时才能推翻法律上事实推定的诉讼效果，否则将承担证明责任。就此而言，法律上事实推定可以被称为次要的或者附条件的证明责任倒置规范，从而与普通证明责任倒置规范（无条件的证明责任倒置规范）区别开来。

---

① Vgl. Dieter Leipold, Beweislastregeln und gesetzliche Vermutungen: insbesondere bei Verweisungen zwischen verschiedenen Rechtsgebieten, Verlag Duncker & Humblot, Berlin, 1966, S. 86.

② Vgl. Leo Rosenberg, Die Beweislast: Auf der Grundlage des Buergerlichen Gesetzbuches und der Zivilprozessordnung, 5. Aufl., Verlag C. H. Beck, Muenchen, 1965, S. 203 f.; Leipold, a. a. O., S. 92.

（三）"因果关系推定"规范模式的诉讼形态

根据法律上事实推定的诉讼原理，前例中被告乙成功证明其并非具体加害人而使原告甲承受败诉后果时，甲只得另行起诉丙才可能实现损害赔偿请求权。虽然这在结果上造成了多次诉讼，未能实现"纠纷一次性解决"①，但这本就是连带责任制度的应有之义，即为了受害人的利益而将被请求主体的选择权交予权利人（《民法典》第 178 条第 1 款和第 518 条第 1 款后段）。② 不仅如此，原告作为当事人和受害人，自然会选择偿债能力最优和胜诉可能性最大的行为人作为被告，故而将在总体上呈现出仅通过一次单独诉讼即可充分实现其损害赔偿请求权的最优结果。

即便原告因为诉讼策略失误而让乙成功证明其并非具体加害人，也存在《民事诉讼法》第 59 条第 2 款第 2 句之被告型无独立请求权第三人的适用可能，由人民法院通知丙参加诉讼并判决其向甲承担损害赔偿责任。被告型无独立请求权第三人虽然存在违背处分原则并与当事人主义诉讼模式不契合之固有问题③，但却并未在受害人甲和行为人丙之间变动请求基础。不仅如此，受害人甲还可选择将乙和丙作为共同被告以增加胜诉概率并扩大责任财产范围。④ 然而，据此不能认定该诉讼为固有必要共同诉讼，也不成立类似必要共同诉讼，而是根据《民事诉讼法》第 55 条第 1 款形成普通共同诉讼。⑤ 在普通共同诉讼中，被告乙依旧可通过证明其并非具体加害人而要求判决驳回诉讼请求，此时仅由被告丙作为具体加害人承担全部损害赔偿责任。由是观之，受害人甲选择单独起诉抑或是共同诉讼，并不影响行为人可通过证明其行为与损害没有因果关系而免责。

以 2001 年《证据规定》第 4 条第 1 款第 7 项为规范根据的"因果关系推定"可有效适配单独诉讼、前后诉以及共同诉讼等复杂诉讼构造。以"纠纷一次性解决"为制度功能的被告型无独立请求权第三人

---

① 关于纠纷一次性解决的模糊性及其概念界定，参见任重：《民事纠纷一次性解决的限度》，《政法论坛》2021 年第 3 期。

② 参见任重：《反思民事连带责任的共同诉讼类型——基于民事诉讼基础理论的分析框架》，《法制与社会发展》2018 年第 6 期。

③ 参见张卫平：《民事诉讼法》（第五版），法律出版社 2019 年版，第 167-168 页。

④ 参见张卫平：《民事执行根据问题探究》，《财经法学》2023 年第 3 期；黄忠顺：《"执行力主观范围扩张"的深度透析》，《中国政法大学学报》2023 年第 2 期；任重：《我国民事执行基本原则：功能重塑与系统整合》，《中国应用法学》2022 年第 5 期。

⑤ 参见任重：《重思多数人侵权纠纷的共同诉讼类型》，《法律科学》2020 年第 3 期。

制度虽然能够减轻受害人的诉讼负担①，但也存在超越处分原则和贬损第三人程序权利之弊端，对此可考虑通过预备合并或选择合并制度予以解决。② 不仅如此，2001 年《证据规定》第 4 条第 1 款第 7 项对一般侵权行为进行补充规定，而并未创设新的侵权责任类型和独立请求基础。若具体加害人并非本案被告，被告可通过证明其行为与损害不存在因果关系而避免败诉风险，据此为原告锁定具体加害人提供线索和进行另诉准备。相反，若认为被告必须证明具体加害人方可免责，则其因为证明困难而极可能承受败诉风险，进而使具体加害人逃逸出侵权责任人的范畴。

二、"因果关系拟制"规范模式的诉讼构造

《民法典》第 1170 条并未使用"视为"。尽管如此，全国人大常委会法工委和最高人民法院均以"数个行为人被视为侵权行为人"作为共同危险行为的规范构造。如果对这里的"视为"与《民法典》第 16 条和第 18 条第 2 款意义上的"视为"做相同理解③，则立法者旨在建立法律拟制规范，以克服共同危险诉讼中因果关系的证明困境，亦即以择一因果关系作为因果关系成就的充分条件，同时不允许行为人通过证明其行为并未造成损害后果而免责。④ 与此同时，法律拟制并不旨在针对共同危险行为建立独立请求基础，而是对既有请求基础的特别规定。

（一）"因果关系拟制"规范模式的诉讼原理

以"请求基础→诉讼标的"的对应关系观之，因果关系拟制与因果关系推定的诉讼标的一致。据此，前例中的受害人甲同样不存在起诉条件障碍，且能成功克服证明困境。严格来说，法律拟制不存在证明问题，法官无权通过心证打破拟制效果。借助 2001 年《证据规定》第 4 条第 1 款第 7 项，甲只需主张和证明可能因果关系，即可借助因果关系推定完成证明，

---

① 参见杨雅妮、杨芳：《论无独立请求权第三人参加诉讼的方式及其诉讼地位》，《甘肃教育学院学报（社会科学版）》2001 年第 2 期。

② 参见张卫平：《主观预备合并之诉及制度建构研究》，《政法论丛》2020 年第 5 期。

③ 《民法典》第 16 条规定："涉及遗产继承、接受赠与等胎儿利益保护的，胎儿视为具有民事权利能力。但是，胎儿娩出时为死体的，其民事权利能力自始不存在。"《民法典》第 18 条第 2 款规定："十六周岁以上的未成年人，以自己的劳动收入为主要生活来源的，视为完全民事行为能力人。"关于"视为"规范的理论分析参见金印：《论信用卡合同中"视为本人"条款的法律效力》，《东方法学》2015 年第 2 期。

④ 关于视为的因果关系和拟制的因果关系及其与必然的因果关系之间的联系参见刘凯湘、余文玲：《共同危险行为若干问题研究》，《河南省政法管理干部学院学报》2005 年第 3 期。

同时产生证明责任倒置的法律效果①，亦即在不能证明其并非具体加害人时，乙或丙将根据《民诉法解释》第 90 条第 2 款承担败诉风险。② 由于法律推定存在推定基础事实和被推定事实两个重要组成部分，故而存在两条否定推定效果的诉讼路径，即要么对可能因果关系予以反证，要么对因果关系的反面进行本证。2001 年《证据规定》第 4 条第 1 款第 7 项之所以强调行为人对不存在因果关系承担本证，盖因推定基础事实的反证并未变动证明责任分配，司法解释无须对此作出特别规定。③ 与此不同，因果关系拟制将"择一因果关系"拟制为"相当因果关系"，故而上述转换过程中并不存在法官对因果关系的事实认定，而是根据法律拟制视为存在因果关系之法律适用过程。此时，被告乙或丙无法通过反面本证免于承担侵权责任。④

"能够确定具体侵权人的，由侵权人承担责任"之表述虽被认为是"因果关系确证"的规范根据⑤，但以诉讼抗辩视角观之，其并未变动受害人对因果关系的证明责任，而只是对被告乙或丙否定法律拟制的提示，即只要行为人能通过反证使择一因果关系无法达到证明标准，即可避免法律拟制效果（相当因果关系）的发生。⑥ 当法官对可能因果关系的心证陷入真伪不明时，并非由被告乙或丙，而是由原告甲根据《民诉法解释》第 90 条第 2 款承担败诉风险。是故，《民法典》第 1170 条之特殊免责事由实为对法律拟制前提的否认，而非诉讼抗辩。虽谓免责事由，但其并未变动证明责任，也未超越受害人承担证明责任的构成要件范畴。

（二）"因果关系拟制"规范模式的诉讼风险

考虑到程序场景和诉讼构造，危险行为人免责的概率大幅降低，这源

---

① 参见张卫平：《证明责任倒置辨析》，《人民司法》2001 年第 8 期；周翠：《〈侵权责任法〉体系下的证明责任倒置与减轻规范与德国法的比较》，《中外法学》2010 年第 5 期；胡学军：《证明责任倒置理论批判》，《法制与社会发展》2013 年第 1 期。

② 《民诉法解释》第 90 条第 2 款规定："在作出判决前，当事人未能提供证据或者证据不足以证明其事实主张的，由负有举证证明责任的当事人承担不利的后果。"

③ 参见任重：《罗森贝克证明责任论的再认识——兼论〈民诉法解释〉第 90 条、第 91 条和第 108 条》，《法律适用》2017 年第 15 期。

④ 反面本证具体指被告对其行为与损害结果之间不存在因果关系的证明活动。关于反面本证参见任重：《民事诉讼视野下的共同危险行为》，《法制与社会发展》2015 年第 6 期。

⑤ 也有观点认为该表述只是提示了共同危险行为的边界，而并不旨在规定共同危险行为的特殊免责事由。参见梁慧星：《共同危险行为与原因竞合——〈侵权责任法〉第 10 条、第 12 条解读》，《法学论坛》2010 年第 2 期；叶金强：《共同危险行为争议问题探析》，《法学论坛》2012 年第 2 期。

⑥ 这一构造也被学者认为存在逻辑悖论甚至语病，参见李锡鹤：《论共同危险行为》，《华东政法大学学报》2011 年第 2 期。

于三方面原因：首先，被告的危险行为在客观上加大了锁定"具体加害人"的难度，但这并不意味着被告较原告更有条件识别并证明具体加害人，否则将成立有意思联络的多数人侵权，司法实践中鲜有成功证明具体加害人的实例。其次，法律拟制使诉讼构造更为复杂。与法律推定将争议焦点集中在受害人与被诉行为人之间不同，法律拟制将扩大审理范围，从被告是否为具体加害人转化为谁是具体加害人，促使单独诉讼向共同诉讼和被告型无独立请求权第三人诉讼转化。最后，"能够确定具体侵权人"这一规范表述乃基于法官的自由心证，当将心证状态停留在"不能确定具体侵权人"即可要求被告承担连带责任时，法官或将怠于认定具体加害人，特别是考虑到"案多人少""诉讼爆炸"等司法环境因素[①]，向共同危险行为逃逸的裁判风险较大。

三、"独立请求基础"规范模式的诉讼构造

与法律拟制相比，共同危险行为作为独立请求基础更具实体法上的说服力。作为独立请求基础，不再以一般侵权行为或共同侵权行为作为模板，也不贯彻肇因原则，而是着眼于危险行为的整体性与危险行为人之过失，要求所有危险行为人承担连带赔偿责任，除非其能够指出并成功证明具体加害人，以跳出共同危险行为之请求基础。与法律推定模式相比，请求基础独立化方案对受害人提供了更周全的保护，并且在免责事由方面同样契合《民法典》第1170条之规范表述和立法选择。

（一）"独立请求基础"规范模式的适用困境

尽管如此，独立请求基础模式会面临与法律拟制模式类似的诉讼困境与风险，即在总体上扩大审理范围，使危险行为人免责的概率大幅降低，并可能促使法院向共同危险行为之"不能确定具体侵权人"逃逸。除此之外，请求基础独立化还将诱发更严峻的诉讼实施难题。法律拟制经由"因果关系确证"给予受害人更优越的诉讼地位，但其请求基础依旧是一般侵权行为，并未动摇以四要件为基础的实体审理构造。[②] 据此，原告以《民法典》第1165条第1款请求法院判决被告承担侵权责任，并借助《民法典》第1170条对因果关系要件加以特殊化处理，使法官借助择一因果关系径行认定因果关系成立。上述审理构造虽然在司法实践中使受害人难以

---

① 参见程金华：《中国法院"案多人少"的实证评估与应对策略》，《中国法学》2022年第6期；张卫平：《"案多人少"困境的程序应对之策》，《法治研究》2022年第3期；任重：《"案多人少"的成因与出路——对本轮民事诉讼法修正之省思》，《法学评论》2022年第2期。

② 参见最高人民法院民事审判第一庭：《民事诉讼证据司法解释的理解与适用》，中国法制出版社2002年版，第48页。

免责，但还是为可能的免责情形提供了稳定的实体基础，即被告具体指出并证明具体加害人另有他人，将使《民法典》第 1170 条之法律拟制不适用，进而导致《民法典》第 1165 条第 1 款之因果关系要件不具备，法官据此判决驳回原告的诉讼请求。这意味着，原告以《民法典》第 1165 条作为请求基础并得到法院实质审理后，法院的裁判对象紧密围绕第 1165 条进行，这与以《民事诉讼法》第 13 条第 2 款之处分原则作为基本要义的当事人主义高度契合。[①]

请求基础的独立化导致上述稳固的审理结构发生动摇。《民法典》第 1170 条构成独立请求基础，且配置了"加害人不明"这一构成要件，这就在《民法典》第 1165 条的平行位置设置了构成要件独特且法律效果有别的请求基础，进而呈现出"复数请求权（主张）→复数诉讼标的"的递进关系。由于共同危险行为不同于一般侵权行为，且构成独立的多数人侵权责任类型，故而原告请求法院根据《民法典》第 1170 条判决被告承担侵权责任时，法院不得根据《民法典》第 1172 条作出判决，也不得在查明具体侵权人仅为一人时，适用《民法典》第 1165 条第 1 款作出判决，否则将落入《民事诉讼法》第 211 条第 11 项"原判决、裁定遗漏或者超出诉讼请求"之法定再审事由。

（二）"独立请求基础"规范模式的目的背离

上述审理构造显然与共同危险行为的制度初衷相悖。《民法典》第 1170 条规定，当法院经审理查明具体侵权人时，应判决侵权人承担责任，只有在不能确定具体侵权人的情况下，才能适用共同危险行为规则判决被告承担连带责任。上述明确法律表述要求共同危险行为的实体审理保持灵活性与可变性，即仅在法院经审理无法查明具体侵权人时，才能适用共同危险行为责任。这意味着，《民法典》第 1170 条的诉讼实施须另寻实体规范作为请求基础，并以此为轴线在构成要件判定的正反两侧分别设置加害人不明（共同危险行为规则）和加害人明确两种情形。

（三）"独立请求基础"规范模式的法理障碍

《民法典》第 1170 条难以作为独立请求基础，这也能得到我国诉讼标的理论的证实。所谓诉讼标的是当事人请求的对象和法院审理的客体，并根据处分原则由原告通过起诉行为加以划定。[②] 这就意味着，与诉讼标的

---

① 参见张卫平：《民事诉讼处分原则重述》，《现代法学》2001 年第 6 期；王次宝：《处分原则的限制及其路径》，《北方法学》2019 年第 1 期。

② 参见张卫平：《论诉讼标的及识别标准》，《法学研究》1997 年第 4 期；曹志勋：《民事诉讼诉讼标的基础论》，《苏州大学学报（法学版）》2023 年第 1 期。

存在对应关系的请求权主张须在起诉时即明确锁定。例如，原告甲根据《民法典》第 1165 条主张被告乙承担侵权责任，法院将在满足诉讼要件的前提下围绕实体审理事项分别对不法行为、损害后果、因果关系和过错展开审理和判定。① 据此，即便法官对事实的判定不同于原告的事实主张，也并未超越请求基础之构成要件范畴。这也是《民事诉讼法》第 12 条辩论原则的核心要义。②

综上，以《民法典》第 1165 条为标准，第 1170 条也难堪诉讼标的之实体基础。与以《民法典》第 1165 条为代表的请求基础相比，第 1170 条并非全然在客观真实语境下展开，而是以法院"经审理查明"作为视角，这尤其表现在"能够确定具体侵权人的，由侵权人承担责任；不能确定具体侵权人的，行为人承担连带责任"之法律表达。就客观真实而言，所有共同危险行为都存在明确的具体加害人。《民法典》第 1170 条"能够确定"和"不能确定"系基于裁判者视角，即指引裁判者经过实体审理后，面对"能够确定"和"不能确定"两种事实认定结果导出不同裁判内容。由于"不能确定具体侵权人"的语境是"经审理查明"，因此其适用阶段是判决作出前，而非原告起诉时。

四、共同危险行为规范模式的诉讼评估

《民法典》第 1170 条以有效解决因果关系证明难题作为规范目的。在《民法典》之前，《证据规定》第 4 条第 1 款第 7 项呈现出"因果关系推定"模式，《人身损害赔偿解释》第 4 条则存在请求基础独立化之倾向。在此基础上，立法者认为《侵权责任法》第 10 条和《民法典》第 1170 条不再坚持因果关系推定，而是呈现"因果关系拟定"和"独立请求基础"两种解释路径。上述三种模式均能帮助受害人跳出因果关系的证明困境，在受害人保护强度上呈现"因果关系推定＜因果关系拟制＝独立请求基础"的相互关系。

这三种规范模式致使对共同危险行为的免责事由存在理解分歧。坚持"因果关系推定"，就必然倡导"因果关系排除"，而拒斥将免责事由提升到"因果关系确证"之高度。相反，坚持"因果关系确证"，就必然在逻辑上不支持"因果关系推定"，而是要么采"因果关系拟制"，要么着眼于危险行为本身的可归责性实现请求基础的独立化。上述分歧一定程度上致

---

① 参见曹云吉：《民事诉讼正当当事人判断标准的建构——兼谈起诉条件的"双重高阶化"》，《北方法学》2019 年第 5 期；冯珂：《民事诉讼驳回起诉的理论困境与功能转型》，《法治研究》2022 年第 3 期。

② 参见许可：《论当事人主义诉讼模式在我国法上的新进展》，《当代法学》2016 年第 3 期。

使《民法典》第1170条的适用不统一，部分引发恣意裁判问题。①

以我国民事诉讼立法和司法实践为基础，对三种规范模式的诉讼构造加以展开和对比后可以发现，《证据规定》第4条第1款第7项所采用的"因果关系推定"模式能更好适配单独诉讼、共同诉讼和第三人诉讼，且较为科学地解决了前后诉关系问题。就单独诉讼而言，"因果关系推定"的审理范围限于受害人与被请求的行为人之间，不产生诉讼程序复杂化和法官向"不能确定具体侵权人"逃逸的实务风险。相反，无论是"因果关系拟制"抑或是"独立请求基础"，都在我国语境下产生审理范围扩大化、诉讼构造复杂化以及法官怠于认定具体侵权人的可能。不仅如此，请求基础独立化还存在诉讼标的之转化困境。

第四节　作为诉讼规范的共同危险行为

《民法典》第1170条存在"因果关系拟制"和"独立请求基础"两条主要解释路径。与上述两种规范模式相比，"因果关系推定"模式的诉讼实施更为顺畅，在程序转化方面具有自身优势。须强调的是，上述逻辑前提是传统诉讼标的理论或称旧实体法说。② 与德国民事诉讼法采诉讼法二分肢（支）说不同，"法律关系性质"与"民事行为效力"在我国呈现出"复数请求权（主张）→复数诉讼标的"之对应关系。相反，诉讼法二分肢（支）说超越民法典规范构造，以更为生活化的"诉之声明"和"案件生活事实"作为识别标准③，故而可在复数实体规范中概括出单一诉讼标的，也即"复数请求权（主张）→单一诉讼标的"的"多对一"关系。由此可知，在德国语境下，《民法典》第1170条的三种解释路径只在免责事由方面有实质区别，而在诉讼标的上保持统一，亦即无论共同危险行为是否构成独立请求基础，都因为请求内容相同和案件事实相同而构成单一诉讼标的。

一、《民法典》第1170条并非诉讼标的规范

我国采取传统诉讼标的理论，故而根据《民法典》之请求基础呈现

---

① 参见季若望：《〈民法典〉视域下共同危险行为规则解释论——基于案例统计的分析》，《法学家》2021年第4期。

② 参见张卫平：《民事诉讼法》（第五版），法律出版社2019年版，第199-201页；任重：《论我国民事诉讼标的与诉讼请求的关系》，《中国法学》2021年第2期。

③ 参见曹志勋：《德国诉讼标的的诉讼法说的传承与发展》，《交大法学》2022年第3期。

"复数请求权（主张）→复数诉讼标的"之对应关系。《民法典》第1170条的规范性质界定与构成要件分析须更为审慎，否则可能导致多次诉讼，并在结果上不利于受害人之权利保护。例如，原告甲向法院起诉，要求根据《民法典》第1165条第1款判决被告乙承担侵权损害赔偿责任。法院经审理认为原告仅能证明择一因果关系。若采"独立请求基础"规范模式，则法官不得径行根据《民法典》第1170条克服证明困境，而只能释明原告将诉讼标的变更为共同危险行为责任。相反，若二审法院经过审理认为乙就是具体加害人，此时又须释明原告甲将诉讼标的变更为一般侵权行为，二审法院甚至可能考虑到审级利益而根据《民事诉讼法》第177条第1款第3项撤销原判发回重审。① 这无疑将使受害人至少经历三次审理甚至经过四个审级才能获得胜诉判决并实现其损害赔偿请求权。同样，原告甲起诉被告乙、丙要求承担共同危险行为之连带责任，法院经审理发现乙和丙分别导致原告的损害，且依原因力大小可以确定乙和丙之各自责任范围，法官同样不能径行根据《民法典》第1172条作出判决，而只能先释明原告变更诉讼请求为分别侵权的按份责任。② 如此往复，徒增诉讼成本并引发当事人（包括受害人）不满，在总体上进一步加剧"诉讼爆炸""案多人少"的实际情况，背离"纠纷一次性解决"之民事司法政策导向。

二、共同危险行为的诉讼标的分析

"因果关系推定"和"因果关系拟制"能避免在已有的侵权责任规范外建立独立请求基础，这在一定程度上克服了"独立请求基础"引发的多诉讼标的的难题。尽管如此，共同危险行为的请求基础依旧存在探讨必要。2001年《证据规定》第4条第1款第7项虽然存在"因共同危险行为致人损害的侵权诉讼"之表述，但并未将共同危险行为与一般侵权行为以及其他多数人侵权责任严格界分，是故，2001年《证据规定》第4条第1款第7项一般不被看作是共同危险行为在司法解释中的首次确立。最高人民法院曾认为，共同危险行为须具备"侵权行为"的四个要件，在此基础上还有如下几个特征，即二人或二人以上实施，每个人的行为都具有危险性，损害结果既不是全体行为人所致又无法判明真正、具体的加害人。③ 以此

① 参见任東：《释明变更诉讼请求的标准——兼论"证据规定"第35条第1款的规范目的》，《法学研究》2019年第4期。
② 司法实践中存在直接以按份责任判决的做法，参见"潘某贵、胡某等健康权纠纷一审民事案"，江西省宜丰县人民法院（2021）赣0924民初1310号民事判决书。
③ 参见最高人民法院民事审判第一庭：《民事诉讼证据司法解释的理解与适用》，中国法制出版社2002年版，第48页。

为基础，共同危险行为规则旨在变动证明责任，亦即受害人对"谁是实施共同危险行为的人"以及"自己因共同危险行为所受到的损害"承担举证责任，共同危险行为人对其"行为与损害结果之间不存在因果关系"承担举证责任。① 如是观之，2001 年《证据规定》第 4 条第 1 款第 7 项实乃建基于一般侵权行为的特殊规定，其并未在四要件之外创设独立构成要件，对"不能确定具体侵权人"的理解与适用应在因果关系要件的范畴内进行。

与 2001 年《证据规定》第 4 条第 1 款第 7 项相比，《人身损害赔偿解释》第 4 条更贴近独立请求基础模式，其率先从实体法上对共同危险行为的构成要件和免责事由作出规定。② 与此同时，起草者亦认为共同危险行为应贯彻肇因原则。③ 与 2001 年《证据规定》第 4 条第 1 款第 7 项不同，《人身损害赔偿解释》第 4 条将共同危险行为引向《民法通则》第 130 条之共同侵权行为，亦即原告甲向法院起诉要求行为人乙承担共同危险行为责任的请求基础系共同侵权责任规范，而非一般侵权行为规范。这是《证据规定》第 4 条第 1 款第 7 项与《人身损害赔偿解释》第 4 条在共同危险行为之体系定位方面的核心差异。④ 而对于共同侵权行为规范是否属于诉讼标的规范，共同侵权行为规范体系与《民法典》第 1165 条和第 1166 条之间的相互关系等诉讼标的规范分析的核心问题，将在本书第五讲再加展开。

三、《民法典》第 1170 条的诉讼效果

《民法典》第 1170 条应当被认定为实质诉讼规范，其并未变动侵权责任成立规范的构成要件。法律上事实推定的功能和目的是通过在具体民事诉讼中转换证明主题实现简化证明的诉讼效果。是故，法律上事实推定适用前提的讨论依旧需要结合侵权责任成立规范。由于法律上事实推定是诉讼规范，因此其既可以适用于一般侵权行为，也可以适用于特殊侵权行为。

（一）《民法典》第 1170 条对因果关系证明的重塑

无论是一般侵权行为抑或特殊侵权行为都具有因果关系这一构成要件

① 参见最高人民法院民事审判第一庭：《民事诉讼证据司法解释的理解与适用》，中国法制出版社 2002 年版，第 49 页。

② 参见陈现杰：《〈最高人民法院关于审理人身损害赔偿案件适用法律若干问题的解释〉的若干理论与实务问题解析》，《法律适用》2004 年第 2 期，第 5 页。

③ 参见陈现杰：《〈最高人民法院关于审理人身损害赔偿案件适用法律若干问题的解释〉的若干理论与实务问题解析》，《法律适用》2004 年第 2 期，第 6 页。

④ 值得注意的是，从规范构造观察，《人身损害赔偿解释》第 4 条更接近《德国民法典》第 830 条第 1 款和《日本民法典》第 719 条第 1 款。

要素，作为法律上事实推定的《民法典》第 1170 条也仅对因果关系要件产生简化证明的作用，进而在结果上影响侵权损害赔偿诉讼请求的判定。

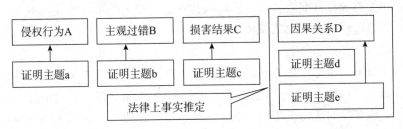

图 3-2 共同危险行为与一般侵权行为构成要件的相互关系

如图 3-2 所示，法律上事实推定在因果关系要件的充实过程中形成了三段式结构。如若不存在法律上事实推定规范，受害人需要通过对证明主题 d 的证明才能使法官认定因果关系要件得到满足。通过法律上的事实推定，立法者允许受害人通过更容易被证明的证明主题 e，进而借助于不需受害人主张和证明的证明主题 d 直接认定存在因果关系，通过转换证明主题实现简化证明的立法目的。结合三段式基本结构，法律上事实推定的适用前提仅要求 e（推定基础事实）被推定受益人所主张并证明。具体到《民法典》第 1170 条，在受害人主张并证明充实择一因果关系的具体生活事实后，法官应当依职权适用法律上事实推定直接认定因果关系要件成立，例如，不应苛求原告必须主张具体哪一个被告人投掷的鞭炮导致自己的人身伤害：一方面，这并不为原告所知；另一方面，即便原告加以主张也将面临证明上的困难进而可能承担证明不能的败诉风险。因此，原告只需要主张四名被告都曾经向自己投掷过鞭炮，其中一颗或多颗鞭炮爆炸导致自己被炸伤即可，以此实现转换证明主题的诉讼法律效果。

（二）附条件的证明责任倒置

与法律上事实推定的适用前提密切联系，法律上事实推定的诉讼效果主要表现在证明主题的转换和证明责任的倒置。被推定事实与自认或无争议事实一并被作为无须证明的事实。法律上事实推定通过转换证明主题的方式缓解了受害人的证明困境，这也构成其与普通证明责任倒置规则的实质差别：与普通证明责任倒置相比，作为证明责任规范的法律上事实推定引发的证明责任倒置是附条件的，即受害人依旧要对推定基础事实进行主张和证明，进而替代对能够显示待适用构成要件要素成立的被推定事实的主张和证明。就此而言，受害人对推定基础事实承担证明责任。当推定基础事实真伪不明时将产生待适用法律构成要件要素不成立的诉讼效果，进而由受害人承担败诉风险。在此前提下，对方当事人即便同样无法证明不存在因果关系也不会承担证明责任。在推定基础事实被证明的条件下，出于贴近客观真实和武器平等的考虑，法律上事实推定允许对方当事人对不存在相关构成要件要素进行本证，以此推翻法律上的事实推定。对方当事人对待适用构成要件要素反面的证明适用民事诉讼关于证明的一般规则。不仅如此，在推定基础事实被证明的前提下，对方当事人将对构成要件要素的反面承担主张责任和证明责任。当不存在推定受益人根据《民诉法解释》第92条第1款进行自认的情形时，对方当事人必须通过举证证明使法官确信存在与法律上事实推定不同的案件发展经过，否则无法推翻法律上事实推定，法官依旧必须以法律上事实推定为基础作出裁判。

（三）共同危险行为的职权适用及其释明

由于法律上事实推定将产生转换证明主题和附条件证明责任倒置的诉讼法律效果，因此其可能超出当事人特别是推定相对方对证明活动和风险分担的认知。不仅如此，法律上事实推定无须当事人的主张，而是由法官主动依职权适用，且法官对法律上事实推定的适用并不体现在诉讼进程中，而是集中体现在针对诉讼请求的裁判内容当中[①]，因此更容易对当事人造成突袭裁判。特别是在当事人无律师代理的情形下，法官应当尽早向当事人释明法律上事实推定的适用前提和诉讼效果，明确证明主题的转换及附条件的证明责任倒置的后果，从而为双方当事人提供明确的预期。

法律上事实推定并未构成2001年《证据规定》第35条（2019年《证据规定》第53条）意义上的"法律关系"和"民事行为"，故对其进行释明并非诉讼标的释明，而可考虑纳入法律释明之范畴。[②] 对于实体/程序交互的法官释明探讨将于本书第十三讲详加展开。在《民法典》第1170条后段的情形下，由于因果关系要件的推定基础事实并未得到证明，原告将承担诉讼上的不利后果，法院应当以判决驳回原告的诉讼请求。相反，如果受害人已经证明推定基础事实，那么被告将因为无法对不存在因果关系进行本证而承受法律上事实推定带来的诉讼不利。如果法院并未依职权适用法律上事实推定或者并未进行必要的释明，将可能分别满足《民事诉讼法》第211条第1款第6项"原判决、裁定适用法律确有错误"和第9项"违反法律规定，剥夺当事人辩论权利"的再审事由。

---

① Vgl. Friedrich Stein/Martin Jonas/Dieter Leipold, Kommentar zur Zivilprozessordnung, Bd. 4, 22. Aufl., Verlag Mohr Siebeck, Tuebingen 2008, § 292 Rn. 11.

② 参见熊跃敏：《从变更诉讼请求的释明到法律观点的释明——新〈民事证据规定〉第53条的法解释学分析》，《现代法学》2021年第3期。

第五节 侵权责任编的诉讼审视

以实质民法规范与实质诉讼规范的二分为切口，民事诉讼为民法典中形式民法规范的分析提供了新思路和新框架。

一、"实体事项/程序事项"之分析框架

由于民事诉讼审理事项可原则上区分为实体事项和程序事项，故实质民法规范可得到动态化和阶层化的新维度，即将《民法典》中围绕特定纠纷事件的规范群分别纳入"请求（诉讼标的）→抗辩→再抗辩→再再抗辩"的阶层化构造中，避免将实质民法规范直接对应诉讼请求（诉讼标的）。据此，即使某一民法规范并未生成诉讼标的，而是构成诉讼抗辩或诉讼再抗辩，也不影响其实质诉讼规范的基本定性。是故，实质民法规范的内涵与外延亟待扩充，以避免将实体民法规范等同于诉讼标的规范的机械认识。

在此基础上，民法典中的形式民法规范亦有程序事项的具体规定，这尤其表现为针对具体民事纠纷的起诉条件的特别规定。改革开放后，为有效应对"诉讼爆炸""案多人少"的现实情况，我国逐步配备三类近 20 种起诉条件①，《民事诉讼法》第 122 条和第 127 条乃起诉条件的一般规定，而《民法典》第 1073 条可视为亲子关系诉讼的特殊起诉条件规定。一方面，其并未完整规定亲子关系诉讼的构成要件；另一方面，其规范目的系提高亲子关系诉讼受理门槛，以维护正常的社会生活秩序。② 据此，《民法典》第 1073 条具有修正《民事诉讼法》第 122 条第 1 项"原告是与本案有直接利害关系的公民、法人和其他组织"以及第 3 项"有具体的诉讼请求和事实、理由"的诉讼规范属性。

与"请求（诉讼标的）→抗辩→再抗辩→再再抗辩"的典型实质实体规范和以起诉条件为中心的典型实质诉讼规范相比，旨在对一般证明责任分配结果进行法定调整的形式民法规范存在定性上的理论分歧。考虑到证明责任的内核亦是风险分配，且分配结果应根据民法规范"一般—特殊"关系而定（《民诉法解释》第 91 条），证明责任问题常被理

---

① 参见任重：《中国式现代化视域下民事诉权的反思与重塑》，《中国法学》2024 年第 4 期。
② 参见林剑锋：《〈民法典〉第 1073 条（亲子关系诉讼）诉讼评注》，《法学杂志》2023 年第 3 期。

解为实质民法问题①，其同样以"举证责任""举证分配"的名称呈现于《民法典》评注作品中。② 然而，考虑到法律上事实推定并未变动构成要件内涵，且证明责任倒置附有条件，以法律上事实推定为代表的证明责任特别规定应被界定为实质诉讼规范。可见，证明责任规范兼具实质实体规范和实质程序规范的双重属性，故有必要以实体/程序交互的方式重塑证明责任论。本书将于第七讲和第八讲对此展开探讨。

二、侵权责任编"特殊→一般"之逆向整理

《民法典》侵权责任编第一章乃具有总则性质的"一般规定"，随后第二章规定的是"损害赔偿"，从而形成"构成要件→法律后果"的请求基础结构。而第三章到第十章都可谓对上述一般侵权行为的特殊规定。总体而言，上述章节设定反映出"一般→特殊"的相互关系。在第一章"一般规定"中，也呈现出第 1165 条第 1 款作为一般规定，其第 2 款和第 1166 条进行例外特殊处理的构造。以上述法条逻辑为线索，单一行为人与单一受害人的侵权责任诉讼至少可分别导向《民法典》第 1165 条第 1 款之一般侵权行为、第 2 款之过错推定责任和第 1166 条之无过错责任。

上述"特殊→一般"之逆向整理的最终完成有赖于以下两个问题的解决：（1）一般侵权行为与多数人侵权之间是否同样存在"一般→特殊"关系？（2）过错责任、过错推定责任和无过错责任之间是否存在"一般→特殊"关系？如若均采肯定说，那么侵权责任编中的不同侵权行为类型完全可归入《民法典》第 1165 条第 1 款，进而在请求内容相同的单独诉讼中仅产生唯一诉讼标的，即受害人根据《民法典》第 1165 条第 1 款请求法院判决被告承担侵权责任，而不论行为人是否根据法律规定承担过错推定责任或无过错责任，也不问行为人是单独实施抑或是与他人共同、分别实施侵权行为。上述方案的诉讼实施具有显著优势，即作为原告的受害人无须在精细的侵权责任编中选定最契合的特别规定以划定诉讼标的，而是由法院在侵权责任编的体系内根据"一般→特殊"的法条关系进行法律适用，以作出肯定或否定原告诉讼请求的判决。

相反，若对上述问题之一采否定见解，则会面临"独立请求基础"同

---

① 参见［德］莱奥·罗森贝克：《证明责任论——以德国民法典和民事诉讼法典为基础撰写》，庄敬华译，中国法制出版社 2002 年版，第 81 页以下；［德］罗森贝克、［德］施瓦布、［德］戈特瓦尔德：《德国民事诉讼法》，李大雪译，中国法制出版社 2007 年版，第 855 页；李浩：《民事诉讼法适用中的证明责任》，《中国法学》2018 年第 1 期。不同观点参见陈刚：《民事实质诉讼法论》，《法学研究》2018 年第 6 期。

② 如王立栋：《〈民法典〉第 641 条（所有权保留买卖）评注》，《法学家》2021 年第 3 期。

样的程序难题和诉讼困境。当然，两法协同研究无法越俎代庖给出上述两个问题的实体决断。为了进一步落实"纠纷一次性解决"，实体法学界亟须与诉讼法学界一道对侵权责任编的实体规范进行"特殊→一般"之逆向整理，使受害人提出的侵权损害赔偿之诉尽可能在一个诉讼标的内体系化地运用侵权责任规范加以解决。

连带责任虽然存在外部构造和内部特征，但"请求权（主张）→诉讼标的"的转化过程只着眼于外部结构。就外部构造而言，一般侵权行为与多数人侵权责任并不存在难以跨越的鸿沟，债权人向数个行为人的请求权主张和诉讼标的均为复数，对此不存在法律解释困难。按照这一思路，《民法典》第 1168 条至第 1172 条之多数人侵权责任体系可逆向归入《民法典》第 1165 条第 1 款。

以构成要件为着眼点，过错推定责任并未创设新的请求基础，而是与《民法典》第 1170 条之"因果关系推定"模式一样，只是对过错要件加以证明责任上的特别规定，难谓其为与《民法典》第 1165 条第 1 款相并列的诉讼标的规范。

行文至此，本讲开篇所抛出的诉讼实施难题基本得到回应：当事人主张狭义共同侵权责任的，法院不应限于上述理论分类，而应全面检索《民法典》侵权责任编，以科学判定原告的诉讼请求是否成立。与此同时，原告若主张《民法典》第 1168 条败诉后，不得再依《民法典》第 1170 条要求实体审理，而只能根据《民事诉讼法》第 211 条依"原判决、裁定适用法律确有错误"申请再审。从法官视角观察，原告请求法院判决被告承担连带责任，法官可根据"法官知法"原则寻求最契合的特别规定，在不存在加害人不明等情形并可通过原因来确定责任大小时，当然可根据《民法典》第 1172 条在各自责任范围内支持原告对行为人的损害赔偿请求。

作为本讲未尽之问题，存在逆向归入困难的是《民法典》第 1165 条第 1 款与第 1166 条之间的关系处理。从实体构成的视角观察，《民法典》第 1165 条第 1 款与第 1166 条可能被解读为"一般→特殊"之体系关系，亦即一般侵权行为包含过错要件，无过错责任不包含过错要件。而考虑到过错责任与无过错责任不同的伦理基础以及应填补之损害的种类及范围，过错责任与无过错责任并不呈现"一般→特殊"之相互关系，而有可能形成请求权竞合。[①] 对于上述问题的最终解决，本书将于第五讲以诉讼标的规范与请求权基础规范之间的协同实施为视角再详加展开。

---

① 参见黄茂荣：《侵权行为法（债法总论第五册）》，2022 年自版，第 2-4 页。

第四讲 民法典的实施
与民事诉讼目的之重塑

《民法典》与《民事诉讼法》的简单相加不能自动带来《民法典》的切实实施。实施好《民法典》必然要求以民事诉讼目的作为体系连接点，实现实体/程序的系统整合。目的论在我国开民事诉讼基础理论研究之先河，是改革开放以来民事诉讼法学研究领域的具体成果。受比较法认识和实体法规模的双重时代局限，权利保护说（私权保护说）在我国并未获得足够重视。以民法典的诉讼实施效力为标准，不同诉讼目的学说呈现如下递减趋势"权利保护说→私法秩序维持说→纠纷解决说→程序保障说"。以《德国民法典》的诉讼实施为参照，权利保护说和私法秩序维持说有相同的初衷，二者的区别更多地体现在理念而非具体实现方法上。解决纠纷和程序保障是权利保护说的题中之义。由于忽视权利保护说的基石作用，囿于自身概念的模糊性，纠纷解决说在我国存在偏离《民法典》的重大风险，催生出任意超越和轻易否定实体权利的倾向，甚至将民法典实施与民事纠纷解决对立起来。《民法典》的颁行必然要求回归民事诉讼理论体系的起点，重塑以权利保护说为内核的民事诉讼目的论，将民事实体权利能否顺利认定和实现作为民事诉讼法法典化和民事司法科学化的重要衡量标准。

第一节 作为民事权利保障机制的民事诉讼法

2021年1月1日，我国第一部以"法典"命名的法律——《民法典》正式施行，对我国民事诉讼法律和理论具有划时代的意义。作为对民事法律规范的系统整合，"典"对民法理论体系的完整性和穿透力提出了更高要求。"典"同样是对民事诉讼法的时代要求，这集中体现在实施好《民法典》这一重要命题上，并从整体上提出了实体/程序交互的民事诉讼法典化要求。①

一、民法典的实施场景

《民法典》的实施有多个层次。就以民事诉讼法与民法为核心的民事法领域而言，由法官和当事人组成的等腰三角形结构可谓实施好《民法典》的具体场域。实施好《民法典》，需要认真对待权利，创造、完善权利实现的条件，营造良好环境。权利的享有者并非只有通过审判程序的认定和执行程序的保障才能实现自身享有的民事权利。随着民众对民事权利义务关系的理解加深和日益重视，随着守法、诚信逐渐成为法治社会的常识和风尚，越来越多的民事权利无须通过审判程序和执行程序即可顺利实现。②

民事诉讼对实施好《民法典》以及顺利实现民事实体权利的根本保障作用不可小觑。一方面，在一般和抽象的法律规定具体化生成民事权利义务的过程中，难免因为纷繁复杂和日新月异的社会生活使当事人产生不同的理解与认识，进而无法友好和自动地实现民事权利；另一方面，法官通过适用《民法典》落实民事实体权利，还能强化当事人的守法意识，为其他民事主体提供明确和稳定的行为预期，进而以点带面地保障《民法典》的切实实施和有效落实，并有效化解超大规模的民事纠纷。

二、民法典与民事诉讼法的体系衔接

《民事诉讼法》于 1991 年颁布实施，随后经过 2007 年、2012 年、2017 年、2021 年和 2023 年五次修正。2015 年颁布并于 2020 年、2022 年修订的《民诉法解释》，2001 年颁布并于 2019 年全面修正的《证据规定》，以及 2008 年颁布并于 2020 年修订的《执行程序解释》等重要的司法解释和司法性文件，与《民事诉讼法》一道，形成了我国民事诉讼规范体系。

《民法典》的切实实施不等于《民法典》和《民事诉讼法》的简单相加。实施好《民法典》必然要求系统整合民事诉讼法与民法，并以民事实体权利能否顺利认定和实现作为民事诉讼法由"法"到"典"和民事司法科学化的重要衡量标准。在上述系统整合中，民法典与民事诉讼法的体系衔接点正是民事诉讼目的论。有鉴于此，本讲将以《民法典》的实施作为重要契机，重新审视我国已有的民事诉讼目的论，在此基础上分析我国民事司法实践体现和贯彻的目的设定，并以《民法典》的实施和民事权利的

---

① 参见张卫平：《法典化：实现民事诉讼制度体系化的有效路径》，《河北法学》2022 年第 8 期。

② Vgl. Rosenberg/Schwab/Gottwald, Zivilprozessrecht, 18. Aufl. 2018, § 1 Rn. 9.

实现为导向重塑民事诉讼目的论，使其充分发挥沟通实体与程序、融贯理论与实践的应有作用。

第二节　权利保护说的证成

以实体/程序交叉为视角观察，我国民事诉讼理论研究更关注证明责任及其分配①、既判力作用方式及其相对性②、诉讼标的识别标准与请求权基础③等重要话题。与上述论题相比，实体/程序交互的民事诉讼目的论较少被关注。上述反差并非理所当然。民事诉讼目的论旨在讨论国家设置民事诉讼制度的原因及预期目标，其也因为对民事诉讼立法、司法和理论研究具有起点作用而被视为民事诉讼原点问题。④ 例如陈荣宗教授认为，民事诉讼法学之基本理论有三大抽象且重要之基本问题，一是诉讼目的论，二是诉权论，三是既判力本质论。⑤ 上述认识也得到了江伟教授的支持，略有差别的是，江伟教授将既判力整体作为三大基本问题之一，而非限于既判力本质论。⑥ 从两位学者的排序看，目的论是民事诉讼基础理论的基础理论，是民事诉讼理论研究的本原问题。正因为目的论处于民事诉讼理论体系的顶端，故而其是实体/程序交叉融合的首要问题。为何上述重要论题在我国被长期搁置？为何民事诉讼目的论在我国脱离民事实体法这一重要维度而独自前行？这是本讲首先尝试厘清的基础性和前提性问题。

一、权利保护说的规范基础和理论支撑

民事诉讼目的论旨在回答国家设立民事诉讼制度的原因或初衷，从而

---

① 参见李浩：《民事行为能力的证明责任：对一个法律漏洞的分析》，《中外法学》2008 年第 4 期；胡学军：《论证明责任作为民事裁判的基本方法——兼就"人狗猫大战"案裁判与杨立新教授商榷》，《政法论坛》2017 年第 3 期。

② 参见张卫平：《既判力相对性原则：根据、例外与制度化》，《法学研究》2015 年第 1 期；林剑锋：《既判力相对性原则在我国制度化的现状与障碍》，《现代法学》2016 年第 1 期；王福华：《"系争标的"转让的诉讼效果》，《现代法学》2020 年第 5 期。

③ 参见江伟、段厚省：《请求权竞合与诉讼标的理论之关系重述》，《法学家》2003 年第 4 期；段厚省：《民事诉讼标的与民法请求权之关系研究》，《上海交通大学学报（哲学社会科学版）》2006 年第 4 期；曹志勋：《德国诉讼标的实体法说的发展——关注对请求权竞合的程序处理》，《交大法学》2018 年第 1 期。

④ 参见［日］高桥宏志：《民事诉讼法：制度与理论的深层分析》，林剑锋译，法律出版社2003 年版，第 5 页。

⑤ 参见陈荣宗：《举证责任分配与民事诉讼法》（第二册），台湾大学法学丛书编辑委员会1979 年版，第 153 - 154 页。

⑥ 参见江伟：《市场经济与民事诉讼法学的使命》，《现代法学》1996 年第 3 期。

使上述目的设定融贯民事诉讼立法、司法和理论体系，使民事诉讼法如《民法典》一样完成有效的系统整合。在由"法"到"典"的法典化过程中，目的论具体发挥两重功能。① 立法论上，民事诉讼目的之融贯有助于形成逻辑一贯的民事诉讼立法，并使民事诉讼目的指导民事诉讼法律修订；在解释论上，民事诉讼目的之设定借助目的解释指引诉讼规范的理解、适用以及法官对具体案件的处理。当然，同样需要明确的是民事诉讼目的论在法律解释和司法裁判上的局限性，也即其只能提供总体方向，而并不能仅仅依靠民事诉讼目的来处理具体案件。② 这不得不说是民事诉讼目的论在实体/程序交叉研究中遇冷的深层次理论原因：因为其本原性，其距离具体司法活动较远，从而易被归入纯粹形而上的民事诉讼法哲学范畴。

当我们回到民事诉讼制度的出发点来思考，国家设立民事诉讼制度的原因是现代国家对暴力的垄断，也即不允许当事人通过私力或自力实现其权利，私力救济只被国家例外准许。这被称为国家对权利保护之垄断（das staatliche Rechtsschutzmonopol）。③ 作为国家禁止人民自力救济的正当性基础，民事诉讼制度被设立和维系，以此为人民提供全面且有效的权利保障。上述论据不仅在我国既有讨论中被广泛引述④，而且是我国的法律现实和司法现状。《民法典》第 181 条赋予当事人自卫权利，但上述权利不能被滥用。是故，法律严格限定了自卫权利的行使条件，尤其是对于当本人、他人的人身权利、财产权利遭受不法侵害时，当事人在来不及请求有关国家机关救助的情况下实施的防卫行为作了具体规定。⑤《民法典》第 181 条并不是新规范，而是早就规定于《民法通则》第 128 条。不无遗憾的是，这一具有关键论证作用的实体法规范并未充分体现在我国 20 世纪 90 年代开始的民事诉讼目的讨论中。这也是以实体/程序相互割裂为重要表征的民事诉讼法学研究贫困化的具体表现之一。⑥

---

① 参见任重：《我国民事诉讼法典化：缘起、滞后与进步》，《河北法学》2022 年第 8 期。

② 我国确实有若干判例存在跳过具体法律规范及其说理，而仅依民事诉讼目的论判案的现象和问题。参见颜某、程某相邻损害防免关系纠纷案，四川省成都市中级人民法院（2020）川 01 民终 13768 号民事裁定书。

③ 参见姜世明：《民事诉讼法》（上册）（修订六版），新学林出版股份有限公司 2018 年版，第 11 页。

④ 参见陈刚、翁晓斌：《论民事诉讼制度的目的》，《南京大学法律评论》1997 年第 1 期；何文燕、廖永安：《民事诉讼目的简论》，载陈光中、江伟主编：《诉讼法论丛》（第 2 卷），法律出版社 1998 年版，第 493 页；李祖军：《民事诉讼目的论评述》，《现代法学》1999 年第 1 期。

⑤ 参见黄薇主编：《中华人民共和国民法典总则编解读》，中国法制出版社 2020 年版，第 591－592 页。

⑥ 参见张卫平：《对民事诉讼法学贫困化的思索》，《清华法学》2014 年第 2 期。

除《民法典》第 181 条之外，1982 年颁布的《宪法》与《民事诉讼法（试行）》已现权利保护说的端倪。《宪法》第 37 条第 1 款和第 2 款分别规定了公民人身自由不受侵犯的原则和例外。虽然这一规定旨在调整国家与公民的关系，但原则上禁止当事人通过侵害他人人身自由等方式保护和实现自身民事权利同样是应有之义。《宪法》第 126 条所谓"人民法院依照法律规定独立行使审判权"虽然重在后半句，即"不受行政机关、社会团体和个人的干涉"，但同样意指法院要根据实体法和程序法保护当事人的民事权利。而在《民事诉讼法（试行）》第 2 条中已经出现了"确认民事权利义务关系"和"保护国家、集体和个人的权益"等具体表述。

由是观之，权利保护说在我国具备较为成熟的条件。首先，权利保护说是国家垄断暴力的替代和补偿，是最直接的民事诉讼目的学说。其次，权利保护说更能反映当事人提起民事诉讼之直接目标：相比《民事诉讼法》第 2 条所列举的"教育公民自觉遵守法律，维护社会秩序、经济秩序，保障社会主义建设事业顺利进行"，当事人提起民事诉讼的直接目标是保护和实现自身的权利和利益，这也自然是当事人最关心的问题。最后，我国宪法、民法和民事诉讼法的相应条文已经存在权利保护说的规范根据。

二、权利保护说的遇冷退场及其理论成因

与上述成熟条件不相适应的是，权利保护说这一层窗户纸迟迟没有在目的讨论中被捅破：20 世纪 90 年代末和 21 世纪初鲜有学者坚持权利保护说。[①] 相关研究在讨论权利保护说时，大多将其作为理论标本来看待，认为从世界发展趋势和现代国家潮流来看，民事诉讼目的论（学说）经历了权利保护说（私权保护说）→私法秩序维持说→纠纷解决说→程序保障说的发展历程。[②] 随后，这些研究从历史发展的角度出发，建议我国选取权利保护说之外的其他目的设定，以在起点上避免权利保护说的积弊，发挥程序法治后发国家的优势，实现"弯道超车"。虽然有观点认为我国民事诉讼目的应该含有权利保护说的因素，但依旧建议采取多元化或多层次的

---

① 作为例外，段厚省教授主张以权利保护说（私权保护说）作为我国民事诉讼目的设定，并认为这是市场经济体制逐步建立、公民权利观念日益加强后，经济体制改革的必然要求。参见段厚省：《民事诉讼目的：理论、立法和实践的背离与统一》，《上海交通大学学报（哲学社会科学版）》2007 年第 4 期。

② 上述四种学说被认为是民事诉讼目的论最重要和最富影响的学说。参见章武生、吴泽勇：《论民事诉讼的目的》，《中国法学》1998 年第 6 期。

民事诉讼目的观。①

目的论对我国民事诉讼理论研究的重要引领作用应该得到充分肯定。在《民事诉讼法（试行）》甚至《民事诉讼法》颁布实施后，我国民事诉讼法学存在注释性研究多、论理性研究少的问题②。这一阶段被称为民事诉讼注释法学阶段。注释法学的目的是证成现行民事诉讼法文本范式的正当性与合理性，属于描述性的注释法学。③ 有鉴于此，学界呼吁将民事诉讼法学建构在深厚的理论基础上，实现从注释法学到理论法学的飞跃。④民事诉讼目的论与诉权论、诉讼标的论、既判力理论一道开启了我国民事诉讼基础理论研究的先河。⑤ 随着民事诉讼法学方法论的发展，注释法学成为历史性概念，其主要贡献在于推动中国民事诉讼法规范的普及和贯彻。⑥

相比《民事诉讼法（试行）》第 2 条的四个方面，"权利保护说（私权保护说）→私法秩序维持说→纠纷解决说→程序保障说"的发展认识是改革开放"看出去"和"引进来"的具体成果。学界主要借助日文文献，兼顾大陆法系与英美法系，横跨欧亚大陆，详细介绍目的论发展潮流，贯穿 1877 年《德国民事诉讼法》颁布到第二次世界大战前夕直至 20 世纪末的漫长发展历程。⑦ 不仅如此，目的论中的少数学说，如搁置说和权利保障说也被详细介绍到国内。⑧

上述对民事诉讼目的论的素描不仅简洁明快，而且基本展现出不同国家和地区的理解与认识。不仅如此，其也是多学科交叉融合的重要努力：学者运用"经济基础决定上层建筑"这一经典命题探讨民事诉讼目的论与

① 参见陈刚、翁晓斌：《论民事诉讼制度的目的》，《南京大学法律评论》1997 年第 1 期；江伟：《中国民事诉讼法专论》，中国政法大学出版社 1998 年版，第 15 页。

② 参见潘剑锋：《民事诉讼法学》，《中外法学》1991 年第 5 期；本刊编辑部：《中国民事诉讼法学发展评价（2010—2011）——基于期刊论文的分析》，《中外法学》2013 年第 3 期。

③ 参见汤维建：《民事诉讼法学研究方法的多元递进》，《法学研究》2012 年第 5 期。

④ 参见李汉昌、张新宝：《民事诉讼法学研究述评》，《法学研究》2000 年第 1 期。

⑤ 参见韩象乾、乔欣：《中国民事诉讼法学 50 年》，《政法论坛》1999 年第 6 期。

⑥ 参见傅郁林：《改革开放四十年中国民事诉讼法学的发展——从研究对象与研究方法相互塑造的角度观察》，《中外法学》2018 年第 6 期。

⑦ 参见刘荣军：《论民事诉讼的目的》，《政法论坛》1997 年第 5 期；何文燕、廖永安：《民事诉讼目的简论》，载陈光中、江伟主编：《诉讼法论丛》（第 2 卷），法律出版社 1998 年版，第 493－495 页。

⑧ 搁置说的代表是日本学者高桥宏志，参见［日］高桥宏志：《民事诉讼法：制度与理论的深层分析》，林剑锋译，法律出版社 2003 年版，第 18－21 页。日本学者竹下守夫则倡导以实质权利为中心的权利保障说，参见［日］竹下守夫、牟易、诚谚译：《民事诉讼法的目的与司法的作用》，《现代法学》1997 年第 3 期。

特定政治经济形态的决定/被决定关系。在目的论讨论中具有代表性的见解是，权利保护说是自由资本主义的反映和产物，随着自由资本主义自身缺陷愈发明显，国家的干预力度加大，逐渐进入了垄断资本主义阶段。这在民事诉讼目的论上表现为私法秩序维持说。最终，自由资本主义和垄断资本主义都无以为继，伴随第二次世界大战以降对法治国家的倡导和转型，权利保护说和私法秩序维持说都无法适应现代社会之要求。① 日本学者兼子一在私法秩序维持说的基础上，受到美国正当程序理念的影响而提出了纠纷解决说，该说因三月章的有力倡导而成为日本民事诉讼目的通说。其虽然面临多元论、搁置说、权利保障说的挑战，但直到今天都未改弦更张。② 而程序保障说则被认为是较纠纷解决说更为先进的目的设定，只是因为其过于超前而尚未在日本落地生根。但该说一直以来就是英美法系民事诉讼目的理论之选，故而我国也有观点倡导以程序保障论作为诉讼目的设定依据。③

三、民事诉讼目的迭代的机械认识和学说误识

当前对于我国应采取何种目的论尚未有定论，甚至从民事诉讼目的论遇冷的现状看，其部分呈现出搁置的倾向。与此形成对比的是，学界对上述极简主义的民事诉讼目的迭代发展趋势存在高度共识。民事诉讼目的论在经历了 20 世纪 90 年代末和 21 世纪初的集中讨论后逐渐遇冷，这背后的重要原因是既有目的论与我国民事诉讼立法和司法实践的脱节。这促使学界将研究重点转向证明责任及其分配、诉讼标的及其识别标准等对立法和司法实践更具指导意义的中层基础理论问题。④

《民法典》的实施要求我们重新审视民事诉讼目的讨论的利弊得失。虽然我国民事诉讼目的论在讨论之初就存在侧重比较法而超脱于我国民事诉讼立法和司法实践的倾向，但必须首先指出和强调的是，"权利保护说（私权保护说）→私法秩序维持说→纠纷解决说→程序保障说"的发展认识即便在比较法上同样存在着局限性。上述极简主义认识与"经济基础决

---

① 参见祁建建、王戬：《民事诉讼目的略论》，《烟台大学学报（哲学社会科学版）》2000 年第 2 期。

② 参见［日］伊藤真：《民事诉讼法》（第四版补订版），曹云吉译，北京大学出版社 2019 年版，第 14 页。

③ 参见章武生、吴泽勇：《论民事诉讼的目的》，《中国法学》1998 年第 6 期；韩波：《当代中国民事诉讼思潮研究》，华中科技大学出版社 2015 年版。

④ 参见［德］施蒂尔纳：《民事诉讼法中法教义学思维的角色》，霍旭阳译，《复旦大学法律评论》（第二辑），法律出版社 2015 年版，第 220 页；任重：《反思民事连带责任的共同诉讼类型——基于民事诉讼基础理论的分析框架》，《法制与社会发展》2018 年第 6 期。

定上层建筑"的简单套用，共同导致了我国学界对权利保护说的无视，并在结果上造成了民事诉讼目的论的搁置。不仅如此，上述极简主义认识的负面影响还随着民事审判方式改革的深入而不断被放大。

私权保护说（权利保护说）这一提法虽然旨在说明民事诉讼法的主要目的是确认和实现民事私权利，但这并非权利保护说的全部。其实，私权保护说并不排斥对公权力和程序权利的保护和落实。[①] 在此含义上，权利保护说其实是更科学的概念表达。不无遗憾的是，我国民事诉讼目的论虽然注意到权利保护的概念表达，但依旧从私权保护的角度来理解这一民事诉讼目的论中最直接和最自然的理论选择。当我们回到概念和理论的起点时就会发现，权利保护说并不意味着民事诉讼仅保护在客观上存在的权利，更不以权利的客观存在作为开启民事诉讼的前提。

按照萨维尼（Savigny）的观点，在诉讼程序开始前需要对原告是否享有实体权利进行预先审查，如果根据诉状材料发现原告不享有实体权利，则诉讼失去了保护对象。[②] 上述认识与萨维尼的诉权理论紧密相关。[③]而当我们观察彼时的普鲁士司法实践可以发现，萨维尼的观点难以被具体贯彻。对于诉讼请求而言，只要是被一般性认可的实体权利主张即满足进入诉讼的要求，就应当被法官审理。[④] 不仅如此，萨维尼的观点虽然可能在最大文义范围内被归入权利保护说，但与温德沙伊德（Windscheid）以降，特别是瓦赫（Wach，也译为瓦哈）和赫尔维格（Hellwig，也译为赫尔维希）的权利保护说存在本质区别。根据后者的见解，权利保护说不以权利的客观存在作为前提和基础。[⑤] 例如，消极确认之诉乃以请求权和民事法律关系的不存在作为请求对象，如果法官支持原告的上述请求，是否意味着该诉讼程序并未实现权利保护的民事诉讼目的？在全盘考虑消极确认之诉、形成之诉等诉讼类型的基础上，权利保护说中的权利已经被转换为被主张的权利（包括无权利），前者是权利的客观存在，后者是权利的主观要求。

---

① Vgl. Stein/Jonas/Brehm, Zivilprozessordnung, 1. Bd. 22. Aufl., 2003, vor § 1 Rn. 9. 在我国同样如此，如《民事诉讼法》第 59 条第 3 款的第三人撤销之诉，显然不以实体权利保护为内核，而是旨在"改变或者撤销原判决、裁定、调解书"。

② 参见李祖军：《民事诉讼目的论评述》，《现代法学》1999 年第 1 期。

③ 参见任重：《论我国民事诉讼标的与诉讼请求的关系》，《中国法学》2021 年第 2 期。

④ Vgl. Althammer, Streitgegenstand und Interesse：Eine zivilprozessuale Studie zum deutschen und europäischen Streitgegenstandsbegriff, 2012, S. 25.

⑤ 参见［德］赫尔维格：《诉权与诉的可能性：当代民事诉讼基本问题研究》，任重译，法律出版社 2018 年版，第 38-40 页。

权利保护这一概念在德国语境下不至于引起重大误解，然而，该翻译方法在我国难谓成功，其中的权利易被望文生义地理解为客观存在的私权利。当然，任何概念都只是标签或标识，当我国学界已经习惯私权保护说或权利保护说的习惯表达时，并无必要改弦更张，但对权利保护说特别是私权保护说可能带来的理解偏差则应予以充分重视。

权利保护说并非由自由资本主义或垄断资本主义的发展阶段所决定。建立在公法诉权论基础上的权利保护说，恰恰是在垄断资本主义时期完成了自身的理论建构。除了受德国民事诉讼法和民法典等完成法典化的影响，权利保护说更受到了以拉班德（Laband）为代表的公法理论学说发展的影响。①

由于国家禁止私力救济，因此建立起民事诉讼制度以保护当事人的权利。在公法学说及理论较为薄弱的时代，民事诉讼法的公法属性最初并未得到足够强调，其被看作是民法的附属品和实体权利的发展阶段。同样，诉讼的提起也难以在民事权利之外找到理论模板和精神归依。如果我们充分考虑彼时可以运用的理论工具，就不难理解诉讼外的请求权与诉讼上的请求权这一基本分类。在这个阶段，民事诉讼只不过是权利行使的特殊场景，而民事诉讼法律关系与民法法律关系也并不存在本质区别。作为权利享有者的原告只是在法官的见证下向被告主张民事实体权利并获得实现。

民事诉讼法的独立化与体系化，正是基于其公法属性，尤其是以公法法律关系重塑民事诉讼目的论和诉权论。从公法的视角观察，与当事人之间互负权利义务关系一样，国家赋予当事人诉的可能性和诉权这两项彼此区别的权能和权利，同时使法院代表国家肩负保护当事人权利的职责或义务。正是将民事诉讼法律关系的被请求主体从对方当事人转换为法院，诉讼上请求权完成了其现代化转型，并与诉讼请求、诉讼标的实现了合流。这在结果上塑造了现代法治国家。② 虽然诉讼上请求（诉讼请求）以实体权利构成作为识别标准，但其已不同于客观存在的实体权利本身。它是公法上的权利，体现的是以国家和个人的关系为主要规范对象的民事诉讼法律关系。也只有在此基础上，目的论与诉权论乃一体两面的一般性认识才说得通。③ 相反，目的论脱离诉权论独自前行和"重民事诉权，轻诉讼目

① 参见〔德〕赫尔维格：《诉权与诉的可能性：当代民事诉讼基本问题研究》，任重译，法律出版社 2018 年版，第 40 页。

② 参见陈刚、翁晓斌：《论民事诉讼制度的目的》，《南京大学法律评论》1997 年第 1 期；任瑞兴：《诉权的权利属性塑造及其限度》，《当代法学》2020 年第 2 期。

③ 参见〔日〕伊藤真：《民事诉讼法》（第四版补订版），曹云吉译，北京大学出版社 2019 年版，第 12－13 页。

的"更能表明我国权利保护说的认识偏差和发展局限。

四、作为目的论基石的权利保护说

无论是将权利保护说中的权利简单对应客观存在的实体权利，抑或是将权利保护说与自由资本主义联系起来，都导向了将权利保护说与其他目的学说机械对立的认识结果。如果权利保护说中的权利是客观存在的私权利，在逻辑上就要求建立确认权利存在与否的预审程序。不仅如此，在原告的权利主张被判决驳回时，民事诉讼目的也会落空，因为在上述诉讼程序中并不存在被法官认定的且客观存在的私权利。即便原告确实享有实体权利，被告作为义务人显然并非权利享有者，这是否说明对被告的保护并不属于民事诉讼之目的？

（一）为权利保护说辩护

上述质问虽然有力，但这并非权利保护说自身存在的问题。如果从民事诉讼法律关系的公法定性出发，权利保护说中的权利并非意指客观存在的实体权利，而是当事人的权利主张。诉权不仅是原告对法院享有的公权利，被告同样对法院享有诉权。是故，判决驳回原告的诉讼请求同样实现了保护被告的民事诉讼目的，即使被告免受不正当的权利主张。[①] 通过上述公法诉讼法律关系和诉权论建构，无论原告是否客观上享有实体权利，无论原告提起的是形成之诉抑或消极确认之诉，无论原告胜诉抑或败诉，都不会导致民事诉讼目的之落空。

（二）作为逻辑起点的权利保护说

在此基础上，权利保护说与私法秩序维持说、纠纷解决说以及程序保障说之间的血肉联系呼之欲出。首先，权利保护说的理论基础与私法秩序维持说、纠纷解决说以及程序保障说保持高度一致，其并不排斥公法理论，这同样是权利保护说的理论内核；其次，私法秩序维持说、纠纷解决说和程序保障说并不自然排斥以实体法作为司法公正的核心标准，对实体法的无视并不是上述目的设定的本来之义和应有之义。上述认识同样能得到学说史的印证与证成。

（三）权利保护说与私法秩序维持说的论争

彪罗（Bülow，也译为标罗）与瓦赫的论战，被认为是私法秩序维持说对权利保护说的批评及其回应。以彪罗的批判性论文为开端，以《德国民事诉讼杂志》（Zeitschrift für deuschen Zivilprozess）为主要阵地，德国民事诉讼法学展开了历时三年的诉权与诉讼目的论战。

---

① Vgl. Rosenberg/Schwab/Gottwald, Zivilprozessrecht, 18. Aufl. 2018，§ 1 Rn. 12.

彪罗在《德国民事诉讼杂志》第 31 卷（1903 年）发表长文《诉和判决：关于私法和诉讼相互关系的基本问题》。① 虽然彪罗的论题是诉权论，但基于诉权与诉讼目的论的一体两面，彪罗在该文中论证了以其作为代表人物的私法秩序维持说。② 在彪罗看来，实体权利先于诉讼，甚至先于判决而存在的看法（简称为实体权利既存）是站不住脚的。从诉讼视角观察，在起诉之前，甚至从起诉到判决的整个诉讼进程中，权利义务状况始终处于不稳定状态。只要诉讼还在进行，上述不稳定状态就会一直延续。因此，诉讼目的并不是对权利进行保护，而是缔造稳固的私权利和私法秩序。从实体角度观察，诉讼制度的首要目的是对私法加以填补，这是因为法律规范都是抽象的和一般性的，其并不能被直接运用到具体案件的生活事实中。仅靠《德国民法典》的法律条文无法沟通抽象规范和具体生活。不仅如此，《德国民法典》并没有建立起完整的私法秩序。民事诉讼法律制度的总体任务并不是保护民事权利，而是由国家对完整的和有生命力的私法秩序进行持续性的维护。

上文发表后，瓦赫作为权利保护说的倡导者在《德国民事诉讼法杂志》第 32 卷（1904 年）发表论文《法律保护请求权》，针对彪罗的论证展开逐条批驳。③ 针对民事诉讼目的设定，瓦赫认为彪罗的私法秩序维持说存在两大误区。首先，不能一般性地认为民事诉讼旨在创造权利、发展权利和完善权利，这毋宁是立法者的工作，法院应以保护权利作为民事诉讼之目的。虽然权利是否存在是民事诉讼中需要重点处理的问题，但该项活动并不是创造权利，而是对权利的存在与否加以判定。其次，彪罗否定权利既存的结论是基于对诉讼程序的经验观察，他希望仅通过对诉讼进行观察就得出权利保护说不成立的结论。由于目的论表征了国家设置民事诉讼制度的初衷和目标，因此应以目的作为标准塑造诉讼，而不是相反。虽然目的能否实现受制于社会现实，但法律规范和具体制度的形成都是为了贯彻民事诉讼目的，是为民事诉讼目的而服务。④

---

① 参见［德］彪罗：《诉和判决：关于私法和诉讼相互关系的基本问题》，载［德］赫尔维格：《诉权与诉的可能性：当代民事诉讼基本问题研究》，任重译，法律出版社 2018 年版，第 202 - 207 页。

② 彪罗对私法秩序维持说的理论贡献，参见刘荣军：《论民事诉讼的目的》，《政法论坛》1997 年第 5 期。

③ 参见［德］瓦赫：《法律保护请求权》，载［德］赫尔维格：《诉权与诉的可能性：当代民事诉讼基本问题研究》，任重译，法律出版社 2018 年版，第 208 - 246 页。

④ 参见［德］瓦赫：《法律保护请求权》，载［德］赫尔维格：《诉权与诉的可能性：当代民事诉讼基本问题研究》，任重译，法律出版社 2018 年版，第 212 - 216 页。

（四）以权利保护为起点的私法秩序维持说

私法秩序维持说并不排斥民事诉讼应服务于《德国民法典》的贯彻落实这一核心见解。甚至可以说，私法秩序维持说与权利保护说对此保持高度一致。在上述论战前夕的 1900 年 1 月 1 日，《德国民法典》作为整个德国的统一私法而生效。瓦赫和彪罗之间的论战不妨被看作是以实施《德国民法典》为背景的两法协同实施论争。上述论战的焦点是德国民法典时代的权利既存观念和法官造法功能。以瓦赫和赫尔维格为代表的权利保护说认为，《德国民法典》是民事权利的大百科全书，当事人的实体权利在诉讼开始之前就已经存在。作为司法机关的法院应以实施好《德国民法典》为本职，坚持民事诉讼目的是对既存权利的确认和实现。而以彪罗为代表的私法秩序维持说则认为，即便《德国民法典》包罗万象，但因其抽象性和一般性而无法自发产生权利，当事人权利的有无仍需经法院在民事诉讼程序中确认、完善甚至是创造。是故，民事诉讼目的不在于确认和实现既存的民事权利，而在于通过裁判缔造稳定的私法秩序。尽管如此，无论是权利保护说，还是私法秩序维护说，在出发点上均以《德国民法典》为基准和基石，二者的区别更多体现在理念而非具体实现方法上。

值得注意的是，私法秩序维持说与权利保护说的同源性在我国并未得到足够重视。不仅如此，二者的经济基础和上层建筑甚至被完全对立起来，被分别作为自由资本主义和垄断资本主义的理论代表。上述认识部分受到"秩序维持"这一概念表达的影响与误导。在《民事诉讼法》第 2 条中便有"维护社会秩序、经济秩序，保障社会主义建设事业顺利进行"之表述，秩序的最大文义范围可突破法律秩序而进入社会秩序和经济秩序。然而，通过回溯私法秩序维持说的源头可以发现，此秩序非彼秩序，私法秩序维持说无法为抽象法律秩序甚至是社会秩序和经济秩序的维持提供理论支撑。当然，上述对秩序的扩大化理解不仅出现在我国，同样曾于德国出现，尤其是集中于纳粹时期。除此之外，权利保护说一直在德国占据不可动摇的通说地位。[①]

（五）权利保护说与纠纷解决说的联系

日本学者兼子一提出纠纷解决说的 1947 年，正是德国从私法秩序维持说回归权利保护说的转型时期。兼子一的选择与德国通说并不一致。与私法秩序维持说在初始时刻关注《德国民法典》的贯彻落实不同，兼子一对纠纷解决说的论证从有诉讼而无实体法的人类发展史出发，强调民事诉

---

① Vgl. Stein/Jonas/Brehm, Zivilprozessordnung, Bd. 1. 22. Aufl., 2003, vor § 1 Rn. 13.

讼的目的并非保护实体权利；权利存在的根据也不是实体法，而是程序法；实体法的功能并不是产生实体权利，而是针对已经存在的权利为法官提供裁判规范。①

就民法典与民事权利的相互关系而言，纠纷解决说与私法秩序维持说存在近似性。以民法典的诉讼落实作为标尺对不同学说加以衡量，纠纷解决说和程序保障说并不天然抵触实体法律规范及其实体权利。日本学者伊藤真认为，在实体法完备的今天，即便民事诉讼的目的是纠纷解决，仍要以实体法为基准，这是理所当然的。② 在程序保障说占通说地位的英国和美国也并不排斥实体公正，程序保障说与英美法系判例法传统有关，由于不存在独立于程序之外的实体标准，程序公正成为证明实体公正的唯一标准。从当事人参加诉讼的目的来看，制定法与判例法并无区别。③

囿于"纠纷解决"和"程序保障"的概念模糊性，纠纷解决说可能发展出授权法官超越《民法典》及其民事权利以实质性解决纠纷的内涵，而程序保障说则可能出现仅保障当事人的程序权利就可充分满足民事诉讼目的之外延。而上述两种倾向在理论起点上存在障碍。（1）民事诉讼的纠纷解决论如何与其他替代性纠纷解决机制有效区分？（2）纠纷解决的判断标准是以民法典为准据抑或进一步探求对当事人利益的实际满足，甚至是让双方当事人都满意？（3）美国法的程序正义观念是否排斥实体维度？虽为判例法，但能否由此断定美国的法院在裁判案件时没有实体标准可循？（4）回到程序保障论的法理起点，民事诉讼制度是不是罗尔斯语境下的纯粹程序正义？而纯粹的程序正义可否满足诉讼公正之要求？

在我国，无论是纠纷解决说抑或程序保障说都易导出对权利保护说的误读，即认为严格根据《民法典》来认定和实现民事权利不利于现实生活中的纠纷解决，据此主张过滤实体法赋予当事人的民事权利。例如，《民法典》第 687 条第 2 款赋予一般保证人以先诉抗辩权（"有权拒绝向债权人承担保证责任"），但《担保解释》第 26 条第 1 款第 2 句则过滤了先诉抗辩权，对纠纷一次性解决和诉讼经济的考量要求法院在债权人未就主合同纠纷提起诉讼或者申请仲裁时驳回其向一般保证人的单独诉讼。

---

① 参见［日］高桥宏志：《民事诉讼法：制度与理论的深层分析》，林剑锋译，法律出版社2003年版，第 2—6 页。

② 参见［日］伊藤真：《民事诉讼法》（第四版补订版），曹云吉译，北京大学出版社 2019 年版，第 14 页。

③ 参见段厚省：《民事诉讼目的：理论、立法和实践的背离与统一》，《上海交通大学学报（哲学社会科学版）》2007 年第 4 期。

通过回溯权利保护说的起点及其与私法秩序维持说的论争可以发现，解决纠纷和程序保障不仅不是权利保护说的对立面，反而是其题中之义。立法者颁布和实施《民法典》，通过民事诉讼对当事人的权利主张加以保护，正是为了切实解决纠纷和保障当事人在民事诉讼中享有的正当程序。可见，背离权利保护请求权说的纠纷解决说亟待在实体/程序交互的民事诉讼目的论视域下得到科学审视与客观反思。

第三节　纠纷解决说的反思

肇始于 20 世纪 90 年代的我国民事诉讼目的论研究开创了基础理论研究的新局面，并将我国民事诉讼法学从简单的注释阶段推向了基础理论研究阶段。囿于上述目的讨论欠缺具体诉讼制度的支撑，且存在超然于相关立法和司法实践的倾向，学界更关注我国应采取的民事诉讼目的论。在应然讨论中，目的设定呈现出多样化趋势。囿于篇幅，本讲难以对不同目的设定进行详细介绍和归类。在多样化的目的设定背后，相关讨论的出发点和落脚点具有相似性，即以目的论实质推进我国民事审判方式改革和当事人主义转型，并重塑民事诉讼构造。在既有研究基础上，如果以实施民法典为参照进行观察，不难发现我国民事诉讼目的论中"权利保护说→私法秩序维持说→纠纷解决说→程序保障说"的迭代认识隐含着逐渐脱离实体法导向的倾向。由是观之，主张在我国越过权利保护说而选择纠纷解决说或程序保障说，是希望给法官赋权，让法官原则上可超越《民法典》进行裁判，并预计这种做法更有利于纠纷的实际解决。

一、初始时刻："先程序，后实体"的民事立法模式

脱离实体法探寻民事诉讼目的在我国有其特定历史背景。重点讨论民事诉讼目的论的 20 世纪 80 年代，我国业已颁布和实施的民事法律仅有《婚姻法》《继承法》和《民法通则》。面对逐步建立的社会主义市场经济及其纠纷，法院面临实体法规范严重匮乏的困境：《担保法》于 1995 年颁布实施，《合同法》于 1999 年颁布实施，《物权法》和《侵权责任法》直到 21 世纪第一个十年才陆续颁布实施。考虑到《民事诉讼法（试行）》和《民事诉讼法》分别于 1982 年和 1991 年颁布实施，我国自改革开放以来在相当长的一段时期内"有程序法典，无实体法典"，甚至 2001 年《证据规定》第 4 条还曾代行侵权责任实体规范功能，并于第 7 条规定："在法律没有具体规定，依本规定及其他司法解释无法确定举证责任承担时，

人民法院可以根据公平原则和诚实信用原则，综合当事人举证能力等因素确定举证责任的承担。"其中的"法律没有具体规定"，在当时并非理论上的假定，而是对彼时实体法规范状况的客观描述：我国实体法律规定存有许多漏洞，甚至存在大量空白。在此背景下，若目的论再主张法官无权完善、填补和创造实体法规范，则既无法得到当事人的理解和认可，也在结果上难以成功化解纠纷，无法为改革开放保驾护航。

二、路径依赖："诉讼爆炸""案多人少"背景下的纠纷解决说

幸运的是，随着中国特色社会主义法律体系的形成，特别是《民法典》的颁布实施，法官裁判普遍欠缺实体法根据的困窘已经一去不复返。作为例证的是 2019 年《证据规定》全面修正时删去了原第 7 条。这也从一个侧面表明，法官在民法典时代已无须面对"法律没有具体规定"的挑战。

尽管如此，实体权利既存观念和法官通过民事诉讼确认和实现实体权利的认识并未自动确立，而是依旧受到目的论思维惯性的深刻影响。当然，在思维惯性影响之外，我国当前依旧面临较为严峻的"诉讼爆炸""案多人少"的境况：严格按照《民法典》审理民事案件费时费力，而采取灵活的纠纷解决方式，则可能在最大限度上实现诉讼经济，切实回应"诉讼爆炸""案多人少"的时代挑战。上述印象与纠纷解决说形成合力，成为我国司法解释、司法性文件和相关司法实践的路径依赖。

而在 2014 年最高人民法院公布的保障民生第二批典型案例中，最高人民法院指出"武汉华珍药业有限公司与武汉市人民政府、武汉市国土资源和规划局、武汉金福置业有限公司、武汉市汉桥中兴集团有限责任公司土地行政确认案"的典型意义在于，办案法官顶住压力多次组织协调，判决后主动向政府发去司法建议函，不就案办案，延伸审判职能，最终通过案后的协调和解，一次性解决了争议土地的权益和归属问题。2015 年颁布实施的《最高人民法院关于当前民事审判工作中的若干具体问题》针对机动车交通责任纠纷案件的审理，指出了审判实践中需要注意的三个方面，其中第二个方面是"要贯彻纠纷一次性解决的民事诉讼理念"，对交通事故和机动车保险问题一次性解决。

2019 年颁布实施的《九民纪要》两次强调纠纷一次性解决。《九民纪要》第 36 条规定："在双务合同中，原告起诉请求确认合同有效并请求继续履行合同，被告主张合同无效的，或者原告起诉请求确认合同无效并返还财产，而被告主张合同有效的，都要防止机械适用'不告不理'原则，仅就当事人的诉讼请求进行审理，而应向原告释明变更或者增加诉讼请求，或者向被告释明提出同时履行抗辩，尽可能一次性解决纠纷。"在此基础上，《九民纪要》第 104 条进一步规定："在村镇银行、农信社等作为直贴行，农信社、农商行、城商行、股份制银行等多家金融机构共同开展以商业承兑汇票为基础的票据清单交易、封包交易引发的纠纷案件中，在商业承兑汇票的出票人等实际用资人不能归还票款的情况下，为实现纠纷的一次性解决，出资银行以实际用资人和参与交易的其他金融机构为共同被告，请求实际用资人归还本息、参与交易的其他金融机构承担与其过错相适应的赔偿责任的，人民法院依法予以支持。"

上述带有纠纷解决说意涵的规范只是冰山一角，还有诸多诉讼规范虽未使用"纠纷一次性解决"等表述，但在本质上体现出上述要求。如 2003 年颁布的《人身损害赔偿解释》第 5 条要求，赔偿权利人起诉部分共同侵权人的，人民法院应当追加其他共同侵权人作为共同被告。这一要求被继续保留在 2020 年、2022 年修正的《人身损害赔偿解释》第 2 条中。不仅如此，2020 年颁布实施的《担保解释》第 26 条第 1 款规定："一般保证中，债权人以债务人为被告提起诉讼的，人民法院应予受理。债权人未就主合同纠纷提起诉讼或者申请仲裁，仅起诉一般保证人的，人民法院应当驳回起诉。"在债权人仅起诉一般保证人时驳回起诉，可以看作是对《民法典》第 687 条第 2 款"一般保证的保证人在主合同纠纷未经审判或者仲裁，并就债务人财产依法强制执行仍不能履行债务前，有权拒绝向债权人承担保证责任"的程序协同。其实，从《民法典》第 687 条第 2 款的实体法规范无法直接推出《担保解释》第 26 条第 1 款驳回起诉的诉讼实施方案。仅从文义解释和目的解释出发，在一般保证人并未拒绝时，法院不应径行裁定驳回起诉，而应判决支持债权人的诉讼请求。《担保解释》第 26 条第 1 款采取驳回起诉的诉讼实施方案有民事司法实践的支撑。《民诉法解释》第 66 条规定："保证合同约定为一般保证，债权人仅起诉保证人的，人民法院应当通知被保证人作为共同被告参加诉讼。"其背后的逻辑也在于将先诉抗辩权从权利抗辩转变为事实抗辩，由法官依职权加以考虑和适用。① 相较《民诉法解释》第 66 条"应当通知被保证人作为共同被告参加诉讼"的诉讼处理，《担保解释》第 26 条基于法官中立性以及法官审理负担的考量，进一步除去了法官依职权通知甚至追加共同被告的职责，转而径行裁定驳回起诉。②

---

① 参见刘子赫：《职权追加阶层论》，《法学家》2024 年第 6 期。
② 参见程啸、高圣平、谢鸿飞：《最高人民法院新担保司法解释理解与适用》，法律出版社 2021 年版，第 167 页。

第四节 权利保护说的回归

为了维护社会秩序、经济秩序，保障社会主义建设事业顺利进行，国家有必要垄断权利保护，原则上禁止当事人自力救济，并设立民事诉讼制度以更全面和更有效地保障当事人享有的民事权利，这可谓实施好《民法典》这一实体/程序交叉问题的逻辑起点。由于国家禁止当事人通过私力实现民事权利，故而将民事诉讼制度目的确定为权利保护是最合逻辑且更贴合实际的选择。遗憾的是，囿于"权利保护说→私法秩序维持说→纠纷解决说→程序保障说"的极简主义认识，加之"经济基础决定上层建筑"的机械套用，权利保护说在我国遇冷。理论界和实务界转而采用疏离《民法典》的其他目的学说，这在结果上造成了对民事诉讼中实体标准的忽视甚至背离。

一、权利保护说的纠纷解决功能

通过回溯学说史可知，权利保护说不仅不以私权利保护为限，而且不认为权利客观存在为起诉和审理之前提。通过将"私权"转化为"权利主张"，并与公法诉权说相配合，权利保护说在我国遭遇的质疑和诘问可被有效化解。回到民事诉讼制度的原点，权利保护说同样具有维护法律秩序、经济秩序和社会秩序的实际效果，故而与私法秩序维持说不存在根本矛盾，二者的区别更多聚焦于权利既存观念和法官造法的态度。同样，国家禁止私力救济，转而要求当事人通过民事诉讼主张和实现其权利，也必然要求国家以最符合程序正义的诉讼程序且通过实体/程序交错的方式解决当事人之间的纠纷。由此可见，回归民事诉讼原点的权利保护说不仅不排斥私法秩序维持、纠纷解决和程序保障，反而以其为必经之路和应有之义。

二、纠纷一次性解决的乌托邦

受"先程序，后实体"的民事立法模式和"诉讼爆炸""案多人少"的民事纠纷超大规模现状的实质影响，权利保护说与纠纷解决说的血肉联系被隔断。纠纷解决说在我国出现了"纠纷"的语义变迁，即从实体权利纠纷扩大为生活意义上的纠纷；从作为权利实现的解决进一步延伸至"案结事了"之解决。这实际上导致了"纠纷一次性解决"的理想化：为了实现概念和标准均不明确的纠纷一次性解决而越过《民法典》中的实体导向，默许裁判者任意扩大审理范围。这不仅使审理难度递增，而且使纠纷解决的效果递减，甚至引发更多关联纠纷，激化当事人不满情绪。这可谓纠纷一次性解决的乌托邦。①

三、回到民事诉讼的原点

回归民事诉讼制度的原点，权利保护说以权利主张的确认和实现作为民事诉讼目的，依其确定的民事诉讼的审理对象通常较纠纷解决说下更清晰且精准，故而有利于提高诉讼效率和避免当事人的诉累，例如债权人不必仅仅因为共同被告之间对责任份额的争议而被拖入上诉甚至再审。更重要的是，《民法典》赋予当事人的实体权利能够以最低成本和最有效率的方式被认定和实现。是故，权利保护说是我国切实实施民法典的最优解。相反，纠纷解决说将所有潜在的权利主张均视为必然会发生的后诉，从而较为主观地将潜在权利主张聚集在同一程序，甚至追求于"起诉-受理"这一"诉讼前程序"中做一体化解决②，其逻辑悖论是预先一次性解决所有尚未出现的纠纷以化解"诉讼爆炸""案多人少"的困境。

以实体/程序交互的视角重新审视民事诉讼目的，不难发现虽然民事诉讼是国家设立的最完备和最重要的纠纷解决机制，但其不可能成为所有权利主张的唯一出口。意图将《民法典》赋予当事人的所有民事权利义务相关问题强制性地在同一个程序中一并解决，注定将陷入"诉讼爆炸"且"案多人少"的漩涡而难以自拔。相反，科学认识民事纠纷一次性解决的限度，以此为前提将民事诉讼目的设定为仅对当事人主张的权利加以确认和实现，虽然看似并未完全达成"案结事了"，但实际效果是大幅提高诉讼效率，避免当事人诉累，且因判决对权利主张的确认而能在最大限度上避免关联诉讼。由是观之，权利保护说是民事诉讼制度的原点回归，是实施好《民法典》的重要保障，亦是化解"诉讼爆炸""案多人少"困境的科学路径。

---

① 参见任重：《民事纠纷一次性解决的限度》，《政法论坛》2021 年第 3 期。

② 参见张卫平：《起诉条件与实体判决要件》，《法学研究》2004 年第 6 期。

第五讲 请求权基础规范
与诉讼标的规范的协同

《民法典》的颁行对中国自主民法学知识体系发挥奠基作用。囿于诉讼法学研究与实体法的分离，中国自主民法学和民事诉讼法学知识体系的构建均面临若干实体/程序协同实施问题，这既有"先程序，后实体"的历史原因，又有"诉讼爆炸""案多人少"的现实制约。新中国成立以来，民事诉讼法与民法具有相同精神是两法关系的定论。《民法典》的颁行为重塑两法关系提供了重要契机。这要求以《民法典》为参照重新审视现行民事诉讼法的"试行化"问题（立法层面），并以民事诉讼目的这一两法协同实施的体系衔接点为抓手实现权利保护说的复归（理论层面）。

民法典与民事诉讼法的协同实施固然应强调民事诉讼法作为权利保障法的固有定位，但两法协同并非"单向输出"，而是要实现"和谐共舞"。同样受"先程序，后实体"的民事立法模式影响，民法典中的实质诉讼规范长期被忽略，并存在请求权基础化的倾向，共同危险行为可谓其突出例证（第三讲）。而在"实体事项/程序事项"的二元分析框架中，归属于"实体事项"的实质民法规范也存在请求权基础化的平面化和静态化问题。以"实体事项/程序事项"为分析框架，民法典中的实质诉讼规范得以被准确识别和科学处理；以"请求→抗辩→再抗辩→再再抗辩"为分析方法，实质民法规范实现阶层化和动态化，以实质减轻当事人的权利主张负担，并在结果上有效应对"诉讼爆炸""案多人少"等困境的现实挑战。

第一节 侵权责任请求权基础规范的诉讼转换难题

《民法典》侵权责任编的两法协同实施困境集中表现为"归责原则→请求权基础→诉讼标的规范"的转换不畅，以饲养动物损害责任规范群为例：其面临三重挑战，即过错责任与过错推定责任的诉讼标的规范整理、无过错责任一般规定与特殊规定之间的诉讼标的规范整理以及四种归责原则（事由）的诉讼标的规范体系化。由于我国采纳传统诉讼标的理论，且《民法典》侵权责任编请求权基础数量庞大，"请求权基础→诉讼标的规范"的对应关系模式将进一步加剧"诉讼爆炸""案多人少"的问题。为了有效应对超大规模的民事纠纷，同时充分保障当事人的实体和程序权利，并减轻其法律适用负担，请求权基础规范与诉讼标的规范的转换关系亟待重塑。本讲以《民法典》侵权责任编（以下简称侵权责任编）为中心，以饲养动物损害责任规范群为样本，旨在厘清"归责原则→请求权基础→诉讼标的规范"的转换关系，其亦可期成为《民法典》之实体规范的阶层化、动态化整理的一般分析框架。

一、侵权责任编与中国民法学自主知识体系的构建

《民法典》的颁行对中国民法学自主知识体系发挥奠基作用，标志着中国民法学进入振兴和繁荣的民法典时代。① 《民法典》的一系列制度安排呈现出本土性和自主性②，较为典型的是人格权独立成编。③ 虽然侵权责任编系对《侵权责任法》的继承与发展，如饲养动物损害责任基本维系了《侵权责任法》第78条至第84条的规范体例，除不影响内容的条文修正外，仅在《侵权责任法》第79条的基础上于《民法典》第1246条后段增加减轻责任事由（"能够证明损害是因被侵权人故意造成的，可以减轻责任"），但这并未削弱侵权责任编在中国民法学自主知识体系构建中的重要性和代表性。

在《侵权责任法》制定过程中，自主知识体系的构建是贯穿始终的追求。以《法国民法典》为代表的侵权责任一般条款立法模式、以《德国民法典》为代表的三元请求权基础立法模式以及英美法区分不同侵权场景的立法模式都曾进入学界视野。④ 为制定出符合21世纪时代精神并满足我国经济社会高速发展需要的侵权责任法，学界主张对大陆法系高度抽象化的立法模式和英美法系以司法裁判为导向的场景化模式予以整合，以新世纪的《埃塞俄比亚民法典》为立法参照制定具有中国特色的侵权责任法，构筑侵权责任自主知识体系。⑤ 无论是《侵权责任法》将立法名称确定为

① 参见王利明：《建构民法典时代的民法学自主知识体系》，《社会科学》2024年第10期。
② 参见黄忠：《论中国民法本土化的理论逻辑》，《东方法学》2024年第6期。
③ 参见石佳友：《人格权编的中国范式与中国式现代化的实现》，《中国法学》2023年第3期。
④ 参见杨立新：《我国侵权责任法草案对国外立法经验的借鉴》，《中国法学》2009年第5期。
⑤ 参见杨立新：《论埃塞俄比亚侵权行为法对中国侵权行为法的借鉴意义》，《扬州大学学报（人文社会科学版）》2005年第5期。

"侵权责任法"而非"侵权行为法",还是更为丰富的规范体量,无不呈现出构筑中国民法学自主知识体系的自觉与信心。

《侵权责任法》包含 12 章,共计 92 个法律条文。《民法典》的侵权责任编包含 10 章,共计 95 个法律条文。上述规模化和类型化的《侵权责任法》及侵权责任编在保护民事主体合法权益、明确侵权责任、预防和制裁侵权行为方面发挥了重要作用。①

二、侵权责任编诉讼实施的三重困境

更大规模的侵权责任规范体系也对规范的正确理解与科学适用,特别是构建实体/程序交互的中国民法学自主知识体系提出了许多新问题和新挑战。例如,《侵权责任法》第 24 条是否独立请求权基础和诉讼标的规范,受害人可否主动将其作为诉讼标的以支持其填补损失的诉讼请求?② 再如,《侵权责任法》第 10 条是否诉讼标的规范? 若受害人主张成立共同危险,法官经审理后发现其并不成立,可否径行根据《侵权责任法》的其他请求权基础和诉讼标的规范(如《侵权责任法》第 6 条第 1 款)判决支持其诉讼请求?③ 其中,前者已由《民法典》第 1186 条予以部分解决,即通过将"可以根据实际情况,由双方分担损失"修改为"依照法律的规定由双方分担损失"而明确该条为参引规范;后者尚未得到《民法典》第 1170 条之立法解决,有待民法典与民事诉讼法的协同实施研究,本书第三讲对其已有初步探讨,此处不再赘文。

上述构建中国民法自主知识体系的实体/程序融合困境并非个例,而是由于我国《民法典》侵权责任编充分融合大陆法系和英美法系的立法优势并在此基础上确立"一般侵权行为规范+具体侵权行为场景"的体系构造所引发的普遍性问题,其可被归结为如下三个方面。

(一)过错责任与过错推定责任的相互关系

我国《侵权责任法》和侵权责任编的"增量"主要是侵权责任的特殊规定和场景化规则。例如,《民法典》第 1218 条规定医疗机构及其医务人员的过错责任,虽然该规定有助于医疗责任的科学处理和妥善解决,且专章规定"医疗损害责任"凸显立法者对健康事业有序发展的高度关注,但以构成要件为标准分析,《民法典》第 1218 条或可完全归入《民法典》第

---

① 参见黄薇主编:《中华人民共和国民法典侵权责任编解读》,中国法制出版社 2020 年版,第 1 页。

② 参见许可:《多维视角下公平分担损失请求权的理论基础与裁判构造》,《现代法学》2019 年第 6 期。

③ 参见任重:《民事诉讼视野下的共同危险行为》,《法制与社会发展》2015 年第 6 期。

1165 条第 1 款过错责任之四项构成要件。这是否意味着法官可突破《民法典》第 1218 条而在过错责任的全部侵权责任规范中寻找更恰当之裁判根据？这是否落入《民事诉讼法》第 211 条第 1 款第 11 项（"原判决、裁定遗漏或者超出诉讼请求"）之法定再审事由？

（二）无过错责任一般规定与特殊规定的相互关系

与《民法典》第 1165 条第 1 款不同，《民法典》第 1166 条并非无过错责任的请求权基础。《民法典》第 1166 条仿照第 1165 条第 1 款，将无过错责任的构成要件表述为：（1）行为；（2）受害人的损害；（3）行为与损害之间具有因果关系；（4）法律规定应当承担侵权责任，即不存在法定的免责情形。[①] 亦有观点将其构成要件归结为：（1）违法行为；（2）损害事实；（3）违法行为与损害事实之间具有因果关系。[②] 考虑到"法律规定应当承担侵权责任"的抽象性，为避免法官对无过错责任的恣意认定，《民法典》第 1166 条被定位为参引规范而非主要规范。[③] 当事人和法官须另寻无过错责任的具体法律规定作为其请求和裁判的法律根据[④]，《民法典》第 1245 条即为例证。然而，考虑到相同场景的无过错责任规范常不唯一，如何处理不同实体规范之间的关系（如《民法典》第 1245 条至第 1247 条）？[⑤] 如何协调不同场景下有竞合关系的复数请求权基础？这些同样是构建中国民法自主知识体系的重要问题。

（三）四种归责原则（事由）的相互关系

民法基础理论区分过错责任、过错推定责任、无过错责任以及公平责任四种归责事由（归责原则），它们有不同的社会时代背景及发展迭代根据，内涵颇为丰富，意义十分重大。[⑥] 然而，从诉讼标的的识别及前后诉的科学处理出发，四种归责事由体系的进一步整合是中国侵权责任法学自主知识体系构建必然面对的实体/程序交互难题。

---

① 参见黄薇主编：《中华人民共和国民法典侵权责任编解读》，中国法制出版社 2020 年版，第 15 页。

② 参见最高人民法院民法典贯彻实施工作领导小组主编：《中华人民共和国民法典侵权责任编理解与适用》，人民法院出版社 2020 年版，第 37 页。

③ 参见吴香香编：《民法典请求权基础检索手册》，中国法制出版社 2021 年版，第 174 页。

④ 参见黄薇主编：《中华人民共和国民法典侵权责任编解读》，中国法制出版社 2020 年版，第 16 页；最高人民法院民法典贯彻实施工作领导小组主编：《中华人民共和国民法典侵权责任编理解与适用》，人民法院出版社 2020 年版，第 39 - 40 页。

⑤ 《民法典》颁布实施前的相关探讨，参见袁中华：《规范说之本质缺陷及其克服——以侵权责任法第 79 条为线索》，《法学研究》2014 年第 6 期；吴泽勇：《规范说与侵权责任法第 79 条的适用——与袁中华博士商榷》，《法学研究》2016 年第 5 期。

⑥ 参见程啸：《侵权责任法》（第三版），法律出版社 2021 年版，第 111 - 112 页。

三、"归责原则→请求权基础→诉讼标的规范"的转换背景

侵权责任编中"归责原则→请求权基础→诉讼标的规范"的转换关系须充分考量中国民事诉讼法学自主知识体系。① 例如，构成美国场景式侵权责任体系的观念因素及其配套机制包括法律积极主义、陪审制、律师费用系于诉讼成败以及专为人身伤害原告组成的律师团体等。② 而《德国民法典》的三元过错责任请求权基础和以其第 833 条动物致害责任为代表的无过错责任规范，因其诉讼标的识别标准的诉讼法二分肢（支）说而能将所有请求权基础融于同一诉讼标的，实现纠纷的一次性解决。③

根据《民法典》第 186 条，结合 2001 年《证据规定》第 35 条第 1 款和 2019 年全面修正后的《证据规定》第 53 条第 1 款，我国坚持"请求权（主张）→诉讼标的"的传统诉讼标的理论④，这同样得到最高人民法院释义丛书的明确采用。⑤ 鉴于此，民法典与民事诉讼法协同实施视域下的复数请求权基础原则上将导出复数诉讼标的。⑥ 这不仅使受害人面临严重的请求权基础选择负担，而且将进一步加剧"诉讼爆炸""案多人少"以及矛盾裁判等司法难题。是故，如何协同无过错侵权场景与过错责任一般规范之间的关系？⑦ 如何更进一步实现"归责原则→请求权基础→诉讼标的规范"的集约化以实质回应"诉讼爆炸""案多人少"？这些可谓中国民法和民事诉讼法学自主知识体系共同的重点问题、痛点问题和难点问题。

第二节 饲养动物损害责任的要件重叠

饲养动物损害责任的立法目的是通过特别规定确立饲养动物损害责任的无过错责任归责事由（原则），通过取消动物饲养人或管理人的过错构

---

① 参见任重：《民事诉权的中国意涵——基于民事诉讼自主知识体系的追问》，《河北法学》2025 年第 3 期。

② 参见王泽鉴：《侵权行为》，北京大学出版社 2009 年版，第 54 页。

③ 参见张卫平：《民事诉讼法》（第六版），法律出版社 2023 年版，第 216 页；曹志勋：《德国诉讼标的的诉讼法说的传承与发展》，《交大法学》2022 年第 3 期。

④ 参见任重：《论我国民事诉讼标的与诉讼请求的关系》，《中国法学》2021 年第 2 期。

⑤ 参见最高人民法院修改后民事诉讼法贯彻实施工作领导小组编著：《最高人民法院民事诉讼法司法解释理解与适用（上）》，人民法院出版社 2015 年版，第 635 页。

⑥ 参见任重：《民法典与民事诉讼法的协同实施：回眸与展望》，《当代法学》2023 年第 1 期。

⑦ 参见胡学军：《论证明责任作为民事裁判的基本方法——兼就"人狗猫大战"案裁判与杨立新教授商榷》，《政法论坛》2017 年第 3 期。

成要件确保受害人的损害赔偿请求权在司法实践中得到切实实现，据此引导饲养动物遵守法律法规、尊重社会公德和不妨碍他人生活的立法目标（《民法典》第 1251 条）。鉴于此，《民法典》第 1245 条至第 1247 条乃《民法典》第 1166 条所指示的无过错赔偿责任，而《民法典》第 1248 条"动物园动物致害"乃例外采取过错推定责任，系《民法典》第 1165 条第 2 款所指示的过错要件证明责任倒置规范。

一、《民法典》第 1245 条之构成要件

一般认为，《民法典》第 1245 条是饲养动物损害责任的一般规定，未对动物采取安全措施的责任承担（《民法典》第 1246 条）和禁止饲养的危险动物损害责任（《民法典》第 1247 条）构成相对于《民法典》第 1245 条的特殊规定。① 其中，饲养动物损害责任的一般规定有如下三项构成要件：（1）存在动物加害行为；（2）产生损害结果；（3）动物加害行为与损害结果之间有因果关系。② 上述要求可基本对照《民法典》第 1166 条的三项构成要件。

二、《民法典》第 1246 条和第 1247 条之构成要件

在上述三项构成要件基础上，学界一般将《民法典》第 1246 条和第 1247 条定位为更加严格的无过错责任，故其责任成立前提系在《民法典》第 1245 条基础上的进一步堆叠。③ 其中，《民法典》第 1246 条系在三要件基础上，进一步要求受害人主张并证明"违反管理规定，未对动物采取安全措施造成他人损害"。考虑到《民法典》第 1246 条乃大幅加剧抗辩难度，故最高人民法院要求"违反管理规定"和"未对动物采取安全措施"之间存在关联性。④ 这无疑增加了受害人通过主张和证明《民法典》第 1246 条实现其损害赔偿请求权的负担。

同样，禁止饲养的烈性犬等危险动物损害责任也存在构成要件堆叠问题，即在《民法典》第 1245 条三要件的基础上进一步添加"禁止饲养的烈性犬等危险动物"的主张和证明责任。考虑到我国目前仍未建立全国统一的烈性犬等危险动物名录和认定标准，受害人通过主张并证明饲养危险动物损害同样面临主张和证明责任的高阶化。

---

① 参见张新宝：《中国民法典释评·侵权责任编》，中国人民大学出版社 2020 年版，第 265 页。
② 参见最高人民法院民法典贯彻实施工作领导小组主编：《中华人民共和国民法典侵权责任编理解与适用》，人民法院出版社 2020 年版，第 643－644 页。
③ 参见程啸：《侵权责任法》（第三版），法律出版社 2021 年版，第 712 页。
④ 参见最高人民法院民法典贯彻实施工作领导小组主编：《中华人民共和国民法典侵权责任编理解与适用》，人民法院出版社 2020 年版，第 652 页。

三、复数请求权基础的构成要件重合关系

虽然根据《民法典》第 1245 条至第 1247 条构成三种动物损害责任，亦即一般饲养动物损害责任、违反管理规定而使饲养动物造成他人损害的责任以及禁止饲养的烈性犬等危险动物损害责任，但通过比较三者的构成要件可知，它们之间存在构成要件重合关系，亦即《民法典》第 1246 条和第 1247 条均以第 1245 条的三要件为基础，通过进一步抬升责任成立的构成要件换取更为严苛的责任减免事由。除第 1245 条与第 1246 条、第 1247 条之间存在构成要件重合关系，在《民法典》第 1246 条和第 1247 条之间也存在构成要件的进一步重叠："禁止饲养的烈性犬等危险动物"（第 1247 条）本身就是第 1246 条的具体情形，因禁止饲养的烈性犬已可证成"违反管理规定，未对动物采取安全措施造成他人损害"。虽然第 1245 条至第 1247 条分别针对不同动物致害场景有规范侧重差异，但以构成要件的重合关系观之，第 1246 条系第 1245 条的特殊情形，而第 1247 条又可作为第 1246 条的具体情形。

第三节　动物致害请求权基础的关系重塑

《民法典》第 1245 条至第 1247 条均系民法规范，是形式上的实体规范。需要注意的是，形式上的实体规范并不能径自导出实质上的实体规范，并进一步证成请求权基础规范。无论是《侵权责任法》第 78 条至第 80 条的司法适用问题①，抑或是《民法典》第 1247 条之责任减免事由的理论分歧②，均源于《民法典》第 1245 条至第 1247 条被一体作为请求权基础规范。

一、复数请求权基础模式及其审理困境

一般认为，《民法典》第 1245 条前段、第 1246 条前段和第 1247 条是三个主要规范（请求权基础规范），且构成完全规范。③

（一）复数请求权基础模式的诉讼构造

上述认识将面临"切实实施民法典"的解释难题。根据传统诉讼标的

---

① 参见袁中华：《规范说之本质缺陷及其克服——以侵权责任法第 79 条为线索》，《法学研究》2014 年第 6 期；吴泽勇：《规范说与侵权责任法第 79 条的适用——与袁中华博士商榷》，《法学研究》2016 年第 5 期。

② 参见程啸：《最高人民法院民法典侵权责任编司法解释理解与适用》，中国法制出版社 2024 年版，第 250 - 251 页。

③ 参见吴香香编：《民法典请求权基础检索手册》，中国法制出版社 2021 年版，第 185 页。

理论，一项请求权主张构成一个诉讼标的，故而存在"请求权基础→请求权主张→诉讼标的"之决定关系。[1] 根据《民事诉讼法》第 127 条第 1 款第 5 项结合《民诉法解释》第 247 条，不同请求权基础导出的请求权主张将不落入"一事不再理"。鉴于此，若将《民法典》第 1245 条至第 1247 条理解为三个请求权基础，并相应导出三个诉讼标的，则等于为受害人开启了至少三条民事权利保护途径，受害人可依循《民法典》第 1245 条至第 1247 条先后提起三次诉讼。考虑动物饲养人和管理人分离的情形，将进一步引发诉讼标的之倍增。

（二）复数请求权基础模式的理论困境

此外，复数请求权基础模式也面临解释障碍。一般认为，请求权规范基础（Anspruchsnormengrundlage），简称为请求权基础（Anspruchs-grundlage），是据以支持原告请求权主张的规范基础（包括法律行为）。[2] 然而，请求权基础之上述定义如何用于识别我国《民法典》中的请求权基础？如何在侵权责任编科学处理"归责原则→请求权基础→诉讼标的规范"的转换关系？这有赖于中国自主民法学与民事诉讼法学知识体系的协同构建。以《德国民法典》第 823 条第 1 款、第 2 款和第 826 条的请求权基础为例，过错责任的三个请求权基础分别为：（1）因故意或过失，不法侵害他人之权利者；（2）故意以背于善良风俗之方法，加害于他人；（3）违反保护他人之法律，致生损害于他人。就请求权基础而言，其原则上仅涉及构成要件，而不考虑请求权的法律效果，即"负损害赔偿责任"并非请求权基础，而系由请求权基础得到证成而导出的法律效果。[3] 是故，由于上述三类请求权基础权利/利益保护范围上的不同，以及在"故意以背于善良风俗之方法"以及"违反保护他人之法律"等构成要件内涵外延上的区别，其被作为请求权基础三元体系：请求权基础相异，诉讼标的自然不同。[4] 考虑到诉讼标的识别标准有别，德国模式呈现"复数请求权基础→复数请求权主张→单一诉讼标的"之转换关系。

（三）"请求权基础→请求权主张→诉讼标的"对应关系之反思

经过上述程序和实体两个面向的分析与评估，"复数请求权基础→复数请求权主张→复数诉讼标的"的对应关系在《民法典》第 1245 条至第

---

① 参见张卫平：《民事诉讼法》（第六版），法律出版社 2023 年版，第 215 页。

② 参见王泽鉴：《民法思维：请求权基础理论体系》，北京大学出版社 2009 年版，第 41 页。

③ 参见［德］埃尔温·多伊奇、［德］汉斯-于尔根·阿伦斯：《德国侵权法——侵权行为、损害赔偿及痛苦抚慰金》（第 5 版），叶名怡、温大军译，中国人民大学出版社 2016 年版，第 7 页。

④ 参见王泽鉴：《民法思维：请求权基础理论体系》，北京大学出版社 2009 年版，第 42－43 页。

1247 条中难以成立。《民法典》第 1246 条和第 1247 条的构成要件均被表述为第 1245 条之三要件基础上叠加的特殊构要件。据此，受害人若根据《民法典》第 1245 条要求动物饲养人或管理人承担损害赔偿责任被法院以构成要件不成立为由判决驳回诉讼请求，其再主张《民法典》第 1246 条前段也将面临败诉结果，盖因《民法典》第 1245 条前段之构成要件本身就构成了《民法典》第 1246 条前段的必要组成部分。然而，基于《民法典》第 1246 条与第 1245 条构成不同请求权基础的一般理解，这将导出不同诉讼标的而不落入"一事不再理"。对此，法院将不得不依《民法典》第 1246 条再对相同动物致害责任进行实体审理并作出驳回诉讼请求的实体判决。

综上，我国民法和民事诉讼法自主知识体系的协同构建将面临"请求权基础→请求权主张→诉讼标的"的对应关系的解释困境。由于我国采传统诉讼标的理论，故而无法实现德国模式中"复数请求权主张→单一诉讼标的"之集约化处理。若借鉴同样采取传统诉讼标的理论的我国台湾地区决定关系模式，又因我国侵权责任规范和请求权基础的庞大数量而面临当事人适用负担加重、滥用诉权频发和"诉讼爆炸"加剧等司法难题。

（四）危险动物致害减免事由的解释难题

《侵权责任编解释（一）》系在《民法典》颁行后对侵权责任编作出的首个司法解释，其并未采取"大而全"的规范模式，而是着重侵权责任编的体系化解释，着眼于司法实践中的痛点和难点问题。其中，《侵权责任编解释（一）》第 23 条旨在回应复数请求权基础模式的免责事由（诉讼抗辩）解释难题。囿于《民法典》第 1245 条至第 1247 条被作为复数请求权基础且生成复数诉讼标的，产生三类诉讼标的之实体审理构造问题。

第一类，《民法典》第 1245 条的诉讼标的的成立条件是三要件，减免责任事由是"能够证明损害是因被侵权人故意或者重大过失造成的"。

第二类，《民法典》第 1246 条的诉讼标的的成立条件是三要件加"违反管理规定，未对动物采取安全措施造成他人损害"，减轻责任事由是"能够证明损害是因被侵权人故意造成"。

第三类，《民法典》第 1247 条的诉讼标的的成立要件是三要件加"禁止饲养的烈性犬等危险动物造成他人损害"，但并未规定减免事由。

面对《民法典》第 1247 条责任减免事由的阙如，《侵权责任编解释（一）》第 23 条明确规定，禁止饲养的烈性犬等危险动物造成他人损害，动物饲养人或者管理人主张不承担责任或者减轻责任的，人民法院不予支持。显然，上述处理方案考虑到禁止饲养的烈性犬等危险动物致害存在主观可归责性，通过"举轻以明重"的解释方法而排除动物饲养人或管理人的减免责任抗辩，进而使《民法典》第 1247 条成为绝对责任。[①] 在此基础上，《侵权责任编解释（一）》第 23 条还为《民法典》第 1245 条至第 1247 条的理解与适用提供了新思路和新方法。

二、《民法典》第 1245 条至第 1247 条的关系重塑

在立法准备阶段，学界已将《侵权责任法》定位为融合大陆法系与英美法系，兼具实体规范和程序规范而以司法裁判为导向的法律部门。[②] 鉴于此，《侵权责任法》中的形式民法规范并不均能自然等同于实质民法规范，而是实质民法规范与实质诉讼规范的融合体。在此基础上，还应避免将实质民法规范一体理解为请求权基础规范。

（一）作为实体/程序规范融合体的侵权责任法（编）

在《侵权责任法》颁行之前，2001 年《证据规定》第 4 条第 1 款已专门规定侵权责任纠纷的若干证据规则，如"（五）饲养动物致人损害的侵权诉讼，由动物饲养人或者管理人就受害人有过错或者第三人有过错承担举证责任"，再如"（八）因医疗行为引起的侵权诉讼，由医疗机构就医疗行为与损害结果之间不存在因果关系及不存在医疗过错承担举证责任"。以上述医疗损害赔偿责任为例，为推动医疗事业健康发展，《侵权责任法》第 54 条变过错推定责任为过错责任，系对过错要件的证明责任正置，同时明确受害者对因果关系之证明责任。据此，立法者并未变动责任成立构成要件，而是仅为合理分配诉讼风险而在患者和医疗机构之间分配关于过错和因果关系的证明责任。

是故，《侵权责任法》第 54 条以下的形式民法规则并非关于权利义务产生和变动的实质实体规范，而是旨在变动证明责任的形式实体规范，其也被诉讼法学界称为实质诉讼法规范。[③]《民法典》第 1218 条继承了《侵权责任法》第 54 条对过错和因果关系的证明责任正置，故其规范属性亦为实质诉讼法规范，而不宜界定为诉讼标的规范。同理，《民法典》第 1245 条至第 1247 条的规范属性并非仅有三类请求权基础（诉讼标的规范）及其责任减免事由（诉讼抗辩规范）的唯一解释路径，采实体/程序协同的解释思路不仅能充分挖掘《民法典》第 1245 条至第 1247 条

---

① 参见程啸：《最高人民法院民法典侵权责任编司法解释理解与适用》，中国法制出版社 2024 年版，第 249－251 页。

② 参见王利明：《侵权责任法的中国特色》，《法学家》2010 年第 2 期。

③ 参见陈刚：《民事实质诉讼法论》，《法学研究》2018 年第 6 期。

的规范目的，而且能激发《侵权责任编解释（一）》第 23 条的丰富内涵。

（二）《民法典》第 1245 条之规范属性：请求权基础＋责任减免事由

《民法典》第 1166 条一般被理解为指引规范，而非作为请求权基础的（完全/不完全的）主要规范。对于无过错责任（危险责任）而言，《民法典》第 1166 条虽然呈现四要件的外观，但其不得作为诉讼标的规范，而是以无过错责任侵权类型的特别规定为裁判根据。对于饲养动物损害责任，《民法典》第 1245 条正是《民法典》第 1166 条所指引的无过错责任规范。据此，受害人仅须主张饲养动物侵权场景下的三项构成要件即可使损害赔偿责任成立。是故，《民法典》第 1245 条前段的三个构成要件乃请求权基础规范和诉讼标的规范，存在着"请求权基础→请求权主张→诉讼标的"的对应关系。

在此基础上，《民法典》第 1245 条后段"损害是因被侵权人故意或者重大过失造成"乃前段三要件之外的全新构成要件，显然不应作为请求权成立（诉讼标的规范）的构成要件，而是动物饲养人或管理人的责任减免事由。其中，"能够证明"被立法者理解为《民法典》中证明责任分配的典型规范表述。[①] 虽然《民法典》第 1245 条欠缺主语，但从文义解释出发理应填充"动物饲养人或管理人"作为本条的主语。据此，《民法典》第 1245 条后段所谓"能够证明"应补充为"（动物饲养人或管理人）能够证明"。上述解释方案同样能有机融入《民事诉讼法》第 67 条第 1 款结合《民诉法解释》第 90 条和第 91 条的实体/程序协同实施框架，亦即《民法典》第 1245 条前段之三要件乃《民诉法解释》第 91 条第 1 款第 1 项之"主张法律关系存在的当事人，应当对产生该法律关系的基本事实承担举证证明责任"。值得注意的是，"主张法律关系存在"不能被静态化和抽象化地理解为"主张请求权"。对此将于后文详述。

据此，受害人主张并证明《民法典》第 1245 条前段之三要件，并不能直接获得胜诉结果，也并非其在客观上真实享有饲养动物损害赔偿请求权，而仅系在证明责任评价分层的意义上实现了对己有利之构成要件的主张责任和证明责任，并将法院作出不利评价的风险转移给相对方，亦如"击鼓传花"。若被请求一方不能提出诉讼抗辩并成功证明，则法院将根据在上一阶层中对请求方有利的评价结果作出其胜诉的权利判定，亦即以证

---

① 参见黄薇主编：《中华人民共和国民法典侵权责任编解读》，中国法制出版社 2020 年版，第 302 页。

明责任分层实现民法典中实体规范的分层评价（Wertungsschichten）[1]，在结果上实现静态化和集中化的民商事实体法律制度向实体/程序交互的动态化、阶层化迈进。[2]

结合《民法典》第 1245 条前段，受害人主张并证明"（饲养人或管理人）饲养的动物造成他人（原告）损害"的，则已完成其证明责任分层，并转由动物的饲养人或管理人（被告）主张并证明其自身的证明责任评价分层，交由法官进行评价，即"（饲养人或管理人）能够证明损害是因被侵权人故意或者重大过失造成的"。虽然学界对免责事由和减责事由的具体对应有不同解读，如有观点认为重大过失对应减责事由，故意对应免责事由；亦有观点认为不宜机械适用上述对应关系，而应该根据造成损害的比例具体判定之[3]，但上述观点均不否认将故意或重大过失作为诉讼抗辩事项，由饲养人或管理人承担主张责任和证明责任。

（三）《民法典》第 1246 条之规范属性：免责事由之反对规范

《民法典》第 1245 条前段的规范性质为请求权基础规范，这并不能导出《民法典》第 1246 条前段同样宜做类似定性处理。如上所述，《民法典》第 1245 条前段之所以得被定性为诉讼标的规范，是因为其三构成要件得到满足后将产生请求权，并生成诉讼标的。依此标准，《民法典》第 1246 条前段难谓诉讼标的规范。若将《民法典》第 1246 条前段作为诉讼标的规范，必然导致《民法典》第 1245 条前段在该场景下成为解释规范，甚至沦为赘文。法官据此在审理饲养动物损害责任纠纷时须首先判定是否满足第 1246 条前段，在无法满足时又不得径行适用《民法典》第 1245 条前段。例如，原告（受害人）根据《民法典》第 1246 条前段提起诉讼，诉称被告（饲养人）携犬进入电梯时并未佩戴嘴套，致使原告在电梯中被犬咬伤。然而，当证据显示实乃饲养人遵守管理规定对犬采取了安全措施，受害人系被犬抓伤时，法官却不能直接根据《民法典》第 1245 条前段判决支持其诉讼请求，而是不得不根据 2019 年《证据规定》第 53 条第 1 款向原告释明，由其变更诉讼请求，这在二审程序中甚至可能引发撤销原判发回重审等程序空转。[4] 不仅如此，"违反管理规定，未对动物采取

---

① Vgl. Dieter Leipold, Archiv für die civilistische Praxis（AcP），179（1979），SS. 502–505.

② 参见任重：《论股东代表诉讼的程序对接——兼论公司法与民事诉讼法的协同实施》，《法律适用》2025 年第 1 期。

③ 参见张新宝：《中国民法典释评·侵权责任编》，中国人民大学出版社 2020 年版，第 270–271 页。

④ 参见任重：《释明变更诉讼请求的标准——兼论"证据规定"第 35 条第 1 款的规范目的》，《法学研究》2019 年第 4 期。

安全措施"乃指向过错责任，这显然与《民法典》第 1246 条作为无过错责任的严格责任有内在冲突。

综上，《民法典》第 1246 条前段虽然可谓《民法典》第 1245 条前段的具体化，但不宜根据"特别法优于一般法"而将其作为独立于《民法典》第 1245 条的诉讼标的规范。据此，以违反管理规定为由提起的饲养动物损害赔偿诉讼仍以《民法典》第 1245 条前段为请求权基础和诉讼标的规范。《民法典》第 1246 条的规范目的并非为受害人提供更为具体化的请求权基础，而是在饲养人或管理人违反管理规定而引发动物致害时收紧其责任减免事由，亦即取消责任免除事由，并提高责任减轻事由的门槛。在此基础上，《民法典》第 1246 条相应从诉讼标的规范转换为针对《民法典》第 1245 条后段的反对规范（诉讼再抗辩），进而形成"请求（《民法典》第 1245 条前段）→抗辩（《民法典》第 1245 条后段）→再抗辩（《民法典》第 1246 条）"的证明责任评价分层。

（四）《民法典》第 1247 条之规范属性：免责事由之反对规范

同理，《民法典》第 1247 条也不宜作为独立的请求权基础和诉讼标的规范。危险动物致害的请求权基础仍应被锁定为《民法典》第 1245 条前段，理由在于，"禁止饲养的烈性犬等危险动物"乃针对过错的构成要件，而无法被作为无过错责任的饲养动物损害责任成立要件所包含。是故，主张"禁止饲养的烈性犬等危险动物"的证明并非旨在证成损害赔偿请求权主张（诉讼标的），而是与《民法典》第 1246 条后段一样，在于变动《民法典》第 1245 条后段的责任减免事由。若"饲养的烈性犬等危险动物"成立，则根据《侵权责任编解释（一）》第 23 条关闭责任减免通道，亦即根据《民诉法解释》第 91 条第 2 项消灭责任减免事由，进而形成"请求（《民法典》第 1245 条前段）→抗辩（《民法典》第 1245 条后段）→再抗辩（《民法典》第 1247 条）"的证明责任评价分层。

第四节　饲养动物损害责任的证明责任评价分层

《民法典》第 1245 条评注研究成果中的举证责任研究为其诉讼审视提供了坚实基础。据此，《民法典》第 1245 条前段之三要件（"饲养的动物""动物危险的实现""他人损害"）系原告（被侵权人）起诉时证明的成立要件，而并不考虑被告（责任主体）是否有过错。对此原告并不负证明责任。在此基础上，被告以"损害是因被侵权人故意或者重大过失造成"为由主张免责或减责的，须对该抗辩事由举证证明。① 上述实体法评注的一般理解和具体表述能够较为准确地呈现《民法典》第 1245 条的证明责任分配思维。不过，《民法典》第 1245 条至第 1247 条的诉讼构造还须进一步转码才能完成实体/程序交互的科学处理，并为《民法典》实质实体规范的阶层化、动态化提供一般分析框架。

一、从举证责任到证明责任

一般认为，举证责任是当事人提出证据的必要，且随着诉讼进程和法官心证状态而在双方当事人之间来回移转。这一理解也是裁判文书的代表性观点。② 《民法典》第 1245 条之实体评注中所谓"原告（被侵权人）起诉时须证明"等类似表述显然系在行为意义上理解证明责任，而非在结果意义上讨论证明责任。同理，责任减免事由的诉讼抗辩也被表述为"须对该抗辩事由举证证明"③。

经过学界的持续推动，举证证明责任的研究重点已由行为意义上的举证责任转换为结果意义上的证明责任。④ 相应地，证明责任因其规范性和抽象性并不会在具体个案中随法官心证状态在当事人之间发生变动，而是根据《民法典》等实体法的规范表达而就不同要件及其证明对象在原告和被告之间静态且抽象地分配。⑤ 上述"请求（《民法典》第 1245 条前段）→抗辩（《民法典》第 1245 条后段）→再抗辩（《民法典》第 1246 条）"以及"请求（《民法典》第 1245 条前段）→抗辩（《民法典》第 1245 条后段）→再抗辩（《民法典》第 1247 条）"的规范属性分析均以证明责任作为其内核，而非以行为意义之举证责任作为其分配标准。

实体法评注援引的举证责任规范根据一般为《民诉法解释》第 90 条和第 91 条，然而，上述两项规定并非"谁主张，谁举证"意义上的举证

---

① 参见杨巍：《〈民法典〉第 1245 条（饲养动物损害责任的一般规定）评注》，《清华法学》2023 年第 4 期。

② 参见李浩：《民事判决中的举证责任分配——以〈公报〉案例为样本的分析》，《清华法学》2008 年第 6 期；胡学军：《中国式举证责任制度的内在逻辑——以最高人民法院指导案例为中心的分析》，《法学家》2018 年第 5 期。

③ 杨巍：《〈民法典〉第 1245 条（饲养动物损害责任的一般规定）评注》，《清华法学》2023 年第 4 期。

④ 参见李浩：《证明责任的概念——实务与理论的背离》，《当代法学》2017 年第 5 期；陈刚：《抗辩与否认在证明责任法学领域中的意义》，《政法论坛》2001 年第 3 期；胡学军：《证明责任制度本质重述》，《法学研究》2020 年第 5 期。

⑤ 参见李浩：《证明责任与不适用规范说——罗森贝克的学说及其意义》，《现代法学》2003 年第 4 期；任重：《论中国"现代"证明责任问题——兼评德国理论新进展》，《当代法学》2017 年第 5 期。

责任准据①，而系对证明责任的概念及分配规则的集中规定。② 行为意义之举证责任的规范根据是《民事诉讼法》第 67 条第 1 款。其中，"当事人对自己提出的主张，有责任提供证据"之"主张"若作为具体事实主张之理解，则可作为行为意义之举证责任的规范根据；若将"主张"解读为"请求→抗辩→再抗辩"等权利主张和构成要件主张，如《民法典》第 1246 条和第 1247 条，则亦能作为结果意义之证明责任的规范准据，并进一步导出《民诉法解释》第 90 条和第 91 条之证明责任概念及分配规则。

综上，实质民法规范的阶层化、动态化亟待在其实体法评注的基础上，将行为意义之举证责任科学转换为结果意义上的证明责任，并将证明责任分配结果与以诉讼标的为起点的请求权基础规范、诉讼抗辩规范以及诉讼再抗辩规范等民法规范评价分层有机融合。

二、从平面的举证责任分配到立体的证明责任分层

随着民事审判方式改革的持续推进，证明责任及其分配逐渐成为立法、司法和理论的共同关注。③ 囿于实体法与程序法的分离与割裂④，举证责任除在司法实践中主要停留于具体事实层面外，还引发举证责任随法官心证状态而在原、被告双方来回移转的一般认识。⑤ 受此影响，实体法上也随之产生平面的举证责任分配理解，例如在侵权责任编中将《民诉法解释》第 91 条第 1 项之"主张法律关系存在"的基本事实绝对理解为请求权基础事实，并相应将第 91 条第 2 项之"主张法律关系变更、消灭或者权利受到妨害"的基本事实对应理解为责任减免事由。正是在上述认识基础上，《民法典》第 1245 条至第 1247 条呈现出复数请求权基础模式。

在"请求权基础→责任减免事由"的平面举证责任框架内，《民法典》第 1246 条后段之"能够证明损害是因被侵权人故意造成"显然被归入责任减免事由。由于责任减免事由是请求权基础的反对规定，故《民法典》第 1246 条前段之"违反管理规定，未对动物采取安全措施造成他人损害"被相应界定为请求权基础，并在"归责原则→请求权基础→诉讼标的规范"的对应关系中生成独立的诉讼标的。同理，《民法典》第 1247 条之

---

① 参见胡东海：《"谁主张谁举证"规则的历史变迁与现代运用》，《法学研究》2017 年第 3 期。

② 参见任重：《罗森贝克证明责任论的再认识——兼论〈民诉法解释〉第 90 条、第 91 条和第 108 条》，《法律适用》2017 年第 15 期。

③ 参见任重：《改革开放 40 年：民事审判程序的变迁》，《河北法学》2018 年第 12 期。

④ 参见张卫平：《对民事诉讼法学贫困化的思索》，《清华法学》2014 年第 2 期。

⑤ 参见胡学军：《在"生活事实"与"法律要件"之间：证明责任分配对象的误识与回归》，《中国法学》2019 年第 2 期。

"禁止饲养的烈性犬等危险动物造成他人损害"也被相应界定为请求权基础并导出独立的诉讼标的。

上述"请求权基础→责任减免事由"的举证责任框架实乃对《民诉法解释》第 91 条的静态认识，除在《民法典》第 1245 条至第 1247 条产生复数请求权基础和多次诉讼问题外，亦难以切实贯彻立法旨趣并有效满足实践需求。以诉讼时效制度为例，其属于"请求权基础→诉讼抗辩（权）"中的诉讼抗辩权，其本身并非请求权基础也不能生成诉讼标的。然而，在《民法典》第 192 条第 1 款之后，《民法典》第 194 条继续规定诉讼时效中止事由，第 195 条则规定诉讼时效中断事由。若坚持"请求权基础→诉讼抗辩（权）"的平面举证责任结构，则抗辩权人（被告）除根据《民法典》第 192 条第 1 款主张诉讼时效抗辩权外，还须对不存在诉讼时效中止和中断事由承担举证责任，这显然并未充分贯彻立法者将《民法典》第 194 条和第 195 条作为诉讼时效抗辩权之反对规范的本意，而且将在司法实践中增加诉讼时效抗辩权的主张难度，并相应加剧法院审理负担。据此，《民法典》第 194 条和第 195 条更宜由"请求权基础→诉讼抗辩（权）"之平面结构动态调整为"请求→抗辩→再抗辩"的立体证明责任评价分层构造，亦即将其作为诉讼时效抗辩权主张（《民法典》第 192 条第 1 款）的反对规范而纳入再抗辩范畴，由请求权人而非诉讼时效抗辩权人为此承担主张和证明责任。在《民法典》第 194 条或第 195 条之中止或中断事由陷入真伪不明时，法官应以《民法典》第 192 条第 1 款之证明责任评价分层为根据判决驳回原告（请求人）的诉讼请求。

三、我国证明责任评价分层的规范根据

从比较法观察，证明责任评价分层理论系德国法学家莱波尔特（Dieter Leipold）教授于 1979 年在《民法实务研究》（Archiv für die civilistische Praxis）杂志中首先提出。在德国实体法与程序法协同实施研究中，证明责任居于重要地位。莱波尔特发现，实体法对事实的评价容易陷入全局模式，即将已知的所有细节都包含在内，而后得出法律效果。他认为，诉讼法能为上述全局模式提供新的发展契机，亦即以证明责任分配规则作为实体法制度的分层评价根据。据此，案件事实乃递次分层展开，从最初只包含特定事实的构成要件（第一阶层）为起点，得到相应法律后果，若随后出现其他特殊情况（第二阶层），则前述后果会被例外否定或变动。如果第二阶层或后续阶层（第三阶层、第四阶层及其他阶层）的基本事实处于真伪不明状态，则应继续维持第一阶层或上一阶层的法律效果。虽然上述分层评价并未如全局模式一样综合所有细节进行整体判断，

但该裁判结果仍具有充分的实体正当性。①

证明责任评价分层不仅是"切实实施民法典"的应有之义，而且是有效应对我国超大规模民事纠纷的关键核心技术。② 将全局模式的审理压力借助证明责任评价分层予以有效疏解，不仅能有效应对"诉讼爆炸""案多人少"③，更能使有限且宝贵的审判资源聚焦于当事人主张和证明的评价分层，科学实现民事纠纷的一次性解决。④ 尽管如此，证明责任评价分层不能"照搬照抄"，而须充分挖掘中国自主民事诉讼法学知识体系中的规范根据。

其中，《民诉法解释》第 91 条为我国自主的证明责任评价分层提供了坚实的解释基础。在平面的举证责任分配模式中，《民诉法解释》第 91 条第 1 项常被对应于侵权责任编中的请求权基础规范，而第 2 项则相应对接责任减免事由规范。若将上述静态平面视角转换为动态立体分层，则责任减免事由亦能构成《民诉法解释》第 91 条第 1 款第 1 项之基础规范（一般规定），而对责任减免事由的变动甚至取消可相应作为《民诉法解释》第 91 条第 2 项之反对规范（例外规定）。正是以动态立体的证明责任评价分层为内核，《民法典》第 1245 条至第 1247 条可从"复数的请求权基础规范＋特殊的责任减免规则"，进一步分层为"请求（《民法典》第 1245 条前段）→抗辩（《民法典》第 1245 条后段）→再抗辩（《民法典》第 1246 条或第 1247 条）"。其中，作为第一条再抗辩路径的《民法典》第 1246 条系由受害人（原告）主张减免责任事由的变更，即由责任减免事由变更为责任减轻事由，而作为第二条再抗辩路径的《民法典》第 1247 条则系由受害人（原告）主张责任减免事由的消灭。

《侵权责任编解释（一）》第 23 条蕴含着我国证明责任评价分层的思路和理念，立体的证明责任分层较平面的举证责任分配更能契合《侵权责任编解释（一）》第 23 条之解释方案。由于《民法典》第 1247 条系再抗辩规范，而非请求权基础和诉讼标的规范，其实体法律效果本身就是对一般责任减免抗辩的例外取消。若以平面的举证责任分配模式观察，《民法典》第 1247 条在诉讼标的规范之外并未明确规定责任减免事由，这将使《侵权责任编解释（一）》第 23 条与《立法法》第 119 条第 1 款出现一定

---

① Vgl. Dieter Leipold, Archiv für die civilistische Praxis（AcP），179（1979），SS. 502 - 505.
② 参见任重：《中国式现代化视域下民事诉权的反思与重塑》，《中国法学》2024 年第 4 期。
③ 参见张卫平：《"案多人少"困境的程序应对之策》，《法治研究》2022 年第 3 期；胡学军：《系统论视角下"案多人少"的应对之道》，《法治研究》2022 年第 3 期。
④ 参见任重：《民事纠纷一次性解决的限度》，《政法论坛》2021 年第 3 期。

程度的紧张关系。相较而言，借助立体的证明责任分层而将《民法典》第1247条作为《民法典》第1245条后段责任减免事由一般规定的反对规范，则可自然得出《侵权责任编解释（一）》第23条的解释内容，并科学化解其与《立法法》第119条第1款之间可能出现的冲突。

第五节　饲养动物损害责任的诉讼构造

诉讼构造，亦称诉讼形态，系由诉讼主体和诉讼客体所呈现出的程序样态，如单独诉讼形态、共同诉讼形态以及第三人参加诉讼等不同模式。随着当事人的形式化，《民法典》中民事权利主体的具体规定对形式当事人虽然有影响，但并不直接且不普遍，例外如亲子关系诉讼中《民法典》第1073条对适格原告的特殊要求。尽管如此，民事诉讼构造仍受到《民法典》实体权利规范的塑形和导引①，这主要基于"请求权主张→诉讼标的"的对应关系或称决定关系。②

一、饲养人或管理人作为被告的单独诉讼形态

在受害人起诉饲养人或管理人的饲养动物损害责任诉讼中，恰当的诉讼标的规范为《民法典》第1245条前段，而非《民法典》第1246条前段和第1247条。《民法典》第1249条系对动物饲养人或管理人责任的进一步说明和拓宽，本身同样不宜作为诉讼标的规范。

第三人过错致使动物造成他人损害时，受害人起诉饲养人或管理人的诉讼标的规范仍为《民法典》第1245条前段。《民法典》第1250条旨在赋予动物饲养人或管理人追偿请求权，而并非为受害人起诉饲养人或管理人建立新的诉讼标的规范。不仅如此，《民法典》第1250条也并非受害人起诉第三人的诉讼标的规范，盖因过错责任的诉讼标的规范均为《民法典》第1165条第1款，《民法典》第1250条之"因第三人的过错致使动物造成他人损害"仅系对《民法典》第1165条第1款的具体化，而非在《民法典》第1165条第1款外新建独立请求权基础。

二、饲养人和管理人作为被告的共同诉讼形态

不论动物处于管理人控制下是否能排除饲养人之侵权责任，均不排除受害人以饲养人和管理人作为共同被告。原因在于，共同诉讼乃基于诉讼

---

① 参见张卫平：《民法典的诉讼分析》，《云南社会科学》2023年第1期。

② 参见任重：《论中国民事诉讼的理论共识》，《当代法学》2016年第3期。

标的同一性或同种类，而诉讼标的并非客观既存之请求权，而是根据当事人主张的请求权确定。是故，即便管理人责任客观上能排除饲养人责任，也并不意味着受害人向饲养人提起诉讼的标的不存在，而仅系由法院在实体审理后作出实体权利主张不正当的判定，进而判决驳回诉讼请求。

当受害人向管理人和饲养人提起共同诉讼时，即便动物唯一且同一，诉讼标的也难谓共同。根据《民诉法解释》第 247 条，诉讼主体之不同原则上导致审理对象之不同。是故，受害人向管理人和饲养人提起诉讼，虽然其请求权基础均为《民法典》第 1245 条前段，但因管理人和饲养人乃不同民事主体，故而成立不同的诉讼标的。也因此，其诉讼形态并非固有必要共同诉讼，而系诉讼标的为复数的普通共同诉讼。同样，即便夫妻共有的家犬致人损害，也并不因为就家犬成立共同共有而可证成必要共同诉讼。此种情形下根据《民法典》第 307 条成立连带责任，故仍成立普通共同诉讼。①

三、第三人过错的动物损害责任诉讼形态

当受害人向有过错的第三人请求损害赔偿时，其诉讼标的规范亦非《民法典》第 1250 条，而系《民法典》第 1165 条第 1 款。若受害人向有过错的第三人以及动物饲养人或管理人共同提起损害赔偿之诉，则其诉讼标的规范分别为《民法典》第 1165 条第 1 款（作为共同被告的第三人）和《民法典》第 1245 条前段（作为共同被告的饲养人或管理人）。鉴于其诉讼标的不具备同一性，故不能成立必要共同诉讼。

与此同时，无论追偿请求权在动物饲养人或管理人清偿之前是否发生，动物饲养人或管理人在动物损害赔偿诉讼中一并向第三人提出时不仅欠缺实体上的胜诉权，且难以满足诉的利益要求。② 不仅如此，《民事诉讼法》及其司法解释并未规定第三人反诉制度，《民诉法解释》第 233 条明确规定"反诉的当事人应当限于本诉的当事人的范围"。是故，依我国现行法尚难以实现追偿请求权的一次性解决。当然，为了使损害赔偿诉讼的判决效力向第三人提起的追偿之诉扩张，饲养人或管理人可根据《民事诉讼法》第 59 条第 2 款第一种情形将该第三人作为无独立请求权第三人参加诉讼，并结合《证据规定》第 10 条第 1 款第 6 项和第 2 款证成参加效力。这同样是限缩理解与适用案件事实预决效力的可能路径。③

---

① 参见任重：《反思民事连带责任的共同诉讼类型——基于民事诉讼基础理论的分析框架》，《法制与社会发展》2018 年第 6 期。

② 参见张卫平：《诉的利益：内涵、功用与制度设计》，《法学评论》2017 年第 4 期。

③ 参见曹志勋：《反思事实预决效力》，《现代法学》2015 年第 1 期。

四、动物园责任之诉讼形态

本讲的重点是《民法典》第 1245 条至第 1247 条，但仍有必要初探动物园责任之诉讼形态及其与《民法典》第 1245 条之相互关系。虽然理论上有所反思并倡导将动物园责任一并归入无过错责任[1]，但《民法典》仍继承了《侵权责任法》第 81 条之过错推定责任立法模式。过错推定责任虽然是民法中的归责事由（原则），但不宜认为由其能导出诉讼标的规范。相比于过错责任与无过错责任的并立，过错推定责任并未变动过错责任成立的构成要件。为了减少受害人举证和证明的困难，过错推定责任乃通过但书方式（"但是，能够证明尽到管理职责的，不承担侵权责任"）指示法官对证明责任的分配做特殊化处理。

上述但书在表述上可能与免责事由出现混同，特别其存在"不承担侵权责任"的具体表述。必须强调的是，两种但书的诉讼构造有着根本区别，以《民法典》第 1248 条之免责事由为例：其系在责任成立三要件之外，以被侵权人故意或者重大过失这一全新的构成要件为前提，导出不承担或者减轻责任的法律效果。相反，过错本就是过错推定责任的成立要件，其所谓"不承担侵权责任"只是将本应由受害人承担之证明责任依法转移于动物园的实质诉讼规范。据此，过错推定责任不宜作为独立于过错责任的归责原则。同理，《民法典》第 1248 条并非独立于《民法典》第 1165 条第 1 款的诉讼标的规范。

是故，受害人主张动物园责任的诉讼标的规范仍系《民法典》第 1165 条第 1 款，并结合《民法典》第 1248 条分配过错要件的证明责任。同时，追究动物园责任还可能结合第三人过错之诉讼构造，即受害人根据《民法典》第 1165 条第 1 款结合《民法典》第 1250 条起诉第三人或动物园。考虑到其诉讼标的并非同一，其并不成立必要共同诉讼，而是根据《民事诉讼法》第 55 条第 1 款后段在满足"人民法院认为可以合并审理并经当事人同意"等诉讼要件时成立普通共同诉讼。

第六节　侵权责任编诉讼标的规范体系的重塑

通过对《民法典》第 1245 条至第 1247 条进行重塑，结合构成要件、规范属性、诉讼标的、证明责任、诉讼构造等关键核心概念进行实体/程

---

[1]　参见程啸：《侵权责任法》（第三版），法律出版社 2021 年版，第 709 页。

序交互式分析，动态化和立体化的饲养动物损害责任分层评价体系基本形成。《民法典》第 1245 条至第 1247 条之复数请求权基础模式的理论和实践困境得到实质回应和基本解决：《民法典》第 1245 条前段系诉讼标的规范，《民法典》第 1245 条后段为诉讼抗辩规范（责任减免事由的一般规定），《民法典》第 1246 条前段和第 1247 条则构成两条诉讼再抗辩路径（责任减免事由的特殊规定）。这不仅在理论源头解决了多次诉讼及其矛盾裁判问题，而且可有效减轻受害人选择诉讼标的规范的法律负担及诉讼风险。

一、"归责原则→请求权基础→诉讼标的规范"的关系重塑

《民法典》第 1245 条至第 1247 条的关系重塑还可能为我国侵权责任编的诉讼标的规范体系重塑打开新视角。在充分吸收大陆法系和英美法系的规范优势，有机融合实体和程序规范的基础上，侵权责任编是我国自主民法知识体系的重要板块，亦是我国民事诉讼自主法学知识体系的共同关注。更为丰富多元并融合场景式的侵权责任规范体系在为民法教义学的精密体系化提供广阔空间的同时，也对中国民事诉讼自主法学知识体系的构建和协同提出了更高要求。饲养动物损害责任必将对中国自主的民法和民事诉讼法学知识体系的构建与完善产生"解剖麻雀"的作用，侵权责任编中的"归责原则→请求权基础→诉讼标的规范"亟待由对应关系（决定关系）升级为转换关系，如表 5-1 所示。

表 5-1　"归责原则→请求权基础→诉讼标的规范"关系表

归责原则	请求权基础	诉讼标的规范
过错责任	第 1165 条第 1 款	第 1165 条第 1 款
	第 1194 条（网络侵权责任）	
	第 1198 条（安全保障义务）	
	第 1200 条（限制行为能力人的教育机构责任）	
	第 1218 条（医疗损害责任）	
过错推定责任	第 1165 条第 2 款	第 1165 条第 1 款
	第 1199 条（无民事行为能力人的教育机构责任）	
	第 1248 条（动物园动物致害）	
	第 1253 条（建筑物、构筑物或其他设施及其搁置物、悬挂物等脱落、坠落）	
	第 1255 条（堆放物倒塌等责任）	
	第 1256 条（妨碍通行的物品造成他人损害）	
	第 1257 条（林木折断）	
	第 1258 条（地面施工等）	

续表

归责原则	请求权基础	诉讼标的规范
公平责任	第 1254 条（高空抛物）	第 1165 条第 1 款
无过错责任	第 1188 条（监护人责任）	第 1188 条
	第 1191 条第 1 款（用人者责任）	第 1191 条第 1 款
	第 1203 条（产品责任）	第 1203 条
	第 1229 条（环境污染和生态破坏责任）	第 1229 条
	第 1236 条（高度危险责任）	第 1236 条
	第 1245 条（饲养动物损害责任）	第 1245 条
	第 1252 条（建筑物、构筑物倒塌、塌陷）	第 1252 条

二、归责事由与请求权基础规范的折叠

在将《民法典》第 1245 条至第 1247 条的请求权基础规范进行证明责任评价分层处理后，侵权责任编中的无过错责任请求权基础规范已经完成第一次折叠，亦即将《民法典》第 1246 条和第 1247 条从诉讼标的规范转换为诉讼再抗辩规范。在此基础上，《民法典》第 1248 条之动物园责任规范由独立请求权基础进一步归入《民法典》第 1165 条第 1 款之诉讼标的规范，亦即将过错推定责任作为证明责任倒置规范（实质诉讼规范），进而将动物园责任的请求权基础进一步回溯至过错责任的一般规定（第二次折叠）。经过上述两次折叠后，侵权责任编的四种规则事由项下的丰富请求权基础规范将被集约化为两类至少八种诉讼标的规范。侵权责任编中采无过错责任的特别规定的确可能生成复数诉讼标的规范，如本编第四章"产品责任"中的生产者责任（《民法典》第 1202 条）和销售者责任（《民法典》第 1203 条），这将在上述八种诉讼标的规范基础上进一步带来数量增加，囿于篇幅不再详述。在经过上述两次折叠后，侵权责任编将生成如下两类诉讼标的规范：

第一类，《民法典》第 1165 条第 1 款作为过错责任的一般诉讼标的规范。由于《民法典》第 1165 条提供了侵权行为、损害结果、因果关系和过错共计四项构成要件，其不仅具有广泛的覆盖面而且又不失明确性，故而可作为侵权责任编中所有过错责任（包括过错推定责任）的诉讼标的规范。复数请求权基础规范仅生成唯一的诉讼标的。其中，过错推定责任并未将过错要件排除出责任成立范畴，而仅系对该要件之证明责任作特殊化处理。为方便当事人提起诉讼，并避免出现复数诉讼和矛盾裁判，即便原

告援引具体的过错责任请求权基础，如《民法典》第 1198 条第 2 款①，法官仍应回溯至《民法典》第 1165 条第 1 款作为诉讼标的规范，并在过错侵权责任的四项构成要件基础上判定侵权责任的成立，而非仅局限于安保义务之侵权场景。是故，过错推定责任虽然可继续保持为归责事由，并产生请求权基础，但不宜认为可生成新的诉讼标的；过错侵权的具体场景可作为法官裁判的法律观点（《证据规定》第 53 条第 1 款）②，但并不限制法官的裁判对象于具体的侵权场景。

第二类，《民法典》第 1166 条所指向的无过错责任的具体诉讼标的规范。虽然《民法典》第 1166 条同样有侵权行为、损害结果、因果关系三项构成要件，但由于无过错责任的成立还需要法律的特殊规定，故《民法典》第 1166 条并非无过错责任的一般诉讼标的规范，而是对无过错责任诉讼标的规范的指引。据此，无过错责任的诉讼标的规范将至少包含《民法典》第 1188 条（监护人责任）、第 1191 条（用人者责任）、第 1203 条（产品责任）、第 1229 条（环境污染和生态破坏责任）、第 1236 条（高度危险责任）、第 1245 条（饲养动物损害责任）以及第 1252 条（建筑物、构筑物倒塌、塌陷）。其中，侵权责任编第五章之"机动车交通事故责任"的无过错责任诉讼标的规范为《中华人民共和国道路交通安全法》第 76 条第 1 款第 2 项，其并未生成新的诉讼标的规范，故表 5-1 并未列出。由于上述无过错责任各有独特的构成要件，且存在不同诉讼抗辩事由，如饲养动物损害责任表现为"请求（《民法典》第 1245 条前段）→抗辩（《民法典》第 1245 条后段）→再抗辩（《民法典》第 1246 条前段或第 1247 条）"，故诉讼标的的范围限于作为无过错责任请求权基础的特殊构成要件，当法官有必要跨越无过错责任侵权场景而依其他无过错责任诉讼标的的规范判决原告胜诉时，须释明其变更诉讼请求，而不宜径行判决原告胜诉。

在此基础上，公平责任原则指向的《民法典》第 1254 条参引第 1186 条虽能在双方当事人无过错甚至在责任人无具体侵权行为时成立损害赔偿责任，但其规范属性并非诉讼标的规范，而是与《民法典》第 1165 条第 2 款之证明责任倒置类似的裁判规范，其并不构成独立的诉讼标的规范，

---

① 参见周奕彤：《安全保障义务人"相应的补充责任"的程序构造——以〈民法典〉第 1198 条第 2 款为中心》，《法学杂志》2025 年第 3 期。

② 参见熊跃敏：《从变更诉讼请求的释明到法律观点的释明——新〈民事证据规定〉第 53 条的法解释学分析》，《现代法学》2021 年第 3 期；任重：《法律释明与法律观点释明之辨》，《国家检察官学院学报》2020 年第 6 期。

而系在原告根据《民法典》第 1165 条第 1 款请求被告承担侵权责任的审理过程中，由法官在法定情形下依职权适用①，如《民法典》第 1254 条。是故，原告不得以《民法典》第 1254 条为请求权基础主张公平责任，而仅得依照《民法典》第 1165 条第 1 款建立诉讼标的后，在审理过程中由法官依职权适用《民法典》第 1254 条。

经过归责事由与请求权基础规范的上述两次折叠，侵权责任诉讼将围绕两类八种诉讼标的规范展开。这必将在诉讼标的规范这一源头问题上有效克服"诉讼爆炸"、矛盾判决，推动当事人诉权保障与滥用诉权规制之间的科学平衡。而随着法官释明的进一步体系化和统一化，在有效防止法官宽泛适用无过错责任的前提下，上述两类八种诉讼标的规范还将完成无过错责任向《民法典》第 1166 条归入（第三次折叠），以实现两项诉讼标的规范的集约化审理。这也将为过错责任和无过错责任在诉讼标的规范上的合一（第四次折叠）做好充分准备。而这也必将有效触发对《民法典》各编之诉讼标的规范的集约化整理。本讲期待能抛砖引玉，引发民法学界和民事诉讼法学界对"归责原则→请求权基础→诉讼标的规范"的关注与重视，据以推动中国民法学和民事诉讼法学自主知识体系的构建与完善。

---

① 参见许可：《多维视角下公平分担损失请求权的理论基础与裁判构造》，《现代法学》2019 年第 6 期。

第六讲　民事诉讼标的
与诉讼请求的关系重塑

　　我国民事诉讼法及相关司法解释同时使用诉讼标的与诉讼请求两个概念，但二者的相互关系尚未得到足够澄清。民事诉讼立法"重诉讼请求"与理论研究"重诉讼标的"的分野带来了立法、司法与理论的割裂。在以《民法典》侵权责任编为样本实现请求权基础规范与诉讼标的规范的关系重塑后，若不进一步厘清诉讼标的与诉讼请求之间的相互关系，无疑将使实质民法规范对审理和裁判对象以及实体审理结构的塑造作用大打折扣。是故，诉讼标的与诉讼请求的关系重塑对于进一步夯实民法典与民事诉讼法的协同实施具有关键作用。

　　在传统诉讼标的理论的视域下，苏联和德国民事诉讼法及其理论均坚持一元模式。随着诉讼标的识别标准逐渐从民事法律关系回归实体权利主张，以 1982 年《民事诉讼法（试行）》为基础的传统二元模式有待重塑。尽管并非独立识别要素，但诉的声明（请求范围）仍可能在若干诉讼制度中发挥重要作用，尤其是在诉讼请求变更及其释明以及诉讼时效中断事由等诉讼制度中。与此不同，作为起诉条件以及重复起诉识别标准的"诉讼请求"依旧应当被理解为诉讼标的。总体而言，在理解与适用相关诉讼请求规范时应以一元模式为原则。

第一节　我国诉讼标的与诉讼请求的二元化

　　在我国民事诉讼法律和理论体系中，是否存在这样一个中心概念：其一方面可以被视为推进我国民事诉讼法学体系化与科学化的有力抓手，另一方面能够与民事实体法有机衔接。不仅如此，其还能够呼应和充实法的一般理论，进而实现法理学与部门法、民事实体法与诉讼法的统合。以上述标准为条件进行筛选，诉讼请求进入了我们的视野。

一、民事诉讼法律规范中的诉讼请求

诉讼请求是我国民事诉讼法律规范中的高频词。其在《民事诉讼法》中共出现 18 次，主要涉及诉讼请求的放弃与变更、承认与反驳（第 54 条、第 56 条、第 57 条第 3 款、第 62 条第 2 款），起诉状中记载的内容（第 122 条第 1 款第 3 项、第 124 条第 1 款第 3 项），第三人撤销之诉（第 59 条第 3 款），裁判文书中记载的内容（第 100 条、第 155 条第 1 款第 1 项），合并审理（第 143 条）以及再审事由（第 211 条第 1 款第 11 项）。以诉讼请求为线索，逻辑一贯的民事诉讼理论体系呼之欲出：当事人通过在诉状中记载诉讼请求确定了案件的审理对象和法官的裁判客体，诉讼请求所依赖的请求权基础为案件审理提供了要件事实主张这一方向性指引，证据证明也围绕上述争议事实主张展开。而在判决生效后，诉讼请求又在既判力的客观范围上发挥限定作用，形成审判监督程序和另行起诉制度之间的界河。

二、诉讼请求与实体请求的关联

诉讼请求还与民事实体法中的请求存在逻辑关联。对于被请求主体为自然人、法人和非法人组织的请求规范，如《民法典》第 118 条、第 120 条和第 122 条，诉讼请求与请求权相对应，并转化为给付之诉的审理和裁判对象。[1] 而对于被请求主体为法院的请求规范，如《民法典》第 85 条、第 147 条至第 151 条，其通过"形成诉权→形成之诉→形成判决→形成力"的逻辑链条实现了民事实体法与诉讼法的有机衔接。[2] 而就争议法律关系请求人民法院确认则既非给付之诉亦非形成之诉，而是确认之诉，如《民法典》第 234 条。通过将实体法律规范以诉讼请求的形式引入民事诉讼法，进一步实现了二者在诉讼请求、案件事实主张和证据证明等多层次上的有机融合。而在民事实体法和程序法之上，还存在法的一般理论，其进一步提取出可以一般适用于所有法律部门的法学概念与理论。[3] 基于诉讼请求论的重要作用，法理学同样有必要以此为契机进行调适，这集中体现为法律关系论在民事实体法和民事诉讼法中的贯彻与落实。[4] 是故，诉讼

---

① 诉讼请求是原告向人民法院提出保护自己民事权益的具体内容，就给付之诉而言系请求对方当事人履行给付义务。参见王胜明主编：《中华人民共和国民事诉讼法释义》（最新修订版），法律出版社 2012 年版，第 292 页。

② 参见张卫平：《民事诉讼法》（第六版），法律出版社 2023 年版，第 208 页；房绍坤：《导致物权变动之法院判决类型》，《法学研究》2015 年第 1 期。

③ 参见张文显：《法理：法理学的中心主题和法学的共同关注》，《清华法学》2017 年第 4 期。

④ 参见袁中华：《法律关系范式之反思——以民事诉讼法为中心》，《法学研究》2024 年第 1 期。

请求论具有承上启下和连通实体程序的关键作用。

三、诉讼请求论向诉讼标的论的转换

自 20 世纪 80 年代以来，诉讼请求论持续获得民事诉讼法学界的关注，并已经取得一系列实质进展。然而，随着民事诉讼立法[①]、司法[②]与理论[③]逐渐将诉讼标的识别标准确定为传统诉讼标的的理论或称旧实体法说，诉讼标的与诉讼请求的相互关系成为制约诉讼请求论的核心问题：虽然我国《民事诉讼法》中诉讼请求规范众多，但无论是诉之合并、变更，抑或再审制度，均被理解为诉讼标的之主要范畴。[④] 这便引发学理上的诉讼标的与规范中的诉讼请求是否具有相同内涵与外延的疑问。如若诉讼请求不等于诉讼标的，那么，我国关于诉讼标的识别标准的共识便只能作用于诉讼标的规范，如共同诉讼（第 55 条和第 57 条第 1 款）和第三人（第 59 条第 1 款和第 2 款）。相反，诉讼请求规范将成为既有研究成果关照不到的飞地。不仅如此，以诉讼请求为枢纽所建立起来的民事诉讼法与实体法的衔接以及与法理学的呼应也将面临崩塌的风险。这种风险已经部分成为现实，并集中体现为民事诉讼理论研究的贫困化。[⑤]

四、诉讼标的与诉讼请求的协同挑战

诉讼标的与诉讼请求的相互关系不仅具有重要的理论价值，而且深刻影响我国司法实践。根据《民事诉讼法》第 211 条第 1 款第 11 项，"判超所请"是法定再审事由。然而，"超出诉讼请求"究竟应当如何理解？如若认为此处的诉讼请求是诉的声明或请求范围（原告请求法院判决被告给付人民币 1 000 元）[⑥]，而非诉讼标的（原告请求法院判决被告给付货款人民币 1 000 元），那么，法院径行以借款为根据判决支持原告的诉讼请求则并未超出请求范围，再审事由并不成立。可见，对诉讼请求的不同理解还将直接影响再审范围的宽窄。这同样会波及周边制度，比如释明。2001 年

---

① 参见王胜明主编：《中华人民共和国民事诉讼法释义》（最新修订版），法律出版社 2012 年版，第 292 页。

② 参见最高人民法院修改后民事诉讼法贯彻实施工作领导小组编著：《最高人民法院民事诉讼法司法解释理解与适用（上）》，人民法院出版社 2015 年版，第 635 页。

③ 参见王娣、钦骏：《民事诉讼标的理论的再构筑》，《政法论坛》2005 年第 2 期；严仁群：《诉讼标的之本土路径》，《法学研究》2013 年第 3 期。

④ 参见江伟、韩英波：《论诉讼标的》，《法学家》1997 年第 2 期。

⑤ 参见张卫平：《对民事诉讼法学贫困化的思索》，《清华法学》2014 年第 2 期。

⑥ 我国司法实践一般将诉的声明表述为请求范围，参见中煤地质工程总公司与贵州贵聚能源有限公司探矿权纠纷再审案，最高人民法院（2017）最高法民再 377 号民事判决书。与诉讼标的不同，诉的声明是不因请求权基础的改变而变化的诉讼目标，其也常被表述为诉讼请求，故而在范围上大于以实体请求权为标准的诉讼标的的概念。

《证据规定》第 35 条第 1 款表述为释明"变更诉讼请求",而非释明"变更诉讼标的"。存有疑问的是,当请求范围(原告请求法院判决被告给付人民币 1 000 元)并未发生改变时,人民法院可否径行根据另一请求权基础支持原告的诉讼请求。这在不同案件甚至同一案件的不同审级中出现了不同理解和认识。①

2015 年颁布实施的《民诉法解释》第 247 条未能彻底澄清诉讼标的与诉讼请求的相互关系。② 从文义解释和体系解释出发,《民诉法解释》第 247 条分别列举了诉讼标的和诉讼请求这两项标准,这就在诉讼标的之外为诉讼请求提供了形式上的立足之地。然而,即便将诉讼请求理解为诉的声明,《民诉法解释》第 247 条第 1 款第 3 项后段也无法落实。原因在于,作为具体实体法之权利主张的诉讼标的本身含有"请求什么"这一诉的声明的核心内容。当诉讼标的相同时,诉的声明必然相同;而后诉声明与前诉声明不同时,也必然会导致诉讼标的不同。这使得《民诉法解释》第 247 条第 1 款第 3 项前段同样构成同语反复,由后段却又难以导出"诉讼标的相同"条件下的适用空间。③ 不仅如此,如若以《民诉法解释》第 247 条第 1 款第 2 项和第 3 项的并列为契机,对所有诉讼请求规范采取不同于诉讼标的之理解,还将危及我国民事诉讼理论研究的成果与共识:仅以请求范围作为诉之合并与变更、诉讼系属以及既判力相对性的识别标准,无异于在我国建立起以诉的声明作为唯一标准的诉讼法一分肢(支)理论④,这与我国的基本共识背道而驰。

基于以上认识,本讲将首先梳理我国诉讼请求与诉讼标的之历史变

---

① 如福建全通资源再生工业园有限公司、全通集团有限公司与万威实业股份有限公司股东出资纠纷申请再审案,最高人民法院(2015)民申字第 2944 号民事裁定书。

② 其被认为回避了对诉讼标的的识别标准、诉讼标的与诉讼请求的概念定义与相互关系等一系列基础概念和基础理论问题上的意见分歧。详见傅郁林:《改革开放四十年中国民事诉讼法学的发展:从研究对象与研究方法相互塑造的角度观察》,《中外法学》2018 年第 6 期。

③ 《民诉法解释》的起草者将诉讼标的理解为"原告在诉讼上所为一定具体实体法之权利主张"。参见最高人民法院修改后民事诉讼法贯彻实施工作领导小组编著:《最高人民法院民事诉讼法司法解释理解与适用(上)》,人民法院出版社 2015 年版,第 635 页。在请求内容不同时必然引起诉讼标的的不同,这使诉讼请求不可能在诉讼标的之外成为独立的判断标准。例如甲先依买卖合同要求乙支付价款,胜诉后乙就同一事实依承揽合同要求返还价款。前后两个案件中诉讼标的并不相同,前诉标的是甲请求法院判令乙给付买卖合同价款,后诉标的为乙请求法院判令甲给付承揽合同价款。诉讼标的的不同,导致《民诉法解释》第 247 条第 1 款第 3 项后段"后诉请求实质否定前诉"无法发挥作用,因为第 247 条第 1 款明确要求"同时符合下列条件"。

④ 有关诉讼法一分肢(支)理论,参见张卫平:《程序公正实现中的冲突与衡平——外国民事诉讼研究引论》,成都出版社 1993 年版,第 91 页以下;邵明:《诉讼标的论》,《法学家》2001 年第 6 期。

迁，随后归纳出二者相互关系的不同模式，最后以《民事诉讼法》作为主要文本界定出二者在我国的应然关系，并明确可能存在的例外。不仅如此，本讲还试图以诉讼标的与诉讼请求的相互关系为视角，管窥新中国成立以来我国民事诉讼重大理论的模式变迁以及其与民事实体法和法理学的互动关系，并对我国民事诉讼法与实体法的衔接、部门法对法理学的反馈与呼应进行若干思考与反思。

第二节　我国诉讼标的与诉讼请求的历史变迁

一般认为，我国古代没有出现过完备的和对后世有重要影响的民事诉讼制度。在封建社会的前期和中期，完整的民事诉讼法始终没有出现。① 直到清末，《大清民事诉讼律》才第一次将现代民事诉讼法律制度引入中国。② 而在《大清民事诉讼律》中已经出现诉讼标的之雏形。《大清民事诉讼律》并没有采用诉讼标的这一表述，而是将其表述为诉讼物，如第 72 条关于普通共同诉讼的规定、第 75 条关于必要共同诉讼之规定、第 78 条关于主参加诉讼的规定，以及第 168 条关于诉状应记载内容的规定。除诉讼物之外，《大清民事诉讼律》中还有诉讼之目的物这一表达："当事人处分主义，乃当事人可以定诉讼资料范围之主义也。若民事诉讼之目的物属于当事人所得处分之私法上法律关系，则宜行此主义。"③ 而究竟何谓诉讼之目的物，《大清民事诉讼律》及其立法理由并无详述。对此，参与《大清民事诉讼律》立法工作，其精神被认为直贯民诉法草案的松冈义正认为，民事诉讼之目的物，是执行或确定的私法的法律关系。④ 根据《独和法律用语词典》，无论是诉讼之目的物抑或诉讼物，它们所指向的德文词均为 Streitgegenstand⑤，即

---

① 沈家本以为："刑事诉讼虽无专书，然其规程尚互见于刑律。独至民事诉讼，因无整齐划一之规，易为百弊丛生之府。"陈刚主编：《中国民事诉讼法制百年进程》（清末时期·第 2 卷），中国法制出版社 2004 年版，第 4 页。

② 参见张卫平：《民事诉讼法》（第六版），法律出版社 2023 年版，第 33－34 页。

③ 参见陈刚主编：《中国民事诉讼法制百年进程（清末时期·第二卷）》，中国法制出版社 2004 年版，第 102 页。

④ 松冈义正还认为，民事诉讼之目的物与民事诉讼之目的相混淆，欧洲各国法律，目的与目的物各有一定名词，日本统称为目的，最易混淆。参见陈刚主编：《中国民事诉讼法制百年进程（清末时期·第二卷）》，中国法制出版社 2004 年版，第 230 页。

⑤ 参见 Bernd Götze：《独和法律用语词典（第 2 版）》，成文堂 2010 年版，第 440 页。

诉讼标的。① 与诉讼物（诉讼标的）的核心地位不同，诉讼请求并未直接出现在《大清民事诉讼律》中。如若将请求与诉讼请求相对应，其作为名词也仅出现在少数条文中，如第 275 条关于当事人就同一请求提出数种独立攻击防御方法时限制其辩论的规定，第 303 条关于诉状记载请求之本旨、原因及应受判决事项之声明的规定，第 306 条关于数宗请求合并提起的规定。由于当时的民事诉讼法学著作并未讨论诉讼标的识别标准及诉讼标准与诉讼请求的相互关系，二者的关系模式难以清晰和准确地呈现出来。②

一、诉讼标的与诉讼请求一元模式的确立

在新中国成立前夕，中共中央于 1949 年 2 月颁布了《关于废除国民党的六法全书与确定解放区司法原则的指示》。虽然在 1982 年《民事诉讼法（试行）》之前，我国并不存在形式上的民事诉讼法，但一系列诉讼程序规定还是充当着实质民事诉讼法的角色。③ 中央人民政府法制委员会于 1950 年 12 月 31 日颁布的《程序通则》中并未使用诉讼标的的概念，只是在第 18 条规定，刑事民事案件的原告起诉，除应向有管辖权的人民法院提交起诉状，载明诉讼人、有关的事实及证据方法之外，民事起诉状并应载明请求法院如何判决。总体而言，《程序通则》规定较为简单④，并未具体规定诉讼系属、诉之变更和既判力等诉讼标的集中发挥作用的制度，这也导致诉讼标的或诉讼请求概念在《程序通则》中失位。

（一）诉讼标的与诉讼请求一元模式的开端

1956 年 10 月，最高人民法院印发《程序总结》。虽然《程序总结》中并未出现诉讼标的这一表述，但存在两处标的规定。一个出现在试行调解相关规定中："经当事人和解撤回的案件，除有正当理由外，不得就同一标的再行起诉。"另一个出现在关于审理的相关规定中："各级人民法院审理第一审民事案件，有的在法院内进行，有的到当事人所在地或者讼争标的所在地进行。"虽然两处均使用"标的"，但第二处内容更贴近对诉讼

---

① 相同观点参见江伟、段厚省：《请求权竞合与诉讼标的理论之关系重述》，《法学家》2003 年第 4 期。

② 参见陈荣宗：《民事程序法与诉讼标的理论》，台湾大学法学丛书编辑委员会 1977 年版，第 330 页。

③ 尽管如此，我国民事诉讼法学的真正起步阶段是 1978 年之后，这以后我国才有了自己的民事诉讼法，而且有了自己编写的民事诉讼法学教材，有了一定数量的研究民事诉讼法学的论文。参见李浩：《中国民事诉讼法学研究四十年——以"三大刊"论文为对象的分析》，《法学》2018 年第 9 期。

④ 参见潘剑锋：《民事诉讼法制建设四十年》，《中外法学》1989 年第 5 期。

标的物之理解。① 此外，《程序总结》中存在两处"诉讼请求"：一处是"在审理中，被告人提起反诉、原告人增加诉讼请求、增加当事人或第三人参加诉讼的，一般都可以合并审理"；另一处是"如果当事人在上诉中提出与原案无关的诉讼请求，可以另行处理"。此外，还有两处涉及诉讼请求权，不过，其意指向法院起诉的权利，而非诉讼请求。②

《程序总结》可以被看作我国民事诉讼标的与诉讼请求一元模式的开端：其中的一处"标的"和两处"诉讼请求"，均指向了案件审理和裁判的对象，其更贴近对同一语义的两种表达方式。1957 年，最高人民法院又将《程序总结》的基本内容条文化，更全面地制定了《程序草稿》，共计84 条。上述"标的"和"诉讼请求"又分别出现在第 21 条第 2 款和第59 条第 2 款中，但关于合并审理的内容被删去了。而在诉讼标的（诉讼请求）识别标准方面，虽然《程序总结》与《程序草稿》中均无直接表述，但仅以《程序草稿》第 1 条为依据，其更贴近以实体权利主张作为识别标准的传统诉讼标的理论。③

（二）诉讼请求对诉讼标的之替换

1979 年 2 月，最高人民法院召开第二次民事审判工作会议并制定《制度规定》，在民事诉讼法公布之前试行。《制度规定》与前述《程序总结》内容基本相同，关于诉讼标的和诉讼请求的相关表述也出现在《制度规定》当中，并获得了进一步发展，但具体表达方式略有改动。诉讼请求被相应表述为诉讼要求，在《制度规定》中共出现 5 次，分别涉及立案条件④、放弃诉讼要求⑤和增加诉讼要求⑥。相反，诉讼标的或标的并未继续出现在《制

---

① 诉讼标的与诉讼标的物不同，标的物是权利所指向的物质实体。参见唐德华、杨荣新、程延陵等编著：《民事诉讼法基本知识》，法律出版社 1983 年版，第 143 页。

② 《最高人民法院关于诉讼请求权的理解复函》（1956 年 10 月 26 日）认为："原告人的请求，必须是请求保护自己的权利，或者是请求保护依法委托由他保护的他人的权利。"

③ 《程序草稿》第 1 条规定："请求保护自己权利，或者请求保护依法由他保护的人的权利，可以向有管辖权的人民法院起诉。人民检察院对于有关国家和人民利益的主要民事案件，也可以提起诉讼。原告人没有诉讼请求权的应当用裁定驳回。"相同见解参见江伟、韩英波：《论诉讼标的》，《法学家》1997 年第 2 期。

④ 《制度规定》第 1 章第 1 条规定："凡有明确的原告、被告和具体的诉讼要求，应由人民法院调查处理的民事纠纷，均应立案处理。"

⑤ 《制度规定》第 5 章第 3 条规定："原告人自动放弃诉讼要求的，经审查后可将案件注销。原告人经通知两次以上无正当理由不到庭，即可视为放弃诉讼要求，将案件注销；当事人自行和解而请求撤诉的，可予准许；财产权益案件的原告人死亡，其继承人放弃诉讼要求，或被告人死亡没有遗产也无人替他继续负担义务的，以及离婚案件当事人一方死亡的，即终止审理……"

⑥ 《制度规定》第 5 章第 3 条规定："被告人提起反诉、原告人增加诉讼要求、增加当事人或第三人参加诉讼的，一般可合并审理。"

度规定》的文本当中，这也印证了最高人民法院在《程序总结》和《程序草稿》中采取了一元理解，进而在《制度规定》中以诉讼要求全面取代了诉讼标的规范。

二、诉讼标的与诉讼请求二元模式的生成

与《制度规定》不同，诉讼标的重新出现在 1982 年《民事诉讼法（试行）》的文本中，主要作为共同诉讼和第三人不同法定类型的识别标准。相比于诉讼标的，诉讼请求被更为广泛地运用于立法，涉及起诉条件、起诉状记载内容、诉讼保全范围、增加诉讼请求、反诉和第三人提出诉讼请求、判决书中应记载事项等内容。

（一）诉讼标的与诉讼请求的并立

对于为何在法律文本中同时以诉讼标的和诉讼请求进行规定，这是否意味着 1956 年《程序总结》以来逐步确立的一元模式被彻底打破，立法并未有进一步阐释。尽管如此，二者的相互关系并非无迹可寻。由于《民事诉讼法（试行）》草案的制定采取了专家起草模式，该起草小组由中国人民公安大学柴发邦教授、中国人民大学江伟教授、中国政法大学杨荣馨教授、北京大学刘家兴教授、中国社会科学院法学研究所程延陵研究员等学者组成①，上述学者所编写的教科书便具有了重要的参考意义。在柴发邦、刘家兴、江伟和范明辛合著并于 1982 年出版的《民事诉讼法通论》中，诉讼标的和诉讼请求被理解为不同概念。这一区分集中体现在诉讼请求的变更上，据此，《民事诉讼法（试行）》第 46 条所规定的变更诉讼请求并非变更诉讼标的。在民事诉讼中，变更诉讼标的不被允许，因为变更诉讼标的意味着原当事人之间以新诉代替了原诉，对法院来说实际上等于接受了一个新案。相反，诉讼请求的变更是在原法律关系范围内提出的，没有改变原法律关系的性质。例如，请求给付赡养费之诉中，对赡养费的数额可以增加或减少。又如，请求返还物品之诉中，原物无法返还的，可以改为请求以相当的金钱来代替。② 尽管如此，该教科书并未明确将当事人之间争议的民事法律关系作为诉讼标的统一且唯一的识别标准：具体法律关系只是确认之诉和变更之诉的标的，给付之诉的标的乃原告基于某种法律关系向被告所提出的履行一定义务的实体权利请求。③ 虽然给付之诉的诉讼标的也涉及法律关系，但其中心词是实体权利请求，法律关系只是实体权利请求的限定语，例如，基于买卖合同法律关系要求给付价金若干

---

① 参见张卫平：《改革开放以来我国民事诉讼法学的流变》，《政法论丛》2018 年第 5 期。
② 参见柴发邦、刘家兴、江伟等：《民事诉讼法通论》，法律出版社 1982 年版，第 193 页。
③ 参见柴发邦、刘家兴、江伟等：《民事诉讼法通论》，法律出版社 1982 年版，第 193 页。

和基于借款法律关系要求给付价金若干。如若以实体权利请求作为给付之诉的诉讼标的，那么，上述教科书中列举的后一个例子未必恰当：由于原物灭失而从返还物品请求变更为金钱损害赔偿请求，不仅是权利内容上发生的变化，权利的性质也同样可能被认为出现了转变①，除非认为原物返还请求权与损害赔偿请求权乃同一实体权利请求。

由此可见，起草专家对 1982 年《民事诉讼法（试行）》中诉讼标的概念的理解与认识上存在标准不统一的问题。这一问题也出现在随后出版的教科书中。诉讼标的与诉讼请求被认为既有联系又有区别：诉讼标的是双方当事人之间争议的法律关系，诉讼请求则是当事人通过人民法院向对方当事人所主张的具体权利。法律关系决定诉讼请求，当事人乃基于民事法律关系提出诉讼请求。不仅如此，民事诉讼中的诉讼标的不能变更，但对诉讼请求则允许变更，例如原告要求被告交付房租的请求，可以变为请求腾房。② 对诉讼标的的识别标准的不同解读③，还以变更诉讼请求作为主战场展开了相当规模的学术论争，这直接催生出诉讼标的与诉讼请求一元论和二元论的对立。④ 在诉讼请求与诉讼标的相互关系并未形成统一认识的前提下，我国民事诉讼理论研究开始侧重于诉讼标的理论及其识别标准，而诉讼请求与诉讼标的之相互关系则通常被作为附带内容加以论述。这一方面标志着我国民事诉讼法学从简单的法条解释阶段迈向了基础理论研究阶段⑤，另一方面则为我国诉讼标的理论研究与具体法律条文的割裂埋下了伏笔。

（二）诉讼标的与诉讼请求的关系分歧

在讨论诉讼标的的相关文献中，诉讼标的与诉讼请求的相互关系呈现出四种主要观点和两个主要趋势。

第一种观点将诉讼请求完全等同于诉讼标的，例如认为诉讼标的是法

---

① 对此，是否可能判定为权利性质的改变，会因请求权竞合学说的不同选取而发生改变。关于请求权竞合学说与诉讼标的问题，参见江伟、段厚省：《请求权竞合与诉讼标的理论之关系重述》，《法学家》2003 年第 4 期。

② 参见常怡主编：《民事诉讼法学》，中国政法大学出版社 1994 年版，第 127 页。

③ 参见姚飞：《诉讼请求与诉讼标的不是一回事》，《法学》1982 年第 12 期。

④ 一元论如姜亚行：《论民事诉讼中的变更诉讼请求》，《法律科学》1990 年第 2 期；二元论如汤维建：《也论民事诉讼中的变更诉讼请求——兼与姜亚行同志商榷》，《法律科学》1991 年第 2 期。

⑤ 从 1978 年到 1987 年，我国研究民事诉讼基本理论的文章少，研究层次比较浅，对诉讼标的等基本问题均未涉及。从 1988 年到 1997 年，研究者的关注点开始转向民事诉讼法学中的一些基本理论问题，诉权、诉讼标的、辩论原则、证明责任、既判力都是重要内容。参见李浩：《中国民事诉讼法学研究四十年——以"三大刊"论文为对象的分析》，《法学》2018 年第 9 期。

院判定诉的合并、分离、变更以及追加的根据。而诉的不同在根本上是诉讼标的不同，只有存在两个或两个以上的诉讼标的，才有诉的合并、分离、变更与追加。① 第二种观点认为诉讼请求的内涵和外延并不完全等同于诉讼标的。诉讼请求有广义和狭义之分。广义的诉讼请求是向法院提出的，要求法院予以判决的请求（当事人希望法院对其请求作出相应的确认、给付、形成的具体判决）。而狭义的请求仅指原告向被告主张的法律上的利益。尽管如此，第一种观点和第二种观点均认为我国民事诉讼法律规范中的诉讼请求是诉讼标的。②

与前两种观点呈现出的一元认识不同，第三种观点认为：诉讼请求是诉的一个必备要素，是诉方当事人就其与对方当事人之间的民事纠纷如何处理的主张。诉讼请求源于诉讼标的，但又不同于诉讼标的。③ 第四种观点以 1982 年《民事诉讼法（试行）》确立的二元模式为基础，认为诉讼请求必须具体，而诉讼标的不可能具体。④ 总体而言，我国民事诉讼标的研究的基本出发点是"立法中的诉讼请求＝理论中的诉讼标的"，这与前述《民事诉讼法（试行）》起草专家的理解与认识已经出现显著差别。

《民事诉讼法（试行）》中关于诉讼标的和诉讼请求的规定得到了 1991 年《民事诉讼法》的继承。遗憾的是，上述分歧并未因 1991 年《民事诉讼法》颁行而消失。

（三）《民事诉讼法》中的诉讼请求与诉讼标的

与 1982 年《民事诉讼法（试行）》相比，1991 年《民事诉讼法》中诉讼标的概念出现的频次从 6 次变为 7 次，除共同诉讼和第三人制度外，诉讼标的概念还被运用在人数不确定的代表人诉讼（第 54 条）中。诉讼请求概念的使用频次从 9 次变为 14 次，除被运用于诉讼请求的放弃、变更和反驳，起诉条件，起诉状应记载内容，诉讼保全范围，合并审理和判决书应记载事项外，其也被运用于人数不确定的代表人诉讼（第 55 条）和调解书应记载事项（第 89 条）中。而对于诉讼标的识别标准以及诉讼标的与诉讼请求的关系问题，1991 年《民事诉讼法》并未予以明确。2007 年《民事诉讼法》修订后，诉讼标的概念的使用频次保持不变，诉讼请求概念则新增于再审事由规定（第 179 条第 1 款第 12 项"原判决、裁定遗漏或者超出诉讼请求的"）中。2012 年修正后的《民事诉讼法》新增 3 处

① 参见江伟、段厚省：《请求权竞合与诉讼标的理论之关系重述》，《法学家》2003 年第 4 期。
② 参见张卫平：《论诉讼标的及识别标准》，《法学研究》1997 年第 4 期。
③ 参见张晋红：《民事之诉研究》，法律出版社 1996 年版，第 113 页。
④ 参见李龙：《民事诉讼标的基本概念与民事诉讼的基本理念》，《现代法学》1999 年第 1 期。

诉讼请求表述，集中出现于第三人撤销之诉；诉讼标的概念使用频次则并未发生改变。2017 年修正的《民事诉讼法》虽新增第 55 条第 2 款，但在诉讼标的与诉讼请求概念的使用情况上未发生任何变化。2021 年修正案和 2023 年修正案同样并未涉及诉讼标的的规范与诉讼请求规范。可见，诉讼标的与诉讼请求的二元立法模式已沿用至今。

（四）司法解释中的"重诉讼请求，轻诉讼标的"

诉讼请求与诉讼标的之相互关系也并未因为司法解释的颁布实施而明确。《民事诉讼法（试行）意见》并未使用诉讼标的的概念，诉讼请求概念也仅出现 2 次，分别涉及对侵权行为是否触犯刑律一时难以查清时起诉人诉讼请求的立案处理（第 42 条）和对经过庭审的诉讼请求漏判时的补充判决（第 49 条）。而 1991 年《民事诉讼法》中"重诉讼请求，轻诉讼标的"的做法也在《民诉意见》中得到延续：实质涉及诉讼标的的条文仅有关于简单民事案件中"争议不大"的解释（第 168 条）。而诉讼请求的使用频次则为 12 次：除解释 1991 年《民事诉讼法》中的诉讼请求规范外，还主要涉及有独立请求权第三人诉讼请求的处理（第 65 条）、当事人无需举证的情形（第 75 条第 1 项）、先予执行的范围（第 106 条）、对撤诉或按撤诉处理后当事人以同一诉讼请求再次起诉的处理（第 144 条）、对超过诉讼时效起诉的处理（第 153 条）、对一审中诉讼请求未被审理的处理（第 182 条）和对第二审程序中增加独立的诉讼请求的处理（第 184 条）。

《民诉法解释》同样存在"重诉讼请求，轻诉讼标的"的倾向，其中，诉讼标的共出现 10 次（含"诉讼标的物""诉讼标的金额"等表述），而诉讼标的的规范仅 3 处，分别是第 233 条第 3 款关于反诉与本诉相关联的要求、第 247 条作为判断重复起诉的标准以及第 256 条对"争议不大"的解释。相反，诉讼请求共被使用 57 次，涉及管辖恒定（第 39 条）、有独立请求权第三人提出诉讼请求（第 81 条）、无独立请求权第三人的诉讼权利（第 82 条）、举证证明责任（第 90 条）、解除保全的法定情形（第 166 条）、先予执行的范围（第 169 条）、多个诉讼请求的诉讼费用计算（第 201 条）、对撤诉或按撤诉处理后原告又以同一诉讼请求再次起诉的处理（第 214 条第 1 款）、对超过诉讼时效起诉的处理（第 219 条）、庭前会议的内容（第 225 条）、归纳争点（第 226 条）、新增诉讼请求的合并审理（第 232 条）、反诉的要求（第 233 条）、缺席判决（第 241 条）、重复起诉的判断标准（第 247 条）、撤销原判发回重审后当事人变更增加诉讼请求等的处理（第 251 条）、再审裁定撤销原判发回重审后当事人变更增加诉讼请求的处理（第 252 条）、口头起诉的内容要求（第 265 条）、简化裁判文书的法定情形（第 270 条）、小额转简易程序的情形（第 278 条）、小额案件裁判文书记载内容（第 280 条）、提起公益诉讼的条件（第 282 条）、第三人撤销之诉的处理（第 298～300 条）、执行异议之诉（第 303、304、310、311 条）、二审对一审未审理的诉讼请求的处理（第 324 条）、二审中增加独立的诉讼请求的处理（第 326 条）和对"原判决、裁定遗漏或者超出诉讼请求的"这一再审事由的解释（第 390 条）。

综上，我国民事诉讼规范文本使用诉讼请求的频次更多，作为诉讼标的理论主要适用范围的诉的变更、追加、合并以及禁止重复诉讼制度均以诉讼请求为中心词，这与 20 世纪 90 年代以来理论研究重诉讼标的之趋势相左。虽然上述诉讼标的理论的主要适用范围在我国法上以"诉讼请求"的面貌出现，但并不能由此直接得出我国立法中的诉讼请求等于理论上的诉讼标的的结论，进而自然导出诉讼请求与诉讼标的的一元论。但也不应仅以《民诉法解释》第 247 条第 1 款第 2 项和第 3 项以及第 233 条同时使用诉讼标的和诉讼请求概念，就坚决认为我国法上的诉讼标的与诉讼请求必然呈现二元结构。对此，尚需结合与我国民事诉讼法有直接传承关系的苏联民事诉讼法及理论[1]，以及在改革开放后逐渐对我国诉讼标的的理论产生重要影响的德国民事诉讼法及理论进行更深入的分析与讨论[2]，以析出诉讼标的与诉讼请求相互关系的模式与样态，在此基础上对我国法中二者的相互关系进行更为客观、科学的归类与判定。

第三节 诉讼标的与诉讼请求的关系模式

相比《程序通则》《程序总结》《程序草稿》和《制度规定》，1982 年《民事诉讼法（试行）》在诉讼标的与诉讼请求的关系界定上发生了显著变化。必须进一步追问的是：这种理解与认识从何而来？上述教科书中并没有以正文或脚注予以明确。

---

[1] 我国民事诉讼理论体系从总体上受苏联模式的影响，但若再进一步追究就会发现苏联的理论体系架构继承于俄国，而俄国又主要参照德国，因此，可以从历史承继的线索中推出我国民事诉讼理论与作为大陆法系民事诉讼理论典型代表的德国法理论有借鉴关系。参见张卫平：《程序公正实现中的冲突与衡平——外国民事诉讼研究引论》，成都出版社 1993 年版，第 3 页。

[2] 在诉讼标的的识别标准及诉讼标的与诉讼请求相互关系的理解与认识上，日本受到了德国的直接影响。虽然日本的诉讼标的理论与德国的存在差别，但还无法被看作独立的模式。关于日本诉讼标的的理论及其与德国理论的区别可参见陈荣宗：《民事程序法与诉讼标的的理论》，台湾大学法学丛书编辑委员会 1997 年版，第 355 页以下。

一、苏联法模式

前述变化的一种可能是源于苏联民事诉讼法及其理论。① 苏联民事诉讼法将诉讼标的作为诉的要素的一部分予以阐述②，这种认识同样出现在我国相关文献中。③ 尽管如此，1982 年《民事诉讼法（试行）》却与苏联法存在显著不同。

（一）诉讼标的与诉讼请求的定义

诉讼标的在苏联民事诉讼法及理论中作为诉的要素出现，被定义为原告向被告提出的并要求法院对它作出判决的实体权利请求。不过，在给付之诉中，诉讼标的不仅包括原告要求被告履行的债，而且包括争执的民事法律关系。这相当于双诉讼标的的构造，即实体权利请求＋争执的民事法律关系："当事人对法权关系本身并无争议，被告争执的仅是原告向他提出的那个请求，虽然如此，应该认为法权关系仍是诉讼标的。"④ 尽管如此，上述对诉讼标的的定义以及诉讼标的与诉讼请求之间关系的认识仍不甚明确：如若认为当事人之间争议的民事法律关系是诉讼标的，那么，在民事法律关系范围内主张不同性质的实体请求权，是否构成变更诉讼标的的呢？其实，这一问题涉及的是民事法律关系和实体权利请求这两项标准中哪一个才是根本和决定性的。

（二）诉讼标的与诉讼请求的互动

对此，苏联民事诉讼审判实践提供了线索：一般来说，诉讼标的不能由原告加以变更，尤其不能由法院加以变更，但在下述个别情况下，审判实践中许可变更。如依法准许提出选择请求时，根据《苏俄民法典》第198 条，准许买受人在发现买受物品有瑕疵时提出选择请求，因此司法实践认为原告和法院有权变更诉的标的（1925 年苏俄最高法院民事上告庭

①　我国对诉讼标的之理解与认识直接来源于原苏联，列克曼教授的《苏维埃民事诉讼》一书在 20 世纪 50 年代以及 80 年代对我国民事诉讼法学界有十分重要的影响。参见张卫平：《论诉讼标的及识别标准》，《法学研究》1997 年第 4 期。

②　参见 [苏] C. H. 阿布拉莫夫：《苏维埃民事诉讼法（上）》，中国人民大学民法教研室译，中国人民大学 1954 年版，第 225 页；[苏] 阿·阿·多勃罗沃里斯基等：《苏维埃民事诉讼》，李衍译，常怡校，法律出版社 1985 年版，第 168 页。

③　参见柴发邦、刘家兴、江伟等：《民事诉讼法通论》，法律出版社 1982 年版，第 194 页；柴发邦主编：《民事诉讼法学》，北京大学出版社 1988 年版，第 130 页；常怡主编：《民事诉讼法学》，中国政法大学出版社 1994 年版，第 126 页；江伟、韩英波：《论诉讼标的》，《法学家》1997 年第 2 期；廖中洪、相庆梅：《当事人变更诉讼请求的法理思考》，《西南政法大学学报》2000 年第 5 期。

④　参见 [苏] C. H. 阿布拉莫夫：《苏维埃民事诉讼法（上）》，中国人民大学民法教研室译，中国人民大学 1954 年版，第 225 页。

第 31875 号裁定。见苏维埃司法周刊，1925 年第 41 期）。[①] 上述例外中，虽然作为诉讼标的识别标准之一的买卖合同法律关系并未发生改变，改变的只是实体权利请求，却依旧被认为变更了诉讼标的。而这一例外却在我国被理解为变更诉讼请求，而非变更诉讼标的。此外，《苏俄民事诉讼法典》第 179 条允许当事人变更或由法院依职权变更（扩大或减少）诉讼请求数额[②]，且并不认为这构成诉讼标的之变更。[③] 这种认识与我国相一致。

（三）给付之诉的识别标准

对给付之诉而言，其识别标准中的民事法律关系与实体请求权孰轻孰重？对这一问题在苏联民事诉讼标的理论上存在争议，并同样得到了苏联学者的重视。被苏联高等和中等教育部审定为高等学校法律专业学生教科书的《苏维埃民事诉讼》认为，诉讼标的是原告人对被告人提出并由法院对案件作出判决应予解决的那种具体的实体权利要求。虽然苏联有学者认为诉讼标的不是原告对被告的要求，而是发生争议的法律关系，但该教科书认为，法院审理原告人依据发生争议的法律关系提出的具体要求，这种要求就是诉讼标的。[④] 也就是说，争议法律关系虽然是审理的内容，是具体权利请求的先决法律关系，但并非诉讼标的本身，给付之诉尤其如此。不仅如此，该教科书认为苏联法及其司法实践认可变更诉讼标的。返还某物品的要求可以用追索物品的价额这种要求来替代。即便是不具有选择关系的要求也可以变更，例如在错误免职的争议中，原告人可以用改变免职决定的要求来替代自己对被告人提出的恢复工作的要求。[⑤]

与苏联法上的理解不同，我国在争执的民事法律关系和实体权利请求这一对标准中，更侧重前者，也即认为民事法律关系才是决定性的，这集

---

① 转引自［苏］C. H. 阿布拉莫夫：《苏维埃民事诉讼法（上）》，中国人民大学民法教研室译，中国人民大学 1954 年版，第 226 页。

② "诉讼请求额非基于当事人间所为之约定或非依法定程序决定者（票据，契约，税则等），法院得依其已经查明的情况于超过原告诉讼额的裁判。"《苏俄民事诉讼法典》，张文蕴译，王之相、赵涵舆校，人民出版社 1951 年版，第 52 页。

③ 参见［苏］C. H. 阿布拉莫夫：《苏维埃民事诉讼法（上）》，中国人民大学民法教研室译，中国人民大学 1954 年版，第 227 页。

④ 参见［苏］阿·阿·多勃罗沃里斯基等：《苏维埃民事诉讼》，李衍译，常怡校，法律出版社 1985 年版，第 169 页。

⑤ 参见［苏］阿·阿·多勃罗沃里斯基等：《苏维埃民事诉讼》，李衍译，常怡校，法律出版社 1985 年版，第 190 页。

中体现在只能变更诉讼请求而不可变更诉讼标的之认识上。① 这种认识其实是对苏联法的改良,其优势在于标准的一致性:在苏联法看来,虽然给付之诉也以民事法律关系作为识别标准,但实质发挥作用的是实体权利请求,这便导致给付之诉与确认之诉、形成之诉之间识别标准的不统一。不仅如此,以民事法律关系作为给付之诉的识别标准,较实体权利请求的范围更大,更可能实现纠纷的一次性解决。不过,以民事法律关系作为诉讼标的,特别是给付之诉的识别标准,其弊端同样不可小视:由于民事法律关系的识别标准并不确定②,故给付之诉的识别标准在司法实践中可能出现任意性。民事法律关系有诸多层次,例如人身法律关系和财产法律关系(第一层),财产法律关系又至少包括合同法律关系和侵权法律关系(第二层),而合同法律关系又能涵盖买卖合同法律关系和借款合同法律关系(第三层)。即便认为第三层法律关系才是给付之诉的诉讼标的,也仍然无法一以贯之,否则双务合同就将被理解为同一法律关系,必须在同一诉讼中加以解决。而一旦在第四层意义上理解民事法律关系,也即具体的权利义务关系(请求返还借款的请求权和返还借款的义务),则民事法律关系就与实体权利请求相重叠,其在给付之诉中不再是独立的识别标准。③

(四)诉讼标的与诉讼请求的一元模式

正是我国法与苏联法在给付之诉识别标准上出现的差别,才连锁引发对诉讼标的与诉讼请求相互关系的理解分野。仍以给付之诉为例,由于苏联法认为实体权利请求是诉讼标的,故诉讼标的与诉讼请求具有相同含义。但在对苏联法标准进行调整和改良之后,诉讼标的与诉讼请求在我国相应呈现出二元结构。由于民事法律关系通常被理解为第三层含义,这就为作为实体权利主张的诉讼请求留下了独立存在的空间,即同一诉讼标的内可以同时包含多个诉讼请求,例如原告要求被告交付房租和原告要求被告腾房就被认为是两个诉讼请求,但却被包含在同一诉讼标的之内。④ 综上,1982年《民事诉讼法(试行)》实施以来,我国逐步确立了诉讼标的与诉讼请求二元结构。然而,诉讼标的理论研究以一元论作为立足点,

① 也有观点认为,我国虽然以争议的民事法律关系作为诉讼标的,但实际上是以实体法中的请求权作为识别诉讼标的的同一性的标准。参见张卫平:《论诉讼标的及识别标准》,《法学研究》1997年第4期。

② 参见王亚新:《诉讼程序中的实体形成》,《当代法学》2014年第6期。

③ 有观点认为,以民事法律关系作为诉讼标的的旧实体法说是我国对诉讼标的的理论的误读。参见赵秀举:《论请求权竞合理论与诉讼标的的理论的冲突与协调》,《交大法学》2018年第1期。

④ 参见常怡主编:《民事诉讼法学》,中国政法大学出版社1994年版,第127页。

这便引发诉讼标的理论逐渐与立法和司法实践相分离。①

二、德国法模式

虽然我国现行立法在诉讼标的与诉讼请求的关系上持二元论立场，但这并非对苏联法模式的继受：我国在诉讼标的识别标准上更偏重民事法律关系，从而为作为具体权利主张的诉讼请求留下了独立存在的空间。尽管如此，我国是否可能在坚持二元论的前提下，参照德国新诉讼标的理论，将诉讼请求理解为诉的声明（请求范围），进而实现二元模式的现代化改革？②

（一）诉讼标的识别标准

应当首先强调的是，德国民事诉讼标的识别标准目前主要以诉讼法二分肢（支）理论作为基准，尽管受到诸多批评，但并未改弦更张。③ 这便与我国采取的传统诉讼标的理论存在根本区别，直接套用德国理论将在我国引起体系紊乱。例如，在德国作为诉讼理由变化的情形在我国则构成了变更诉讼请求。④ 尽管如此，考察德国诉讼标的与诉讼请求相互关系的模式变迁依旧对我国有较为直接的参考意义：一方面，我国继受的苏联法乃以德国早期民事诉讼法及其理论作为范本⑤；另一方面，德国民事诉讼立法之初同样采取传统诉讼标的理论，并在诉讼标的理论的发展过程中面临诉讼标的与诉讼请求的关系问题⑥，这也能为我国民事诉讼标的与诉讼请求的关系重塑提供有益启发。

（二）诉讼请求的德文对照

而在展开德国法模式的讨论之前，有必要首先澄清诉讼请求所对应的

---

① 参见吴英姿：《诉讼标的理论"内卷化"批判》，《中国法学》2011 年第 2 期。

② 有观点建议将诉讼请求理解为诉的声明，即不因诉讼标的理论的不同而变化的、恒定的概念。参见卜元石：《重复诉讼禁止及其在知识产权民事纠纷中的应用——基本概念解析、重塑与案例群形成》，《法学研究》2017 年第 3 期，第 91 页以下。还有实务专家认为，我国法上的诉讼请求就是诉的声明。参见程春华：《论民事诉讼中诉讼标的与诉讼请求之关系——兼论法官对诉讼请求变更及诉讼标的释明权之行使》，《法律适用》2014 年第 5 期。

③ Vgl. Rosenberg/Schwab/Gottwald, Zivilprozessrecht, 18. Aufl., C. H. Beck Verlag, 2018，§ 94 Rn. 27.

④ 我国《民法典》第 186 条构成诉之变更，上述情形根据德国《民事诉讼法》第 264 条第 1 款第 1 项只作为法律上陈述的更正，并不作为诉之变更。参见马丁：《论诉状内容变更申请之合理司法应对》，《中外法学》2017 年第 5 期；冯祝恒：《〈民法典〉第 186 条（违约与侵权请求权竞合）诉讼评注》，《华东政法大学学报》2023 年第 1 期。

⑤ 参见张卫平：《程序公正实现中的冲突与衡平——外国民事诉讼研究引论》，成都出版社 1993 年版，第 3 页。

⑥ Vgl. Rosenberg/Schwab/Gottwald, Zivilprozessrecht, 18. Aufl., C. H. Beck Verlag, 2018，§ 94 Rn. 1, 8 und 9.

德文术语，否则，相关讨论可能引发新的混乱与误读。① 从最大语义范围上看，诉讼请求至少可能对应以下三个德文术语，它们分别是 prozessualer Anspruch（诉讼请求权或诉讼上请求权）、Klagebegehren（起诉要求）和 Klageantrag（诉的申请或诉的声明）。② 而这三个术语分别代表从实体法请求权到诉讼法请求权、从旧实体法说到诉讼法说的模式变迁。我国既有文献已经在诉讼标的识别标准的视域下对此进行了长时间和卓有成效的研究③，此处不再赘述。以下仅以诉讼标的与诉讼请求的相互关系为着眼点重新审视这段激荡的学说论战史。

（三）诉权、诉讼标的和诉讼请求一元模式

在萨维尼看来，诉权、诉讼标的和诉讼请求权（prozessualer Anspruch）是同义词，这也是那一时期的通说。④ 与我国法类似，诉讼标的或诉讼请求的识别标准被认为是争议中被作为整体的法律关系。这主要表现在确定力的范围上，即一事不再理抗辩可以适用于目标上具有一致性的其他诉权。萨维尼之所以将法律关系整体作为诉讼标的识别标准，与其对诉权的界定有直接关系。萨维尼认为，主观权利是个人所享有的意志力，而诉权则是主观权利受到侵害时所发展出来的"防御状态"（im Zustand der Verteidigung）。⑤ 因为受到损害，实体权利变形（Metamorphose）为诉权（Klagerecht），并应当作为整体加以理解。⑥ 基于此，萨维尼将诉权理解为两个阶段，即主观权利的存续和损害的发生。诉权的内容被理解为受害方要求加害方消除损害，这完全是实体法上的含义，其也因此被贴上了实体法诉权理论的标签。虽然萨维尼的理解和认识被德国法认为存在历史的局限性，甚至是错误的⑦，但上述理解成为苏联民事诉讼理论的底

① 我国民事诉讼法及理论中的诉讼请求在比较法上对应何种立法术语也是我国诉讼标的理论研究所关注的问题，例如有观点认为，我国诉讼请求对应法国法的诉讼目标，对应日本法的诉讼旨意，对应我国台湾地区的诉的声明。参见李龙：《民事诉讼标的基本概念与民事诉讼的基本理念》，《现代法学》1999 年第 1 期。

② 例如李大雪教授将 Klageantrag 翻译为诉讼请求。参见［德］罗森贝克、［德］施瓦布、［德］戈特瓦尔德：《德国民事诉讼法》，李大雪译，中国法制出版社 2007 年版，第 522 页；auch Rosenberg/Schwab/Gottwald, Zivilprozessrecht, 18. Aufl., C. H. Beck Verlag, 2018, § 76 Rn. 1.

③ 参见张卫平：《民事诉讼法》（第六版），法律出版社 2023 年版，第 213－218 页。

④ Vgl. Althammer, Streitgegenstand und Interesse: Eine zivilprozessuale Studie zum deutschen und europäischen Streitgegenstandsbegriff, Mohr Siebeck, 2012, S. 25.

⑤ 参见王洪亮：《实体请求权与诉讼请求权之辩——从物权确认请求权谈起》，《法律科学》2009 年第 2 期。

⑥ Vgl. Kaufmann, Zur Geschichte des aktionenrechtlichen Denkens, JZ 1964, 488.

⑦ Vgl. Althammer, Streitgegenstand und Interesse: Eine zivilprozessuale Studie zum deutschen und europäischen Streitgegenstandsbegriff, Mohr Siebeck 2012, S. 24.

色，并对我国民事诉讼法学甚至民法学产生深远影响。① 这种影响主要体现在两个方面：一是将权利受到侵害作为有权提起诉讼的前提条件，即诉权基于主观权利存续和损害结果的发生②；二是将诉讼标的（主要是给付之诉）识别标准理解为作为整体的争议民事法律关系。必须强调的是，萨维尼并未将上述整体标准一以贯之：一方面，萨维尼已经洞悉只有在诉讼中被主张的权利才有意义，但在既判力方面又主张扩张及于作为诉讼理由的先决法律关系③；另一方面，权利受到损害并不是起诉的前提，即便权利主张被诉讼证明并不存在，也不会使已经发生的诉讼欠缺对象。而当时的司法实践也表明，只要诉讼请求是对被一般性认可的实体权利的描述，就必须被审理。④ 由此可见，上述起诉条件和诉讼标的整体识别标准的弊端并非我国所独有，而是在该理论提出之初就存在逻辑悖论以及与司法实践相脱节的隐忧。

（四）诉讼标的与诉讼请求一元模式的内涵变迁

与萨维尼理论不同，温德沙伊德选取的路径是，抽取罗马法中诉权的实体法因素，并使其在请求权的概念内完成独立作业。⑤ 以此为契机，温德沙伊德不仅为新的实体权利体系建立了理论基础，而且实现了诉讼法与实体法的分离。不仅如此，温德沙伊德的实体请求权理论还深刻影响了 1877 年德国民事诉讼立法。虽然民事诉讼有自己的规则，但还是接受了实体法请求权概念，并将其表述为诉讼请求。⑥ 据此，虽然"诉权＝诉讼标的＝诉讼请求"的等式关系被打破，但诉讼标的依旧等于诉讼请

---

① 突出例证是将物权确认请求理解为实体法上的权利，而不是诉讼法上的权利。相关讨论参见王洪亮：《实体请求权与诉讼请求权之辩——从物权确认请求权谈起》，《法律科学》2009 年第 2 期。

② 这种认识一直延续至今。参见［苏］C. H. 阿布拉莫夫：《苏维埃民事诉讼法（上）》，中国人民大学民法教研室译，中国人民大学 1954 年版，第 216 页；［苏］阿·阿·多勃罗沃里斯基等：《苏维埃民事诉讼》，李衍译，常怡校，法律出版社 1985 年版，第 195 页；参见柴发邦、刘家兴、江伟等：《民事诉讼法通论》，法律出版社 1982 年版，第 195 页；刘家兴主编：《民事诉讼法学教程》，北京大学出版社 1994 年版，第 31 页；参见江伟主编：《民事诉讼法（第五版）》，高等教育出版社 2016 年版，第 61 页；李浩：《民事诉讼法学》（第三版），法律出版社 2016 年版，第 110 页。

③ 参见陈荣宗：《民事程序法与诉讼标的理论》，台湾大学法学丛书编辑委员会 1977 年版，第 422 页以下。

④ Vgl. Althammer, Streitgegenstand und Interesse: Eine zivilprozessuale Studie zum deutschen und europäischen Streitgegenstandsbegriff, Mohr Siebeck 2012, S. 25.

⑤ 详见金可可：《论温德沙伊德的请求权概念》，《比较法研究》2005 年第 3 期。

⑥ 德国民事诉讼立法对实体请求权概念的采用详见 Althammer, Streitgegenstand und Interesse: Eine zivilprozessuale Studie zum deutschen und europäischen Streitgegenstandsbegriff, Mohr Siebeck 2012, S. 35 f.

求，只是其识别标准从作为整体的民事法律关系限缩为实体请求权主张。不仅如此，将诉讼标的称为诉讼请求，也是为了区别民法上请求权，明确诉讼标的并非以民法请求权这一既存实体权利的存续为前提。①

德国民事诉讼法对实体请求权概念的继受，使诉讼标的与诉讼请求的一元论从民事法律关系限缩为实体请求权。然而，立法上的实体请求权标准依旧存在两方面挑战：一是实体请求权标准难以一般性适用于确认之诉与形成之诉，也即实体请求权标准主要以给付之诉作为前提，而并未考虑法律保护形式；二是实体请求权标准在请求权竞合时陷入困境。这同样构成了诉讼法说攻击传统诉讼标的理论的主要根据。② 需要首先明确的是，实体请求权标准并不意味着首先有请求权，才能够提出诉讼请求，这种等值关系始终被德国民事诉讼法学所拒绝。虽然文献和联邦最高法院的判例均认为诉讼标的等于诉讼请求，但诉讼请求并不等于实体请求权，而是原告对实体请求权的主张。③ 不仅如此，民事诉讼法自三种诉讼类型并立之后，诉讼标的不能仅限于民法上请求权，这也为诉讼标的之独立性提供了理论和实践需求。④

随着公法诉权理论的提出和发展，诉权等于诉讼标的的等式被逐渐破除。赫尔维格认为，作为法律保护请求权的诉权只针对国家，而并不针对当事人。⑤ 据此，诉权与诉讼标的相分离。赫尔维格的另一贡献是倡导诉讼请求与实体法请求权脱钩，从而使诉讼请求概念能够涵盖所有诉讼类型，即诉讼请求是被主张的实体权利：通过诉的声明被指明的，向法院提出的但针对被告的诉讼要求。其在给付之诉中是被主张的请求权，在确认之诉中是被主张或被否认的权利或法律关系，在形成之诉中是被主张的形成权。赫尔维格因为对作为法律保护请求权的诉权、实体请求权和诉讼请求这三个概念作出区分，被认为是第一个将诉讼标的与实体法上请求权加

---

① 参见陈荣宗：《民事程序法与诉讼标的理论》，台湾大学法学丛书编辑委员会 1977 年版，第 332 - 333 页。

② 参见陈荣宗：《民事程序法与诉讼标的理论》，台湾大学法学丛书编辑委员会 1977 年版，第 332 - 333 页。

③ 这一误读也与请求权概念的双重含义有关，参见［德］迪特尔·梅迪库斯：《德国民法总论》，邵建东译，法律出版社 2001 年版，第 67 - 68 页。

④ 参见陈荣宗：《民事程序法与诉讼标的理论》，台湾大学法学丛书编辑委员会 1977 年版，第 332 - 335 页。

⑤ 详见［德］赫尔维格：《诉权与诉的可能性：当代民事诉讼基本问题研究》，任重译，法律出版社 2018 年版，第 38 - 40 页。

以区分的学者。① 此后，虽然诉讼标的与实体权利主张之间的关系有所松动②，但诉讼标的与诉讼请求的一元模式并未被动摇。

（五）诉讼标的与诉讼请求二元模式的生成

在此基础上，诉讼法说是否建立起了诉讼标的与诉讼请求二元模式？罗森贝克认为，诉讼请求并非实体权利要求，而是起诉要求（Klagebege-hren）。起诉要求是对法院采取行动的要求，其并非对民事权利概念的复述。③ 不仅如此，权利主张说的重点是当事人之间的私法关系，而审判要求说则以当事人与法院之间的公法关系为出发点。④ 据此，诉讼标的等于实体权利主张的等式已经被打破，并逐渐形成"诉讼标的＝起诉请求＝诉的声明＋案件生活事实"的等式。尽管如此，诉讼标的与诉讼请求的一元模式仍未被破除。不过，若认为 Klageantrag（诉的声明）同样可以被译为诉讼请求，则诉讼标的与这种特殊含义的诉讼请求呈现出二元结构。作为 Klageantrag 的诉讼请求是不考虑诉因的纯粹的法律利益要求，其为不因诉讼标的理论的不同而变化的恒定概念。⑤

（六）中德二元模式的异同

通过考察诉讼标的与诉讼请求在德国的发展可以发现，我国法上的二元论难以得到德国法上的支持。一方面，诉讼请求这一概念所对应的德文概念并不唯一也不统一；另一方面，我国法上的二元论与德国法有截然不同的逻辑：诉讼请求一直是诉讼标的之代名词⑥，而诉的声明并非在诉讼请求的基础上发展而来，而是作为诉讼法说的重要识别要素。如若将我国的诉讼请求统一理解为诉的声明，必然在以下问题的回答上陷入两难：我国的审理和裁判对象究竟是诉讼标的抑或诉讼请求？如若认为是诉讼请求，则无异于将我国诉讼标的识别标准转换成为仅以诉的声明作为核心标

---

① 参见张卫平：《程序公正实现中的冲突与衡平——外国民事诉讼研究引论》，成都出版社1993年版，第84页。

② 参见曹志勋：《德国诉讼标的实体法说的发展——关注对请求权竞合的程序处理》，《交大法学》2018年第1期。

③ Vgl. Althammer, Streitgegenstand und Interesse：Eine zivilprozessuale Studie zum deutschen und europäischen Streitgegenstandsbegriff, Mohr Siebeck 2012, S. 55.

④ 参见陈荣宗：《民事程序法与诉讼标的理论》，台湾大学法学丛书编辑委员会1977年版，第378页。

⑤ 参见卜元石：《重复诉讼禁止及其在知识产权民事纠纷中的应用——基本概念解析、重塑与案例群形成》，《法学研究》2017年第3期，第91页以下。

⑥ 参见王洪亮：《实体请求权与诉讼请求权之辩——从物权确认请求权谈起》，《法律科学》2009年第2期。

准的诉讼法一分肢（支）说，而这又无法解释《民法典》第 186 条的处理方法。① 如若认为诉讼标的才是我国审理和裁判的对象，则必然面临传统诉讼标的理论与诉的声明的关系处理。诉的声明是诉讼法说的重要识别要素，而在传统诉讼标的理论中，诉的声明只是实体权利主张的题中之义。给付之诉已经通过实体权利主张表达出谁向谁依据什么请求什么的详尽内容，故并不需要诉的声明这一独立要素。可见，在我国诉讼标的识别标准逐步从民事法律关系回归到实体权利主张的背景下，诉讼标的与诉讼请求的二元模式难以得到贯彻。

第四节　我国诉讼标的与诉讼请求一元模式的重塑

在坚持以传统诉讼标的识别标准，以"实体权利主张→诉讼标的"的对应关系实现两法协同实施的背景下，我国宜原则上回归诉讼标的与诉讼请求的一元模式，唯此才能对我国诉讼请求规范进行正确的理解与适用，而不会任意扩张民事诉讼审理和裁判的范围，避免侵害当事人的诉权，防止突袭裁判。

在传统诉讼标的理论的背景下，我国应回归 1982 年《民事诉讼法（试行）》之前的一元模式，即立法中的诉讼请求与诉讼标的具有相同内涵和外延。既有诉讼标的研究成果进而可直接适用于诉讼请求规范。在此基础上有必要进一步讨论的问题是：立法和司法解释中的诉讼请求是否均等值于诉讼标的？这一问题的解决在 2015 年《民诉法解释》第 247 条施行之后变得更为紧迫：根据一元模式，该条第 1 款第 2 项和第 3 项构成同语反复，第 3 项后段的实质判断标准也将落空。在此背景下，一种务实的解决方案是，以一元模式为基础，逐一确定诉讼请求规范的例外，为司法实践提供明确的标准和指引。不过，需要明确和强调的是，例外并非对原则的削弱，反而能加强人们对原则的确信。

一、作为起诉条件的"具体的诉讼请求"

我国《民事诉讼法》第 122 条第 3 项明确将"具体的诉讼请求"作为一项起诉条件，根据第 124 条第 3 项和第 155 条第 1 款第 1 项，其同时是起诉状和判决书应写明事项，并根据第 211 条第 11 项构成法定再审事由。

---

① 参见叶名怡：《〈合同法〉第 122 条（责任竞合）评注》，《法学家》2019 年第 2 期；冯祝恒：《〈民法典〉第 186 条（违约与侵权请求权竞合）诉讼评注》，《华东政法大学学报》2023 年第 1 期。

对上述"具体的诉讼请求"的含义主要存在两种认识：一种认识是，所谓诉讼请求是指原告向被告提出的要求人民法院予以审理和裁判的实体主张。[①] 另一种认识是，作为起诉条件的诉讼请求应当被理解为诉的声明。[②] 将起诉条件中的诉讼请求理解为诉的声明，主要预设功能是降低起诉门槛，保障没有法律知识的当事人行使起诉权。不过，上述预设功能并不足以支持诉的声明。虽然传统诉讼标的理论以实体请求权的构成要件作为识别根据，但其从未要求原告在起诉时必须正确无误地指出请求权基础，法官可对此毫不作为。

与我国起诉条件和起诉状记载事项类似，《德国民事诉讼法》第253条第2款第2项同样要求"提出的请求的标的与原因，以及一定的申请"。这一要求与1877年立法颁布时的要求保持一致。而在传统诉讼标的理论的语境下，上述"请求的标的"被理解为实体权利主张，"原因"被理解为法律根据和事实陈述，其中的事实陈述并非诉讼标的的独立要素，只是服务于诉讼标的之特定化。虽然起诉条件中有关于法律根据的要求，但并不要求原告指出具体的法律条文，而是只要法院通过阅读诉状可以提取出明确的法律根据即可。[③] 以德国经验为参照，将起诉条件中的诉讼请求解读为诉的声明并非实现预设功能的唯一出路。

将我国《民事诉讼法》第122条第1款第3项理解为诉的声明，看似可以降低对当事人法律知识的要求，但被剥离出的法律根据还会继续保留在"理由"这一要求中。根据《民事诉讼法》第13条第2款之处分原则，只有当事人才能确定案件的诉讼标的和法院的审理对象。不仅如此，将此处的诉讼请求理解为诉的声明还会引起体系的紊乱，即起诉条件、起诉书记载事项、判决书记载事项以及再审事由的标准紊乱。为了使诉讼请求的理解和认识能够在上述诉讼规范中一以贯之，仍宜将此处的诉讼请求理解为诉讼标的，同时明确起诉条件并不要求原告必须具体指明某一法律根据。

二、诉讼请求的变化

我国《民事诉讼法》第54条、第56条和第143条分别涉及诉讼请求的变更、增加、反诉，以及有独立请求权第三人提出与本案有关的诉讼请

---

① 参见王胜明主编：《中华人民共和国民事诉讼法释义》（最新修订版），法律出版社2012年版，第292页；最高人民法院民事诉讼法修改研究小组编著：《〈中华人民共和国民事诉讼法〉修改条文适用解答》，人民法院出版社2012年版，第175页。

② 参见严仁群：《宽待诉的变更》，《江苏行政学院学报》2010年第4期。

③ Vgl. Zur Geschichte des aktionenrechtlichen Denkens, JZ 1964, S. 482-483；Althammer, Streitgegenstand und Interesse: Eine zivilprozessuale Studie zum deutschen und europäischen Streitgegenstandsbegriff, Mohr Siebeck 2012, S. 26.

求时的合并审理。而诉讼请求的变更同样是我国二元论的主要论据，也即作为法律关系的诉讼标的不可变更，能够变更的只有作为具体权利主张的诉讼请求。随着诉讼标的的识别标准逐渐从争议民事法律关系回归实体权利主张，诉讼请求变更的二元格局也将无以为继。而在变更诉讼请求等于变更诉讼标的的背景下，诉的声明是否有用武之地？这有进一步讨论的必要。

如上所述，虽然我国存在变更诉讼请求的法律规定，但对变更条件的规定则较为简单，其主要包括两个核心和两项例外：变更诉讼请求是原告的权利；变更诉讼请求应在举证期限届满前进行；特殊情形下，变更诉讼请求的申请最迟可以在一审开庭前提出；另一些特殊情形下，允许在法庭辩论结束前才提出变更诉讼请求的申请。① 这也导致司法实践中对变更诉讼请求的把握尺度不一。

可见，为诉讼请求变更提供明确和具有可操作性的标准是我国立法和理论迫切需要解决的问题。对此，可供参考的是德国法关于变更诉讼请求（诉讼标的）的明确法律规定及标准。《德国民事诉讼法》第263条规定了变更诉讼请求的一般情形，即诉讼系属发生后，原告只有在被告同意或法院认为有助于诉讼时，才被准许作出诉之变更。这一原则性规定充分考虑到当事人处分原则、被告诉讼利益保障和法院解决纠纷之间的平衡。而该法第264条则作为第263条的例外，规定当符合其所列举的情形时不作为诉之变更加以处理，这些情形是：（1）补充或更正事实上或法律上的陈述；（2）扩张或限制关系本案或附属请求的诉讼申请；（3）因事后发生的情事变更而请求其他诉讼标的或利益，以代替原来所请求的诉讼标的。

在我国传统诉讼标的的理论背景下，诉的声明将可能对德国法上述例外规定的改造起到关键作用。其中，上述第一种情形在我国或可修正为"诉的声明不变的前提下补充或更正请求权基础及其事实上陈述"。这同样可作为准许诉之变更的一般情形，进而通过诉之变更克服传统诉讼标的的理论所产生的多次诉讼问题。在此基础上，仍有必要为"诉的声明不变"这一原则确立若干例外，例如增加或减少诉讼标的的额。此外，还有必要参酌《德国民事诉讼法》第264条第1款第3项规定情事变更时准许变更诉的声明，如从特定标的物的交付变为违约损害赔偿。②

① 参见马丁：《论诉状内容变更申请之合理司法应对》，《中外法学》2017年第5期。
② 如北大荒鑫亚经贸有限责任公司与北大荒青枫亚麻纺织有限公司保管合同纠纷案，最高人民法院（2015）民二终字第199号民事判决书。

三、释明变更诉讼请求

与诉讼请求变更相联系，2001 年《证据规定》第 35 条第 1 款要求法院释明变更诉讼请求，2019 年全面修正的《证据规定》第 53 条第 1 款也并未否定变更诉讼请求释明。同样，此处的诉讼请求应被理解为诉讼标的，而非诉的声明。这对于正确释明变更诉讼请求尤为重要。当前，我国司法实践中对变更诉讼请求的释明标准把握不一，其重要干扰因素是对诉讼请求的不同解读，最高人民法院（2015）民申字第 2944 号裁定书是较为典型的例证。[①] 最高人民法院认为，当事人在本案定性为出资纠纷的前提下参与了二审庭审活动，行使了诉讼权利。虽然原告对涉案款项的性质认定与二审判决认定不一致，但其请求返还涉案款项本息的请求范围并未发生变化，二审判决的结论并未超过原告诉讼请求的范围。是故，原审被告认为二审判决超越原告诉讼请求属于"判非所请"的理由不能成立。

对于释明变更诉讼请求的内涵与外延，上述裁判文书中的当事人和各级法院出现了不同认识：无论原告、被告抑或一审法院，都采取了诉讼请求与诉讼标的一元理解。相反，二审法院将 2001 年《证据规定》第 35 条第 1 款中的诉讼请求理解为诉的声明，是故，凡是诉的声明并未发生改变的，就不满足释明条件。这也从一个侧面说明重塑诉讼请求与诉讼标的的相互关系的必要性和紧迫性。对此，变更诉讼请求释明依旧应当坚持诉讼标的与诉讼请求一元论，作为例外，诉的声明将可能在确定释明边界时发挥作用，即通过诉的声明和要件事实主张以判定原告的真实意图，避免法官超出原告的真意进行变更诉讼请求释明，维护法官在释明活动中的中立性。[②]

四、作为重复诉讼判断标准的诉讼请求

我国民事诉讼标的与诉讼请求一元模式受到的最大冲击和挑战，无疑源于《民诉法解释》第 247 条第 1 款第 2 项和第 3 项。当事人和诉讼标的分别作为诉的主观方面和客观方面确实存在实际意义，这特别体现在变更当事人不能直接适用诉之变更的相关规定，因此，我国《民事诉讼法》第 54 条所谓原告变更诉讼请求，并不当然包括变更当事人之情形。而在重复起诉的识别标准方面区分当事人和诉讼标的并不必要。

---

① 参见福建全通资源再生工业园有限公司、全通集团有限公司等与福建全通资源再生工业园有限公司、全通集团有限公司等股东出资纠纷申请再审民事裁定书，最高人民法院（2015）民申字第 2944 号。

② 关于法官中立原则与释明边界的关系，参见任重：《我国民事诉讼释明边界问题研究》，《中国法学》2018 年第 6 期。

以给付之诉为例，诉讼标的已经当然包含了谁向谁请求的主观方面，而且包含着根据什么请求什么的客观方面。可见，相同当事人和诉的声明相同其实并没有独立存在的空间。不仅如此，在诉的声明意义上理解重复起诉还将引发新的混乱。相较传统诉讼标的识别标准，诉的声明范围更大，在标准上也更为模糊。不同争议民事法律关系可能共用同一诉的声明。例如，原告甲根据《民法典》第186条，首先以侵权法律关系起诉被告乙，要求其承担人身损害赔偿责任，诉讼系属后或判决生效后，复以合同法律关系主张违约损害赔偿。前后两个主张无论根据实体权利主张抑或是争议民事法律关系，均构成两个诉讼标的。虽然我国司法实践中对此有不同处理方法，但并未否认多个诉讼标的之本质。相反，如若认为诉的声明才是识别标准，则原告甲的后诉构成一事不再理。不仅如此，若严格根据《民诉法解释》第247条之文义，必须同时符合当事人、诉讼标的和诉讼请求三项条件才构成重复起诉，则诉的声明意义上的诉讼请求标准将被彻底架空。原因在于，不同诉的声明必然根据我国传统诉讼标的识别标准构成不同诉讼标的，进而不可能满足诉讼标的相同之标准。

一种较为可行的解决方案是将《民诉法解释》第247条中的当事人、诉讼标的和诉讼请求理解为我国传统诉讼标的识别标准的具体内容，即相同当事人之间（原告甲起诉被告乙）以特定争议法律关系为基础（以合同法律关系或侵权法律关系为基础的损害赔偿请求权）之诉的声明（如人民币10万元）。的确，将诉讼请求理解为诉的声明可以扩大诉讼标的的范围，从而更有利于实现纠纷的一次性解决。但该种理解引发的体系紊乱同样不可小视。作为重复起诉的一般标准，并无必要考虑既判力扩张的特殊情形。对于既判力扩张，理应采取例外规定的方式加以解决。综上，《民诉法解释》第247条第1款第3项虽可理解为诉的声明，但却是作为实体权利主张的组成部分出现，并非独立之标准。是故，第3项中的"后诉与前诉的诉讼请求相同"宜被吸收进第247条第1款第2项。

五、作为诉讼时效中断事由的诉的声明

传统诉讼标的理论在请求权竞合时存在多次诉讼问题，并会因为诉讼标的的多元化而引发多重诉讼时效问题。我国《民法典》第188条采取的是与诉讼标的挂钩的诉讼时效表述方法："向人民法院请求保护民事权利的诉讼时效期间为三年。法律另有规定的，依照其规定。"这几乎是传统诉讼标的理论的经典表达方式，据此建立起来的是"一诉讼标的，一诉讼时效"的对应关系。同样不可小觑的是由此引发的问题：如若原告甲于前诉向被告乙主张违约损害赔偿请求权，败诉后复又向被告乙主张侵权损害赔偿请求权，则后诉的诉讼时效是否因为前诉而满足《民法典》第 195 条第 1 款第 3 项之中断事由。如若将中断事由与诉讼标的挂钩，则无异于要求原告甲同时提出多个诉讼标的，以避免后诉超过诉讼时效，这就在制度上迫使原告同时提起多个诉讼，否则，原告将因为错误选择请求权基础而无法通过后诉实现其民事实体权利。对此，一种可行的解决方案是通过诉讼时效与诉讼标的脱钩，切实保障原告通过后诉实现其实体请求权的机会。如若原告甲向被告乙主张人身损害赔偿人民币 10 万元，则潜在的后诉请求也同样满足诉讼时效中断事由，因为前后诉虽然构成不同诉讼标的，但其诉的声明完全相同，其所谋求的法律利益具有一致性。

第五节　作为两法协同之钥的诉讼标的（诉讼请求）

诉讼标的与诉讼请求的一元模式的确立及修正对我国民法典与民事诉讼法的协同实施具有重要意义。诉之变更、合并、分立与一事不再理等重要诉讼制度在我国并不以诉讼标的的概念为中心，而是被集中表述为诉讼请求。不厘清诉讼请求与诉讼标的之相互关系，将致使我国既有诉讼标的研究成果难以直接适用于诉讼请求规范。请求权基础与诉讼标的基础之间的科学转换关系将面临空转。不仅如此，理论上重诉讼标的与立法上重诉讼请求的对立为理论研究与司法实践的脱节埋下了伏笔，并使诉讼标的理论研究产生内卷化问题。这一问题在 2015 年《民诉法解释》第 247 条施行后更为凸显，也使诉讼标的与诉讼请求的关系重塑愈显急迫。

通过对诉讼标的与诉讼请求相互关系的历史变迁进行梳理可以发现，一元论是我国民事诉讼的起点。1982 年《民事诉讼法（试行）》草案起草小组的立法专家在苏联民事诉讼法及其理论的基础上，创造性地建立了诉讼标的与诉讼请求二元模式，将争议民事法律关系作为诉讼标的识别标准，将诉讼请求理解为法律关系基础上的具体权利主张。二元模式虽然能够扩大诉讼标的的范围，是以纠纷一次性解决为导向的创新和努力，但民事法律关系概念的模糊性导致二元论在司法实践中无法得到充分贯彻，反而带来司法裁判的模糊与恣意。从比较法视角观察，无论是苏联法抑或是德国法均坚持诉讼标的与诉讼请求一元模式。在德国法二分肢（支）说看来，诉的声明和案件生活事实是诉讼标的的识别要素。如若将诉的声明翻译和对应为我国的诉讼请求，则可认为德国法目前采取了诉讼标的与诉讼请求的二元模式。随着我国传统诉讼标的理论逐渐强调实体权利主张这一识别标准，1982 年《民事诉讼法（试行）》以来逐步确立的二元模式已经丧失了存在空间。

尽管在我国传统诉讼标的理论视域下，诉的声明并非独立的识别要素，但其可能在具体诉讼制度中发挥作用，进一步实现民事实体权利保护和纠纷一次性解决之间的平衡，这主要体现在变更诉讼请求及其释明和诉讼时效中断事由的解释上。作为起诉条件的"具体诉讼请求"并不要求当事人指明具体法律规定，这也并非传统诉讼标的理论的应有之义，故并无必要将其解释为诉的声明，而是可以坚持一元理解。而作为重复起诉的识别标准，一种较为可行的解释方案是将当事人、诉讼标的和诉讼请求理解为我国传统诉讼标的识别标准的具体化，即相同当事人之间（原告甲起诉被告乙）以特定争议法律关系为基础（以合同法律关系或侵权法律关系为基础的损害赔偿请求权）的诉的声明（人民币 10 万元）。纠纷一次性解决的努力不应以体系紊乱为代价，而是可以通过例外规定既判力扩张的方式加以解决。在此之外，我国民事诉讼立法、司法和理论宜坚持诉讼请求与诉讼标的一元模式，在短期内通过司法解释明确哪些诉讼请求规范应理解为诉的声明，在此基础上，通过立法将上述诉讼请求规范转换为诉的声明（请求范围）规范，避免相同法律概念带来的误读与混乱，逐步回归 1956 年《程序总结》所确立的一元模式。

第七讲　实体/程序交互的民事证明责任

改革开放以来，举证责任是我国民事审判方式改革的重要举措，旨在强化当事人在举证活动中的主体地位，减轻法院在证据收集方面的沉重负担，改变"当事人动嘴，法院跑断腿"的司法现状。[①] 鉴于此，举证责任改革有两个重要步骤：（1）在民事诉讼的等腰三角形结构中明确当事人而非法院是举证活动的责任人；（2）在当事人之间科学合理分配举证责任。

由于举证责任改革的第一个步骤能有效回应"诉讼爆炸""案多人少"，民事诉讼立法和相关司法解释的改革推进顺畅且富有成效。而在明确当事人在举证方面的主体地位后，实体/程序交互的民事诉讼证明责任体系构建却举步维艰。1982 年以来"先程序，后实体"的民事立法模式使证明责任分配欠缺体系严整的实体法准据。是故，2001 年《证据规定》曾在第 4 条专门对侵权诉讼的举证责任承担作出集中规定。不仅如此，2001 年《证据规定》第 7 条第 1 款还规定："在法律没有具体规定，依本规定及其他司法解释无法确定举证责任承担时，人民法院可以根据公平原则和诚实信用原则，综合当事人举证能力等因素确定举证责任的承担。"其中，"在法律没有具体规定，依本规定及其他司法解释无法确定举证责任承担"正表明实体导向的证明责任分配尚欠缺现实可能性。随着民法典的编纂，2019 年全面修正的《证据规定》删去根据公平原则和诚实信用原则分配举证责任的相关条款。这也表明，1982 年以来"先程序，后实体"的立法制约已经得到了有效解决和根本克服。

尽管如此，实体/程序交互的民事证明责任体系仍未最终确立。无论是实务界对举证责任的倚重，还是理论界对证明责任的青睐，抑或证明责任分配在实体法学界和诉讼法学界的观点分歧，似乎都表明证明责任有待在《民法典》颁行的背景下加以实体/程序交互式重塑。以 2015 年《民诉法解释》第 90 条和第 91 条为标志，我国已经建立起以规范不适用说和证

---

① 参见马原主编：《民事诉讼法的修改与适用》，人民法院出版社 1991 年版，第 63-64 页。

明责任分配规范说为内核的证明责任理论和规范体系。前者旨在于民法规范效果二分法（构成要件成立或不成立）的条件下，通过将真伪不明拟制为构成要件不成立而根据民法规范得出裁判结果；后者则根据《民法典》中实质民法规范的"原则—例外"关系构造"请求（诉讼标的规范）→抗辩→再抗辩→再再抗辩"的实体规范评价分层，并据此在原、被告之间依法分配证明责任。鉴于此，法官在《民法典》颁行后继续根据个案而无视实体导向的证明责任分配业已丧失规范正当性和理论合理性。与此同时，证明责任分配不能机械照搬民法理论，而是亟须建立特有的证明责任规范评价分层体系。

证明责任的研究领域深入且宽广，本讲无意对证明责任进行全景式的梳理和分析，而旨在以实体/程序交互的两法协同实施为切口，管窥证明责任在我国的协同困境及融合进路。鉴于此，本讲将首先梳理证明责任之实体导向和程序导向以及二者之间的两重实质分歧，并以此为视角梳理举证责任与证明责任的历史逻辑以及相互关系，随后以实体导向为立场分析以《民诉法解释》第90条、第91条为内核的证明责任体系，以期推动实体/程序交互的民事证明责任体系的构建与完善。

第一节 证明责任的实体导向和程序导向

什么是民事诉讼中的证明责任，难道还有疑问？证明责任的作用机制和分配方法难道还不明确？罗森贝克证明责任论难道还有必要继续讨论？以上提问是实体/程序交互的民事证明责任研究必须回答的问题。

一、举证责任和证明责任的平行发展

随着改革开放的全面深化和民事经济审判方式的有力推进，举证责任始终既是司法改革重点又为学界所长期关注。在司法改革面向，我国证明责任问题的讨论经历了从行为意义的举证责任到结果意义的证明责任的内涵变迁，其术语也从举证责任发展到证明责任。《民诉法解释》第90条和第91条则表述为举证证明责任。司法解释的起草者认为，举证证明责任与举证责任、证明责任的具体内涵存在一致性。[①]

在理论研究面向，相比诉权、诉讼标的和既判力等民事诉讼基础理论

---

① 参见最高人民法院修改后民事诉讼法贯彻实施工作领导小组编著：《最高人民法院民事诉讼法司法解释理解与适用（上）》，人民法院出版社2015年版，第309、312页。理论反思如霍海红：《举证证明责任概念的三重困境》，《法制与社会发展》2023年第5期。

问题，证明责任论的研究在我国起步早、进展快、共识广。证明责任讨论可追溯到 20 世纪 80 年代初。① 与其他基础理论课题相比，证明责任总论和各论得到了长期且持续的推进与深化。在中国知网数据库中进行检索，篇名包含"证明责任"的民法学和诉讼法学论文的发表数量近年来持续保持高位：2015 年（40 篇）、2016 年（49 篇）、2017 年（39 篇）、2018 年（42 篇）、2019 年（46 篇）、2020 年（31 篇）、2021 年（28 篇）、2022 年（40 篇）、2023 年（22 篇）、2024 年（18 篇）。② 不仅如此，证明责任还成为实体法学界和诉讼法学界的共同关注，除了实体法评注将举证责任分配作为固定栏目③，还在善意取得、动物致害等论题上形成了实体和程序的理论交锋。④《民法典》颁行以来，实体和诉讼法学界更是围绕具体民法制度的证明责任分配展开了富有成效的研究和推进。⑤

二、实体导向和程序导向的实质分歧

以两法协同实施为视角，上述以举证责任为名的民事审判方式改革和以证明责任为名的民事诉讼基础理论推进却蕴含着实体导向和程序导向的实质分歧。其中，举证责任的改革旨在于有效解决"当事人动嘴，法院跑断腿"的同时克服"证明难"，亦即为法官的事实认定提供坚实基础，而并不强调实体导向的证明责任一般性分配；对证明责任理论的推进则主要是关于民法典的分析和适用方法，实体导向虽然是其基本遵循，但"请求

---

① 较早探讨证明责任的论文包括但不限于，顾培东：《浅析民事诉讼的举证责任》，《现代法学》1982 年第 2 期；汪纲翔：《论我国刑事诉讼中的举证责任》，《政治与法律》1982 年第 2 期；汪纲翔：《民事诉讼中举证责任问题小议》，《法学》1982 年第 8 期；刘应安：《环境案件诉讼应实行举证责任倒置原则》，《现代法学》1985 年第 3 期；裴苍龄：《也论刑事被告人的举证责任》，《西北政法学院学报》1985 年第 4 期；裴苍龄：《论举证责任》，《法学杂志》1985 年第 5 期；李浩：《我国民事诉讼中举证责任含义新探》，《西北政法学院学报》1986 年第 3 期。

② 参见中国知网，最后访问时间：2025 年 2 月 17 日。

③ 参见朱庆育：《〈合同法〉第 52 条第 5 项评注》，《法学家》2016 年第 3 期；王洪亮：《〈合同法〉第 66 条（同时履行抗辩权）评注》，《法学家》2017 年第 2 期。

④ 参见徐涤宇、胡东海：《证明责任视野下善意取得之善意要件的制度设计——〈物权法〉第 106 条之批评》，《比较法研究》2009 年第 4 期；吴泽勇：《论善意取得制度中善意要件的证明》，《中国法学》2012 年第 4 期；杨立新：《饲养动物损害责任一般条款的理解与适用》，《法学》2013 年第 7 期；胡学军：《论证明责任作为民事裁判的基本方法——兼就"人狗猫大战"案裁判与杨立新教授商榷》，《政法论坛》2017 年第 3 期。

⑤ 参见胡东海：《合同成立之证明责任分配》，《法学》2021 年第 1 期；胡学军：《证明责任泛化理论批判——以"物"之争议的举证证明为中心》，《河北法学》2021 年第 3 期；袁中华：《违约责任纠纷之证明责任分配——以〈民法典〉第 577 条为中心》，《法学》2021 年第 5 期；吴泽勇：《违约金调减的证明责任问题》，《法学评论》2022 年第 1 期；郑金玉：《论民事证明责任的文义解释原则——以〈民法典〉第 311 条及其司法解释的适用为例》，《法学评论》2022 年第 6 期；熊跃敏、徐小淇：《表见代理证明责任分配论略》，《中南大学学报（社会科学版）》2024 年第 5 期。

（诉讼标的规范）→抗辩→再抗辩→再再抗辩"的一般性和抽象性难以直接回应"证明难"。

（一）法官对证明责任的分配

举证责任与证明责任常被视为一体两面，甚至可以相互替换。[①] 是故，2015年《民诉法解释》第91条将举证责任和证明责任合并为举证证明责任（"人民法院应当依照下列原则确定举证证明责任的承担"）。然而，举证责任和证明责任在我国呈现出不同的历史逻辑和问题意识，对此的忽视易引发误读、误判，尤其是将裁判文书中的举证责任直接对应证明责任，并证成我国民事证明责任的程序导向。例如，"申某与支付宝（中国）网络技术有限公司等侵权责任纠纷"（以下简称"携程案"）[②] 一审民事判决书中有如下表述："在公司利用个人信息进行经营活动产生的纠纷中，个人相对于具有一定数据垄断地位的公司实体在证据搜集和举证能力上处于弱势地位。因此，应顾及双方当事人之间实质公平正义进行举证责任的分配"；以及"本案中，申某已举证证明其将个人信息提供给携程公司，后在较短时间内发生信息泄露，已完成相应合理的举证义务。携程公司应就其对申某的个人信息泄露无故意或过失之事实负举证责任"。据此，若坚持举证责任与证明责任的一元关系，则本案法官显然并未遵循证明责任的实体导向（《侵权责任法》第37条，《民法典》第1198条），而是坚持以程序导向分配证明责任（"应顾及双方当事人之间实质公平正义进行举证责任的分配"）。

对司法实践和裁判文书的上述不同解读可谓实体导向与程序导向的第一重实质分歧，亦即法官是否有权在具体案件中分配证明责任。对此，证明责任分配的实体导向采取消极态度。证明责任规范说的代表性学者罗森贝克曾有生动形象且发人深省的比喻："立法者在制定一个生活关系的规定时，只要他不是受制于对历史联系或者其他行为习惯的考虑的约束，他不可能追求比考虑公正性和公平性的要求更好的目标，也不可以有别的目标。事实上，我们在民法典草案中常常可以看到，这样的考虑在对证明责任的分配产生疑问时，具有决定性意义。不同的是，如果法官将具体的诉讼之小船根据公正性来操纵，他将会陷入大海的风暴和不安中，并被撞得粉身碎骨。诉讼的本质也将会从根本上受到破坏。根据公正性自由裁判的法官，是依据其感情而不是依据原则来裁判的。每一种法安定性均将会消

[①] 参见最高人民法院修改后民事诉讼法贯彻实施工作领导小组编著：《最高人民法院民事诉讼法司法解释理解与适用（上）》，人民法院出版社2015年版，第309、312页。

[②] 参见北京市朝阳区人民法院（2018）京0105民初36658号民事判决书。

失得无影无踪。因为每个人对公正性均有不同的认识。在当事人看来，如此赢得的判决如同专制一样，而这种看法并非没有道理。唯有经过数百年的努力由立法者塑造的公正，唯有法律本身才是法官裁判的准绳和指南。"① 上述经典论述及其警示也一再得到我国学者的引用和遵循。② 相较而言，程序导向则主要以德国学者普维庭（Prütting）等新近比较法资料以及我国民事裁判文书中的举证责任表述为灵感，主张证明责任规范说的新发展并呼吁重新肯定程序导向的证明责任分配，亦即以实现个案正义为目标超越实体导向。囿于本讲篇幅，上述程序导向之"新"发展的分析与评估将于本书第八讲再加展开，本讲着眼于举证责任在我国的发展脉络及举证责任与证明责任的相互关系。

（二）《民法典》对证明责任的分配

与第一重实质分歧一脉相承，民法典对证明责任分配的决定作用也面临实体法和程序法不协同的掣肘。随着 2001 年《证据规定》对举证责任的明确规定，特别是 2015 年《民诉法解释》第 90 条和第 91 条对结果意义之证明责任和证明责任分配规范说的选取③，罗森贝克经典论述中对法官根据公平原则和诚实信用原则分配证明责任的批判已经得到了司法解释的实质回应。2019 年全面修正的《证据规定》对法官分配证明责任这一兜底条款（2001 年《证据规定》第 7 条）的删除，旨在强调证明责任分配的实体导向。然而，即便以《民法典》为导向，仍存在实体导向和程序导向的第二重实质分歧，亦即我国《民法典》在制定时是否充分考量过证明责任分配，根据《民法典》的证明责任分配是否会导致司法实践中的实质不公正。

其实，规范说所强调的法的安定性和证明责任分配的抽象性、统一性能够通过实体导向得以实现，而无论我国《民法典》在制定时是否充分考量过证明责任分配课题。即便论证得出我国《民法典》制定时并未充分考虑证明责任分配，也并不能自然导出应重新赋予法官根据公平原则和诚实信用原则分配证明责任的权力的结论，否则，罗森贝克所警示的"陷入大海的风暴和不安中，并被撞得粉身碎骨"将随着实体导向的偏离成为现

---

① ［德］莱奥·罗森贝克：《证明责任论》（第五版），庄敬华译，中国法制出版社 2018 年版，第 114 页。

② 参见李浩：《规范说视野下法律要件分类研究》，《法律适用》2017 年第 15 期；胡学军：《证明责任"规范说"理论重述》，《法学家》2017 年第 1 期。

③ 参见最高人民法院修改后民事诉讼法贯彻实施工作领导小组编著：《最高人民法院民事诉讼法司法解释理解与适用（上）》，人民法院出版社 2015 年版，第 316 页。

实，这也是当前我国举证责任实践的痼疾。相反，程序导向更侧重具体个案的公正性，并以此否定和突破《民法典》对证明责任分配的规定性，但其代价必然是对"同案同判"以及法之安定性的背离。

不仅如此，《民法典》未考虑证明责任分配也并不意味着实体导向必然引出不公正的分配结果。例如，行为能力通常被理解为《民诉法解释》第 91 条第 1 款第 2 项之反对规范。[①] 然而，与证明责任分配的一般预设不同，《民法典》第 143 条将民事行为能力作为有效要件，而《民法典》第 144 条复规定"无民事行为能力人实施的民事法律行为无效"。这引发以《民法典》为导向的民事行为能力解释困境。[②] 不过，《民法典》第 143 条和第 144 条所给出的矛盾实体导向并非不能通过法律解释予以疏解。通过将《民法典》第 144 条解释为证明责任分配规范，进而排除《民法典》第 143 条的证明责任分配功能，依旧能为行为能力的证明责任分配提供清晰的实体导向。相反，以《民法典》第 143 条和第 144 条的矛盾指引为出发点而在总体上否定《民法典》对证明责任分配的实体导向功能，或许存在以偏概全之嫌疑。

第二节　举证责任的程序导向

与我国民事诉讼基础理论问题的实践遇冷不同，证明责任论自始就得到实务界自上而下的一致肯定和支持。新中国成立之初，最高人民法院提出要贯彻民事审判十六字方针，即"依靠群众、调查研究、就地解决、调解为主"。随着改革开放的持续推进，大量涉及经济活动的民商事案件涌入法院，原有审判方式因为成本高和效率低而面临着体制转型。这一巨变被学界总结升华为民事诉讼体制从职权干预到当事人主导的逻辑转换。[③]

---

① 参见李浩：《民事行为能力的证明责任：对一个法律漏洞的分析》，《中外法学》2008 年第 4 期。

② 参见李浩：《规范说视野下法律要件分类研究》，《法律适用》2017 年第 15 期。

③ 参见张卫平：《转制与应变——论我国传统民事诉讼体制的结构性变革》，《学习与探索》1994 年第 4 期；张卫平：《转换的逻辑——民事诉讼体制转型分析》，法律出版社 2004 年版。关于民事诉讼模式和体制转型的最新讨论参见张卫平：《诉讼体制或模式转型的现实与前景分析》，《当代法学》2016 年第 3 期；许可：《论当事人主义诉讼模式在我国法上的新进展》，《当代法学》2016 年第 3 期；刘哲玮：《论民事诉讼模式理论的方法论意义及其运用》，《当代法学》2016 年第 3 期；冯珂：《从权利保障到权力制约：论我国民事诉讼模式转换的趋向》，《当代法学》2016 年第 3 期。

20 世纪 80 年代中后期以降，法院系统启动旨在减少法院对单个案件的资源投入以提高效率的民事审判方式改革，举证责任正是改革中心，它强调证据原则上应当由当事人收集并提交，由法院负责审查。虽然民事诉讼体制转型的初衷是给法院减负，给当事人压担子，但这客观上为我国民事诉讼法律制度和理论体系的现代化注入了强劲的动力。在实务界和理论界的共同努力下，证明责任被贯穿于 2001 年《证据规定》。① 在此基础上，2015 年《民诉法解释》第 90 条明确规定了证明责任的作用机制，第 91 条明确规定了证明责任的分配方法，第 108 条第 2 款直接采用真伪不明这一核心概念。证明责任论及其规范说终以司法解释明确规定的方式得到固定，是理论界和实务界相向而行的典范。②

随着举证责任在概念名称上转变为证明责任，证明责任论以举证责任之名融入民事司法实践的背景下，举证责任的历史逻辑及程序导向仍有强调的必要，否则将面临理论与实践相分离、实体与程序相龃龉的系统性风险。

一、作为证明程序客体的当事人

强化当事人的举证责任，是贯穿我国民事审判方式改革的主线，其要着力克服的正是原有的法院对举证和证明工作大包大揽的模式。在职权干预型诉讼模式中，当事人由诉讼主体被矮化为信息载体和证明程序的客体。新中国成立以来，虽然 1957 年《程序草稿》第 28 条明确将提出证据作为当事人的权利，但当事人在案件事实证明过程中依旧处于被动地位。③ 1950 年《程序通则》第 40 条规定："刑事民事案件的诉讼人应就其所主张的事实，举出证据方法（书面证据、证物、证人、勘验、鉴定等），法院亦应自行调查事实，搜集、调查证据。法院认定事实，应凭证据，不应单凭诉讼人的陈述。"第 41 条规定，"人民法院审判案件，不应对于诉讼人的一方专注意于其不利的事实和证据，或专注意于其有利的事实和证据，而应全面注意，分别斟酌，综合考量，以求得真实"（第 1 款）。"诉讼人未曾主张的事实或权利，法院亦得斟酌具体情况，予以裁判（第 2 款）。"

而在 1956 年《程序总结》中也有如下规定："上述事项进行完毕，法

① 参见李浩：《民事证明责任研究》，法律出版社 2003 年版，修订版序言第 4-5 页。
② 参见胡学军：《四十不惑：我国证明责任理论与规范的协同演进史综述》，《河北法学》2022 年第 4 期。
③ 《程序草稿》第 28 条规定："审判员告知当事人应有的诉讼权利：1. 申请审判人员、书记员回避；2. 向证人、鉴定人发问；3. 提出证据；4. 就案件情况进行辩论。"杨荣新、叶志宏编：《民事诉讼法参考资料》，中央广播电视大学出版社 1986 年版，第 235 页。

院即开始调查事实。先由审判员或者由审判员指定的人民陪审员介绍原告人起诉的要求与理由及被告人的答辩内容。其次，由原告人和被告人分别作补充陈述。再由审判人员就争执焦点向双方当事人进行讯问，接着讯问证人或鉴定人。讯问证人的时候，应当指出本案需要他证明的问题，并让他作充分的陈述。证人有数人的时候，应当隔离讯问，必要时可要他们互相对质。调查中，对审理前搜集的证据和当事人在审理中提出的新证据，都应当加以审查。"

二、当事人举证之强化

1982 年《民事诉讼法（试行）》在第六章对证据进行专门规定。该法第 56 条明确规定："当事人对自己提出的主张，有责任提供证据"（第 1款）。"人民法院应当按照法定程序，全面地、客观地收集和调查证据"（第 2 款）。1982 年《民事诉讼法（试行）》已经将当事人举证和法院调查收集证据置于了同等重要的地位。虽然该法第 56 条的规定是为了在举证问题上发挥当事人和法院两方面的积极性，但这一规定在实践中导致了突出问题，即加重了人民法院的责任，以致办案效率低下，案件久拖不决；当事人及其代理人没有举证积极性。[①] 时任最高人民法院院长任建新则在第十四次全国法院工作会议上强调当事人的举证责任："民事诉讼法（试行）规定，当事人对自己提出的主张，有责任提供证据。但是，过去在法院审理民事案件和经济纠纷案件中，往往忽略了当事人的举证责任，承担了大量调查、收集证据的工作。这既增大了法院的工作量，影响办案效率；也没有依法充分调动当事人及其诉讼代理人的积极性。今后要依法强调当事人的举证责任，本着'谁主张，谁举证'的原则，由当事人及其诉讼代理人提供证据，法院则应把主要精力用于核实、认定证据上。当然，在必要时，法院有权也有责任依照法定程序收集和调查证据。当事人及其诉讼代理人提供的证据，应当在开庭审理中相互质证；当事人及其诉讼代理人伪造证据的，一经查实，要依法予以制裁。"[②]

相比 1982 年《民事诉讼法（试行）》第 56 条，1991 年《民事诉讼法》第 64 条重申由当事人提出证据，在此基础上实质限缩法官的证据搜集职权，亦即从 1982 年的"人民法院应当按照法定程序，全面地、客观

[①] 参见最高人民法院民事审判第一庭：《民事诉讼证据司法解释的理解与适用》，中国法制出版社 2002 年版，第 5 页。

[②] 任建新：《充分发挥国家审判机关的职能作用，更好地为"一个中心，两个基本点"服务——1988 年 7 月 18 日在第十四次全国法院工作会议上的报告（摘要）》，《最高人民法院公报》1988 年第 3 期。

地收集和调查证据"修改为"当事人及其诉讼代理人因客观原因不能自行收集的证据，或者人民法院认为审理案件需要的证据，人民法院应当调查收集"，由此生成现行《民事诉讼法》第67条之当事人申请收集证据和依职权收集证据的二分格局。而"依法、全面、客观"不再针对证据收集，而是转换为审查核实证据的要求（现行《民事诉讼法》第67条第3款）。

针对1991年《民事诉讼法》第64条第2款规定的两种证据收集类型。1992年颁布实施的《民诉意见》第73条规定："依照民事诉讼法第六十四条第二款规定，由人民法院负责调查收集的证据包括：（1）当事人及其诉讼代理人因客观原因不能自行收集的；（2）人民法院认为需要鉴定、勘验的；（3）当事人提供的证据互相有矛盾、无法认定的；（4）人民法院认为应当由自己收集的其他证据。"2015年《民诉法解释》第94条至第96条区分申请调查和职权调查两类。其中，第94条将当事人及其诉讼代理人因客观原因不能自行收集的证据限定为三种情形：（1）证据由国家有关部门保存，当事人及其诉讼代理人无权查阅调取的；（2）涉及国家秘密、商业秘密或者个人隐私的；（3）当事人及其诉讼代理人因客观原因不能自行收集的其他证据。在此基础上将法官依职权调查收集证据的情形限定为五类：（1）涉及可能损害国家利益、社会公共利益的；（2）涉及身份关系的；（3）涉及《民事诉讼法》第58条规定诉讼的；（4）当事人有恶意串通损害他人合法权益可能的；（5）涉及依职权追加当事人、中止诉讼、终结诉讼、回避等程序性事项的。

经对比可以发现，《民诉意见》第73条规定的"人民法院认为需要鉴定、勘验"以及"当事人提供的证据互相有矛盾、无法认定"等情形均不再作为依职权调查收集证据的范畴，"人民法院认为应当由自己收集的其他证据"这一兜底情形亦不再保留（《民诉法解释》第96条第2款）。

三、从举证责任到证明责任的概念转换

在举证责任转型中，明确当事人而非法院是举证活动的责任人是民事审判方式改革的重中之重。由于该改革的目标是把举证工作交给当事人进而极大减轻法院搜集证据的负担，这也在理论界和实务界之间更易达成广泛共识。不过，证明责任论的核心并非强调当事人提出证据，这反而是辩论原则的要义。[1] 理论界所倡导的证明责任论乃是要在案件事实真伪不明时科学判定何方当事人承担诉讼风险。[2] 可见，证明责任论的供给与司法

---

[1] 参见张卫平：《我国民事诉讼辩论原则重述》，《法学研究》1996年第6期。
[2] 参见李浩：《证明责任的概念——实务与理论的背离》，《当代法学》2017年第5期。

实践最迫切的需求之间存在严重错位。司法实践更侧重罗森贝克的主观证明责任，亦即证据提出责任①，此外还在"水晶球"案件中呈现出对具体举证责任的迫切需求。② 相反，罗森贝克证明责任论的核心是客观证明责任，证明责任规则被认为主要不是对诉讼活动的制裁，而是用于克服客观上存在的真伪不明。③

（一）概念转换的困境

虽然理论界和实务界都存在举证责任与证明责任合流的倡导，但举证责任向证明责任的概念转换有两个不可或缺的关键步骤：（1）在民事诉讼的等腰三角形结构中明确当事人而非法院是举证活动的责任人；（2）在当事人之间科学合理分配举证责任。当前，上述第一个步骤已经得到有效落实，但第二个步骤仍存在理论与实务、实体与程序之间的龃龉。由举证责任向证明责任的概念变迁不仅未能实质解决上述改革困境，反而易引出举证责任与证明责任一元论的误读。

造成第二个改革步骤落地难的原因是多方面的。民事审判方式改革所要求的法官减负和提高效率的目标已经达成，从举证责任到证明责任的实质转型逐渐失去司法政策和社会舆论的支持。不仅如此，罗森贝克证明责任论是法律问题的分析方法，其以法律精密结构和法官娴熟的法律技能为前提，而这些都是我国彼时尚不具备的。德国技术合作公司（GTZ）发现，受训法官并没有掌握法律适用方法，而且通过两到三个星期的强化训练，很多人还是无法掌握。令人惊讶的是，这些法官都是各地选派的业务骨干。④ 受限于此，实务部门对证明责任的理解侧重于具体生活事实，而难以熟练运用要件事实（法律构成要件）分配和分析证明责任。具体而言，法官更关注何方当事人应当对何种具体事实主张承担举证责任，若未提供证据或提供证据不足时如何对法官的心证状态产生实际影响。⑤

当然，法官将证明责任从作为大前提的法律问题降格为作为小前提的

① 参见霍海红：《证明责任：一个功能的视角》，载《北大法律评论》（第 6 卷·第 2 辑），北京大学出版社 2005 年版，第 635 页以下。

② 参见胡学军：《法官分配证明责任：一个法学迷思概念的分析》，《清华法学》2010 年第 4 期；胡学军：《从"抽象证明责任"到"具体举证责任"——德、日民事证据法研究的实践转向及其对我国的启示》，《法学家》2012 年第 2 期。

③ 参见［德］罗森贝克、［德］施瓦布、［德］戈特瓦尔德：《德国民事诉讼法》，李大雪译，中国法制出版社 2007 年版，第 848 页。

④ 参见卜元石：《法教义学：建立司法、学术与法学教育良性互动的途径》，载田士永、王洪亮、张双根主编：《中德私法研究》（第 6 卷），北京大学出版社 2010 年版，第 18 页。

⑤ 参见胡学军：《在"生活事实"与"法律要件"之间：证明责任分配对象的误识与回归》，《中国法学》2019 年第 2 期。

事实问题，亦受诸多因素的综合影响，例如"先程序，后实体"的民事立法模式，再如实体规则长期缺位背景下根据公平原则和诚实信用原则的举证责任分配（2001 年《证据规定》第 7 条）和"以事实为依据，以法律为准绳"的客观真实要求（《民事诉讼法》第 7 条），以及以真伪不明为前提的证明责任判决可能给法官考评甚至职业发展带来的潜在风险。[①]

（二）举证责任与证明责任的一元化

上述困境共同导致举证责任与证明责任之间的实质分歧。有学者指出，司法实践中主观证明责任的统治地位相当牢固，理论界倡导的客观证明责任与司法实务见解之间有不小的鸿沟。[②] 上述理论和实践之间的鸿沟或许正是《民诉法解释》起草者赋予证明责任以三重含义的深层原因。由于证明责任被降格为事实问题，其必然被寄希望于解决司法实践中的"证明难"问题，亦即通过强制一方当事人提出证据以支持法官形成心证。值得注意的是，"证明难"并非证明责任的问题意识。是故，从举证责任向证明责任转型自然也难以解决"证明难"问题。针对概念误解并为了有效回应"证明难"，有学者系统阐述了具体举证责任论，认为具体举证责任概念提出的必要性正是起因于客观证明责任理论规范诉讼证明活动的模糊性与有限性。[③]

实务界"重举证责任，轻证明责任"与理论界"重证明责任，轻举证责任"之间存在不应忽视的显著分歧，其根本成因可被集中表达为举证责任与证明责任的一元化。实务部门在举证责任的意义上理解证明责任，而将其适用范围由构成要件（要件事实）降格为具体生活事实，并意图使其担负起解决"证明难"问题这一不可能完成的使命。

"证明难"因案而异，证明责任分配却必须统一。罗森贝克的智慧箴言在举证责任与证明责任一元模式下面临两难：若坚持立法统一分配证明责任，则法官无法在具体案件中克服"证明难"；若授权法官为解决"证明难"而具体分配举证责任，则法官将在具体案件中"陷入大海的风暴和不安中，并被撞得粉身碎骨"[④]。是故，证明责任本应遵循的实体导向不得不被一再修正，并呈现出"谁主张，谁举证"这一程序导向。由于我国

---

① 参见曹志勋：《"真伪不明"在我国民事证明制度中确实存在么?》，《法学家》2013 年第 2 期。

② 参见霍海红：《主观证明责任逻辑的中国解释》，载《北大法律评论（第 11 卷·第 2 辑）》，北京大学出版社 2010 年版，第 521－539 页。

③ 参见胡学军：《具体举证责任论》，法律出版社 2014 年版，第 1－6、54、62 页。

④ ［德］莱奥·罗森贝克：《证明责任论》（第五版），庄敬华译，中国法制出版社 2018 年版，第 114 页。

民事诉讼证据规范的粗疏和简陋，直接解决"证明难"问题的配套证据制度长期以来并未被彻底建立起来①，这成为在我国构建实体导向之证明责任的现实挑战。尽管如此，证明责任概念在我国仍旧具备正当性，尤其是在举证责任与证明责任的二元并立格局之中。

第三节　证明责任概念的正当性重述

鉴于人类认识手段的不足以及认识能力的局限，在每一个诉讼中都可能会出现法官无法获得确信的情况。② 而当法官对重要的事实主张是否为真不能认定时，证明责任将引导法官作出判决。③ 罗森贝克的上述表述阐明了证明责任的作用机制，即克服人类（包含当事人和法官）认识有限性和法官不得拒绝裁判之间的紧张关系。如果承认我国的法官和当事人也存在认识局限且法官同样不得拒绝作出裁判，那么就无法否定证明责任在我国的适用。

一、举证责任与证明责任的二元并立

证明责任乃于穷尽"证明难"的解决方法后，就真伪不明的诉讼不利风险在双方当事人之间依法分配。而举证责任旨在敦促当事人提出证据以解决"证明难"。可见，举证责任和证明责任的作用方式和适用阶段均有显著不同。在举证责任和证明责任之二元并立格局中，主观证明责任仅是为当事人提供证明活动的基本方向，即区分本证（承担证明责任一方当事人的证明活动）和反证（不负证明责任一方当事人的证明活动），至于如何敦促当事人提出具体证据，并对相关当事人进行诉讼制裁，显然并非证明责任的基本范畴。

以《民诉法解释》第112条第1款之文书提出命令为例④，"承担举证证明责任的当事人"乃针对证明责任，亦即法官应根据《民法典》中的请求规范（诉讼标的规范）或抗辩规范（亦包括再抗辩规范、再再抗辩规范）确定（主观）证明责任人，在此基础上根据证明责任人的申请要求不

---

① 参见李浩：《民事证明责任研究》，法律出版社2003年版，第73-78页。

② 参见〔德〕莱奥·罗森贝克：《证明责任论——以德国民法典和民事诉讼法典为基础撰写》，庄敬华译，中国法制出版社2002年版，第1页。

③ 参见〔德〕莱奥·罗森贝克：《证明责任论——以德国民法典和民事诉讼法典为基础撰写》，庄敬华译，中国法制出版社2002年版，第2页。

④ 参见曹建军：《论书证提出命令的制度扩张与要件重构》，《当代法学》2021年第1期。

承担证明责任但控制书证的对方当事人提交书证。显然，有责任提交证据的当事人并非证明责任人，举证责任和证明责任在文书提出命令之情形下出现分离，形成举证责任与证明责任的二元并立。

不仅如此，举证责任的前提也并非真伪不明，而是旨在克服真伪不明。根据《民诉法解释》第 112 条第 2 款第 2 句，"对方当事人无正当理由拒不提交的，人民法院可以认定申请人所主张的书证内容为真实"。是故，若不承担证明责任的当事人并未履行文书提出责任，法官可据此认定书证内容为真，进而避免在双方当事人之间分配真伪不明的败诉风险。据此，（客观）证明责任系在"作出判决前"（《民诉法解释》第 90 条第 2款）产生效果，亦即在作出证明责任判决之前产生效果，而包含文书提出命令制度在内的举证责任系在诉讼审理过程中发挥作用。

二、证明责任概念之质疑：真伪不明的必要性

在证明责任与举证责任的二元并立格局中，真伪不明乃（客观）证明责任的作用前提，据此可与旨在克服真伪不明的举证责任有效界分。不能忽视的是，真伪不明与"以事实为根据，以法律为准绳"（《民事诉讼法》第 7 条）的民事案件审理要求存在紧张关系。民事审判方式改革以来，虽然当事人举证被不断强化且法官依职权调取证据被限定在狭小范围内，但这并不意味着背离"以事实为根据，以法律为准绳"。针对真伪不明的必要性，学界主要从两个方面展开研讨：（1）我国民事诉讼证明结果是否存在三分结构？真伪不明是否存在？[①]（2）真伪不明是不是法学家的思维游戏，是否有实质意义？[②]

（一）民事证明结果的两分法抑或三分法

基于比较法视角，有学者认为真伪不明状态及其法律适用过程是两大法系证明责任理论的一个重要区别。[③] 大陆法系事实认定表现为三分法（事实存在、不存在和真伪不明），普通法系适用二分法（事实存在与不存在）。

1. 2001 年《证据规定》的两分表述及其实践

我国通说虽然认为三分法贯彻于 2001 年《证据规定》，但法官在判决

[①]　例如曹志勋：《"真伪不明"在我国民事证明制度中确实存在么？》，《法学家》2013 年第 2 期。

[②]　例如欧元捷：《论"事实真伪不明"命题的抛弃》，《政治与法律》2016 年第 11 期。真伪不明是否存在及其与证明责任论的密切联系在我国同样是较为传统的论题。李浩教授将证明责任与真伪不明状态的割裂总结为我国 20 世纪 90 年代相关研究存在的四项突出问题之一。参见李浩：《民事证明责任研究》，法律出版社 2003 年版，前言第 3－4 页。

[③]　参见曹志勋：《"真伪不明"在我国民事证明制度中确实存在么？》，《法学家》2013 年第 2 期。

书中几乎不会使用真伪不明的表达方式，因而更接近普通法系的二分法。不仅如此，2001年《证据规定》第2条第2款和第73条第2款的具体表述也实为二分法。① 应当承认，仅从2001年《证据规定》第2条第2款难以充分推出三分法，不过其同样难以充分证成二分法。"没有证据或者证据不足以证明当事人的事实主张的，由负有举证责任的当事人承担不利后果"这一表述的矛盾之处在于，其一方面暗示了真伪不明的存在，另一方面却又将其与事实不存在合一，采取一体化的处理方式。虽然一体化处理方式更接近于二分法，但其规范目的和条文表述则蕴含着事实存在、事实不存在和事实真伪不明的三分法。

2.《民诉法解释》的三分构造

幸运的是，2015年《民诉法解释》已经对此加以全面改进。虽然该解释第90条第2款继承2001年《证据规定》第2条第2款的条文表述，即"在作出判决前，当事人未能提供证据或者证据不足以证明其事实主张的，由负有举证证明责任的当事人承担不利的后果"，但结合第108条第2款（"对一方当事人为反驳负有举证证明责任的当事人所主张事实而提供的证据，人民法院经审查并结合相关事实，认为待证事实真伪不明的，应当认定该事实不存在。"）则可证成三分法的适用。② 据此，《民诉法解释》第90条第2款结合第108条第2款可以基本终结三分法和二分法之争。

（二）民法规范效果的两分法抑或三分法

《民诉法解释》颁布实施后，真伪不明的存在以及证明责任的概念正当性已经基本没有再行质疑的空间，二分法和三分法之论战已经伴随着《民诉法解释》第90条第2款结合第108条第2款而告终结。尽管如此，仍有观点提出应当抛弃真伪不明这一命题。上述观点并未从大陆法系与英美法系的区别出发，而是回归证明责任论的传统命题，即：包含真伪不明状态的三分法是否客观上真实存在？对此是否有充分的法律依据？是否有将民法规范效果进行三分的实在意义？③

1. 民法规范效果两分法及其批判

这一质疑早在罗森贝克提出证明责任论之前就已经存在，亦即法官总

---

① 参见曹志勋：《"真伪不明"在我国民事证明制度中确实存在么?》，《法学家》2013年第2期。

② 参见最高人民法院修改后民事诉讼法贯彻实施工作领导小组编著：《最高人民法院民事诉讼法司法解释理解与适用（上）》，人民法院出版社2015年版，第315-316页。

③ 参见欧元捷：《论"事实真伪不明"命题的抛弃》，《政治与法律》2016年第11期。

是只能将一个事实主张作为真实或不真实来对待，他一定要将未能形成确信的主张视为不真实，据此否定原告或被告主张的民法规范效果，亦即判决驳回原告的诉讼请求或判决原告胜诉。这可谓民法规范效果的两分法。罗森贝克认为这种观点站不住脚，其错误存在于以下几个方面：

其一，这种观点并未充分区分作为大前提的法律和作为小前提的事实。法官不得拒绝作出裁判的要求针对的是大前提，即无论事实是否得到完全的澄清均不得拒绝作出裁判。是故，并非只有认定事实为真或者假才可能作出裁判。证明责任的出发点正是指引法官在事实真伪不明时作出裁判。

其二，这种观点以《德国民事诉讼法》第286条的表述为依据，认为法官只能在事实的真和伪之间作出选择，而并没有真伪不明这一模糊的选项。罗森贝克认为，这种误解源于对《德国民事诉讼法》第286条的文义误读。该法第286条并未强制法官必须在真和伪之间做选择，而只是客观描述了达到或未达证明标准的心证状态

其三，真伪不明是每一个法官在事实认定过程中客观存在的心理状态，因此强迫法官必须在真和伪之间作出选择是对自由心证的扼杀，甚至会增加法官的错判风险。罗森贝克为此举例说明，出卖人起诉要求支付合同价金，被告以所购买的种类物欠缺约定的品质为由提出抗辩，同时提出反诉要求违约损害赔偿。出卖人必须承担证明买卖标的物具备了保证的品质的证明责任。反诉原告必须证明买卖标的物不具备保证的品质。如若认为法官只能在真和伪之间作出选择，那么在否定原告的诉讼请求的同时就必须满足被告的反诉请求。而德国的司法实践恰恰相反，在真伪不明的状态下同时驳回原告的诉讼请求和反诉请求，否则诉讼的成败就完全依赖于偶然的当事人地位，因为如果买受人首先提出违约损害赔偿之诉，出卖人提出价金给付的反诉时，就会引发买受人败诉而出卖人胜诉的诉讼结果。①

2. 我国民法规范效果的三分法

上述第一项和第三项论据在我国亦有说服力。作为第二项论据的核心法条《德国民事诉讼法》第286条，同样能得到我国《民诉法解释》第105条和第108条的呼应，但对此仍应进行本土化分析与论证。

《德国民事诉讼法》第286条第1款第1句规定："法院应当考虑言词

---

① 参见［德］莱奥·罗森贝克：《证明责任论——以德国民法典和民事诉讼法典为基础撰写》，庄敬华译，中国法制出版社2002年版，第14-17页。

辩论的全部内容以及已有的调查证据的结果，经过自由心证，以判断事实上的主张是否可以认为真实。"① 与之对应的是我国《民诉法解释》第105条和第108条。其中，《民诉法解释》第105条规定："人民法院应当按照法定程序，全面、客观地审核证据，依照法律规定，运用逻辑推理和日常生活经验法则，对证据有无证明力和证明力大小进行判断，并公开判断的理由和结果。"《民诉法解释》第108条第1款规定："对负有举证证明责任的当事人提供的证据，人民法院经审查并结合相关事实，确信待证事实的存在具有高度可能性的，应当认定该事实存在。"其第2款规定："对一方当事人为反驳负有举证证明责任的当事人所主张事实而提供的证据，人民法院经审查并结合相关事实，认为待证事实真伪不明的，应当认定该事实不存在。"

相较而言，我国《民诉法解释》第108条第2款直接使用"真伪不明"的表述，并进一步明确其作用机制，亦即按照事实不存在处理。当然，对《民诉法解释》第108条第2款之表述同样可能出现不同解释路径：（1）我国民事证明结果有存在、不存在和真伪不明三种认定结果，只是在真伪不明时借助证明责任规范（不适用规范说②）导出要件事实不具备的民法规范效果；（2）我国民事证明结果仅有存在和不存在两种，真伪不明时得出事实不存在的心证结果，故在民法规范效果上直接导出要件事实不具备的法律效果，而不需要叠加证明责任规范间接得出要件事实不具备的法律效果。以《德国民事诉讼法》第286条第1款第1句的解释路径为参照，《民诉法解释》第108条第2款同样并未强迫法官放弃自由心证并将真伪不明的待证事实确信为不存在，而只是拟制待证事实真伪不明时产生与确信事实不存在时相同的民法规范效果。

三、作为民法规范效果补丁的民事证明责任

虽然我国《民事诉讼法》第7条要求"以事实为根据，以法律为准绳"，但法官认识的有限性并未随着科技发展和时代进步而得到根本解决。不仅如此，随着改革开放和商品经济的深入发展，民事纠纷的专业化、复杂化日益加剧，"证明难"的化解遇到更多新问题和新挑战，如"携程案"中个人信息泄露的证据证明。

（一）真伪不明与"以事实为根据，以法律为准绳"的关系

我国民事证明活动的结果不能对真伪不明视而不见。不仅如此，真伪

---

① 《德国民事诉讼法》，丁启明译，厦门大学出版社2016年版，第68页。

② 参见李浩：《证明责任与不适用规范说——罗森贝克的学说及其意义》，《现代法学》2003年第4期。

不明同样可与《民事诉讼法》第 7 条协同配合，亦即通过"以事实为根据，以法律为准绳"规制法官对真伪不明的滥用，进而明确真伪不明的适用前提。例如，德国法上认定真伪不明的前提条件有如下五项：（1）原告方提出有说服力的主张；（2）被告方提出实质性的反主张；（3）对争议事实主张有证明必要，在举证规则领域，自认的、不争议的和众所周知的事实不再需要证明；（4）用尽所有程序上许可的和可能的证明手段，法官仍不能获得心证；（5）口头辩论已经结束。上述第三项的证明需要和第四项的法官心证不足两项条件仍没有改变。[①]

可见，正视真伪不明的客观存在，同时强调真伪不明的认定前提，是我国实现举证责任向证明责任转型的关键步骤。对此，《民事诉讼法》第 7 条不仅不是真伪不明的解释障碍，反而是科学理解与规制真伪不明的科学方法。在聚法案例数据库中进行检索可以发现，在"本院认为"部分使用"真伪不明"的民事判决书已有 36 546 件。[②] 而上述真伪不明的司法判定是否充分满足《民事诉讼法》第 7 条"以事实为根据，以法律为准绳"之规制方法，仍有相当的探讨空间。限于篇幅，本讲对此不再专门展开。

（二）民法规范效果的"二进制"

通过《民事诉讼法》第 7 条对真伪不明的成立进行严格规制，《民诉法解释》第 108 条第 2 款将成为"切实实施民法典"的制度保障。《民法典》中的实质民法规范将阶层化和动态化地形成"请求（诉讼标的规范）→抗辩→再抗辩→再再抗辩"的规范模组。而在每一阶层的实质民法规范均存在要件事实存在和不存在两种证明结果。其中，与构成要件对应的事实被证明存在时，法官可据此导出构成要件对应的法律效果，如原告（出卖人）根据《民法典》第 595 条在证明买卖合同成立时，法官可得出出卖人有权要求买受人支付合同约定的价款；若被告证明买卖合同不成立时，法官可得出出卖人无权要求买受人支付合同约定的价款的结论。相反，当买卖合同成立与否陷入真伪不明时，《民法典》第 595 条无法自动得出法律效果，亦即民法典中的诉讼标的规范和抗辩规范均为"二进制"，在构成要件对应的事实被证明为存在时肯定其法律效果（1），而在构成要件对应的事实被证明为不存在时否定其法律效果（0）。若法官根据《民诉法解释》第 105 条形成真伪不明的心证状态，不能直接以事实不存在而否定民法规范效果（0），

---

① 参见［德］普维庭：《现代证明责任问题》，吴越译，法律出版社 2006 年版，第 21 - 22 页。
② 参见聚法案例数据库，最后检索时间：2025 年 2 月 18 日。

而是须经由《民诉法解释》第 108 条第 2 款转换为事实不存在，再行根据《民法典》第 595 条导出民法规范效果不存在（0）的结论。鉴于此，证明责任实乃民法规范效果"二进制"的必要补丁，否则"切实实施民法典"将在真伪不明时陷入适用不能。

第四节　实体导向的证明责任分配方法

我国民事诉讼理论研究不仅存在与司法实践的脱节，也存在与实体法研究的割裂。此乃民事诉讼理论研究贫困化的重要表征。[①] 难能可贵的是，证明责任论不仅获得了理论界和实务界的一致推动，而且得到了诉讼法和实体法的共同关注。如果说理论界和实务界在证明责任上的相向而行源于民事经济审判方式改革，那么，诉讼法学界和实体法学界的共同关注则直接或间接地源于罗森贝克的著名论断，即证明责任实质上是一个民法问题。[②] 也是基于这一归类和定性，我国从事民事诉讼证明责任问题研究的不局限于诉讼法学者，特别是《民法典》颁行以来逐渐形成实体法学者和诉讼法学者平分秋色的基本格局。[③] 不仅如此，对具体问题的学术观点也大体上呈现出实体法说和诉讼法说两个基本方向。为了能够更为清晰和全面地对上述现象加以把握和分析，有必要进一步明确如下几个基本问题：(1) 罗森贝克的论断是在何种前提下作出的，其在我国是否存在误读？(2) 是否可能以民法方法完满解决证明责任问题？(3) 程序导向能否克服实体规范不合理的证明责任分配结果？

一、证明责任规范的体系定位

证明责任在本质上是民法问题还是民事诉讼法问题？这在德国早期同样引起过巨大争议，也是罗森贝克特别关注的问题。罗森贝克在《证明责任论》第一版采取诉讼法观点，理由是只有在诉讼中才有证明问题。不仅如此，证明责任规范不仅适用于民法领域，而且适用于其他法律领域，例

---

① 参见张卫平：《对民事诉讼法学贫困化的思索》，《清华法学》2014 年第 2 期。

② 参见［德］莱奥·罗森贝克：《证明责任论——以德国民法典和民事诉讼法典为基础撰写》，庄敬华译，中国法制出版社 2002 年版，第 81 页以下；［德］罗森贝克、［德］施瓦布、［德］戈特瓦尔德：《德国民事诉讼法》，李大雪译，中国法制出版社 2007 年版，第 855 页。

③ 参见吴泽勇：《合同履行抗辩权的理论争议：一个证明责任的视角》，《苏州大学学报（法学版）》2024 年第 4 期；胡东海：《合同内容的证明责任分配》，《法学研究》2024 年第 6 期。

如公法、刑法以及民事诉讼法。此后，罗森贝克转向实体法说。[①] 严格来说，证明责任在学理上究竟应当归属于民事诉讼法还是民法，并不能自然对应证明责任分配的程序导向抑或实体导向。上述归属直接影响《民法典》中实质民法规范的识别结果。若证明责任规范乃诉讼性质，则应将其作为形式民法规范，反之则应纳入实质民法规范。本书第三讲第一节和第五节、第五讲第三节和第四节有总论和分论性质的探讨，此处不再赘文。尽管如此，明确罗森贝克观点转向的背景和成因仍对于坚持证明责任分配的实体导向有所裨益。

（一）证明责任的作用场域

证明责任发挥作用的场景不仅包含民法规范，而且有民事诉讼法、刑法以及刑事诉讼法等（见图 7-1）。是故，罗森贝克将证明责任定性为民法问题的语境是针对实质民法规范的证明责任分配。相反，民法典中的实质诉讼规范和其他部门法中的证明责任显然不是民法问题。[②] 由于我国证明责任分配主要针对实质民法规范，民事诉讼法和程序事项是否有证明责任问题仍有肯定说和否定说的观点分歧。[③]

（二）作为裁判规范的民法

证明责任的民法定位以民法本质上系裁判规范的定位为前提。[④] 罗森贝克最初将证明责任归入诉讼法的主要考虑是，证明责任只有在诉讼中甚至只有在言辞辩论中才会发挥作用。而罗森贝克观点转向的背景之一是德国对民法裁判规范属性的强调。如果以适用场景作为法律性质的判断标准，那么，所有在民事诉讼中适用的民法规范都将被归入诉讼法，这显然是不合理的。

（三）真伪不明并非民法问题

证明责任实体法说只是强调权利发生、权利妨碍、权利消灭和权利受限的构成要件是由实体法确定的，而并非认为确定真伪不明何时出现同样

---

① 参见［德］莱奥·罗森贝克：《证明责任论——以德国民法典和民事诉讼法典为基础撰写》，庄敬华译，中国法制出版社 2002 年版，第 82 页。

② 参见［德］莱奥·罗森贝克：《证明责任论——以德国民法典和民事诉讼法典为基础撰写》，庄敬华译，中国法制出版社 2002 年版，第 82 页。

③ 参见李浩：《民事诉讼法适用中的证明责任》，《中国法学》2018 年第 1 期；胡学军：《证明责任中国适用的限缩——对"程序法上证明责任"在本土适用性的质疑》，《法学家》2022 年第 2 期。

④ 图示采取列举式，证明责任规范体系包括但不限于上述法律部门。图中证明责任分配是一般规则，亦存在特殊情形。——特此说明

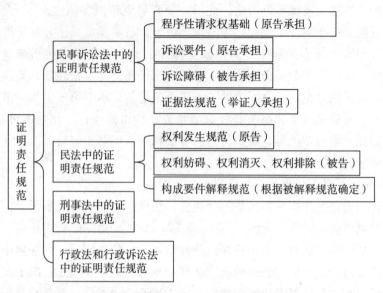

图 7-1 罗森贝克证明责任规范体系①

是实体法的内容。真伪不明状态只能通过证明标准、证据调查和自由心证等核心诉讼制度的共同作用予以确定。据此，并非基础规范和反对规范，而仅对证明责任的分配产生作用的民法规范就难以被界定为实质民法规范和民法问题，如《民法典》第 1170 条之法律上事实推定，对此详见本书第三讲。

（四）证明责任分配之准据法

促使罗森贝克观点转向的直接动因是德国法院在若干问题上的处理方式，例如根据国际私法的原则，诉讼程序适用法院地法，但德国法院认为对证明责任的分配应当以外国法为准。再如德国法院认为证明责任分配并不按照新颁布的民事诉讼法确定，而是根据法律行为作出时的实体法来决定。又如证明责任分配错误在上诉中被作为实体法律适用错误加以处理。②

二、民法理论难以完满解决证明责任分配问题

罗森贝克将证明责任归为民法问题有上述四项基本前提，其中第一项和第三项在我国存在被扩大理解和适用的趋势，对第二项和第四项则尚不

---

① 参见〔德〕莱奥·罗森贝克：《证明责任论——以德国民法典和民事诉讼法典为基础撰写》，庄敬华译，中国法制出版社 2002 年版，第 84 页。

② 参见〔德〕莱奥·罗森贝克：《证明责任论——以德国民法典和民事诉讼法典为基础撰写》，庄敬华译，中国法制出版社 2002 年版，第 88-94 页。

存在广泛的共识。故而证明责任的实体法抑或是诉讼法定位在我国还难以得出最终结论。尽管如此，机械适用民法方法解决证明责任分配问题已经呈现出若干弊端，对此有必要给予关注和重视。

以买卖合同为例，出卖人对合同价金的给付请求权有赖于买卖合同的成立、有效。买卖合同的成立有赖于当事人之间意思表示的一致，自然也蕴含着合同双方当事人都必须具有权利能力和行为能力等基本要求。这是否意味着，出卖人向法院起诉，要求买受人支付合同价款的前提是成功证明自己与对方的权利能力和行为能力、意思表示的一致、买卖合同不存在无效的情形，也并没有撤销或解除事由。上述要求显然不合实际。其不仅会不当增加当事人的诉累，而且会给法院审理案件增添不必要的负担。

其实，这一困境并非罗森贝克证明责任论的固有问题。虽然当事人在某一个时间点的权利义务状态是一定的，即要么有权要么无权，但是证明责任论并不与这种民法思维保持对应关系。原告在起诉时，并不需要证明与权利存在相关的所有法律规范，而仅对直接产生法律效果的要件事实承担证明责任，如《民法典》第595条。相反，出卖人和买受人的行为能力、无效事由、撤销事由、解除事由等相关法律规范并不自动由要求支付价金的出卖人承担证明责任。出卖人只需使法院相信出卖人与买受人就买卖标的物和价款达成一致即完成其负担的证明责任。①

相反，权利能力和行为能力的瑕疵、合同无效和可撤销以及合同解除均应由买受人承担证明责任。上述分配方法并非固化于合同中某一方当事人。如若买受人向法院起诉，请求法院判决出卖人根据合同约定交付买卖标的物并转移其所有权，作为原告的买受人同样只需对《民法典》第595条承担证明责任，在此基础上由出卖人对权利能力和行为能力的瑕疵、合同无效和可撤销以及合同解除的相应法律要件承担证明责任。

综上，实体导向的证明责任分配应以民法规范为指引并不意味着要求原告对所有可能导致请求权消失的民法规范承担证明责任，而是基于当事人进行诉讼的可能性和可行性、根据法官审理的实际需要以及司法裁判的一般情形，忠于立法本意对民法规范加以分层评价，在基础规范（Grundnorm）和反对规范（Gegennorm）的框架内于双方当事人之间合理分配证明责任，进而既方便当事人进行诉讼，又能在结果上保证法院作出符合

---

① 参见［德］莱奥·罗森贝克：《证明责任论——以德国民法典和民事诉讼法典为基础撰写》，庄敬华译，中国法制出版社2002年版，第290页。关于民事行为能力的证明责任讨论详见李浩：《民事行为能力的证明责任——对一个法律漏洞的分析》，载《中外法学》2008年第4期。

实体和程序正义的裁判。① 这一分层标准被集中规定在《民诉法解释》第91条，其第1项"法律关系存在"并不意味着客观上法律关系存在所必需的所有前提条件，而仅指向权利发生规范（基础规范）。相应地，第2项则指向权利妨碍规范、权利消灭规范和权利受制规范。当然，权利妨碍规范并不存在《民诉法解释》第91条第2项的直接对应。其中，"法律关系变更、消灭"乃指向权利消灭规范，"权利受到妨害"在文义上指向权利妨碍规范，但就其体系解释而言乃对应权利受制规范。这使权利妨碍规范（如《民法典》第144条之行为能力）尚需结合司法解释起草者的释义丛书才可被完全证成。②

三、程序导向无法克服实体规范不合理的证明责任分配结果

囿于"先程序，后实体"的民事立法模式以及由此引发的民事诉讼法学研究与实体法的分离，民法理论存在静态化和平面化的问题，亦即将《民诉法解释》第91条第1款第1项之权利发生规范（基础规范）和权利妨碍规范、权利消灭规范与权利受制规范等三类反对规范堆叠作为权利行使的条件。上述堆叠化处理虽然在结果上与判决结果保持一致，但却忽略了基础规范和反对规范在双方当事人之间的科学分配。是故，机械套用民法理论不仅加重当事人的权利主张负担，而且进一步造成审理事项的肥大化，这在结果上加剧了"诉讼爆炸""案多人少"。当前，以"请求权基础→免责事由"为典型的民法探讨业已部分克服民法理论的静态化和平面化，然以《民法典》第1245条至第1247条为例，动物致害损害赔偿责任规范仍存在泛化理解请求权基础规范、机械对应诉讼标的规范以及证明责任分层不足的现象和问题，对此详见本书第五讲。

在依"请求（诉讼标的规范）→抗辩→再抗辩→再再抗辩"的分析框架进一步推动实质民法规范之阶层化和动态化的基础上，实体导向的证明责任分配体系将逐步构筑完善。当然，考虑到《民法典》的编纂过程并未充分融贯证明责任分配思维，上述实体导向的证明责任分配不可避免地将面临实体规范不合理的证明责任分配结果。尽管如此，程序导向的证明责任分配无法根本解决上述难题，以程序导向换个案证明责任分配公正，复将落入罗森贝克的警言："每一种法安定性均将会消失得无影无踪。因为

---

① 参见［德］莱奥·罗森贝克：《证明责任论——以德国民法典和民事诉讼法典为基础撰写》，庄敬华译，中国法制出版社2002年版，第96页以下。

② 参见最高人民法院修改后民事诉讼法贯彻实施工作领导小组编著：《最高人民法院民事诉讼法司法解释理解与适用（上）》，人民法院出版社2015年版，第316页。

每个人对公正性均有不同的认识。"①

例如，我国《物权法》第 106 条第 1 款第 1 项曾明确将"受让人受让该不动产或者动产时是善意的"作为善意取得的前提条件。有观点指出，这一规定不尽合理，司法实践中也难以落实，相比于善意，显然由被告对恶意加以证明更具有可行性，进而该观点主张通过证明责任的分配或者善意推定转由对方当事人对恶意承担证明责任。相反观点则支持遵从立法原意，而不应随意变动证明责任的分配。②其实，这并非我国特有的问题。《德国民法典》第 937 条第 1 款规定："自主占有动产达 10 年的人，取得所有权（取得时效）。"该条第 2 款规定："取得人在取得自主占有时非为善意，或后来获悉所有权并不属于自己的，取得时效被排除。"③

在罗森贝克看来，《德国民法典》第 937 条若采取正面表述方式，即善意占有某物经过 10 年即取得该物之所有权，则两种表述虽然文义相同，但证明责任的分配结果截然相反。《德国民法典》第 937 条之"原则—例外"规定模式是由被告（原所有权人）就原告（取得人）的恶意承担证明责任，而罗森贝克假定的正面规定模式则应由原告（取得人）就其善意承担证明责任。罗森贝克认为，上述不同规定模式虽然导致证明责任分配截然相反的结果，但究其本质乃实体法问题，而非证明责任分配问题。原因在于，若善意或恶意存疑，那么依《德国民法典》第 937 条将作出有利于取得人的判定，而采正面表述方式则会作出有利于原所有权人的判定。④

由是观之，程序导向看似是对证明责任分配的修正，但其实质是代行立法者的价值判断，系以法解释之名行立法论之实。由于罗森贝克证明责任论无法支持程序导向的证明责任分配，也有观点主张其理论为旧理论，而主张追随以普维庭为代表的比较法新见解。⑤不过，普维庭的"新"理论与罗森贝克的证明责任论一脉相承，普维庭不仅不是罗森贝克

---

① ［德］莱奥·罗森贝克：《证明责任论》（第五版），庄敬华译，中国法制出版社 2018 年版，第 114 页。

② 参见吴泽勇：《论善意取得制度中善意要件的证明》，《中国法学》2012 年第 4 期。

③ 陈卫佐译注：《德国民法典》（第四版），法律出版社 2015 年版，第 349 页。

④ 参见［德］莱奥·罗森贝克：《证明责任论——以德国民法典和民事诉讼法典为基础撰写》，庄敬华译，中国法制出版社 2002 年版，第 140 页。

⑤ 参见袁中华：《规范说之本质缺陷及其克服——以侵权责任法第 79 条为线索》，《法学研究》2014 年第 6 期。

学说的颠覆者，反而是罗森贝克理论坚定的拥护者。[1] 这也构成了本书第八讲的问题意识。

第五节 举证责任与证明责任的关系重塑

如上所述，相比证明责任，举证责任这一概念适用更广，同样被广为接受的还有"谁主张，谁举证"这一生动描述。经过理论界的倡导，《民诉法解释》第 90 条和第 91 条采取了"举证证明责任"的概念表述。虽然其并未采用在理论界存在广泛共识的证明责任，但至少彰显出从行为意义之举证责任到结果意义之证明责任的语义变迁和转型努力。

一、举证证明责任的内涵与外延

司法解释的起草者认为，采用举证证明责任这一特有概念的原因有三：（1）明确当事人在民事诉讼中负有提供证据的行为意义的责任，只要当事人在诉讼中提出对自己有利的事实主张，就应当提供证据；（2）当事人提供证据的行为意义的举证责任，应当围绕其诉讼请求所依据的事实或者反驳对方诉讼请求所依据的事实进行；（3）当事人在诉讼中提供证据，应当达到证明待证事实的程度，如果不能使事实得到证明，则当事人应当承担相应的不利后果。[2] 可见，举证证明责任包含更为丰富的语义。这也为民事诉讼法学研究带来新挑战，亦即厘清和重塑举证责任与证明责任的关系，推进实体/程序交互的民事证明责任体系构建与完善。

二、举证证明责任与罗森贝克之证明责任的异同

通过与罗森贝克的证明责任论进行比对可以发现，我国举证证明责任较为全面和准确地吸收了客观证明责任，但在主观证明责任的内涵与外延理解上存在较大的差异。对于客观证明责任，罗森贝克建议称其为确认责任，即不考虑负有证明责任的当事人的任何证明活动，只考虑诉讼活动的结果以及重要事实的不确定性。与此相对应的是主观证明责任或称举证责任，其是一方当事人为了避免败诉，通过自己的行为对有争议的事实加以

---

[1] 参见胡学军：《证明责任"规范说"理论重述》，《法学家》2017 年第 1 期；胡学军：《我国民事证明责任分配理论重述》，《法学》2016 年第 5 期。

[2] 参见最高人民法院修改后民事诉讼法贯彻实施工作领导小组编著：《最高人民法院民事诉讼法司法解释理解与适用（上）》，人民法院出版社 2015 年版，第 312 页。

证明的责任。① 罗森贝克进一步认为，主观证明责任并非其学说的本质，因为必须同样重视不负有证明责任的当事人的主张和他所提出的证据。为法官的自由心证提供证据不再仅仅是有证明责任的当事人的任务。② 不过，主观证明责任并非可有可无，德国法上的若干制度正以主观证明责任为标准，例如《德国民事诉讼法》第445条规定："一方当事人，对于应当由他证明的事项，不能通过其他的证据方法得到完全的证明，或者未提出其他证据方法时，可以申请就应证明的事实讯问对方当事人。"（第1款）"关于该事实，如法院认为已有反对的证明时，对申请应不予考虑。"（第2款）③

与此不同，我国主观证明责任有特殊的发展历程。作为20世纪80年代开始的民事经济审判方式改革的核心内容，举证责任改革的使命是将举证的负担从法院转移到当事人身上。上述改革目的也使对现行《民事诉讼法》第67条第1款之"谁主张，谁举证"出现独特理解，即不问事实主张可以被归入何项要件事实，而只看该事实主张由谁提出。据此，主观证明责任与客观证明责任之间的联系被斩断。现实生活中，当事人总是主张对己有利的事实，进而存在与相关要件事实的自然联系。不过，司法实践中仍不乏双方当事人分别作出矛盾事实主张，法官据此根据"谁主张，谁举证"要求双方当事人分别就各自提出的事实主张承担举证责任。典型例证是"水晶球案"④：消费者顾某主张商家交付的水晶球为玻璃球，而商家则坚持自己交付的水晶球为正品，顾某送检的水晶球并非其交付的正品，而是通过调包获得了水晶球为假的鉴定结果。在具体生活事实层面，顾某和商家提出了截然相反的事件发展经过。顾某坚持"此球系彼球"，而商家则提出"此球非彼球"。而正是将"谁主张，谁举证"与具体生活事实直接对应，才产生了顾某应对"此球系彼球"承担举证责任，而商家应对"此球非彼球"承担举证责任的格局。其中，"此球非彼球"的事实认定对商家有利，而"此球系彼球"的事实认定则对顾某有利。这就使消费者和商家对同一要件事实分别承担起举证责任。这显然与双方当事人不

---

① 参见［德］莱奥·罗森贝克：《证明责任论——以德国民法典和民事诉讼法典为基础撰写》，庄敬华译，中国法制出版社2002年版，第17页。

② 参见［德］莱奥·罗森贝克：《证明责任论——以德国民法典和民事诉讼法典为基础撰写》，庄敬华译，中国法制出版社2002年版，第21页。

③ 《德国民事诉讼法》，丁启明译，厦门大学出版社2016年版，第106页。

④ 详细案情参见：《水晶球案件孰是孰非》，载《北京青年报》2001年3月13日第10版。理论探讨可参见胡学军：《证明责任泛化理论批判——以"物"之争议的举证证明为中心》，《河北法学》2021年第3期。

可能同时对同一要件事实承担证明责任的诉讼规律相矛盾。是故,我国民事诉讼中"谁主张,谁举证"的内涵与外延亟待再澄清和再认识。

三、"谁主张,谁举证"的再认识

"谁主张,谁举证"的再认识是根本解决"水晶球"举证责任困境的必由之路。客观和主观证明责任亟待被有机融入《民事诉讼法》第67条第1款,在此基础上,《民事诉讼法》第67条第1款与《民诉法解释》第90条、第91条和第108条第2款之间的关系也有待进一步澄清。

(一)客观证明责任和主观证明责任的实体导向

当事人对事实主张加以证明的源动力是客观证明责任。若无败诉风险,当事人也就没有动机提出事实主张并对其加以证明。法官在回答应由何方当事人对针锋相对的具体生活事实主张进一步提出证据加以证明之前,首先应明确该具体生活事实所对应的要件事实(构成要件)。举证证明责任这一概念较为清晰地表达出主观证明责任对客观证明责任的依附关系,即当事人对有利于己的事实主张有责任提供证据。其中,有利和不利的判断标准是客观证明责任的分配结果,而不是在生活经验上对何方当事人有利或不利。以"水晶球案"为例,"此球非彼球"是由商家提出,并且显然在生活经验上有利于自身。若法官确定"水晶球案"中存在"调包",则自然会作出对消费者不利的裁判结果。同理,若法官认定"此球系彼球",则水晶球系玻璃球的鉴定结论也能直接导出对消费者诉讼请求有利的事实认定。

然而,上述有利或不利的司法感受虽然有实体导向的潜意识,但却未充分落实证明责任的实体导向。根据《民诉法解释》第90条,有利或不利的判断应以诉讼请求为准据和开端。具体而言,在"请求(诉讼标的规范)→抗辩→再抗辩→再再抗辩"的实体规范评价分层中,原告就诉讼标的规范的构成要件承担证明责任。换句话说,指向诉讼标的规范的具体生活事实被视为对原告有利的事实主张。同理,能充实抗辩规范的具体生活事实是对被告有利的事实主张。在此基础上,再抗辩规范将对原告有利,而再再抗辩规范则有利于被告。可见,法官在对"此球系彼球"和"此球非彼球"的举证证明责任分配过程中存在逻辑跳跃,即在并未确定该具体生活事实所指向的实体规范评价分层时就"拍脑门"和"凭经验"判定"此球系彼球"有利于消费者,而"此球非彼球"必然有利于商家。

在不考虑诉讼外鉴定的情况下①,"此球系彼球"和"此球非彼球"

---

① 参见曹志勋:《诉讼外鉴定的类型化及其司法审查》,《法学研究》2022年第2期。

所指向的构成要件为何？该构成要件系"请求"抑或"抗辩"，甚至构成"再抗辩"和"再再抗辩"？正如罗森贝克所言，上述追问如诉讼之船的罗盘，能指引诉讼之船在诉讼证明的惊涛骇浪中顺利到达彼岸。消费者顾某提出的诉讼标的（诉讼请求）乃根据合同约定要求商家"假一赔百"，是故，消费欺诈是消费者必须证明的要件事实，否则消费者将面临败诉风险。就此而言，"此球系彼球"和"此球非彼球"虽然在具体生活事实范畴是两个相互对立的事实主张，但却共同指向消费欺诈这一构成要件，故而是对消费者顾某有利的事实主张。在"此球系彼球"和"此球非彼球"陷入真伪不明时，理应由消费者顾某根据《民事诉讼法》第 67 条第 1 款结合《民诉法解释》第 90 条第 2 款和第 91 条第 1 项承担不利后果。

综上，《民事诉讼法》第 67 条第 1 款应被限缩解释为"当事人对自己提出的有利于己的要件事实主张，有责任提供证据"，亦即"谁主张有利要件事实，谁举证"。这正是对罗森贝克证明责任公式的准确表达，即每一方当事人必须主张和证明对自己有利（＝法律效力对自己有利）的法律规范的构成要件。[①]

（二）主观证明责任的扩张适用

主观证明责任针对的是当事人于己有利的事实主张，其更贴近具体诉讼实践。不过，相比具体案件进程，主观证明责任依旧属于静止和抽象的范畴，其依旧仅针对当事人为了避免要件事实真伪不明时的败诉风险而应进行的证明活动。由此可见，主观证明责任与客观证明责任不会随着诉讼的进程在当事人之间发生转移。主观和客观证明责任不会考虑法官心证变化。是故，主观和客观证明责任均可脱离具体案情和诉讼进程而加以探讨。

显然，我国对主观证明责任的理解并不限于罗森贝克证明责任论的上述限定。[②] 主观证明责任在我国还能涵盖动态的具体举证责任，即围绕法官对待证事实的心证变化而在当事人之间发生转移的证明必要。需明确的是，不考虑构成要件而仅根据具体生活事实探讨"谁主张，谁举证"。这显然超越了狭义主观证明责任的适用范畴，亦即不再是"当事人对自己提出的有利于己的要件事实主张，有责任提供证据"。

---

① 参见［德］莱奥·罗森贝克：《证明责任论——以德国民法典和民事诉讼法典为基础撰写》，庄敬华译，中国法制出版社 2002 年版，第 104 页。

② 参见最高人民法院修改后民事诉讼法贯彻实施工作领导小组编著：《最高人民法院民事诉讼法司法解释理解与适用（上）》，人民法院出版社 2015 年版，第 310 页。

（三）举证证明责任的概念展开

为了科学解释主观证明责任在我国司法实践中的扩张适用，对《民事诉讼法》第 67 条第 1 款之"谁主张，谁举证"有两种解释进路。

其一，将"主张"理解为具体生活事实主张，以与我国广义的主观证明责任保持一致。由于此处的"主张"指向具体生活事实主张，故而随着诉讼进程和法官心证而在双方当事人之间循环往复。这同样是民事审判方式改革中举证责任的基本内涵。不过，以具体生活事实为内涵的"主张"不能导出《民诉法解释》第 90 条和第 91 条，盖因狭义主观证明责任和客观证明责任的对象是要件事实，亦即可脱离具体案情和诉讼进程的静态和抽象证明活动分配。

其二，将"主张"解读为要件事实主张，亦即对《民事诉讼法》第 67 条第 1 款之"主张"采限缩解释方案，进而得出"当事人对自己提出的有利于己的要件事实主张，有责任提供证据"。据此，《民事诉讼法》第 67 条第 1 款可谓《民诉法解释》第 90 条、第 91 条和第 108 条第 2 款的解释对象。"谁主张，谁举证"与证明责任之间的分歧能得到有效解决。

第八讲 证明责任分配的程序导向反思

我国语境下的主观证明责任范围大于罗森贝克证明责任论中的证明责任范围，尤其是"谁主张，谁举证"语境下的动态具体举证责任，其分配须根据具体案件和诉讼进程确定，而无法进行静态和抽象的分配。可见，实为动态具体举证责任论范畴的司法难题不宜与证明责任论混同。同样，实体/程序交互的民事证明责任论也亟待在举证责任与证明责任二元并立的格局下，实现两法协同地树立"请求（诉讼标的规范）→抗辩→再抗辩→再再抗辩"的实体规范评价分层，随后以《民事诉讼法》第7条有效规制真伪不明这一适用前提，并借助《民诉法解释》第108条第2款，得出间接适用民法规范的法律效果。这也为正确评估和反思程序导向的证明责任主张及其比较法资料提供了坚实的基础。

证明责任分配的程序导向以反思罗森贝克证明责任论为起点，亦即将其作为传统理论，并引入"现代"挑战。然而，动态的具体举证责任论不仅不是背叛，反而是证明责任论在我国语境下的必要补充。只有坚持证明责任对应法律问题和具体举证责任对应事实问题的二元结构才可能实现正确分配诉讼风险前提下对"证明难"和恣意事实认定的克服。罗森贝克及其学说的继承者并未止步于文义解释和句式结构，而是有机融入了其他法律解释方法。德国实质性解释的新进展主要针对权利妨碍规范，且是在立法论而非解释论语境下展开的。罗森贝克证明责任论在德国的修正表现为三个方面，分别是从规范不适用到否定性基本规则、从权利妨碍规范的实体法视角到诉讼法视角以及立法论层面评价分层体系的建构。在我国现阶段或可部分通过司法解释和指导性案例实现证明责任分配的漏洞填补。

第一节 证明责任论的"现代"挑战

罗森贝克证明责任论是不是我国民事诉讼的理论共识？如果答案是肯

定的，那么《民诉法解释》第 90 条、第 91 条和第 108 条是否已经充分吸收了这一共识，其中第 90 条和第 108 条对应规范不适用说，第 91 条对应规范说？[①] 本书第七讲以上述问题为起点，并得出如下结论。

一、我国证明责任论的基本共识

其一，我国以罗森贝克证明责任论为参照基本建立起实体/程序交互的证明责任理论和规范体系，上述三个条文将《民事诉讼法》第 67 条第 1 款进一步解释为"当事人对自己提出的有利于己的要件事实主张，有责任提供证据"。具体而言，在"请求（诉讼标的规范）→抗辩→再抗辩→再再抗辩"的实体规范评价分层中，原告就诉讼标的规范的构成要件承担证明责任。其旨在为具体诉讼案件的证明活动提供实体导向，并解决真伪不明时的裁判难题，故并不以克服"证明难"为固有功能。

其二，考虑到我国民事审判方式改革中举证责任的特有问题意识和基本诉求，《民事诉讼法》第 67 条第 1 款之"谁主张，谁举证"还须开辟具体生活事实意涵，亦即随着诉讼进程和法官心证而在双方当事人之间循环往复。其旨在督促双方当事人提出证据以有效解决"证明难"。具体生活事实意涵的"谁主张，谁举证"既可能与要件事实层面的"谁主张，谁举证"保持一致，这集中表现为狭义的主观证明责任，又可能出现与要件事实分配结果的分离，《民诉法解释》第 112 条第 1 款之文书提出命令即为例证。对此详见本书第七讲第三节。

其三，证明责任问题不限于民法，而是同样存在于民事诉讼法等其他法律部门中。民法规范的证明责任分配不能机械套用民法理论，而是亟须建立特有的规范分层体系"请求（诉讼标的规范）→抗辩→再抗辩→再再抗辩"，特别是强调权利妨碍规范的诉讼法价值。

其四，与罗森贝克证明责任理论相比，我国的举证证明责任不仅包括客观证明责任和狭义的主观证明责任，还创造性地将动态的具体举证责任囊括在广义的主观证明责任范畴之内，进而形成了实体/程序交互的证明责任体系。现行《民事诉讼法》第 67 条第 1 款之"谁主张，谁举证"将因为主张的两重内涵而分别涵摄实体导向的狭义证明责任以及程序导向的动态举证责任。

二、我国证明责任论的新动向

研究至此，以两法协同实施为视角的解释论工作基本完成。罗森贝克于

---

① 参见李浩：《规范说视野下法律要件分类研究》，《法律适用》2017 年第 15 期；胡学军：《举证证明责任的内部分立与制度协调》，《法律适用》2017 年第 15 期。

1900 年提出证明责任论，其理论在百余年的发展中不可能没有受到过批判，也不可能没有被调整和修正。那么，修正说在多大程度上不同于传统理论，其与《证明责任论》中译本①又有多大差距，当然是民事诉讼法学与民法学均无法回避的课题，亦是我国进一步发展证明责任理论亟须澄清的问题。

有必要强调的是，德国的新进展并不构成修正甚至抛弃我国理论共识的充分理由：

其一，我国与德国有不同的问题意识。以诉权为例，虽然其在我国是发展最早和持续时间最长的基础理论问题②，然而，即便将以瓦赫为代表人物并经赫尔维格发展完善的权利保护请求权论作为参照，我国也尚未完成对它的理论超越。③ 以诉权为起点的两法协同实施以及民事诉讼法律和理论的体系化、科学化依旧有较大提升空间。④ 目前，我国最迫切需要解决的是建立以当事人主义诉讼模式为导向的基础理论体系⑤，若照搬以此为当然前提的理论新动向，将出现"瘦子跟着胖子减肥"的反效果。⑥

其二，罗森贝克证明责任论在德国的修正并不意味着其理论无法适用，而是在肯定其可适用性的前提下进行修补，使其逻辑更为自洽，体系更加完善。⑦ 常被误解为罗森贝克理论掘墓人的普维庭认为，对罗森贝克的指责并不完全正确，因为这种指责没有看到在罗森贝克的理论中其实只有唯一的漏洞，即罗森贝克一方面坚持规范不适用论，另一方面又认为证明责任规范不仅存在，而且只有运用这一规范才可能指引法官在真伪不明时作出裁判。⑧ 当前，实体/程序交互的证明责任论在我国尚未得到彻底贯彻，本书第七讲中的"携程案"和"水晶球案"均为例证，此时是否有必要追随德国法学家形而上的理论讨论？这同样有必要冷静思考。

其三，我国证明责任论的新动向所涉及的"现代"挑战实为我国语境下的"后现代"问题。我国民事诉讼的现代问题或仍旧是融贯实体/程序

---

① 参见［德］莱奥·罗森贝克：《证明责任论——以德国民法典和民事诉讼法典为基础撰写》，庄敬华译，中国法制出版社 2002 年版；［德］莱奥·罗森贝克：《证明责任论（第五版）》，庄敬华译，中国法制出版社 2018 年版。

② 参见任重：《民事诉权的希尔伯特问题》，《上海政法学院学报》2024 年第 5 期。

③ 参见任重：《中国式现代化视域下民事诉权的反思与重塑》，《中国法学》2024 年第 4 期。

④ 参见张卫平：《对民事诉讼法学贫困化的思索》，《清华法学》2014 年第 2 期。

⑤ 参见张卫平：《诉讼体制或模式转型的现实与前景分析》，《当代法学》2016 年第 3 期。

⑥ 参见张卫平：《民事诉讼法比较研究方法论——对民事诉讼法比较研究中若干关联因素的思考与分析》，《国家检察官学院学报》2019 年第 6 期。

⑦ 参见［德］汉斯-约阿希姆·穆泽拉克：《德国民事诉讼法基础教程》，周翠译，中国政法大学出版社 2005 年版，第 277 页。

⑧ 参见［德］普维庭：《现代证明责任问题》，吴越译，法律出版社 2006 年版，第 206 页。

交互的证明责任论，巩固和落实自 20 世纪 80 年代以来艰难形成的理论和实践共识。

在上述实体/程序交互的民事证明责任共识基础上，本讲以证明责任程序导向的反思为中心，具体探讨如下三个具体问题：（1）动态的具体举证责任是否会削弱甚至替代客观证明责任？（2）罗森贝克证明责任论是否会因为客观目的解释的兴起而被抛弃？（3）德国修正说修正在何处？是否值得我国借鉴？

第二节　具体举证责任的体系定位

动态的具体举证责任在我国可谓真正的现代证明责任问题。① 这源于现行《民事诉讼法》第 67 条第 1 款与《民诉法解释》第 90 条、第 91 条和第 108 条的相互关系。在充分吸收理论共识的基础上，《民诉法解释》第 90 条和第 108 条第 2 款明确规定了证明责任的作用机制，第 91 条明确规定了证明责任的分配方法。② 司法解释的起草者甚至明确表达出对罗森贝克规范说的选取。③

不过，起草者对主观证明责任内涵的理解已经大幅度超出罗森贝克证明责任论的范畴，其认为："行为意义的举证责任也是一种动态的举证责任，它随着双方当事人证据证明力的变化而在当事人之间发生转移。"④ 相反，罗森贝克认为证明责任是静态的，其并未回答何时法官可以对某一事实形成确信以及在法官形成临时心证后如何才能将其打破的问题，因此无论是客观证明责任还是主观证明责任都应当与诉讼过程中具体的举证责任相区别。⑤

---

① 参见胡学军：《从"抽象证明责任"到"具体举证责任"——德、日民事证据法研究的实践转向及其对我国的启示》，《法学家》2012 年第 2 期；胡学军：《具体举证责任视角下举证妨碍理论与制度的重构》，《证据科学》2013 年第 6 期。

② 参见任重：《罗森贝克证明责任论的再认识——兼论〈民诉法解释〉第 90 条、第 91 条和第 108 条》，《法律适用》2017 年第 15 期。

③ 参见最高人民法院修改后民事诉讼法贯彻实施工作领导小组编著：《最高人民法院民事诉讼法司法解释理解与适用》，人民法院出版社 2015 年版，第 315 - 316。

④ 最高人民法院修改后民事诉讼法贯彻实施工作领导小组编著：《最高人民法院民事诉讼法司法解释理解与适用》，人民法院出版社 2015 年版，第 310 页。

⑤ 我国所谓动态的主观证明责任基本可以对应德国理论中的具体举证责任（konkrete Beweisführungslast）。具体举证责任在德国被理解为根据已经进行的证明和法官临时确信的具体情况，各方当事人可能交替承担的举证责任。参见［德］罗森贝克、［德］施瓦布、［德］戈特瓦尔德：《德国民事诉讼法》，李大雪译，中国法制出版社 2007 年版，第 849 页。

　　既然具体举证责任并不源于罗森贝克，那么它又源于何处？如果罗森贝克证明责任论的清晰、明确和可操作性正是其得到实务界和理论界青睐的根本原因，那么，起草者眼中的具体举证责任是否能与证明责任论兼容？是否会出现客观证明责任和主观证明责任被削弱甚至被反噬的风险？这同样是实体/程序交互的民事证明责任论无法回避的本土挑战。

一、具体举证责任的背景和成因

　　随着《民诉法解释》于 2015 年颁布实施，举证证明责任的三重含义（客观证明责任、主观证明责任和具体举证责任）及其相互关系成为突出的法律问题。[①] 从 20 世纪 80 年代中后期开始，我国启动旨在减少法院对每个案件的资源投入以提高效率的民事审判方式改革，举证责任正是改革的中心。如前所述，举证责任改革有两个重要步骤：（1）在民事诉讼的等腰三角形结构中明确当事人而非法院是举证活动的责任人；（2）在当事人之间科学合理分配举证责任。对此详见本书第七讲第二节，此处不再赘言。

　　举证证明责任概念的提出正是为了有效呼应上述第二个重要步骤的改革举措。司法实践关心的证明责任问题并不是法律构成要件的证明风险分配，而是在诉讼进程中谁应当对哪一个具体的事实主张负责证明以及如何才能认定其实现了证明。与之相对，理论界倡导的证明责任论系在要件事实层面，并主要以《民法典》为实体导向的一般、抽象和静态的证明风险分配。上述实践与理论之间的鸿沟正是《民诉法解释》第 90 条创造举证证明责任的动因，亦即协同融合实务界关注的动态具体举证责任与理论界形成共识的狭义证明责任。

　　不过，将实务界和理论界的常用概念合二为一只是在形式上实现将具体举证责任融入证明责任论。不应忽视的是，动态分配具体举证责任以克服"证明难"本就是罗森贝克证明责任论辐射不到的问题，自然也就不可能产生良好效果，甚至催生出了诸多乱象。[②] 这一方面阻碍了实务部门对罗森贝克证明责任论的正确理解，另一方面也为"谁主张，谁举证"的粗放随性适用提供了土壤。针对实务部门的概念误解，为了解决"证明难"，有学者系统阐述了具体举证责任论。[③]

　　综上，具体举证责任论虽然与民事审判方式改革中的举证责任共享类

---

　　① 参见最高人民法院修改后民事诉讼法贯彻实施工作领导小组编著：《最高人民法院民事诉讼法司法解释理解与适用》，人民法院出版社 2015 年版，第 310－312 页。

　　② 参见胡学军：《具体举证责任论》，法律出版社 2014 年版，第 1－6 页。

　　③ 参见胡学军：《具体举证责任论》，法律出版社 2014 年版，第 54、62 页。

似的问题意识，但系在承认和遵循证明责任论的前提下对"证明难"的系统回应。这使其与传统的举证责任理论有显著区别。后者系在"先程序，后实体"的民事立法模式和实体/程序割裂的民事司法惯性中，凭借司法经验而在双方当事人之间分配就具体生活事实主张的证明负担，并根据心证状态而借助证明的必要，敦促受临时心证状态不利影响的当事人进一步提出证据。与之不同，具体举证责任论倡导建立证明责任与具体举证责任的"法律—事实"二元格局，以实现证明责任概念和理论的纯化。[①]

二、具体举证责任与证明责任的关系

当然，具体举证责任并非与证明责任毫无关联，对具体事实主张的证明也往往是以避免真伪不明为目标的，二者的相互关系可如图8-1所示。

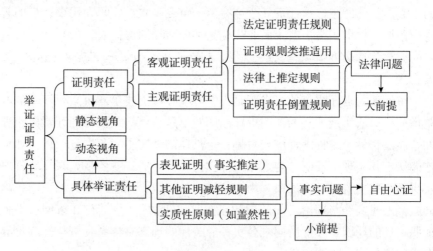

图8-1 具体举证责任与证明责任的关系

以混合动力汽车为例：汽油发动机是客观证明责任，为了避免出现真伪不明，就需要对要件事实提供证据使法官确信相关构成要件的存在。虽然客观证明责任隐藏于汽车机身内部，但是却为汽车源源不断地提供着动力。主观证明责任的作用力也正是源于汽油发动机。而具体举证责任就像电动机。驱动电动机的电池依靠汽车制动或者滑行来充电，具体举证责任的最深层动力来源依旧是真伪不明的败诉风险，为将法官的确信重新拉回证明标准以下，对方就需要再次提出证据，从而体现出具体举证责任或证明的必要在当事人之间来回摇摆的外观，并最终形成法官的终局心证。尽管如此，电动机（具体举证责任）却并非汽油发动机（证明责任）的组成

---

① 参见胡学军：《具体举证责任论》，法律出版社2014年版，第63页。

部分。虽然电动机的动力来源同样是汽油发动机，但其作用机制具有独特性。

（一）概念术语界分

在此基础上，对具体举证责任和证明责任有必要从概念上明确界分，而《民诉法解释》第 90 条、第 91 条和第 108 条一体化规定具体举证责任和证明责任的做法虽然以形式上融合二者为良好初衷，但的确蕴含混同和误用的较大风险。《民诉法解释》颁行后，相关司法解释呈现两种概念术语使用方法。遵循举证证明责任用法的司法解释如《物权编解释（一）》第 14 条、《消费民事公益诉讼解释》第 16 条、《医疗损害责任解释》第 4 条，而继续使用举证责任用法的司法解释如 2019 年全面修正的《证据规定》第 31 条、第 50 条、第 92 条、第 95 条以及《垄断民事纠纷解释》第 14 条等。

（二）规范根据界分

考虑到具体举证责任的独特作用机制，在此意义上的举证责任宜与证明责任明确界分，其法律依据也有二分的必要。就具体举证责任而言，可根据《民事诉讼法》第 67 条第 1 款之"谁主张，谁举证"的具体生活事实解释路径而获得法律根据，而将要件事实意义上的《民事诉讼法》第 67 条第 1 款作为证明责任的法律准据。在此基础上，《民诉法解释》第 90 条第 1 款文义将当事人的举证责任与诉讼请求的提出和反驳联系起来，而诉讼请求在我国总是能够与特定的法律构成要件相互挂钩。这种表述方法似乎更符合法律层面的证明责任，系总体上分配提出诉讼请求和反驳诉讼请求所依据构成要件的主观（抽象）证明责任。相反，《民诉法解释》第 90 条第 1 款或不宜作为具体举证责任的规范根据。

相较而言，《民诉法解释》第 90 条第 2 款以作出判决前为时间点，并突出此时当事人承担的不利后果，其表述直接指向了客观证明责任。潜在的干扰项是"未能提供证据或者证据不足以证明其事实主张"，这在证明的结果上包含了认定待证事实不存在和待证事实真伪不明两种状态。不过，结合《民诉法解释》第 108 条第 2 款的"真伪不明"概念进行体系解释，仍能确定《民诉法解释》第 90 条第 2 款对应客观证明责任。

（三）条文表述重塑

在此基础上，《民诉法解释》第 90 条第 2 款和第 108 条第 2 款仍可借助司法解释修订加以改进，特别是将第 90 条第 2 款中段修改为"待证事实真伪不明"。由于第 90 条第 2 款后段只是抽象地提出"由负有举证证明责任的当事人承担不利的后果"，而并没有对不利后果为何详加解释，因此建议在第108条第2款明确证明责任的作用机制，相应修改为"人民法院经审查并结合相关事实认为待证事实真伪不明的，拟制为待适用法律规范的构成要件不具备"，从而使其在我国充当明定的证明责任基本规则。之所以不建议采用"应当认定该事实不存在"的表述，是因为真伪不明的作用机制严格来说并非拟制待证事实的存在或不存在，而是在真伪不明时如何适用法律。[①]

三、具体举证责任的谦抑性

具体举证责任借用举证责任之概念术语及其规范根据，是对传统举证责任的升华和再造，亦即在遵循证明责任作用机制及其分配方法的基础上系统解决"证明难"的证据规则，这可谓"旧瓶装新酒"。鉴于此，具体举证责任的适用更宜强调谦抑性，警惕具体举证责任在司法实践中的任意理解与泛化适用。

客观证明责任适用的前提就是具体举证责任方法的用尽，具体举证责任调整手段用尽仍不能解决事实认定问题时才有可能作出证明责任裁判。可见，举证责任可谓《民事诉讼法》第7条"以事实为根据，以法律为准绳"对证明责任裁判的具体规制方法。具体举证责任概念的提出并非旨在取代客观证明责任，而只是要精确限定客观证明责任适用的范围与条件，同时为诉讼证明及事实认定具体规则的形成提供理论空间。[②]

在客观证明责任和主观证明责任双重含义的理论共识基础上，具体举证责任论进一步对证明责任的内涵和外延进行了提纯，其目的是建立"法律问题（证明责任）—事实问题（具体举证责任）"的二元结构。证明责任与具体举证责任各司其职且互为补充。没有证明责任论作为依靠的具体举证责任就像一辆被抽空了汽油的混合动力汽车。没有具体举证责任加以补充的证明责任必然面临真伪不明的大量出现，证明责任裁判将不断受到质疑。伴随着具体举证责任对法官心证说理的加强和"证明难"的克服，证明责任怀疑论终将失去市场。可以肯定地说，证明责任论在我国已经生根发芽并完成了本证。具体举证责任论不仅不构成反证，反而进一步提高了对证明责任论的确信。

---

① Vgl. Stein/Jonas/Leipold, ZPO, 22. Aufl., 2008, § 286 Rdnr. 48; Prütting, in: Münchener Kommentar zur ZPO, 5. Aufl., 2016, § 286, Rdnr. 93.

② 参见胡学军：《具体举证责任论》，法律出版社2014年版，第55页。

第三节　证明责任分配的实质标准反思

一般认为，《德国民法典》充分贯彻了罗森贝克证明责任论，这才使其适用成为可能；相反，我国立法中并未考虑证明责任问题，这注定了其在我国不具有可适用性，对其的照搬必将带来实体和程序上的不公正。是故，有必要授权法官根据具体案情，通过对民法规范的实质解释进行证明责任分配的修正。这相比证明责任分配的实体导向，可谓程序导向的证明责任分配方法。对此，本讲将从如下两个层面予以分析和论证：（1）德国民法典立法时是否贯彻了罗森贝克证明责任论？（2）立法时未采用罗森贝克学说的法典能否适用证明责任论？

一、德国民法典中的证明责任分配思维

德国民法典并未明确规定证明责任一般规则，类似规定出现在 1888 年公布的《德国民法典》第一草案第 193 条："如果谁提出请求权，应当证明其依据必要的事实。如果谁提出请求权的消灭或者请求权的排除，就应当证明消除或者阻碍请求权的必要的事实依据。"[1] 不过，这一规定在 1896 年《德国民法典》颁布时并未得到保留。根据同时公布的立法理由书，删去的原因并不是放弃这一规则，而是认为其不言而喻。也因此，第一草案第 193 条在德国被视为默示的证明责任一般规则。[2] 1900 年《德国民法典》实施时，罗森贝克年仅 21 岁，并于同年出版《证明责任论》。[3] 罗森贝克证明责任论正式成为德国通说则被认为是 20 余年后的 1923 年。[4] 因此，德国民法典制定过程中充分采纳了罗森贝克证明责任论这一判断是有误的，或至少并不准确。相反，罗森贝克是在吸收和发展《德国民法典》第一草案第 193 条的基础上，以德国民法典的颁行和两法协同实施为重要契机而归纳总结出以其命名的证明责任理论。

（一）作为立法规律的法律规范分类

上述历史考据说明，罗森贝克理论的可用性并不依赖立法者对它的贯彻。其原因在于，法律规范分类是立法的必然选择。莱波尔特（Leipold）

---

① ［德］普维庭：《现代证明责任问题》，吴越译法律出版社 2006 年版，第 364 页。

② Vgl. Stein/Jonas/Leipold, ZPO, 22. Aufl., 2008, § 286 Rdnr. 61.

③ 参见 ［德］格伦德曼、［德］里森胡贝尔主编：《20 世纪私法学大师：私法方法、思想脉络、人格魅力》，周万里译，商务印书馆 2021 年版，第 646 页。

④ 参见陈荣宗：《举证责任分配与民事程序法》，三民书局 1984 年版，第 4 页。

教授认为，立法者在规定构成要件时不可能考虑所有情形，而是根据一般情形构建出第一层要件，当不存在特殊情形（第二层要件）时就肯定实体法律效果，当第二层要件存在时则否定之。在诉讼中，如果对方当事人提出第二层要件事实但陷入真伪不明，法律效果就只停留在第一层，因为第一层已经具有了全部的实体正当性。①

对此形成挑战的是权利妨碍规范，因为它与民法制度失去了天然的联系，例如民事行为能力规定因为特殊的立法构造被归入权利妨碍规范，从而使原告最初只需要主张和证明民法视角下权利成立的部分前提，当被告并未主张和证明民法视角下权利成立的其余前提时，就认可原告的诉讼请求，从而使德国民法典第一草案第193条存在的民事法律制度与三个分类之间的天然联系在权利形成规范和权利妨碍规范上出现了实体法和诉讼法的二元格局。同样，行为能力问题也在我国《民法典》第143条和第144条同时规定了正反两种规范模式，对此的证明责任分配讨论可见本书第七讲第一节。

（二）民法规范评价分层对规范说的完善

以此为契机，莱波尔特最先提出了民法规范的评价分层（Wertungs-schichten）结构，即除了要考虑民法典与民事法律制度之间的关系，同样需要考虑诉讼上的合理性。如果将全部民事法律制度的成立条件交给原告加以主张和证明，势必会加重权利人的负担并且在结果上阻碍其通过民事诉讼来确认和实现自己的民事权利。② 这显然与民事诉讼的目的背道而驰，也与宪法保障的司法保护请求权相违背。是故，规范评价分层是任何立法的必然做法，即便立法者在相应的规范中并未有意识地对证明责任加以表述。③ 这种评价分层可以从法律规范结构中反映出来，就此而言与罗森贝克的规范说重新建立起联系。④

（三）罗森贝克证明责任论的规律性

综上，罗森贝克证明责任论的适用前提并非立法者对它的采用，相反，罗森贝克理论正是建立在任何立法者都无法回避的考量因素和立法技术之上。是故，普维庭认为，经其完善的罗森贝克证明责任论对每个国家

---

① Vgl. Dieter Leipold, Archiv für die civilistische Praxis（AcP），179（1979），502，504；Hans Prütting, Gegenwartsprobleme der Beweislast: Eine Untersuchung moderner Beweislasttheorien und ihrer Anwendung insbesondere im Arbeitsrecht, 1983, S. 285 ff.

② Vgl. Stein/Jonas/Leipold, ZPO, 22. Aufl., 2008, § 286 Rdnr. 56.

③ Vgl. Stein/Jonas/Leipold, ZPO, 22. Aufl., 2008, § 286 Rdnr. 69.

④ Vgl. Dieter Leipold, Archiv für die civilistische Praxis（AcP），179（1979），502，504.

的法律体系都有效，而并非局限于德国的法律规范和案例。① 目光回到我国，《民诉法解释》第 90 条和第 91 条对罗森贝克证明责任论的明确选取同样以我国民法规范的评价分层和以此为基础的证明责任分配逻辑为前提。当然，以《民法典》第 143 条和第 144 条对行为能力的规定为例，权利发生规范与权利妨碍规范之间的界定需要更为精细的法解释学框架，尤其是对民法规范评价分层理论的本土适用。尽管如此，上述法律解释问题并不能反推出我国《民法典》难以根据《民诉法解释》第 91 条分配证明责任。正如普维庭所言："声称立法中没有证明责任规则是毫无依据的，因为立法者在规定请求权的同时必然要规定相应的证明责任，不管立法者自己有没有意识到。"②

二、法律解释方法的变迁与证明责任规范说

除主张德国立法者对证明责任思维的贯彻以及我国民法并未有意规定证明责任的论断之外，还有观点认为，罗森贝克证明责任论有德国形式法治的时代烙印，我国证明责任论理应因应法学方法论的时代变迁而采取实质解释论。③ 上述见解将证明责任论置于更为宏大的历史背景和哲学境界之中，这对于深入认识证明责任论的思想来源及时代精神大有裨益。

（一）证明责任论与法律解释方法

罗森贝克证明责任论是否排斥文义解释以外的其他解释方法？罗森贝克曾以取得时效为例，认为立法者从正反两种规范模式规定善意要件将表明截然相反的证明责任分配结果。④ 虽然规范说强调立法文义和句式对证明责任分配的决定性作用，但据此难以直接导出罗森贝克证明责任论排斥体系解释、历史解释和目的解释。

其实，罗森贝克同样重视其他解释方法，例如"没有什么能够阻止用所有可以使用的方式进行有别于字义暗示的解释，就像我们事实上常常看到且也是这么做的一样"；"但在绝大多数情况下应承认法规范的措辞对证明责任的意义，且判例也总是以它为准"⑤。类似的例证还有罗森贝克对体系解释的运用："《民法典》第 652 条第 1 款第 2 句和第 1 句的关系，明

---

① 参见［德］普维庭：《现代证明责任问题》，吴越译，法律出版社 2006 年版，中文版序第 2 页。

② ［德］普维庭：《现代证明责任问题》，吴越译，法律出版社 2006 年版，第 399 页。

③ 参见胡东海：《民事证明责任分配的实质性原则》，《中国法学》2016 年第 4 期。

④ 参见［德］罗森贝克：《证明责任论——以德国民法典和民事诉讼法典为基础撰写》，庄敬华译，中国法制出版社 2002 年版，第 140 页。

⑤ ［德］罗森贝克：《证明责任论——以德国民法典和民事诉讼法典为基础撰写》，庄敬华译，中国法制出版社 2002 年版，第 134－135 页。

显表明《民法典》中的所有规定均将具体的法律行为解释为无条件。"①

而对于历史解释，罗森贝克认为："期望从本法关于明示和默示的证明责任规定中归纳出立法者的特定意图的一般原则，并从这些意图和原则出发来解决所有疑问的证明责任问题，这种期望是空洞的，如果了解到法律起草时，起草者及其建议者在规定证明责任时经常考虑到以前的法律状况，大多数情况下听任公正性和目的性的要求。"② 对于目的解释，罗森贝克则认为："确认责任只是关心，何等事实一定能够实现所追求的诉讼目的，它规定一事实情况的不确定时的后果，至于是这一方当事人还是那一方当事人，抑或是双方当事人，抑或是法院致力于这一事实情况的确认，均无关紧要。"③

同样，普维庭所反对的以文义解释和句式为纲的做法并未与罗森贝克证明责任论画等号，而是针对片面理解和僵化适用罗森贝克理论的学者。普维庭认为："就证明责任分配而言，罗森贝克规范说的有效性从本质上已经得到验证。"④

（二）权利妨碍规范的实质性解释及其风险

无论是普维庭对罗森贝克规范不适用说的改造，还是莱波尔特对证明责任分配的评价分层体系，都主要针对德国民法典第一草案第 193 条中并不存在的，却在罗森贝克理论中作为独立类别的权利妨碍规范。只有在权利妨碍规范的语境下，根据客观目的解释的证明责任分配问题才集中凸显。

普维庭认为并不存在实质性解释标准，那些被提出的实质性理由存在致命的局限。⑤ 莱波尔特和普维庭也特别强调权利妨碍规范的实质性解释可能带来的法律适用风险。普维庭认为："除非有法律漏洞，否则的话，不按照句式根本不可能分配证明责任。"⑥ 莱波尔特也对证明责任中法官的实质性解释提出了批评：虽然应当对法律漏洞的填补表示欢迎，但是要

---

① ［德］罗森贝克：《证明责任论——以德国民法典和民事诉讼法典为基础撰写》，庄敬华译，中国法制出版社 2002 年版，第 320 页。

② ［德］罗森贝克：《证明责任论——以德国民法典和民事诉讼法典为基础撰写》，庄敬华译，中国法制出版社 2002 年版，第 340 页。

③ ［德］罗森贝克：《证明责任论——以德国民法典和民事诉讼法典为基础撰写》，庄敬华译，中国法制出版社 2002 年版，第 24 页。

④ ［德］普维庭：《现代证明责任问题》，吴越译，法律出版社 2006 年版，第 485 页。

⑤ 参见［德］普维庭：《现代证明责任问题》，吴越译，法律出版社 2006 年版，第 344 页以下。

⑥ ［德］普维庭：《现代证明责任问题》，吴越译，法律出版社 2006 年版，第 389 页。

强调法官必须服从法律，要避免法官在具体案件中裁量确定证明标准和证明责任。①

值得注意的是，证明责任分配漏洞的法律续造已经进入立法论，而不再是作为解释论的证明责任问题本身。而即便是立法论中的客观目的解释也在德国引起了激烈的批评。对于德国联邦最高法院推崇客观目的解释的做法，吕特斯认为，客观解释恰是其名称所言的反面，它为各审判机构的主观规制意图大开方便之门，有时几乎为其提供了任意适用的可能性。目的解释的盛行使得裁判说理只是预先结论的门面和装点。摇摆的法官法极大地削弱了法教义学的可靠性。法学研究现在过于遵从裁判观点，其不再进行批判而是以论证其合理性作为出发点。法学和司法背离了清晰的方法，判决被视为真理的启示，纳粹悲剧现在依旧可能再次上演。②

解释论和立法论的分野以及客观目的解释在德国引起的批判在我国并未得到足够的重视和强调，反而是屡屡成为证明责任"论战"的诱因，例如围绕善意取得的证明责任的论战。《物权编解释（一）》第14条第2款（原《物权法解释（一）》第15条第2款）最终将善意要件作为权利妨碍规范，而非权利发生规范。鉴于此，证明责任漏洞的填补原则上必须通过立法解决，例外允许通过司法解释和指导性案例加以统一和谨慎的变动。

第四节　罗森贝克证明责任论的现代修正

经过40余年的持续推进，罗森贝克证明责任论已经在我国生根发芽并完成本证。《民诉法解释》第90条、第91条和第108条第2款可谓罗森贝克证明责任论在我国正式确立的界碑。罗森贝克证明责任论以两法协同实施为特色，以实体导向为核心命题，亦即根据民法规范之间的逻辑关系而在双方当事人之间就权利发生规范、权利妨碍规范、权利消灭规范以及权利受制规范进行抽象性和一般性的静态分配。相较而言，无论是扩张适用具体举证责任，抑或质疑我国《民法典》编纂时并未贯彻证明责任思维，乃至以法学方法论变迁以及实质性标准分配证明责任，其共性在于超越实体导向而由法官根据个案正义具体分配证明责任，这可谓证明责任分配的程序导向。经过本讲上述讨论可以发现，程序导向对以罗森贝克为名

---

① Vgl. Stein/Jonas/Leipold, ZPO, 22. Aufl., 2008, § 286 Rdnr. 73.

② 参见［德］吕特斯：《法官法影响下的法教义学和法政策学》，季红明译，载李昊、明辉主编：《北航法律评论（第6辑）》，法律出版社2015年版，第159－160页。

的证明责任分配实体导向的批判并不充分，而其自身存在的风险则难以避免。正如罗森贝克的智慧箴言，程序导向的证明责任分配将"陷入大海的风暴和不安中，并被撞得粉身碎骨。诉讼的本质也将会从根本上受到破坏。根据公正性自由裁判的法官，是依据其感情而不是依据原则来裁判的"。①

而在坚持证明责任分配的实体导向前提下，罗森贝克证明责任论并非毫无漏洞。实体/程序交互的证明责任体系构建必然要求对传统理论漏洞进行填补。普维庭认为，罗森贝克理论唯一的漏洞是其一方面坚持规范不适用论，另一方面又认为证明责任规范不仅存在，而且只有运用这一规范才可能指引法官在真伪不明时作出裁判。② 这可以被归结为从规范不适用说到证明责任规范适用说的模式转型。而对于证明责任分配的规范说，普维庭直言需要以下三项修正：（1）证明责任分配并非不适用法律，而是建立在积极构造出的法律风险分配基础之上；（2）权利妨碍规范并不是实体法的组成部分，而是具有独特性的法律规范分组；（3）规范说并不限于文义解释和句式学，所有的解释方法都可以且应当被科学运用。③

一、从规范不适用说到证明责任规范适用说

不适用特定的法规范则其诉讼请求就不可能获得支持的当事人，必须对此承担主张责任和证明责任。罗森贝克认为，这是理论和实践都无法回避的规则。④ 规范不适用说与民众的朴素理解十分契合：既然当事人主张相应构成要件得到满足时所产生的法律效果，则必须对构成要件的成立加以证明。是故，该学说相较其他新近学说更能得到我国学界的认同和接受。⑤ 如果当事人对要件事实的证明并未成功进而落入了真伪不明，法官自然就无法导出其所追求的法律效果。这也是证明责任分配中"有利"的唯一判断标准，即每一方当事人均必须主张和证明对自己有利的法规范。⑥ 不过，简单易用的规范不适用说却隐藏着逻辑矛盾：既然真伪不明时不适用相关规范，那么法官是依据什么作出的证明责任判决，证明责任判决是否是依法裁判的例外？

---

① ［德］罗森贝克：《证明责任论》（第五版），庄敬华译，中国法制出版社 2018 年版，第114 页。

② 参见［德］普维庭：《现代证明责任问题》，吴越译，法律出版社 2006 年版，第 206 页。

③ 参见［德］普维庭：《现代证明责任问题》，吴越译，法律出版社 2006 年版，第 485 页。

④ 参见［德］罗森贝克：《证明责任论——以德国民法典和民事诉讼法典为基础撰写》，庄敬华译，中国法制出版社 2002 年版，第 104 页。

⑤ 参见李浩：《证明责任与不适用规范说——罗森贝克的学说及其意义》，《现代法学》2003 年第 4 期。

⑥ 参见［德］罗森贝克：《证明责任论——以德国民法典和民事诉讼法典为基础撰写》，庄敬华译，中国法制出版社 2002 年版，第 104 页。

可见，规范不适用说的修正是纯粹形而上的学理问题，其并不对证明责任分配及其裁判结果产生实质影响。规范不适用说的修正目标仅在于证成证明责任判决同样是依法裁判，故而是真伪不明时的找法问题。总体而言，对于证明责任判决的法律依据主要有两种理论论证路径。

（一）作为证明责任规范的民法规范

民法的立法者不仅规定要件存在时导出特定法律效果，并且对要件不存在以及要件事实真伪不明作出了法律安排，即不发生相应的法律效果。穆泽拉克认为，实体法的立法者只是对要件存在和不存在的法律效果作出了安排，而并没有对真伪不明时依何法判决加以考虑。因此，在事实并未被澄清时，法官难以依据该民法规范直接作出裁判。[①] 罗森贝克教科书也认为："禁止在真伪不明的情况下不适用其他规则就进行正面或负面的法律适用。"[②] 综上，不借助辅助规范就直接根据相关民法规范作出裁判的做法已经被德国通说所否定。[③]

（二）证明责任规范辅助下的民法规范

莱波尔特认为："证明责任规范是以真伪不明为内容的，相应地，证明责任规范的法律后果就是对作为其前提要件真伪不明的法律要件事实满足（或不满足）的拟制。"[④] 穆泽拉克接受了莱波尔特的观点，将证明责任规范表述为："如果法官不能澄清（相应的）事实构成要件是否实现，则应当从'未实现'（或者也可以从'实现'）出发。"[⑤] 与此不同，普维庭建议将证明责任规范表述为："操作规则指引法官在构成要件的存在与否不清楚的时候将其拟制为存在还是不存在。究竟两个选项如何选择，由独立规定证明责任分配的证明责任规范来决定。操作规则本身并没有规范的属性。"[⑥] 针对普维庭的观点，罗森贝克教科书认为，虽然在真伪不明

---

① ［德］穆泽拉克：《德国民事诉讼法基础教程》，周翠译，中国政法大学出版社 2005 年版，第 275 页。

② ［德］罗森贝克、［德］施瓦布、［德］戈特瓦尔德：《德国民事诉讼法》，李大雪译，中国法制出版社 2007 年版，第 849 页。

③ Vgl. Dieter Leipold, Beweislastregeln und gesetzliche Vermutungen-insbesondere bei Verweisungen zwischen verschiedenen Rechtsgebieten, 1966, S. 22；Hans Prütting, Gegenwartsprobleme der Beweislast：Eine Untersuchung moderner Beweislasttheorien und ihrer Anwendung insbesondere im Arbeitsrecht, 1983, S. 118 f.

④ ［德］普维庭：《现代证明责任问题》，吴越译，法律出版社 2006 年版，第 212 页。

⑤ ［德］穆泽拉克：《德国民事诉讼法基础教程》，周翠译，中国政法大学出版社 2005 年版，第 276 页。

⑥ Vgl. Hans Prütting, Gegenwartsprobleme der Beweislast：Eine Untersuchung moderner Bewislasttheorien und ihrer Anwendung insbesondere im Arbeitsrecht, 1983, S. 354.

状态确定之后和法律效果导出之前插入一个纯粹的程序规则的做法有一定贡献，但其并非进行证明责任裁判所必经的步骤。①

综上，规范不适用说的修正集中体现为否定性基本规则的提出和运用，借此在逻辑上得以自洽，并在结果上与罗森贝克规范不适用说无异。其功能仅在于从逻辑上弥补了规范不适用说在法官作出证明责任判决时的"无法可依"。具体而言，法官在认为买卖合同成立与否真伪不明时，并非直接根据《民法典》第595条作出证明责任判决，而是在《民事诉讼法》第67条第1款结合《民诉法解释》第90条第2款、第91条第1款第1项和第108条第2款的基础上才能依法作出证明责任判决。

二、权利妨碍规范的法律性质

罗森贝克规范说中的权利妨碍规范并未出现在德国民法典第一草案第193条中。莱昂哈特认为权利妨碍规范是随意的划分。② 相反，罗森贝克则认为法规范规定了权利的产生、妨碍、消灭和排除。权利的存在是从存在权利形成规范的要件和不存在权利妨碍、权利消灭和权利排除规范的要件中推导而出的。③ 在几乎所有情况下，对权利形成规范与权利妨碍规范的关系都可以用规则与例外的关系来说明。④ 民法典的立法者自觉贯彻了这一要求。⑤

莱波尔特认为，一个事实究竟是权利形成还是权利消灭，从实体法中就已经能够得到明确的答案了。但是，从实体法的效果来看，一个事实究竟是权利形成还是权利妨碍，其实对立法者而言是没有区别的。因此，权利妨碍规范在法律性质上是特殊的证明责任规范：通过规范的文义表达出立法者对证明责任分配的安排。经过上述分析，莱波尔特认为，权利妨碍规范其实并不存在实体法意义，其需要借助立法中特别的和至少在规范文本中明确表达出来的证明责任规范才能够被有效识别出来。⑥ 由莱波尔特最先提出的权利妨碍规范修正说逐渐得到德国学界的普遍认可，权利妨碍

---

① 参见［德］罗森贝克、［德］施瓦布、［德］戈特瓦尔德：《德国民事诉讼法》，李大雪译，中国法制出版社2007年版，第849页。

② 参见张卫平：《证明责任：世纪之猜想——〈证明责任论〉代译序》，载［德］罗森贝克：《证明责任论——以德国民法典和民事诉讼法典为基础撰写》，庄敬华译，中国法制出版社2002年版，第9页。

③ 参见［德］罗森贝克：《证明责任论——以德国民法典和民事诉讼法典为基础撰写》，庄敬华译，中国法制出版社2002年版，第116页。

④ 参见［德］罗森贝克：《证明责任论——以德国民法典和民事诉讼法典为基础撰写》，庄敬华译，中国法制出版社2002年版，第129页。

⑤ 参见［德］罗森贝克：《证明责任论——以德国民法典和民事诉讼法典为基础撰写》，庄敬华译，中国法制出版社2002年版，第131页。

⑥ Vgl. Stein/Jonas/Leipold, ZPO, 22. Aufl., 2008, § 286 Rdnr. 65.

规范的分类正当性并非其具有独特的民法效果，而只是立法者对证明责任分配的特殊安排。① 综上，罗森贝克理论并未被从根本上动摇，理论的新进展仅在于强调权利妨碍规范作为特殊证明责任规范的定性以及更为严格的识别标准。

三、从文义解释到全面的法律解释

本讲第三节已表明，罗森贝克证明责任论并未局限于文义解释和句式结构而偏废其他法律解释方法。同样，普维庭并未反对罗森贝克证明责任论，而仅是对片面理解该理论的做法作出反思。虽然罗森贝克的法律解释方法并不局限在文义解释，但其对文义解释和句式结构的倚重是毋庸置疑的。这背后的考量是避免陷入法官以个案公正为名而作出任意的证明责任分配（证明责任分配的程序导向）。相反，只有经过立法考量的公正才是明确、具体和可能被预见的（证明责任分配的实体导向）。

（一）权利妨碍规范的解释方法

在此基础上，莱波尔特对证明责任分配的实质理由进行了更深入的探究。许多疑难案件的产生是缘于人们对法定的证明规则的误解。为了解决这些疑难案件有必要探求证明责任规则背后的实质理由和价值考量。虽然证明责任判决并不总是能与客观真实保持一致，但有必要对偏离的风险进行权衡，判断哪一种风险是更可接受的。当然，这并不是对具体案件的权衡，而是在抽象的规范意义上的评判。②

根据法律效果可以区分权利发生规范和权利消灭事实，其界分的实质理由可以归入最广义的占有状态保护以及权利自由优于法律约束。相反，权利妨碍规范的实质理由无法回溯于此，其独特考量因素是特定事件的盖然性（例如要证明精神疾病而非证明精神健康）并考虑到何方当事人更为接近证据以及证明的可能性、证明的难度以及对消极事实的证明问题等。③ 基于权利妨碍规范的特殊考量，实体法律效果的产生就依赖于基础构成要件（权利发生规范）的证明：当没有出现妨碍事由时即肯定其法律效果，当妨碍事由出现时则否定其法律效果。这种规范分层结构体现为民法思维方法中的论证（Dialektik），即在基础规范和反对规范之间往返。

莱波尔特据此认为，即便立法者在相关民法规范中并未有意识地对证明责任进行特别安排，也可以独立判断出某种法律效果的前提条件是普遍

---

① 参见［德］尧厄尼希：《民事诉讼法》，周翠译，法律出版社 2003 年版，第 270 页。

② Vgl. Stein/Jonas/Leipold, ZPO, 22. Aufl., 2008, § 286 Rdnr. 67.

③ Vgl. Rosenberg, Beweislast, 5. Aufl., 1965, S. 330 f. ; Stein/Jonas/Leipold, ZPO, 22. Aufl., 2008, § 286 Rdnr. 68.

性的还是例外的。在具有实质理由时，可考虑在必要时由对方当事人针对构成要件的反面加以证明。① 莱波尔特跳出立法文义和句式结构的局限，根据实质理由构建出了权利妨碍规范的实质识别标准和证明责任的精密结构。

（二）权利妨碍规范未授权法官分配证明责任

法官在识别权利妨碍规范时是否可以不受法律约束？莱波尔特认为，民法中默示的一般证明责任规则和明确规定的特殊证明责任规则恰恰表明，法官必须依法分配证明责任，而不得在具体案件中根据公正性来裁量判断。具体案情对于自由心证而言是有价值的，但对证明责任分配并不具有决定性。② 权利妨碍规范的实质理由和评价分层结构并不是要赋予法官自由裁量空间，而只是为法官的法律续造提供具体标准。而即便是法律续造，也必须重视其前提条件和法律后果应尽可能契合法律规定。③ 据此，按照危险领域来一般性地分配证明责任是过分脱离了法律约束。④ 具体案件中当事人证明的难易不能被当作突破证明责任一般规则的正当事由。保存证据是当事人自我责任的表现，当事人并不负有一般性的事案解明义务。危险领域或接近证据等不能直接作为证明责任的分配标准。⑤

法律解释方法从文义解释到全面解释的发展并不意味着法官在分配证明责任时可以按照实质理由裁量之，而是必须严格遵循法律默示的一般证明责任规则和明示的特别证明责任规则。在此基础上，法律解释方法的新进展有必要区分一般案件和疑难案件，界定是在法律适用还是法律续造语境下的证明责任分配。

第五节 证明责任的程序导向缘何发生

证明责任论在我国取得了瞩目的成就，其是理论与实践、实体与程序相互融合和促进的典范。究其缘由，除了理论界不遗余力地持续推进，20世纪80年代末开启的民事经济审判方式改革也是较为关键的环境因素。证明责任论强调风险在当事人之间分配，这正与提高审判效率且降低诉讼

① Vgl. Stein/Jonas/Leipold, ZPO, 22. Aufl., 2008, § 286 Rdnr. 69.
② Vgl. Stein/Jonas/Leipold, ZPO, 22. Aufl., 2008, § 286 Rdnr. 71 - 72.
③ Vgl. Stein/Jonas/Leipold, ZPO, 22. Aufl., 2008, § 286 Rdnr. 73.
④ Vgl. Stein/Jonas/Leipold, ZPO, 22. Aufl., 2008, § 286 Rdnr. 74.
⑤ Vgl. Stein/Jonas/Leipold, ZPO, 22. Aufl., 2008, § 286 Rdnr. 75.

成本的司法改革目标相契合。由于证明责任不仅存在于当事人主导型诉讼模式中，而且适用于职权干预型诉讼模式，其在我国的推广较少受到模式转型的干扰。不过，证明责任论在我国无法脱离体制转型而独自前行。面对改革的深水区，证明责任论的目标不是为程序导向背书，而是严格限制法官的恣意裁判，证明责任被定性为法律问题正是基于这一初衷。

以程序导向为内核的现代证明责任学说之所以受到青睐，是因为其在客观上为实践背书，赋予法官在证明责任分配方面的自由裁量权。经过比较法梳理，可知罗森贝克并未将规范说限定于文字解释和句式结构。德国理论发展表明其并未抛弃罗森贝克理论，而是对其的继承和完善。权利妨碍规范的实质理由并不针对法律解释适用，而主要是立法论的参考标准，对此不应颠倒原则与例外，混淆解释论和立法论。考虑到我国举证责任向证明责任转型的第二个关键步骤尚未最终完成，举证证明责任这一统一概念在相当时期内还会继续存在，其中证明责任论更应强调其实体导向，而非作为立法论的实质性解释及其背后的程序导向。

第九讲　形成判决与虚假诉讼的规制

　　囿于"先程序，后实体"的民事立法模式以及"诉讼爆炸""案多人少"的时代挑战（第一讲到第三讲），民事诉讼法学研究逐渐脱离实体导向。民事诉讼法的能动化催生出证明责任的程序导向（第八讲）。值得注意的是，相关问题的程序导向并非偶然现象，其背后遵循共通的底层逻辑，这较为集中地表现为民事诉讼目的之纠纷解决说（第四讲）、"请求权基础→诉讼标的规范"的转化不畅（第五讲）、诉讼标的与诉讼请求的脱钩及审理对象的模糊（第六讲）和举证责任向证明责任的转型困境（第七讲）。

　　"切实实施民法典"的题中之义是以实体为导向重塑民事诉讼基础理论，特别是实现民事诉讼目的向权利保护说的回归，以"请求权主张→诉讼标的"之对应关系推进实质民法规范的阶层化、动态化整理，在此基础上建立诉讼标的与诉讼请求的一元模式，并在上述"请求（诉讼标的规范）→抗辩→再抗辩→再再抗辩"之评价分层的语境下建立实体/程序交互的证明责任体系。据此，《民法典》中的实质民法规范可以科学且协同地进入民事诉讼场域，并以民事诉讼目的为引导各就其位。法官则在要件事实为真的情况下依托"请求（诉讼标的规范）→抗辩→再抗辩→再再抗辩"的评价分层导出相应法律效果，如诉讼标的规范要件事实得到证明（1），但抗辩要件未得证明（0），则判决支持诉讼请求（诉讼标的）；相反，在诉讼标的规范要件未得证明（0），或者虽获证明（1）但抗辩要件亦得证明（1），则否定或附条件（如同时履行抗辩权）支持原告的诉讼请求（诉讼标的）。在上述民法规范效果的二进制分析框架中，真伪不明是依法裁判的痛点问题和难点问题。以实体为导向的证明责任论正着眼于此，通过《民事诉讼法》第 67 条第 1 款和《民诉法解释》第 90 条第 2 款以及第 108 条第 2 款，将法官真伪不明之心证状态拟制为构成要件的不具备（0），进而得出相应的民法规范效果。

　　值得注意的是，上述民事诉讼基础理论的实体导向重塑尚不能充分确保民法典与民事诉讼法的协同实施。民事生效判决中的权利判定和事实认定发挥是否有绝对效力？前者如与实体权利义务秩序不同的权利判定直接发生实体变动效果（《民法典》第 229 条），后者如生效判决认定的事实被拟制或推定为真实（2019 年《证据规定》第 10 条第 1 款第 6 项和第 2 款后半句）。若答案是肯定的，则无论是私法自治（《民法典》第 5 条）抑或以实体为导向的民事诉讼体制/模式转型，都将出现停滞甚至倒退。作为私法自治的程序对应，民事权利的诉讼实现同样应贯彻当事人自我决定、自我负责的原则。据此，当事人在诉讼标的选定、案件事实提出以及民法规范评价分层方面均具决定性，这同样是约束性处分原则和约束性辩论原则的核心要义。① 若以生效判决直接变动私法秩序，则民法典与民事诉讼法的协同实施分析框架将面临釜底抽薪。为克服错误判决对私法秩序的消极影响和连锁反应，法官将不得不重新掌握诉讼主导地位，这不仅进一步加剧"诉讼爆炸""案多人少"，而且使当事人面临被矮化为诉讼程序特别是证明程序客体的风险（详见本书第七讲第二节）。是故，本讲集中探讨生效判决对私法秩序的影响，特别是对物权变动的效力，以此为分析框架对虚假诉讼的规制进行实体/程序交互的分析与探讨。

第一节　《民法典》对民事判决效力的实体指引

《民法典》第 1 条和第 3 条凸显权利本位与权利导向的立法宗旨。② 以民事权利为中心，《民法典》发挥着民事权利宣言书和社会生活百科全书的重要作用。其中，民事权利的构成要件多以社会和经济生活为场景，指引法官在认定相关生活事实（小前提）时充实构成要件（大前提），依法作出权利判定（结论），经过"请求（诉讼标的规范）→抗辩→再抗辩→再再抗辩"之民法规范评价分层和要件事实分层证成实体判项（司法三段论）。

一、《民法典》第 229 条和《民事诉讼法》第 59 条第 3 款的紧张关系

受学科精细划分的影响，民事诉讼法与民法的割裂是我国法学教育和法学研究的突出问题。《民法典》中的实体指引存在被忽视和被误读的风险，这在生效判决效力问题上较为集中地表现为《民法典》第 229 条和现行《民事诉讼法》第 59 条第 3 款之间的紧张关系。

---

① 参见张卫平：《我国民事诉讼辩论原则重述》，《法学研究》1996 年第 6 期；张卫平：《民事诉讼处分原则重述》，《现代法学》2001 年第 6 期。

② 参见黄薇主编：《中华人民共和国民法典总则编解读》，中国法制出版社 2020 年版，第 9 页。

《民法典》第 229 条规定："因人民法院、仲裁机构的法律文书或者人民政府的征收决定等，导致物权设立、变更、转让或者消灭的，自法律文书或者征收决定等生效时发生效力。"上述规定承继于《物权法》第 28 条。为有效规制虚假诉讼，2012 年民事诉讼法修正案确立第三人撤销之诉制度。① 现行《民事诉讼法》第 59 条第 3 款规定："前两款规定的第三人，因不能归责于本人的事由未参加诉讼，但有证据证明发生法律效力的判决、裁定、调解书的部分或者全部内容错误，损害其民事权益的，可以自知道或者应当知道其民事权益受到损害之日起六个月内，向作出该判决、裁定、调解书的人民法院提起诉讼。人民法院经审理，诉讼请求成立的，应当改变或者撤销原判决、裁定、调解书；诉讼请求不成立的，驳回诉讼请求。"

以民事判决类型为依据，《民事诉讼法》第 59 条第 3 款与《民法典》第 229 条之间的协同关系可以被细分为如下三个子问题：（1）生效给付判决是否变动实体法律关系，并因此损害案外第三人的民事权益；（2）生效确认判决是否变动实体法律关系，并因此损害案外第三人的民事权益；（3）生效形成判决是否变动实体法律关系，并因此损害案外第三人的民事权益。囿于民事诉讼法学研究与实体法的脱节，《民法典》第 229 条对虚假诉讼和第三人撤销之诉的规制作用并未得到足够重视，司法实践存在泛化认定虚假诉讼和一般性适用第三人撤销之诉的倾向，生效给付判决和生效确认判决是第三人撤销之诉的主要对象，相反却鲜有生效形成判决型第三人撤销之诉。②

以《民法典》第 229 条为实体导向，民事生效判决并不自然引发物权变动和私法秩序的重塑，这集中表现为《民法典》第 229 条之人民法院"法律文书"范围界定问题。③ 若使人民法院"法律文书"涵盖三类生效判决，则"导致物权设立、变更、转让或者消灭的，自法律文书或者征收决定等生效时发生效力"的条文表述将构成同语反复，即能导致物权变动的法律文书自生效时发生效力。相反，若采取实体/程序交互的分析进路，则上述看似同语反复的法律表述将发挥解释功能的实质功能：并非所有生效判决均能导致物权变动，而应根据其诉讼性质确定生效判决的范围。

---

① 参见张卫平：《中国第三人撤销之诉的制度构成与适用》，《中外法学》2013 年第 1 期。
② 参见任重：《论虚假诉讼：兼评我国第三人撤销诉讼实践》，《中国法学》2014 年第 6 期。
③ 参见房绍坤：《导致物权变动之法院判决类型》，《法学研究》2015 年第 1 期。

二、民事生效判决的作用方式

对此，民事生效裁判的作用方式提供了一种可能的视角和思路，即考察民事生效裁判是否具有变动实体法律关系的效果，这也是民事诉讼法学的基本论题之一。对于民事生效裁判的作用方式，民事诉讼法理上主要出现过两种基本观点——民事生效裁判的实体法说和诉讼法说。

（一）实体法说

根据实体法说，民事生效裁判具有直接变动或者间接变动实体法律关系的效果。民事生效裁判直接变动实体法律关系是较为早期的学说，这本就是萨维尼私法诉权说的题中之义。此后，一些学者主张民事生效裁判虽然不具备直接变动实体法律关系的效果，但是它构成了对其所确定的实体法律关系不可推翻的推定（unwiderlegliche Vermutung）。然而这种观点与实体法说并没有本质的不同，因为这种推定在司法实践中将产生与直接变动实体法律关系类似的法律效果。①

（二）诉讼法说

处于实体法说对立面的是诉讼法说：民事生效裁判只是对实体法律关系的确认，原则上并不具有变动实体法律关系的效果。最初的诉讼法说不仅认为民事生效裁判并不变动实体法律关系，而且认为其并不禁止再次提起相同的诉讼请求，只是禁止后诉法官作出与前诉相悖的判断。目前诉讼法说是德国民事诉讼法学的通说，只是再次提起的诉讼会因为同一事项的民事生效裁判而不合法（unzulässig）。②

（三）两种学说的比较

两种学说在大部分情形下都保持一致，二者最根本的冲突发生在对错误裁判效力的理解和认识上。③ 这也与虚假诉讼的性质确定直接相关，因为虚假诉讼正是以骗取错误的生效裁判为目的。实体法说和诉讼法说对错误生效裁判的认识截然不同。根据实体法说，即便是错误裁判也发生变动实体法律关系的效果，在法院裁判生效后，当事人将处于由裁判所确定的实体法律关系当中。以确认判决为例，即便法院错误认定原告为某动产的所有权人，该动产的所有权也会在裁判生效时转移到原告处。相反，诉讼法说认为民事裁判，包括错误判决，并不会发生变动实体法律关系的后

---

① Vgl. Joachim Martens, Rechtskraft und materielles Recht, ZZP 79 (1966), S. 405.

② Vgl. Arwed Blomeyer, Rechtskrafterstreckung infolge zivilrechtlicher Abhängigkeit, ZZP 75 (1962), S. 3 f.

③ Vgl. Walter J. Habscheid, Urteilswirkungen und Gesetzesänderungen: Eine rechtsvergleichende Studie, ZZP 78 (1965), S. 424.

果。据此，虽然裁判中认定标的物为原告所有，却并不会使原告直接获得所有权。按照诉讼法说，错误的裁判将使当事人和案外第三人生活在"双重的法律关系"（doppelte Rechtsordnung）当中：一方面，当事人之间的实体法律关系存在或不存在的状态，即真正的实体法律关系并未被法院的错误裁判所改变；另一方面，错误的生效裁判又确认了一种并不真实存在的"实体法律关系"。①

实体法说和诉讼法说的背后是诉权学说甚至哲学立场的显著差异。与实体法说不同，诉讼法说以人类认识的有限性为出发点。其实，无论法院是否对案件事实重构负责，其都无法确保在任何情形下揭示实体真实。由于法院和法官并非案件的亲历者，即便在职权主义背景下，法官对案件事实的探知依旧要依赖作为案件亲历者的当事人。就案件事实的主要来源而言，当事人主义和职权主义并没有本质差别。案件事实作为过去时的行为或状态往往只留下若干信息载体，随着时间的流逝，法院和当事人无论主观上是否竭尽全力搜寻信息载体，并通过载体提取信息，运用最恰当的经验法则进行回溯，都会受到客观条件的制约，即人们永远无法再次踏入同一条河流。现代科技的进步也并未根本推翻这一推论。由于裁判基础的条件制约，民事裁判也难以保证总是与实体法律关系保持一致。即便存在再审制度，再次审理在时间上较前诉距离案件事实也更加遥远，如何能够保证再次审理一定能够得出比之前更正确的裁判呢？

（四）诉讼法说的自身优势

为了将错误裁判的危害性限定在最小范围，避免出现错误判断的连锁反应，同样应当否定民事裁判对实体法律关系的变动效果。生效民事裁判原则上不应直接产生变动实体法律关系的效果，前诉当事人通过虚假诉讼获得的错误生效裁判也不应对其与案外第三人的实体法律关系产生实质影响。这同样是民事诉讼既判力制度的理论基础。以所有权关系为例，如若错误的前诉裁判产生物权变动的法律效果，基于一事不再理原则，作为原所有权人的案外第三人因此将无法获得另诉的保护，而是必须首先否定前诉错误判决的既判力，之后才能够提出并实现自己的民事权利主张。

以德国为例，虽然民事生效裁判的作用方式并未被明确规定在民事诉讼法律规范中，但通过体系解释依旧可以确定民事生效裁判原则上并不发

① Vgl. Walter Zimmermann, Zivilprozessordnung mit FamFG (Allgemeiner Teil sowie Verfahren in Familiensachen), GVG, EGGVG, EGZPO, EU-Zivilverfahrensrecht, 9. Aufl., Verlag ZAP, 2013, § 322 Rn. 11.

生变动实体法律关系的效果。即便是作为例外情形的形成判决①，也原则上仅具有消极变动实体法律关系的效果，例如婚姻关系和财产共同制关系的解除，原则上并不积极创设实体法律关系，也因此并不引发物权变动。② 正是由于这一制度机理，形成判决并不具有执行力。③

（五）诉讼法说在我国的确立

与德国法相似，我国民事诉讼法也并未明确民事生效裁判的作用方式。仅从《民事诉讼法》第 59 条第 3 款和第 115 条第 1 款的条文表述似乎可以发现某些实体法说的痕迹，例如《民事诉讼法》第 59 条第 3 款的适用条件包括"发生法律效力的判决、裁定、调解书的部分或者全部内容错误，损害其民事权益"，第 115 条第 1 款表述为"企图通过诉讼、调解等方式侵害国家利益、社会公共利益或者他人合法权益"。以上法律条文都将错误的生效裁判与民事权益受损的结果直接相连，似乎立法者认为生效裁判将发生变动实体法律关系的效果。但结合《民法典》第 229 条可以得出，关于我国民事生效裁判的作用方式原则上依旧采取了诉讼法说。

第二节　公权力介入私法秩序之谦抑性

《民法典》第 229 条是物权变动之特殊规则。其体系定位表明，法律文书导致的物权变动是物权公示（第 208 条、第 209 条第 1 款、第 214 条和第 224 条）和公信原则（第 216 条第 1 款）的例外，与《民法典》第 230 条"因继承取得物权"和第 231 条"因事实行为设立或消灭物权"并列为非法律行为导致物权变动的重要类型。

一、《民法典》第 229 条与公示公信原则的协同

《民法典》第 229 条并不旨在颠覆公示公信原则，亦不抵触物权尽可能公示的理念，而是考虑到"人民政府的征收决定"与"人民法院、

---

① 形成判决理论最先由德国民事诉讼学者提出，并被实体法学者接受，随后在实体法领域相应提出形成权和形成诉权概念。因此，形成判决理论从产生之初就体现出民事实体法和程序法的密切互动。参见汪渊智：《形成权理论初探》，《中国法学》2003 年第 3 期；Vgl. auch Peter Schlosser, Gestaltungsklagen und Gestaltungsurteile, Verlag Ernst und Werner Gieseking, Bielefeld 1966, S. 18.

② Vgl. Othmar Jauernig/Burkhard Hess, Zivilprozessrecht, 30. Aufl., 2011, § 35 Rn. 16 f.

③ Vgl. Richard Zoeller/Max Vollkommer, Zivilprozessordnung, 28. Aufl., 2010, Vor § 300 Rn. 9.

仲裁机构的法律文书"之特殊性，基于对国家公权力的尊重而加快物权变动进程。①

鉴于征收决定和法律文书公示性的不足，考虑到第三人利益之保护，《民法典》第232条对物权处分作出了必要限制。② 有观点认为，人民政府的征收决定具有公示性③，甚至比物权公示的效力更强。④ 不同观点认为，人民政府的征收决定和法律文书导致的物权变动无须考虑公示问题。⑤ 经由《民法典》第232条非经登记不得处分的限制性规定可导出，立法者并不认为征收决定和法律文书具备与登记相同的公示公信力。实践中，民事主体通过"中国裁判文书网"等数据库可以较为便捷地查询到依法上网的裁判文书。尽管如此，征收决定与裁判文书之公开并非旨在建立与不动产登记平行的物权公示和公信机制，民事主体也无义务在交易前通过"中国裁判文书网"等网站、手机App等查询裁判文书或征收决定。同理，导致物权变动之裁判文书的依法公开不能导出受让人非为善意（《民法典》第311条第1款第1项）。最高人民法院在处理法律文书记载之新权利人与善意第三人的关系上坚持公信原则，即出于对不动产权利登记簿或动产占有状态的信赖而从原权利人处受让该不动产或动产的第三人，可以对抗和排斥真正权利人之物权。⑥

二、公权力对物权秩序的介入及其限度

从更为宏观的视角观察，《民法典》第229条不仅是物权变动和公示公信原则的例外，而且是对意思自治原则的限制。民法的调整对象是平等主体之间的人身和财产关系（《民法典》第2条），人身权利和财产权利不受任何组织或个人侵犯（《民法典》第3条），民事主体从事民事活动的自愿原则，即按照自己的意思设立、变更、终止民事法律关系（《民法典》第5条）。无论是人民政府的征收决定，还是人民法院和仲裁机构的法律

---

① 参见崔建远：《中国民法典释评·物权编》（上卷），中国人民大学出版社2020年版，第171页。

② 参见黄薇主编：《中华人民共和国民法典物权编解读》，中国法制出版社2020年版，第64—65页。

③ 参见最高人民法院民法典贯彻实施工作领导小组主编：《中华人民共和国民法典物权编理解与适用（上）》，人民法院出版社2020年版，第162页。

④ 参见梁慧星：《中国民法典草案建议稿附理由·物权编》，法律出版社2004年版，第50—51页。

⑤ 参见房绍坤、马浩：《论因征收导致的物权变动》，《山东社会科学》2013年第10期。

⑥ 参见最高人民法院民法典贯彻实施工作领导小组主编：《中华人民共和国民法典物权编理解与适用（上）》，人民法院出版社2020年版，第164页。

文书，均体现出行政权和司法权等国家公权力对物权秩序的介入①，即行政法律关系和诉讼法律关系直接导致民事法律关系变动。②

对于国家公权力的作用，《民法典》第 117 条要求征收须基于公共利益的需要、依照法律规定和法定程序并给予补偿。上述三要件与《宪法》第 10 条第 3 款和第 13 条第 3 款一脉相承，是宪法规范在物权编中的具体化。③ 导致物权变动的人民政府征收决定有严格的程序制约和条件限制。在民法典编纂阶段，学者间就"征收决定生效时"存在不同学术观点，如满足公共利益需要、符合法定权限和法定程序、依法作出补偿之三要件说④；补偿完成之后、被征收人对征收决定未提起行政复议或诉讼，或者提起诉讼或行政复议后的征收决定被维持之说⑤；征收决定送达被征收人即发生法律效力之说⑥；标明征收土地四至的征收决定公告之日即可认定为征收决定生效之说⑦；附生效条件的行政行为与同时履行抗辩权说⑧。征收决定导致物权变动的时间点也成为立法争议问题，一些单位曾建议将"人民政府的征收决定等生效时"修改为"征收补偿款到位时"⑨。

《民法典》第 229 条沿用了《物权法》第 28 条的表述方式。立法机关认为，人民政府的征收决定生效时即产生物权变动的效力。⑩ 上述理解与行政法理保持一致，但实务中可能出现征收主管机关与被征收人之间尚未就补偿款数额达成一致时就公告征收决定的情形。针对上述风险，有学者建议将被征收财产的所有权终止时间点确定在征收补偿款付清时。⑪ 最高

---

① 参见最高人民法院民法典贯彻实施工作领导小组主编：《中华人民共和国民法典物权编理解与适用（上）》，人民法院出版社 2020 年版，第 159 - 160 页；崔建远：《中国民法典释评·物权编（上卷）》，中国人民大学出版社 2020 年版，第 178 页。

② 仲裁裁决是否体现国家公权力，这存在进一步讨论的空间。参见尹田：《我国经济合同仲裁机关的性质及其法律地位》，《法学研究》1985 年第 1 期。

③ 参见房绍坤：《论我国民法典物权编立法中的外部体系协调》，《政治与法律》2018 年第 10 期。

④ 参见王利明：《物权法研究》（上卷），中国人民大学出版社 2007 年版，第 299 页。

⑤ 参见韩松等：《物权法》，法律出版社 2008 年版，第 99 页。

⑥ 参见方金华：《论〈物权法〉中非依法律行为引起的物权变动》，《江西财经大学学报》2009 年第 1 期。

⑦ 参见屈茂辉：《民事法律行为之外的原因所致物权变动规则》，《法学》2009 年第 5 期。

⑧ 参见房绍坤、马浩：《论因征收导致的物权变动》，《山东社会科学》2013 年第 10 期。

⑨ 《民法典立法背景与观点全集》编写组：《民法典立法背景与观点全集》，法律出版社 2020 年版，第 77 页。

⑩ 参见黄薇主编：《中华人民共和国民法典物权编解读》，中国法制出版社 2020 年版，第 60 页。

⑪ 参见崔建远：《中国民法典释评·物权编》（上卷），中国人民大学出版社 2020 年版，第 178 - 179 页。

人民法院则认为，征收决定的生效有特定含义，征收补偿完成后，被征收人对征收决定未提起行政复议或诉讼，或者提起行政诉讼或者行政复议后原征收决定被维持的，征收决定始发生效力。[①] 上述理解脱离了行政行为的生效要件，亦即将征收决定之生效解读为发生物权变动效力，而不是行政法律效力。行政行为在到达相对人发生行政法律效力后仍不产生物权变动效果，而是等待行政复议之60日与行政诉讼之6个月期间届满后（《行政复议法》第9条第1款、第26条，《行政诉讼法》第46条第1款），甚至经过当事人行政诉讼的更长时间周期（《行政诉讼法》第81条、第88条）才产生国家公权力对物权秩序的介入。最高人民法院的上述理解使征收决定的物权效力呈现出滞后性甚至不确定性，这背后是对国家公权力介入物权秩序之谦抑性的严格贯彻与落实，就此而言颇值得赞同。

总体而言，虽然立法观点采行政行为生效说，但若将《民法典》第117条的三要件理解为征收决定的生效条件，严格解释《国有土地上房屋征收与补偿条例》第8条尤其是其第5项之"旧城区改建"，则同样能有效避免行政违法和侵害被征收人权益的情况发生。代表性理论观点则在此基础上强调将补偿款付清时明确为物权变动时，避免个别行政机关在补偿之前就作出征收决定，这是对公权力介入物权秩序的进一步限制。相比立法观点和理论见解，最高人民法院对征收决定导致的物权变动作出了最严格限缩。[②] 上述谦抑性原则也理应被作为厘定法律文书范围的出发点和落脚点。

第三节　导致物权变动的法律文书

在《民法典》编纂过程中，一些地方和单位曾建议根据相关司法解释对"人民法院、仲裁委员会的法律文书"加以具体列举，还有单位建议在"征收决定"后增加"经我国承认和执行的外国法院判决或仲裁裁决"[③]。《民法典》第229条之"法律文书"相比"征收决定"在概念内涵与外延

[①] 参见最高人民法院民法典贯彻实施工作领导小组主编：《中华人民共和国民法典物权编理解与适用（上）》，人民法院出版社2020年版，第163页。

[②] "征收决定等"中的"等"在我国语境下还包含行政命令，如党政机关与其举办的公司脱钩时，依据行政命令，特定的办公楼及建设用地使用权归属特定的主体。参见崔建远：《中国民法典释评·物权编》（上卷），中国人民大学出版社2020年版，第179页。

[③] 参见《民法典立法背景与观点全集》编写组编：《民法典立法背景与观点全集》，法律出版社2020年版，第77页。

上更为宽泛，亟须以谦抑性原则为导引，结合司法解释及其背后的法理予以准确澄清与厘定。

一、法律文书的类别与层次

（一）立法中的"法律文书"

"法律文书"的内涵与外延较为多元。《刑事诉讼法》第73条、第264条第1款和第268条第2款使用"法律文书"。《行政诉讼法》则在第9条第2款和第91条第7项使用"法律文书"。相比而言，《民事诉讼法》中"法律文书"出现频次更高，如第11条第2款之"用当地民族通用的语言、文字进行审理和发布法律文书"（与《行政诉讼法》第9条第2款表述一致），第52条第2款之当事人有权"复制本案有关材料和法律文书"，第116条之"逃避履行法律文书确定的义务"，第211条第12项之"据以作出原判决、裁定的法律文书被撤销或者变更"，第235条第2款之"法律规定由人民法院执行的其他法律文书"，第241条第2款之"恢复对原生效法律文书的执行"，等等。立法机关释义书认为，《民事诉讼法》第11条第2款中的"法律文书"包括开庭通知、传票、裁定、判决书、调解书、有关决定等。①《民事诉讼法》第52条第2款当事人有权查阅的法律文书范围包括起诉状、答辩状以及发生法律效力的判决书、裁定书（《民诉法解释》第254条、第255条）②，《民事诉讼法》第116条之"法律文书"则指向据以执行的判决、裁定、调解书。

（二）法律文书的三个层次

我国立法中使用的"法律文书"存在不同类别与层次。首先，法律文书可以分为民事、刑事和行政三大类别。其次，民事法律文书又可细分为三个层次。第一个层次是包含开庭通知、传票、决定、裁定、判决书、调解书等程序与实体事项的全部诉讼材料，结合《民事诉讼法》第52条第2款，广义的法律文书并不包含法庭笔录与证据材料。第二个层次着眼于涉实体事项的判决、裁决、裁定和调解书，较为典型的是《民事诉讼法》第211条第12项，某民事案件是以另一民事案件的审理结果和其他法律文书作为依据。第三个层次则进一步集中于可执行的给付性文书，突出例证是《民事诉讼法》第235条。据此，民事判决、裁定（包含刑事判决、裁定中的财产部分）、调解书、支付令、仲裁裁决、依法赋予强制执行力的

---

① 参见全国人民代表大会常务委员会法制工作委员会编：《中华人民共和国民事诉讼法释义》（最新修订版），法律出版社2012年版，第18页。

② 参见全国人民代表大会常务委员会法制工作委员会编：《中华人民共和国民事诉讼法释义》（最新修订版），法律出版社2012年版，第89页。

公证债权文书是由法院执行的生效法律文书。①

二、《民法典》第 229 条之"法律文书"

以此为基础，《民法典》第 229 条中法律文书的类别与层次需进一步界定。首先，能导致物权变动的法律文书是否限于民事法律文书存有争议。有观点认为，《民法典》第 229 条属于民事法律范畴，刑事、行政法律文书导致的物权消灭属于刑事或行政处罚的性质，不属于民法上的物权变动。② 不同观点认为，行政判决解决的是具体行政行为的合法性与适当性问题，不直接发生物权变动。能导致物权变动的法律文书除民事法律文书外，还包括刑事没收判决与裁定（《刑法》第 59 条和第 64 条）。③ 没收判决和依没收程序作出的没收裁定（《刑事诉讼法》第 300 条第 1 款）导致的物权变动，尽管其发生原因属于刑事法律关系，但物权变动之结果属民法调整。④ 不过，《民法典》第 187 条确立了民事责任优先原则，因为如若刑事判决和裁定直接导致物权变动，可能出现事后的民事判决无责任财产可供执行之问题⑤，而在先或同时作出的刑事裁判恐无法充分预估行为人的责任财产能否完全承担其民事侵权责任。这也表明，法律文书的范围确定需要实体和程序的密切协同和有效衔接。

（一）法律文书与征收决定的一体规定

《民法典》第 229 条全面继承了《物权法》第 28 条的条文表述，将人民法院、仲裁机构的法律文书与人民政府的征收决定并列，同时将继承和事实行为单独规定在《民法典》第 230 条和第 231 条。上述处理方式与《瑞士民法典》第 656 条、《韩国民法典》第 187 条一样，均是从物权变动原因的角度加以规定。⑥ 然而，细致观察和比对《民法典》第 229 条可以发现，其他国家和地区的相关规定虽然也存在征收决定与法律文书的并列，但系作为非因法律行为导致物权变动之具体枚举。相反，《民法典》第 229 条将法律文书与征收决定一体规定，而将继承与事实行为导致的物

---

① 参见王胜明主编：《中华人民共和国民事诉讼法释义》（最新修订版），法律出版社 2012 年版，第 89、484、527-529 页。

② 参见程啸：《因法律文书导致的物权变动》，《法学》2013 年第 1 期。

③ 参见张明楷：《论刑法中的没收》，《法学家》2012 年第 3 期。

④ 参见房绍坤：《导致物权变动之法院判决类型》，《法学研究》2015 年第 1 期。

⑤ 参见最高人民法院民事审判第一庭编：《最高人民法院物权法司法解释（一）理解与适用》，人民法院出版社 2016 年版，第 229 页。

⑥ 这与《法国民法典》第 545 条和《意大利民法典》第 834 条从所有权保护的角度加以规定有所区别。参见房绍坤、马浩：《论因征收导致的物权变动》，《山东社会科学》2013 年第 10 期。

权变动单列，易产生征收决定与法律文书导致物权变动存在相同机理之印象，亦即法律文书导致物权变动的缘由与征收决定的一样，均源于私法秩序对国家公权力的尊重与服从。①

（二）法律文书与征收决定的逻辑混同

由于人民法院和仲裁机构作出的法律文书存在司法性或准司法性，上述法律文书与征收决定一体化处理的思路易得出如下认知：所有涉及物权秩序的法律文书均直接导致物权变动。立法释义书对《物权法》第28条法律文书的理解较为集中地反映了上述思路。就立法本意而言，《物权法》第28条的法律文书泛指人民法院和仲裁机构的给付性、确权性和形成性判决、裁定及裁决。② 上述历史解释同样得到立法专家的证实。③

从法律文书和征收决定背后的国家公权力出发，上述历史解释就不难被理解。在上述观念影响下，《物权法》第28条对"法律文书"的限定，即"导致物权设立、变更、转让或者消灭"，在相当时期内并未得到充分重视，这也引发了司法裁判对法律文书的泛化理解，其将给付性④和确认性⑤文书均作为《物权法》第28条之"法律文书"，这同样是程序法与实体法相互割裂的具体例证。⑥ 仅从实体法视角观察，能导致物权变动的法律文书自法律文书生效时发生效力，这无异于同语反复。据此，《物权法》第28条完全可改写为"人民法院、仲裁机构的法律文书或者人民政府的征收决定等生效时发生物权设立、变更、转让或者消灭的效力"。

（三）法律文书的实体/程序协同限定

以程序法视角观察，《民法典》第229条看似同语反复的条文背后隐

---

① 参见最高人民法院民法典贯彻实施工作领导小组主编：《中华人民共和国民法典物权编理解与适用（上）》，人民法院出版社2020年版，第159-160页。

② 需注意的是，立法者将设权判决与确权判决等同视之，这与诉讼理论将设权判决作为形成判决的理解存在显著差异。参见胡康生主编：《中华人民共和国物权法释义》，法律出版社2007年版，第78-79页。

③ 参见崔建远：《中国民法典释评·物权编》（上卷），中国人民大学出版社2020年版，第168页。

④ 如河南省郑州市中级人民法院（2009）郑民二终字第1202号民事判决书；广东省高级人民法院（2009）粤高法民一终字第138号民事判决书；四川省成都市高新技术产业开发区人民法院（2010）高新民初字第247号民事判决书；海南省三亚市中级人民法院（2011）三亚民二终字第67号民事判决书；湖南省湘潭市中级人民法院（2011）潭中再字第14号民事判决书；海南省高级人民法院（2011）琼立一终字第123号民事裁定书。

⑤ 如浙江省余姚市人民法院（2012）甬余民初字第784号民事判决书；海南省海口市中级人民法院（2013）海中法民（环）终字第73号民事判决书；广东省深圳市宝安区人民法院（2012）深宝法民三初字第1404号民事判决书。

⑥ 参见张卫平：《对民事诉讼法学贫困化的思索》，《清华法学》2014年第2期。

含着实质性的法律限定，即仅有能导致物权设立、变更、转让或者消灭的法律文书能直接变动物权。相反，至于其他法律文书，须根据《民法典》第 208 条、第 209 条第 1 款、第 214 条和第 224 条经过登记或交付才产生物权变动的法律后果。上述诉讼法视角为《民法典》第 229 条之程序要素提供了新的解释方案。

三、形成性（创设性）法律文书

（一）三种民事判决类型

虽然《民事诉讼法》并未出现给付判决、确认判决和形成判决之概念表述[①]，但通说认为，我国民事判决根据其内容可区分为上述三个类别。[②]上述判决类型也在《民事诉讼法》中存在条文线索。《民事诉讼法》第 165 条第 1 款在界定小额诉讼程序时使用"简单金钱给付民事案件"这一给付之诉/判决的经典表述。此外还有第 264 条关于加倍支付迟延履行期间债务利息的规定，也存在"给付"这一概念表达。《民事诉讼法》第 2 条则出现"确认民事权利义务关系"这一指向确认之诉/判决的表述。《民事诉讼法》第 151 条第 4 款规定"宣告离婚判决，必须告知当事人在判决发生法律效力前不得另行结婚"，该规定虽然未如给付判决和确认判决一样提供概念上的明确指引，但从离婚时点反推可知，狭义的离婚判决难以被归入给付判决与确认判决，而是判决生效时变动实体法律关系的形成判决（变更判决）。[③]

（二）《民法典》中的判决类型指引

1. 平等主体之间的请求规范

三种判决类型不仅能在《民事诉讼法》中找到规范注脚，而且是观察《民法典》具体条文的重要维度，如《民法典》第 1167 条对给付判决的明确指引（"被侵权人有权请求侵权人承担停止侵害、排除妨碍、消除危险

---

① 最高人民法院 2015 年 4 月 30 日发布的《行政诉讼文书样式（试行）》在行政诉讼文书样式 3：行政判决书（一审请求给付类案件用）中要求**"本院认为"**部分应当结合给付判决的特点，注意相应问题的处理。此外，中华全国律师协会于 2009 年 8 月发布的《中华全国律师协会律师办理婚姻家庭法律业务操作指引》在第 52 条规定："为保护委托人合法财产权益，保障给付判决的执行，防止对方私自转移财产，律师可建议委托人向管辖法院提起诉前财产保全，若申请诉前财产保全的，律师要注意必须于 15 日内立案提起民事诉讼。"

② 对于民事诉讼法学上是否存在通说，在学术界存在不小的争议。仅从三大判决类型之学理对立法和司法的穿透作用可见，民事诉讼法学存在着通说，只是学界对通说还缺少应有的重视和遵从。参见任重：《论中国民事诉讼的理论共识》，《当代法学》2016 年第 3 期。

③ 理论研讨和司法实务对离婚判决存在广义和狭义的不同理解和认识。广义的离婚判决涉及婚姻关系、家庭财产关系和子女抚养关系的全局式处理，狭义的离婚判决仅针对婚姻关系的解除，特此说明。

等侵权责任"）。除了通过"给付"和"请求"对应给付判决，《民法典》中的相关表述还包括"要求""履行""清偿""责任"等。《民法典》贯彻私法自治原则，法官不得以法无明确规定拒绝裁判。该原则尤其适用于给付判决。就民事权利与判决内容的对应关系而言，请求权经由给付之诉达成给付判决直至请求权之实现的程序进程存在"请求权主张→给付诉讼标的→给付判决主文→既判力客观范围→执行力客观范围→请求权实现"的递进关系。① 由于给付判决是对请求权主张的肯定性回应，受请求权的开源性影响，无论是《民法典》抑或《民事诉讼法》，原则上均不对给付之诉的提起作法律限定。②

2. 以人民法院或仲裁机构为被请求主体的民法规范

须注意的是，以"请求"为标志的《民法典》具体条文尚有进一步区分的必要，即被请求主体是否为平等主体。其中，平等主体的请求规范是多数。《民法典》另有"请求人民法院"之表述 18 处，分别是《民法典》第 85 条、第 94 条第 2 款、第 147 条到第 151 条、第 265 条第 2 款、第 280 条第 2 款、第 410 条第 1 款和第 2 款、第 437 条第 1 款、第 454 条、第 533 条第 1 款、第 538 条和第 539 条、第 565 条第 1 款、第 807 条。被请求主体是仲裁机构的规范在《民法典》中与"人民法院"相伴而生，10 个位点表述为"人民法院或者仲裁机构"或"人民法院或者仲裁机构可以根据当事人的请求"。对于登记机关，《民法典》并未使用"请求"，而是表述为更能凸显公法关系之"声明""申请"，如《民法典》第 51 条、第 64 条、第 1049 条、第 1076 条、第 1077 条以及第 1146 条。

3. 两种请求规范的判决类型对应

以被请求主体为标准，《民法典》之请求规范可分别对应不同程序类别和判决类型。首先，被请求主体是平等主体，请求内容是"为或者不为一定行为"（《民法典》第 118 条第 2 款）之请求规范对应给付之诉和给付判决，也包括给付性调解书、裁定和仲裁裁决。其次，被请求主体是法院或仲裁机构，请求内容是拍卖、变卖抵押财产或留置财产以及建设工程，其指向《民事诉讼法》第十五章"特别程序"中的担保物权实现程序

---

① 参见任重：《民事判决既判力与执行力的关系——反思穿透式审判思维》，《国家检察官学院学报》2022 年第 5 期。

② 例外情形如将来给付之诉及标的物灭失之给付之诉。尽管如此，上述特殊情形并不欠缺起诉和受理条件，而是通过诉讼程序中诉的利益予以应对。是故，将来给付之诉和标的物灭失的给付之诉都欠缺给付利益。参见张卫平：《诉的利益：内涵、功用与制度设计》，《法学评论》2017 年第 4 期。

（《民事诉讼法》第207条和第208条）。最后，被请求主体是法院或仲裁机构，请求内容是确认民事权利义务关系的，其所对应的是确认之诉和确认判决、调解书和仲裁裁决。对于该类请求规范，较为典型的是《民法典》第565条第1款：当事人一方依法主张解除合同并通知对方，对方对解除合同有异议的，任何一方当事人可以请求人民法院或仲裁机构确认解除行为的效力。对于当事人一方通过起诉方式解除合同是否构成形成之诉，通说认为，起诉主张解除合同的法律效果自起诉状送达对方（被告）时产生，而非如《民法典》第1080条和《民事诉讼法》第151条第4款所规定的，在判决生效后产生民事法律关系之变动。① 上述通说见解已成为《民法典》第565条第2款之明确规定。无论是在起诉前、诉讼外、诉讼中主张合同解除，其诉讼和判决类型均系确认性的，而不是形成性或设权性的。

《民法典》中请求规范除明确规定被请求主体是人民法院或仲裁机构外，还有若干条文是隐性规范，典型例证是《民法典》物权编第一分编第三章"物权的保护"。该章（《民法典》第233条）开篇规定权利人得通过和解、调解、仲裁、诉讼等途径保护其物权。随后，《民法典》第234条规定利害关系人可以请求确认物权归属和内容。由于《民法典》第234条并未在《物权法》第33条基础上明确被请求主体，学界对于物权确认请求权究竟是实体请求权还是程序性权利存在理论分歧。虽然条文表述未有更改，但随着实体/程序有机衔接和互动，最高人民法院理解与适用丛书将其界定为程序性权利，且认为在物权归属和内容存有争议时请求人民法院确认本就是应有之义。② 是故，以《民法典》第234条为代表的物权保护规范只是对当事人诉权的提示而非授权。《民法典》未明确规定可以向法院起诉要求确认、给付的，不能据此反推出当事人不具备起诉和获得法院实体审理及裁判的程序性权利。在我国，《民法典》中的"确认"是对确认之诉和确认判决的明确指引，如《民法典》第388条第2款、第505条、第682条第2款、第754条和第755条。例外限于《民法典》第1073条，其表述虽为"确认或者否认亲子关系"，实乃建立和消灭亲子关系之形成判决。③

---

① 参见黄薇主编：《中华人民共和国民法典合同编解读（上）》，中国法制出版社2020年版，第361－362页。

② 参见最高人民法院民法典贯彻实施工作领导小组主编：《中华人民共和国民法典物权编理解与适用（上）》，人民法院出版社2020年版，第186页。

③ 参见最高人民法院民法典贯彻实施工作领导小组主编：《中华人民共和国民法典婚姻家庭编继承编理解与适用》，人民法院出版社2020年版，第223页。

4. 创设性请求规范

在以人民法院、仲裁机构为被请求主体的民法规范中，赋予民事主体形成诉权和指向形成判决的创设性规定是重要类型。《民法典》中的形成诉权规范群可以细分为四个类别：第一类是合同撤销和债权人撤销权。前者集中指向《民法典》第 147 条至第 151 条，当出现重大误解、欺诈、胁迫、乘人之危等事由，受损害方不得依单方意思表示撤销合同，而是考虑到合同效力的稳定性而规定受损害方向法院提起形成诉讼，在法院检验形成事由后作出形成判决，通过形成力实现合同撤销之效果；后者主要是《民法典》第 410 条第 1 款、第 538 条和第 539 条，基于保障债权人利益而赋予其撤销权，并要求采取形成判决的方式才能产生撤销结果。第二类是对营利法人等决议、决定的撤销权，即为保护出资人、集体成员、业主的成员权，而在《民法典》第 85 条、第 265 条和第 280 条规定通过法院形成判决撤销相关决议和决定。第三类是协议不成时提起的共有物分割诉讼。《民法典》第 303 条虽未如前两类形成诉权存在明确指引，但多数观点认为共有人只能请求法院对共有物加以分割。① 第四类是婚姻无效、撤销婚姻和离婚，如《民法典》第 1051 条、第 1052 条第 1 款、第 1053 条和第 1079 条。②

在上述《民法典》具体条文与判决类型的对应关系中，给付性法律文书和确权性法律文书虽在保全程序和强制执行性等方面存在显著区别，但它们均是描述已有的民事法律关系，并通过判决在当事人之间确认民事权利义务和命令被告满足原告所主张的请求权。与前述判决类型不同，形成性法律文书具有创设性，这集中表现为形成判决之形成力。据此，形成性或创设性法律文书并非旨在描述既有的权利义务关系以及命令被告满足原告主张的请求权，而是借助形成诉权与法院判决共同作用于私法秩序，变动既有的实体权利义务关系。有鉴于此，理论界和实务界曾称其为变更判决。③

四、导致物权变动的形成判决

（一）形成判决与物权变动的协同

形成性法律文书通过形成力变动既有民事权利义务关系，其与《民法典》第 229 条"导致物权设立、变更、转让或者消灭"之法律文书完美契合。从实体/程序交错视角观察，《民法典》第 229 条中的限定条件明确指

---

① 参见房绍坤：《论共有物分割判决的形成效力》，《法学》2016 年第 11 期。

② 参见陈爱武、赵莉：《婚姻无效之诉若干问题研究》，《江海学刊》2007 年第 1 期。

③ 参见张卫平：《民事诉讼法》（第六版），法律出版社 2023 年版，第 502 页。

向了形成性法律文书，而整体排除给付性和确认性法律文书。这同样成为全国人大常委会法工委立法释义书、最高人民法院理解与适用丛书以及代表性理论观点的共同认识。① 当然，形成诉讼/判决是在民事法律文书的语境下展开的。以形成性作为识别标准，刑事法律文书中的没收判决和没收裁定也旨在直接变动民事法律关系，而不是描述既存物权状态，只是考虑到《民法典》第 187 条之民事责任优先原则而不宜径行变动物权。同样，形成性或创设性也能作为进一步探讨行政法律文书导致物权变动的有力抓手，如人民政府的征收决定被行政复议或诉讼撤销后的物权归属问题。即便根据立法机关意见将征收决定生效时作为物权变动发生时，依行政法理，征收决定被撤销后亦应恢复原状。然而，所有权是否自动回复，抑或认为征收决定被撤销时国家依旧是所有权人，这背后除考虑行政法律文书的形成性或创设性，还需实质考虑风险负担等实体问题。如若认为被征收人自动回复所有权是更优选项，则撤销征收决定的法律文书也将满足《民法典》第 229 条之限定。

（二）形成判决对《民法典》第 229 条的型塑

仅形成性法律文书能直接导致物权变动，这不仅是立法、司法和理论共识，同样是以诉讼视角解读《民法典》第 229 条程序要素的典型例证。囿于实体/程序割裂在《民法典》时代依旧存在②，形成性法律文书这一难能可贵的共识背后存在隐性分歧，即立法、司法和理论对形成性法律文书的内涵与外延认识不统一。

全国人大常委会法工委释义书认为，离婚诉讼中确定当事人一方享有某项不动产的判决、分割不动产的判决、使原所有人回复所有权的判决即属于《民法典》第 229 条所谓设权、确权判决，此类法律文书包括设权或确权判决书、裁定书、调解书，如离婚判决中判定电脑归一方所有，则法院判决生效时电脑所有权发生变动，而不问占有状态和交付与否。③ 释义书将设权与确权相并列，存在对形成性法律文书的理解偏差。④

---

① 参见黄薇主编：《中华人民共和国民法典物权编解读》，中国法制出版社 2020 年版，第 59 - 60 页；最高人民法院民法典贯彻实施工作领导小组主编：《中华人民共和国民法典物权编理解与适用（上）》，人民法院出版社 2020 年版，第 160 页；崔建远：《中国民法典释评·物权编（上卷）》，中国人民大学出版社 2020 年版，第 171 页。

② 参见张卫平：《对民事诉讼法学贫困化的思索》，《清华法学》2014 年第 2 期；李浩：《走向与实体法紧密联系的民事诉讼法学研究》，《法学研究》2012 年第 5 期。

③ 参见黄薇主编：《中华人民共和国民法典物权编解读》，中国法制出版社 2020 年版，第 50 - 60 页。

④ 有观点将此处的设权法律文书理解为给付判决。参见崔建远：《中国民法典释评·物权编（上卷）》，中国人民大学出版社 2020 年版，第 168 页。

最高人民法院理解与适用丛书则在重申国家公权力介入物权秩序的谦抑性后，将给付性与确认性法律文书整体排除在《民法典》第229条之外。在此基础上，只有特定形成性法律文书才能导致物权变动。《物权编解释（一）》第7条将《民法典》第229条之形成性法律文书限于人民法院、仲裁机构在分割不动产或者动产等案件中作出并依法生效的改变原有物权关系的判决书、裁决书、调解书、人民法院在执行过程中作出的拍卖成交裁定书和人民法院在执行程序中作出的以物抵债裁定书。[①] 尽管如此，理解与适用丛书对人民法院或仲裁机构的形成性法律文书同样存在理解误差，如甲、乙双方就登记在乙名下的某套房屋产权发生纠纷，诉至法院，法院最终判决该房屋归甲所有。即使该房屋仍登记在乙名下，自该判决生效之时起，甲亦成为该房屋的所有权人，甲可持生效判决办理该房屋的变更登记手续。[②] 上述设例中，甲始终是该房屋所有权人。法院对房屋属于甲的确认，是确认判决的典型内容，即仅就某种权利或法律关系存在与否的宣告，而不能直接变动权利义务关系。[③]

可见，虽然立法释义书和理解与适用丛书均以形成性实质限定《民法典》第229条之"法律文书"范围，但学界对直接导致物权变动的形成性法律文书尚未形成明确统一的认识。

曾参与物权法（草案）起草和论证工作的立法专家也认可将《民法典》第229条之"法律文书""条文"限于"文书"，不当限定于形成性法律文书，并认为《物权法解释（一）》第7条（《物权编解释（一）》第7条）对《物权法》第28条的限缩解释并非僭越立法，而是正当的法律解释。[④] 为了维护公示公信原则，尽量减少无须公示就发生物权变动的情形，《物权编解释（一）》第7条还有进一步限缩的必要。考虑到和解、调解和裁定存在着排他性、对世性与公示性之不足，从保护第三人权益和交易安全入手，《民法典》第229条中"法律文书"应进一步限定为人民法院的形成判决、拍卖裁定和仲裁机构之形成裁决，不宜包括调解与和解。不仅如此，以物抵债裁定被上述观点认为是给付性裁定，而非形成性

[①] 除将"仲裁委员会"修改为"仲裁机构"、将《物权法》第28条调整为《民法典》第229条外，《物权编解释（一）》第7条与《物权法解释（一）》第7条保持一致。

[②] 参见最高人民法院民法典贯彻实施工作领导小组主编：《中华人民共和国民法典物权编理解与适用（上）》，人民法院出版社2020年版，第163－164页。

[③] 我国民法认可所有权属与登记不符的情形，如《民法典》第217条明确将不动产权属证书作为权利人享有该不动产物权的证明，并承认通过证据证明不动产登记簿确有错误。

[④] 参见崔建远：《中国民法典释评·物权编》（上卷），中国人民大学出版社2020年版，第171、173－178页。

裁定,故而同样不宜作为《民法典》第229条之"法律文书"。

五、《民法典》第229条的限缩解释

以形成性法律文书限缩《民法典》第229条"法律文书"范围,既是对公示公信原则的坚守贯彻,又是对第三人利益和交易安全的根本保障。为了实现上述实体法目标,形成性法律文书这一程序概念起到了决定性作用。一方面,《民法典》第229条中的法律限定整体排除了给付性和确认性法律文书。与请求权和民事法律关系的开源性不同,形成诉权旨在维护既有民事法律关系的稳定性和第三人合法权益,要求权利人须通过向人民法院或者仲裁机构主张形成诉权并借助终局性形成判决、裁决方能变动民事法律关系。① 正是因为形成诉权的法定性和封闭性,形成判决将产生对世效,其要求第三人服从形成判决对民事法律关系的变动。② 正因为《民法典》在价值判断后明确规定形成诉权,且形成诉讼经过了人民法院的严格检验,所以其生效判决才被例外允许产生对世效,并以诉讼法律关系直接介入物权秩序。

(一)物权变动的直接性原则

形成性法律文书与物权变动之间的直接性要求是具体把握"法律文书"范围的重要标准。就给付判决而言,其生效后也可能因为义务人的自动履行或强制执行变动物权。然而,上述给付判决并不满足物权变动的直接性原则。同理,宣告死亡判决不导致物权变动,因为宣告死亡是继承开始的原因,继承才是物权变动的直接根据。③ 以直接性原则为标准,撤销合同和债权人撤销权之形成判决虽然使原所有权人回复所有权,但判决直接作用的对象是合同法律关系,亦即在原因法律行为被撤销后产生所有权回复的法律后果。上述形成性法律文书能否被归入《民法典》第229条,颇费思量。④ 《物权编解释(一)》第7条虽未将撤销判决明确纳入《民法典》第229条的法律文书范畴,但理解与释义丛书认为,在撤销抵押权

---

① 参见任重:《形成判决的效力——兼论我国物权法第28条》,《政法论坛》2014年第1期。

② 参见张卫平:《既判力相对性原则:根据、例外与制度化》,《法学研究》2015年第1期。

③ 参见最高人民法院民事审判第一庭编:《最高人民法院物权法司法解释(一)理解与适用》,人民法院出版社2016年版,第227页。

④ 肯定性观点,参见胡康生主编:《中华人民共和国物权法释义》,法律出版社2007年版,第78-79页;汪志刚:《如何理解物权法第28条中的"法律文书"》,《西部法学评论》2011年第3期;王明华:《论〈物权法〉第28条中的"法律文书"的涵义与类型》,《法学论坛》2012年第5期;程啸:《因法律文书导致的物权变动》,《法学》2013年第1期;房绍坤:《导致物权变动之法院判决类型》,《法学研究》2015年第1期。反对见解,参见崔建远:《中国民法典释评·物权编(上卷)》,中国人民大学出版社2020年版,第176-177页。

人与抵押人以抵押财产折价优先受偿的协议时，将产生物权变动的法律效果，这属于《民法典》第229条"法律文书"范畴。①

（二）共有物分割裁判

《物权编解释（一）》第7条将共有物分割裁判作为《民法典》第229条中"法律文书"的范例。② 有较大争议的是共有物分割调解书之适格问题。从直接性原则出发，如若当事人自行或在法院主持下达成和解，不会因为披上了调解书的"外衣"就"罩上"国家公权力，并因此蜕变为直接引发物权变动的形成性文书。③ 这同样存在程序注脚，《民事诉讼法》第159条并未将调解书作为公众可以查阅的法律文书，《最高人民法院关于人民法院在互联网公布裁判文书的规定》第3条第9项仅将行政调解书和民事公益诉讼调解书作为应当在互联网公布的裁判文书。无论是从导致物权变动的直接性原则出发，还是考虑到调解书的公开公示性不足，对于调解书似不宜适用《民法典》第229条。④ 是故，分割共有物导致物权变动的法律文书宜限定在协议不成时请求法院或仲裁机构分割共有物的形成判决与裁决。即便认可调解书与判决、裁决具有同等效力，也无法据此导出调解书能直接引发物权变动。

（三）拍卖、变卖成交裁定

同理，《物权编解释（一）》第7条枚举的其他法律文书也应体现直接性原则。其中，人民法院在执行程序中作出的拍卖成交裁定书体现国家公权力对物权秩序的介入，拍卖物所有权的取得为原始取得。⑤ 2020年修订后的《最高人民法院关于人民法院民事执行中拍卖、变卖财产的规定》在第26条将不动产、动产或者其他财产权拍卖成交时作为物权变动时点。须予区分的是，拍卖成交确认书被认为并非人民法院作出的法律文书，不

---

① 参见最高人民法院民事审判第一庭编：《最高人民法院物权法司法解释（一）理解与适用》，人民法院出版社2016年版，第230页。

② 虽然《物权法》的立法者并未从形成性法律文书的角度来理解导致物权变动的法律文书，但物权法立法释义书所列举的导致物权变动的法律文书就已出现共有物分割裁判。参见胡康生主编：《中华人民共和国物权法释义》，法律出版社2007年版，第78-79页。

③ 参见崔建远：《中国民法典释评·物权编》（上卷），中国人民大学出版社2020年版，第173页。

④ 我国台湾地区民法理论观点认为，按照民事诉讼法或仲裁法就某不动产变动事项所作成的和解或调解，尚无与形成判决、裁决同一的形成力，需要当事人持和解书或调解书到登记机构办理变更登记，否则不发生物权变动的效力。参见谢在全：《民法物权论》（上册），三民书局2004年版，第128-129页。

⑤ 参见房绍坤：《法院判决外之法律文书的物权变动效力问题研究》，《法商研究》2015年第3期。

能导致物权变动。①

（四）以物抵债裁定

与拍卖成交裁定书不同，《物权编解释（一）》第 7 条规定的最后一类法律文书存在理论分歧。在排除以物抵债调解书和和解协议之后②，有观点认为以物抵债裁定书具有形成性，属于《民法典》第 229 条之"法律文书"。③ 相反观点则认为以物抵债裁定书并不具有形成性，而是给付性裁定书。④

（五）其他情形

最高人民法院理解与适用丛书还曾根据《民法通则》第 134 条及《民法通则意见（试行）》第 163 条第 1 款，将人民法院的民事收缴决定作为直接导致物权变动的法律文书。⑤ 须注意的是，民事收缴决定在《民法典》时代已失去导致物权变动的民事实体法准据。

综上所述，无论是形成性文书的内核，还是直接性原则的外在，都能实质限缩《民法典》第 229 条之"法律文书"的范围。需要注意的是，《物权编解释（一）》第 7 条的限缩作业并非封闭式列举，"分割共有不动产或者动产等案件"中的"等"表明其开放性，亦如理解与适用丛书将撤销抵押权人与抵押人以抵押财产折价优先受偿的协议作为《民法典》第 229 条之适用情形。

第四节　《民法典》第 229 条的程序检视与诉讼应用

从《物权法》第 28 条对法律文书的广义理解，到《物权法解释

---

① 参见最高人民法院民事审判第一庭编：《最高人民法院物权法司法解释（一）理解与适用》，人民法院出版社 2016 年版，第 231—232 页；广州市中级人民法院（2015）穗中法民五终字第 1228 号民事判决书。

② 参见陈龙业：《最高人民法院研究室关于以物抵债调解书是否具有发生物权变动效力的研究意见》，载张军主编：《司法研究与指导》，人民法院出版社 2012 年版，第 138 页；肖建国主编：《民事执行法》，中国人民大学出版社 2014 年版，第 245 页。

③ 参见最高人民法院民法典贯彻实施工作领导小组主编：《中华人民共和国民法典物权编理解与适用（上）》，人民法院出版社 2020 年版，第 162 页；房绍坤：《法院判决外之法律文书的物权变动效力问题研究》，《法商研究》2015 年第 3 期。

④ 参见崔建远：《中国民法典释评·物权编》（上卷），中国人民大学出版社 2020 年版，第 170、177 页。

⑤ 参见最高人民法院民事审判第一庭编：《最高人民法院物权法司法解释（一）理解与适用》，人民法院出版社 2016 年版，第 231 页。

（一）》第 7 条的限缩解释，背后是形成性要求与直接性原则的实质作用，体现出实体/程序交互的方法论创新，即以程序法理统筹解读实体规范中的程序要素。据此，《民法典》第 229 条之"法律文书"聚焦于审判程序阶段的（1）共有物分割判决、裁决，以及（2）执行程序阶段的拍卖成交裁定、变卖成交裁定；相反，（3）撤销原因行为之判决、裁决以及"形成性调解书"，（4）执行过程中的以物抵债裁定是否属于《民法典》第 229 条之"法律文书"则仍存在较大争议。

一、法律文书范围的扩张及限定

对于调解书，肯定性观点的主要论据是其与法院判决、仲裁裁决具有同等效力。例如，《民事诉讼法》中不乏"判决、裁定、调解书"的一体化表达，涉及二者共用的既判力和执行力规则。不仅如此，若干立法例也有所呼应，如《瑞士民法典》第 656 条第 2 款将"法院判决"的构成要件进一步扩展至代判决（Urteilssurogat）范畴，即形成判决之外对形成之诉的认诺、和解以及法院调解、仲裁裁决。① 如是观之，将诉讼调解书和仲裁调解书纳入《民法典》第 229 条既有我国程序法律支撑，也具备域外法呼应。

瑞士立法例虽然将"判决"进一步扩展至"代判决"范畴，甚至能扩及法院外的调解与和解，但上述扩张解释有一重要限定不可不察，即不能以此规避法律。② 这便要求《民法典》第 229 条的"法律文书"扩张要结合我国国情充分权衡程序风险。

二、法律文书范围对虚假诉讼的影响

我国民事司法实践中，虚假诉讼受到广泛关注。《最高人民法院关于防范和制裁虚假诉讼的指导意见》认为："民事商事审判领域存在的虚假诉讼现象，不仅严重侵害案外人合法权益，破坏社会诚信，也扰乱了正常的诉讼秩序，损害司法权威和司法公信力，人民群众对此反映强烈。"现行《民事诉讼法》第 115 条专门针对虚假诉讼作出规定，即当事人之间恶意串通，企图通过诉讼、调解等方式侵害他人合法权益的现象和问题。2023 年修正案于《民事诉讼法》第 115 条新增第 2 款规定单方虚假诉讼。③ 在《民事诉讼法》第 115 条之事中规制之外，第三人撤销之诉（第

① Vgl. Adrian Heberlein, Peter Breitschmid, Eva Maria Belser, Cyrill, Handkommentar zum Schweizer Privatrecht, Schulthess Juristische Medien AG 2012, § 656 ZGB, Rn. 21.

② Vgl. Adrian Heberlein, Peter Breitschmid, Eva Maria Belser, Cyrill, Handkommentar zum Schweizer Privatrecht, Schulthess Juristische Medien AG 2012, § 656 ZGB, Rn. 22.

③ 参见林剑锋：《论单方虚假诉讼的民事程序规制》，《现代法学》2023 年第 3 期。

59 条第 3 款）提供事后救济，即虚假诉讼之判决、裁定、调解书损害其民事权益的案外人有权请求撤销原判决、裁定、调解书。① 在立法、司法和理论对虚假诉讼特别是虚假调解着力进行规范的同时②，虚假仲裁又成为新现象和新问题。③

虚假诉讼、虚假调解、虚假仲裁的产生有其社会成因，但实体法成因是根本性的，即《物权法》第 28 条对"法律文书"的广义理解使涉物权法律文书均能直接变动物权，从而借助相对性的诉讼和判决产生对世性的物权变动效果，对真正权利人产生难以逆转的损害。在《物权法解释（一）》第 7 条将"法律文书"主要限定为形成性法律文书和两类执行裁定后，虚假调解和虚假仲裁逐渐成为司法实践中的突出问题。

以虚假诉讼规制为视角切入，充分考量公示公信原则和第三人权益保护的实体内核，《民法典》第 229 条之"法律文书"理应以形成判决为原则，尽最大可能减少虚假诉讼直接侵害案外人物权的情况发生。考虑到诉讼环境差异，《民法典》第 229 条不宜将诉讼调解书、仲裁调解书纳入"法律文书"范畴，而对于裁定书须逐项检验其在《民法典》时代的实体法基础，避免出现"法律文书"的泛化理解与模糊适用。

三、《民法典》第 229 条的诉讼场景

就《民法典》第 229 条之诉讼场景而言，其并非请求权基础规范，而是辅助规范，证成所有权之归属④，如帮助真正权利人推翻登记对所有权之法律推定（《民法典》第 216 条第 1 款）。因法院形成判决成为新权利人之当事人未及时变更登记，导致原所有权人将不动产让与他人并产生诉讼时，新权利人得以有独立请求权第三人（《民事诉讼法》第 59 条第 1 款）身份提起诉讼。若新权利人在强制执行阶段方才获知相关情况，则可提出案外人执行异议和执行异议之诉（《民事诉讼法》第 236 条和第 238 条）。即便原所有权人与受让人之间的前诉业已获得生效判决并经强制执行（或自愿履行），真正权利人依旧可另诉主张所有权并获得物权保护，该后诉因"当事人不同""诉讼标的不同""诉讼请求不同且未实质否定前诉裁判结果"并不落入《民事诉讼法》第 127 条第 5 项和《民诉法解释》第 247

---

① 参见张卫平：《中国第三人撤销之诉的制度构成与适用》，《中外法学》2013 年第 1 期；许可：《论第三人撤销诉讼制度》，《当代法学》2013 年第 1 期；任重：《回归法的立场：第三人撤销之诉的体系思考》，《中外法学》2016 年第 1 期。

② 参见李浩：《虚假诉讼与对调解书的检察监督》，《法学家》2014 年第 6 期。

③ 参见杨秀清：《虚假仲裁与案外人权益保护——实体法与程序法之理论阐释》，《政法论丛》2021 年第 2 期。

④ 参见吴香香：《民法典请求权基础检索手册》，中国法制出版社 2021 年版，第 37 页。

条之"一事不再理"。①

第五节　《民法典》第 229 条对第三人撤销之诉的重塑

借助民事诉讼基础理论中诉和判决的类型对《民法典》第 229 条进行实体/程序交互研究并得以完成限缩解释后，人民法院的"法律文书"适用范围为依法限定第三人撤销之诉和科学规制虚假诉讼提供了实体导向。

一、《民事诉讼法》第 59 条第 3 款第 1 句之要件分类

由于司法机关在民事司法实务中的突出感受及其在社会舆论中产生的强烈反响，虚假诉讼问题成为 2012 年民事诉讼法修改重点关注的问题。也因此，虚假诉讼的理论构造及其法律成因最初并未得到足够重视，这导致虚假诉讼在司法实践中的泛化认定，并连锁引发第三人撤销之诉的扩大适用。一般认为，《民事诉讼法》第 59 条第 3 款第 1 句规定的 6 项要件是第三人撤销之诉在《民事诉讼法》第 122 条之外应当满足的起诉条件。② 以"实体事项/程序事项"的分析框架观之，第三人撤销之诉的诉讼标的规范有其特殊性。与《民法典》建立"请求（诉讼标的规范）→抗辩→再抗辩→再再抗辩"的评价分层，《民事诉讼法》第 122 条和第 127 条建立以起诉条件为中心的程序事项不同，第三人撤销之诉的法律性质是程序性形成诉权，其胜诉判决乃程序性形成判决，其法律效果亦发生在程序层面，亦即否定他人之间生效判决的既判力。③ 是故，《民事诉讼法》第 59 条第 3 款第 1 句不但涉及程序事项，且本身就构建起了"实体"审理结构。

《民事诉讼法》第 59 条第 3 款第 1 句包括以下 6 项基本要求：（1）主体条件为"前两款规定的第三人"；（2）程序条件为"因不能归责于本人的事由未参加诉讼"；（3）"有证据证明发生法律效力的判决、裁定、调解书的部分或者全部内容错误"为实体条件；（4）"损害其民事权益"为结果条件；（5）时间条件为"自知道或者应当知道其民事权益受到损害之日起六个月内"；（6）管辖法院是"作出生效判决、裁定、调解书的人民法

---

① 参见张卫平：《重复诉讼规制研究：兼论"一事不再理"》，《中国法学》2015 年第 2 期；林剑锋：《既判力相对性原则在我国制度化的现状与障碍》，《现代法学》2016 年第 1 期。
② 参见最高人民法院研究室、最高人民法院民事诉讼法修改研究小组办公室编著：《〈中华人民共和国民事诉讼法〉修改条文适用解答》，人民法院出版社 2012 年版，第 56 页。
③ 参见张卫平：《第三人撤销判决制度的分析与评估》，《比较法研究》2012 年第 5 期。

院"①。对此，除第三人撤销之诉的主体条件可能通过《民事诉讼法》第59条在内部完成体系解释外，其他起诉条件和裁判效果的确定尚需实体/程序交互地于《民法典》与《民事诉讼法》文本内进行全面检索方可完成体系对接。

（一）第三人撤销之诉的程序事项

其中，可归入程序事项之内容为前述（1）主体条件（对接《民事诉讼法》第122条第1款第1项"原告是与本案有直接利害关系的公民、法人和其他组织"）、（2）程序条件（对接《民事诉讼法》第122条第1款第1项）以及（6）管辖法院（对接《民事诉讼法》第122条第1款第4项"属于人民法院受理民事诉讼的范围和受诉人民法院管辖"）。

（二）第三人撤销之诉的实体事项

相较而言，《民事诉讼法》第59条第3款中的（3）实体条件和（4）结果条件以及（5）时间条件难以被归入以《民事诉讼法》第122条和第127条为枢纽的程序事项，否则将引起第三人撤销之诉中程序事项与实体事项的混同，并在结果上不利于案外第三人诉权的有效保障。其中，"有证据证明发生法律效力的判决、裁定、调解书部分或者全部内容错误"和"损害其民事权益"是第三人撤销之诉的核心实体事项，亦可比照"请求→抗辩→再抗辩→再再抗辩"的实体审理结构作为诉讼标的规范。虚假诉讼的泛化认定与第三人撤销之诉的一般适用也均源于上述诉讼标的规范构成要件的抽象化和模糊化。而对于"自知道或者应当知道其民事权益受到损害之日起六个月内"的时间条件，宜比照《民法典》第152条之除斥期间规定（"当事人自知道或者应当知道撤销事由之日起一年内、重大误解的当事人自知道或者应当知道撤销事由之日起九十日内没有行使撤销权"）加以处理。根据《民事诉讼法》第67条第1款结合《民诉法解释》第91条第1款第2项，作为除斥期间（消灭第三人撤销诉权）的（5）时间条件宜被归入权利消灭规范而作为诉讼抗辩，由第三人撤销之诉的被告承担证明责任。据此，《民事诉讼法》第59条第3款中的实体事项审理结构将形成"请求（实体条件＋结果条件）→抗辩（时间条件）"的立体构造。

二、结果条件与共有物分割判决

综上所述，通过考察我国《民法典》第229条，可能通过法院生效判

---

① 参见最高人民法院民事诉讼法修改研究小组编著：《〈中华人民共和国民事诉讼法〉修改条文理解与适用》，人民法院出版社2012年版，第104－108页。

决导致物权变动的情形限于当事人协议不成时法院对共有财产分配作出的形成判决。虚假诉讼据此才有骗取生效判决损害案外第三人民事实体权益的可能。是故，给付判决和确认判决整体以及除协议不成时分割共有物判决以外的形成判决原则上不能满足《民事诉讼法》第 59 条第 3 款之"有证据证明发生法律效力的判决、裁定、调解书的部分或者全部内容错误，损害其民事权益"这两个构成要件（实体条件和结果条件）。①

---

① 参见任重：《回归法的立场：第三人撤销之诉的体系思考》，《中外法学》2016 年第 1 期。

第十讲　实体导向的必要共同诉讼

　　"切实实施民法典"对两法关系的科学处理提出了三个层面的协同实施要求：（1）以两法协同实施为目标重塑民事诉讼目的，在此基础上提出体系化和科学性的链接框架；（2）以诉讼标的论、证明责任论、判决效力论等诉讼制度推动民法规范的具体化与动态化；（3）以民事实体权利构造为准据评估程序设计的协同性与穿透力，确保诉讼（裁判）有效保障民法典的正确实施。随着《民法典》的编纂、颁布与实施，两法关系研究的重点落在前两个方面。本书第一讲至第四讲主要致力于两法协同实施分析框架的提出和展开，随后进入实体/程序交互的诉讼标的论（第五讲、第六讲）、证明责任论（第七讲、第八讲）和判决效力论（第九讲）。

　　相较而言，受历史、观念、实务等综合影响，实体导向的民事诉讼程序协同研究尚未齐头并进。鉴于此，本书接下来将主要围绕两法协同研究的第三个层面，分别从共同诉讼论（第十讲到第十二讲）和法官释明论（第十三讲）探讨《民法典》视域下的民事诉讼程序论。上述实体/程序交互的分析框架还将为《公司法》与《民事诉讼法》的协同实施提供导向和标准。

第一节　必要共同诉讼的程序导向

　　《民法典》是保护民事权利的宣言书，其同样要求民事诉讼法充分保障民事权利的有效实现。"切实实施民法典"对两法的科学协同提出了更为精细的要求。[①] 然而，从历史维度看，本应与民法典同步编纂、颁布和实施的 1982 年《民事诉讼法（试行）》长期欠缺民法视域，这也是其标

---

① 参见张卫平：《民法典的诉讼分析》，《云南社会科学》2023 年第 1 期；张卫平：《民法典的实施与民事审判方式的再调整》，《政法论坛》2022 年第 1 期。

注"试行"的根本原因（详见本书第二讲第二节）。从观念维度看，对两法协同性的强调，特别是民法视域下对民事诉讼制度改革的探讨，招致民事诉讼法丧失自主性和独立性的质疑[1]，而这正是 1982 年《民事诉讼法（试行）》先于《民法典》颁布实施的理论根据。[2] 从实务维度看，由于我国长期承受"诉讼爆炸""案多人少"的压力[3]，司法实践更关注纠纷一次性解决、缓解审判压力、减轻讼累等诉讼效率命题，而对私法自治的程序协同、实体权利对诉讼构造的影响等诉讼公正命题有所忽视。这些共同导致了民事诉讼法学研究与实体法的分离。[4]

必要共同诉讼可谓此方面的突出例证。1982 年《民事诉讼法（试行）》第 47 条第 1 款将"诉讼标的共同"作为必要共同诉讼的核心识别标准。虽然该条第 2 款同时使用"对诉讼标的有共同权利、义务"之表述，但其仅是对"诉讼标的共同"的代称，侧重共同诉讼人之间的内部关系[5]，两者均指向诉讼标的的同一性[6]，据此与复数主体的单一民事权利（义务）构造建立起紧密联系（实体导向）。然而，司法实践与诉讼理论仍以查明案件事实、降低诉讼成本、避免矛盾裁判等诉讼政策为程序导向[7]，这在我国引发了必要共同诉讼的泛用。因此，在现行《民事诉讼法》第 55 条第 1 款的框架内，科学识别和准确判定必要共同诉讼，仍是两法协同实施的重点和难点。

第二节　程序导向模式的成因及实践反馈

最高人民法院理解与适用书认为，我国诉讼实务中的诉讼标的是"原

---

[1]　参见杨荣新：《应尽快颁布施行民事诉讼法》，《北京政法学院学报》1981 年第 2 期。

[2]　参见江伟、刘家兴：《建议民事诉讼法先于民法颁布施行》，载江伟：《探索与构建——民事诉讼法学研究（上）》，中国人民大学出版社 2008 年版，第 3 页以下。

[3]　最早使用"案多人少"的司法文件出现于 1950 年。在《关于送卷手续及整理诉讼卷证应注意事项的通报》中，最高人民法院要求按地方各级法院程序办事，认真执行送卷手续及寄回送证以及整理案卷和证物处理，并着重强调"即便在案多人少的情况下，也要克服困难"。

[4]　参见张卫平：《对民事诉讼法学贫困化的思索》，《清华法学》2014 年第 2 期。

[5]　参见王瑞贺主编：《中华人民共和国民事诉讼法释义》，法律出版社 2023 年版，第 100 页。

[6]　参见陶凯元、杨万明、王淑梅主编：《中华人民共和国民事诉讼法理解与适用（上）》，人民法院出版社 2024 年版，第 248 页。

[7]　参见林剑锋、曹建军编著：《民事诉讼法实务评注手册》，法律出版社 2023 年版，第 160 页。

告在诉讼上所为一定具体实体法之权利主张"，该理论"简便易行""诉讼秩序稳定""当事人攻击防御目标集中"，"是其他诉讼标的理论所无法比拟的"①。因此，本讲以该诉讼标的理论为准据。据此，《民事诉讼法》第55条第1款之"诉讼标的共同"在《民法典》视域下将转化为复数权利主体享有单一民事权利（积极必要共同诉讼）、复数义务主体负担单一民事义务（消极必要共同诉讼）以及复数权利主体对复数义务主体享有单一民事权利（混合必要共同诉讼）三种实体构造。

以"诉讼标的共同"为标准，司法解释与民法规范之间存在紧张关系。例如，《民诉意见》第43条仅以挂靠人与被挂靠人之间有不同程度的经济联系，共同参加诉讼便于正确判断双方的关系为出发点，认定挂靠人与被挂靠人是必须共同进行诉讼的当事人。②随着《民法典》的编纂、颁布和实施，必要共同诉讼的泛用对实体权利的侵蚀和对程序选择权的忽视引发关注③，故《民诉法解释》第54条不再要求权利人同时起诉挂靠人和被挂靠人，而是规定仅在权利人提出请求时方作为共同诉讼处理。不过，由于必要共同诉讼识别标准的程序导向并未根本转变，上述优化难谓"切实实施民法典"。虽挂靠人与被挂靠人无须一同被诉，但诉讼标的仍被《民诉法解释》第54条认定为"共同"，故而"一人所受判决的既判力及于未诉讼的其他人"④。而根据《民法典》第1211条结合第178条第1款，受害人本享有给付目的同一的复数请求权⑤，故并不满足"诉讼标的共同"。

虽然同属连带责任，《民法典》实施后修订的《人身损害赔偿解释》却在第2条第1款禁止权利人仅起诉部分共同侵权人。连带责任一向被作为必要共同诉讼的典型情形⑥，但由于"诉讼标的共同"标准模糊，甚至

---

① 参见最高人民法院修改后民事诉讼法贯彻实施工作领导小组编著：《最高人民法院民事诉讼法司法解释理解与适用（上）》，人民法院出版社2015年版，第635页。

② 参见杨立新主编：《〈最高人民法院关于适用民事诉讼法若干问题的意见〉释义》，吉林人民出版社1992年版，第43页以下。

③ 《民诉意见》第58条第二句规定："应当追加的原告，已明确表示放弃实体权利的，可不予追加；既不愿意参加诉讼，又不放弃实体权利的，仍追加为共同原告，其不参加诉讼，不影响人民法院对案件的审理和依法作出判决。"该要求被《民诉法解释》第74条吸收。

④ 最高人民法院修改后民事诉讼法贯彻实施工作领导小组编著：《最高人民法院民事诉讼法司法解释理解与适用（上）》，人民法院出版社2015年版，第231页。

⑤ 参见王利明主编：《中国民法典释评·总则编》，中国人民大学出版社2020年版，第452页。

⑥ 参见王瑞贺主编：《中华人民共和国民事诉讼法释义》，法律出版社2023年版，第100页；最高人民法院修改后民事诉讼法贯彻实施工作领导小组编著：《最高人民法院民事诉讼法司法解释理解与适用（上）》，人民法院出版社2015年版，第231页。

最高人民法院同一审判庭于同一年度作出的裁判也难以实现认定标准的统一。① 对于被诉侵犯知识产权的产品制造人与销售人的共同诉讼形态，最高人民法院亦持固有必要共同诉讼②、非典型（特殊）必要共同诉讼③以及普通共同诉讼④三种不同见解。

一、程序/实体导向模式之界定及相关概念之明确

上述分析表明，民法典中复数主体的单一权利（义务）构造对"诉讼标的共同"的决定性（实体导向）并未得到相关司法解释及诉讼实践的贯彻与遵循。

（一）必要共同诉讼模式

实体导向以单一实体权利（义务）构造为核心准据，以私法自治和民事权利实现为基本考量，严格限定必要共同诉讼的适用范围。以连带责任为例，原告对复数被告提起的共同诉讼并不满足单一权利（义务）构造，其诉讼标的并不唯一，故在实体导向语境下不成立必要共同诉讼。相反，司法解释及其实践不强调诉讼标的与实体权利（义务）构造的协同关系，转而以个案事实的查明、具体纠纷的一次性解决及矛盾裁判避免为着眼点，要求关系人共同进行诉讼，或在认定既判力向所有潜在共同诉讼人扩张（另诉禁止）的前提下准许单独诉讼，可谓程序导向的必要共同诉讼模式。

（二）实体法/诉讼法原因的必要共同诉讼

必要共同诉讼模式须与诉讼标的识别标准以及实体法/诉讼法原因的必要共同诉讼等概念科学区分。一方面，实体导向模式与诉讼标的识别标准的问题意识不同。实体导向模式强调复数主体之间的单一实体权利（义务）构造对诉讼标的合一裁判的决定性。诉讼标的识别标准的功能是在相同当事人之间且在同样的诉讼请求（诉的声明）范围内，回应复数请求权基础对诉讼标的数量的决定作用。可见，复数主体的单一实体权利（义务）构造并非诉讼标的识别标准的问题意识。同样，诉讼标的之不同识别标准不能直接导出实体或程序导向的必要共同诉讼识别标准。例如，诉讼标的采诉讼法说，并不能导出必要共同诉讼采程序导向，而仍要根据单一

---

① 参见最高人民法院（2022）最高法知民终 783 号民事判决书；最高人民法院（2022）最高法知民辖终 335 号民事裁定书。

② 参见最高人民法院（2020）最高法知民终 1475 号民事判决书。

③ 参见最高人民法院（2022）最高法知民辖终 286 号民事裁定书。

④ 参见陈某华等 23 名投资人诉大庆联谊公司、申银证券公司虚假陈述侵权赔偿纠纷案（下称"陈某华案"），《最高人民法院公报》2005 年第 11 期。

实体权利构造对必要共同诉讼的决定性加以判定。以抽象的民事法律关系为识别标准证成"诉讼标的共同"的实践做法，仍是"实体为表，程序为里"的程序导向模式。①

另一方面，比较法上的"诉讼法原因"并不指向程序导向模式，而仍是实体导向语境下的必要共同诉讼分类。以《德国民事诉讼法》第 62 条第 1 款为根据，德国学说将其中的"争议权利关系只能对全体共同诉讼人合一确定"（第一种情形）称为"诉讼法原因"的必要共同诉讼，而将"其他原因使共同诉讼成为必要"（第二种情形）称为"实体法原因"的必要共同诉讼。② 该分类可基本对应我国学理上的类似必要共同诉讼与固有必要共同诉讼。总体而言，无论是实体法原因、诉讼法原因必要共同诉讼，抑或固有、类似必要共同诉讼，均着眼于全体当事人共同参加诉讼的必要性，此即我国《民事诉讼法》第 135 条的适用范围问题。在实体导向模式下，共有人因单一实体权利（义务）提起的必要共同诉讼，在约定全体共同管理不动产或动产时成立固有必要共同诉讼（《民法典》第 300 条前段），而在没有约定或约定不明时成立类似必要共同诉讼（《民法典》第 300 条后段）。相反，程序导向模式则从案件事实牵连性出发判断共同诉讼必要性，故而《民诉法解释》第 54 条将挂靠关系纳入类似必要共同诉讼，而《人身损害赔偿解释》第 2 条第 1 款则将共同侵权纳入固有必要共同诉讼。

综上，实体/程序导向的核心命题是单一实体权利（义务）构造对成立必要共同诉讼的决定性，其与诉讼标的识别标准中的实体法与诉讼法说、必要共同诉讼理论上的实体法原因与诉讼法原因具有不同的问题意识。实体/程序导向的必要共同诉讼模式并非以特定诉讼标的识别标准抑或共同诉讼必要性为前提。

二、我国必要共同诉讼程序导向的成因

民事诉讼法的首要目的是保护民事实体权利，这本是两法关系的自然逻辑结果，亦是新中国成立以来的两法关系定论。③ 然而，上述认识长期面临质疑，即以实体为导向必将撼动民事诉讼法学科的自主性，甚至使民

---

① 参见柴发邦：《论共同诉讼和诉讼中的第三人》，载杨荣新、叶志宏编：《民事诉讼法参考资料》，中央广播电视大学出版社 1986 年版，第 485 页。

② 参见［德］罗森贝克、［德］施瓦布、［德］戈特瓦尔德：《德国民事诉讼法（上）》，李大雪译，中国法制出版社 2007 年版，第 308 页。

③ 参见张卫平：《民事诉讼法与民法关系的再认识——基于"权—诉架构"的考察和分析》，《江西社会科学》2024 年第 7 期。

事诉讼立法及其理论成为民法的附庸。① 对实体决定性的质疑有其特殊的时代背景。囿于民法与经济法的论争以及民法典编纂的停滞，协同推进的民事诉讼立法面临搁浅风险。因此，学界倡导民事诉讼法相对于民法的独立性，呼吁"先程序，后实体"的民事立法模式②，并最终成功推动 1982 年《民事诉讼法（试行）》先于民法典近 40 年颁布实施。立法者通过在民事诉讼法名称中标示"试行"，提示其须在民法典实施后实现两法协同。③

1982 年《民事诉讼法（试行）》第 47 条第 1 款虽然确立了"诉讼标的共同"这一实体导向模式的外观，但长期欠缺实体权利（义务）构造的有效指引。学界也并未借助民法理论和逐步配备的民法规范划定必要共同诉讼的外延。曾参与立法工作的江伟教授将共同诉讼的制度目的一体确定为"简化诉讼程序，节省时间和费用，并且避免法院对同一事件的处理作出相互矛盾的判决"④。为此，必要共同诉讼被细分为两大类，即对诉讼标的有共同权利义务与基于同一事实和法律上原因而对诉讼标的产生权利义务。由于当事人在权利义务方面有共同的利害关系，是不可分之诉，所以法院必须合一审理并作出合一判决。⑤ 该理解是我国学界的基本共识，观点仅在两类必要共同诉讼的外延上存在细微差别。⑥ 此外，当时的论者均将必要共同诉讼作为研究重点，对普通共同诉讼的讨论则往往停留于诉讼标的同种类以及程序条件的铺陈。

总体而言，对共同权利义务等实体问题的讨论，普遍存在抽象性与模糊性。原因在于，必要共同诉讼中偶现的实体论述及其规范根据并不以厘清诉讼形态的实体导向为目标，而是借助共同诉讼必要性，将尽可能多的民事主体强制纳入同一程序，以此减少案件数量，降低诉讼成本，避免法院作出矛盾事实认定。⑦ 有鉴于此，学界将连带债权和连带债务、多数人侵权、保证合同、共同赡养、共同继承、共有财产、合伙经营等实体争议

---

① 参见杨荣新：《应尽快颁布施行民事诉讼法》，《北京政法学院学报》1981 年第 2 期。

② 参见江伟：《探索与构建——民事诉讼法学研究（上）》，中国人民大学出版社 2008 年版，第 3 页以下。

③ 参见任重：《民事诉讼法"去试行化"：以民法典为参照》，《法治社会》2024 年第 3 期。

④ 常怡等整理：《民事诉讼基础理论研究》，法律出版社 2020 年版，第 126 页。

⑤ "合一审理""合一判决"之表述在我国改革开放后的必要共同诉讼研讨中就已经出现，而非源于德日大陆法系国家的概念表达。参见柴发邦等：《民事诉讼法通论》，法律出版社 1982 年版，第 165 页以下。

⑥ 参见刘家兴主编：《民事诉讼法学教程》，北京大学出版社 1994 年版，第 133 页。

⑦ 参见柴发邦、刘家兴、江伟等：《民事诉讼法通论》，法律出版社 1982 年版，第 163 页。

均纳入诉讼标的同一的不可分之诉，要求当事人共同进行诉讼。[①] 鲜有的反面论证也属程序导向，例如根据《民事诉讼法（试行）意见》第61条，原审法院就享有权利或承担义务的份额已经作出判定，二审法院认为原判决正确的，就不必把未上诉或未被上诉的当事人列为共同上诉人或被上诉人，原来的不可分之诉因一审判决而变成了可分之诉。

三、我国程序导向必要共同诉讼的实践反馈

程序导向模式存在适用困境。除司法解释中必要共同诉讼列举的标准多元问题外，相关实践还普遍存在"同案不同判"的现象。《民法典》实施后，当事人频繁以诉讼标的与实体权利构造之间的协同性为据，质疑必要共同诉讼的成立，抑或以遗漏必要共同诉讼人为由，提起上诉甚至申请再审，法官则通过松动职权追加与扩张共同诉讼管辖应对程序质疑。上述做法使必要共同诉讼与普通共同诉讼之间的界限愈发模糊。

（一）职权追加的松动

因适用上的困境，程序导向模式正在司法解释中发生松动。最高人民法院认为，以挂靠为代表的连带责任诉讼属于类似必要共同诉讼，连带责任人不属于必须参加诉讼的当事人。[②] 在此基础上，以《民诉法解释》的规定为例，法院在经营者与实际经营者（第59条第2款）、业务介绍信的出借单位和借用人（第65条）、被代理人和代理人以及代理人与相对人（第71条）等连带责任诉讼中，均不再强制追加必要共同诉讼人。然而，上述职权追加的松动并非基于实体导向，而仍是为了减轻法官追加的负担，避免二审甚至再审中因遗漏当事人而撤销原判发回重审。与之相对，《人身损害赔偿解释》第2条第1款未因循以上做法，仍要求法院强制追加其他共同侵权人作为共同被告。

《民诉法解释》第66条则要求在债权人仅起诉一般保证人时，法院应当通知被保证人作为共同被告。这也为《担保解释》第26条第1款与《民法典》第687条第2款之间的龃龉埋下了伏笔。《担保法解释》第125条规定仅在一般保证的债权人向债务人和保证人一并提起诉讼时，人民法院可以将债务人和保证人列为共同被告。可见，上述共同诉讼的成立前提是债权人向债务人与保证人一并提起诉讼。[③] 不仅如此，"可以"已经暗示上述情形并

---

① 参见刘家兴：《对运用共同诉讼制度中几个问题的认识》，《中国法学》1984年第4期。
② 参见最高人民法院修改后民事诉讼法贯彻实施工作领导小组编著：《最高人民法院民事诉讼法司法解释理解与适用（下）》，人民法院出版社2015年版，第783页。
③ 参见最高人民法院民事审判第二庭：《最高人民法院民法典担保制度司法解释理解与适用》，人民法院出版社2021年版，第271页。

非必要共同诉讼，其并未禁止债权人对保证人的单独诉讼形态。然而，最高人民法院在对《民诉法解释》第 66 条的解读意见中，不允许债权人仅起诉保证人，而是必须同时起诉债务人。[①] 由此可见，最高人民法院虽然旨在弱化职权追加，但仍坚持程序导向。保证合同固然具有从属性，但从属性本身并不能证成保证合同请求权与主合同请求权的诉讼标的同一性。最高人民法院回避了上述诉讼标的的同一性与实体权利（义务）构造的协同关系，而是径行依据先诉抗辩权要求法院通知被保证人参加诉讼。[②]《担保解释》第 26 条第 1 款最终并未以《民法典》第 687 条第 2 款为导向，而是以《民诉法解释》第 66 条为根据禁止债权人对一般保证人的单独诉讼形态。

　　职权追加的松动在司法实践中有集中体现，若干代表性案例进一步限缩了必要共同诉讼的适用范围。在公报案例"陈某华案"中，法院认为对因虚假陈述行为承担连带责任的复数被告提起诉讼成立普通共同诉讼，提出"在一审诉讼中，原告基于其诉讼利益的判断而选择其中某些人当被告，不违反法律规定，法院根据原告的请求确定诉讼参加人，是尊重当事人的诉讼选择权"[③]。但将连带责任归入普通共同诉讼的做法，并未得到司法实务的普遍认同。例如，最高人民法院在"奥克斯案"中认为，"在侵权纠纷领域，多个被诉行为人共同实施侵权行为时可以基于诉讼标的的同一性构成必要共同诉讼"，"如果原告选择对多个被告分别起诉，法院并不必然需要在特定诉讼中追加其他关联主体参与诉讼"[④]。该案入选 2018 年中国法院 50 件典型知识产权案例，其裁判见解及论证方法成为相关案例的重要参照。据此，最高人民法院尝试切断诉讼标的的同一性与共同诉讼必要性之间的决定关系，即在肯定诉讼标的的同一性的同时，认可债权人对部分责任人的"诉讼选择权"。[⑤]

[①]　参见最高人民法院修改后民事诉讼法贯彻实施工作领导小组编著：《最高人民法院民事诉讼法司法解释理解与适用（上）》，人民法院出版社 2015 年版，第 251 页。

[②]　参见最高人民法院修改后民事诉讼法贯彻实施工作领导小组编著：《最高人民法院民事诉讼法司法解释理解与适用（上）》，人民法院出版社 2015 年版，第 252 页。

[③]　陈某华等 23 名投资人诉大庆联谊公司、申银证券公司虚假陈述侵权赔偿纠纷案，《最高人民法院公报》2005 年第 11 期。相同裁判观点，参见最高人民法院（2022）最高法知民终 783 号民事判决书。

[④]　宁波奥克斯空调有限公司与珠海格力电器股份有限公司、广州晶东贸易有限公司侵害实用新型专利权纠纷案（简称"奥克斯案"），最高人民法院（2018）最高法民辖终 93 号民事裁定书。

[⑤]　民法典实施后的相关案例，参见戴森贸易（上海）有限公司、追觅创新科技（苏州）有限公司等侵害实用新型专利权纠纷案（下称"戴森案"），最高人民法院（2022）最高法知民辖终 471 号民事裁定书；广东双鹰玩具实业有限公司、乐高公司等侵害发明专利权纠纷案（下称"双鹰案"），最高人民法院（2022）最高法知民辖终 487 号民事裁定书。

（二）共同诉讼管辖权之扩张

共同诉讼管辖权的扩张，主要源于司法实践的摸索与创新。2014 年 1 月 1 日《最高人民法院关于人民法院在互联网公布裁判文书的规定》施行以来，在全文中出现"必要共同诉讼"的裁判文书数量不断累积，随着民法典的实施达到历史峰值。① 2022 年以后，相关裁判文书数量受政策性影响急剧下降。② 在最高人民法院发布的 40 批共计 229 个指导性案例中，无一例将必要共同诉讼作为焦点问题。这也凸显出必要共同诉讼的复杂性和非必要共同诉讼识别标准的非统一性。不同裁判观点诱发当事人频繁以诉讼标的非同一性为据提出管辖权异议，以遗漏必要共同诉讼人为由提起上诉甚至申请再审。将检索结果的时间范围限定于《民法典》实施以来（2021 年 1 月 1 日至 2024 年 6 月 20 日），最高人民法院在"本院认为"中对此作出实质回应的裁判文书共有 103 件。其中，必要共同诉讼引发的管辖权争议 58 件，占比 56.3%；因遗漏必要共同诉讼人而提起上诉的案件 23 件，由此引发的再审案件 22 件，分别占比 22.3% 和 21.4%。

诉讼标的同一性之所以频繁成为管辖权异议的争议焦点，原因在于我国共同诉讼制度在管辖问题上的不同安排。法院认定本案属于必要共同诉讼，便已证成其对全案的管辖，而由于普通共同诉讼存在复数诉讼标的，这就要求审理法院对所涉诉讼分别具有管辖权。③ 例如，最高人民法院在"戴森案"中并未对诉讼标的同一性问题作出明确回应，而是以"奥克斯案"为基础，认为多个被诉行为人分别实施侵权行为造成同一损害时，"仍可以基于诉讼标的的同一性以及防止判决冲突、保护当事人利益等政策原因构成必要共同诉讼"。一旦原告选择共同起诉，法院就可以合并审理而无须征得被告同意。如果原告选择分别起诉，法院并不需要在特定诉讼中追加其他关联主体。④ 在此基础上，最高人民法院在"双鹰案"中更为直接地对诉讼标的同一性作出回应，即制造商和销售商共同被诉时，虽然并非诉讼标的同一，但两个侵权行为形成了部分相同的诉讼标的。⑤ 这

---

① 根据审判年份整理如下：2014 年 3 337 件、2015 年 4 565 件、2016 年 6 123 件、2017 年 10 514 件、2018 年 10 402 件、2019 年 13 570 件、2020 年 13 974 件、2021 年 11 562 件、2022 年 8 078 件、2023 年 1 621 件。该数据经在聚法案例数据库检索而得，最后检索时间为 2024 年 6 月 20 日。本段其他数据亦于同一时间经在同一数据库检索获得。

② 参见李广德：《裁判文书上网制度的价值取向及其法理反思》，《法商研究》2022 年第 2 期。

③ 参见常怡等整理：《民事诉讼基础理论研究》，法律出版社 2020 年版，第 128 页。

④ 参见最高人民法院（2018）最高法民辖终 93 号民事裁定书。

⑤ 参见最高人民法院（2022）最高法知民辖终 487 号民事裁定书。

也在若干裁判文书中被称为"非典型的或特殊的必要共同诉讼"以及"非案件实质性争议"①。

诉讼标的是当事人请求和法院审理的最小基本单位②，诉讼标的部分相同或非实质性显然违背最小基本单位的定位。不仅如此，《民事诉讼法》第 55 条第 1 款第一种情形是第 135 条适用的充分条件，而法院允许原告分别起诉的折中做法，显然有违该法定程序要求。值得注意的是，最高人民法院突破诉讼标的同一性和共同诉讼强制性的实践探索，背后蕴含着实体导向的转型努力。首先，诉讼标的同一性正在借助民法、知识产权法等实体依据被逐步廓清，恣意的同一性理解无以为继，诉讼标的实为复数的"政策性"必要共同诉讼应运而生。其次，私法自治要求法院尊重当事人的程序选择权，以诉讼标的部分相同、非实质性为表征的"政策性"必要共同诉讼以原告的共同起诉为前提，法院不追加关联主体，同时许可原告选择分别起诉。当然，司法实践之所以在诉讼标的复数时不适用普通共同诉讼，而是借助诉讼标的部分相同或非实质性扩展必要共同诉讼适用范围，主要原因在于欲扩张共同诉讼管辖权。这也是《民法典》实施后极具代表性的实践做法。然而，将诉讼标的同一性替换为部分相同或非实质性，同时切断必要共同诉讼与合一审理、合一判决的内在联系，或将使必要共同诉讼的识别标准更为杂乱无章，并模糊其与普通共同诉讼之间的界限。

第三节　我国必要共同诉讼的模式转换

上述实践探索表明，我国亟待在民法典视域下系统推进实体导向的必要共同诉讼模式转换。为此，明确我国必要共同诉讼模式的体系位置是无法回避的重要问题。只有厘清我国必要共同诉讼模式源于何处，才能明晰其转型方向与改革方略。对于 1982 年《民事诉讼法（试行）》第 47 条第 1 款的规范来源，学界有三种解读：一是"实践经验的升华"③；二是《大

---

① 参见最高人民法院（2022）最高法知民辖终 380 号民事裁定书，最高人民法院（2021）最高法知民辖终 382 号民事裁定书，最高人民法院（2021）最高法知民辖终 173 号民事裁定书。

② 参见张卫平：《民事诉讼法》（第六版），法律出版社 2023 年版，第 214 页。

③ 参见柴发邦：《论共同诉讼和诉讼中的第三人》，载杨荣新、叶志宏编：《民事诉讼法参考资料》，中央广播电视大学出版社 1986 年版，第 483 页。

清民事诉讼律草案》第 72 条①；三是《德国民事诉讼法》第 59 条、第 60 条和《日本民事诉讼法》第 38 条。② 通过梳理可知，我国必要共同诉讼的程序导向模式源于苏联，条文表达则主要借鉴自德国法。

一、苏联立法的程序导向模式

由于苏联并无统一的民事诉讼法典，程序导向模式乃借助苏联最高法院的若干决议和判例，依托《苏俄民事诉讼法典》及若干加盟共和国的民事诉讼立法而逐步生成。《苏俄民事诉讼法典》第 163～165 条集中规定了共同诉讼：第 163 条规定共同诉讼的概念（"诉讼得由数个原告或向被告共同提起之"），第 164 条确立共同诉讼的独立性原则（"其利害不及于其余的当事人"），第 165 条规定了共同诉讼的委托。③ 就此而言，苏联模式未将诉讼标的同一性作为识别必要共同诉讼的标准，也未对必要共同诉讼作系统规定。无论其概念界定抑或对独立性原则的强调，均系针对共同诉讼整体的一般规则。不仅如此，《苏俄民事诉讼法典》并未明确法院的职权追加，而仅于第 80 条第 6 款规定职权通知，这一规定被 1964 年《苏俄民事诉讼法典》第 141 条第 2 款第 7 项保留。④ 其对共同诉讼也未作任何限制，允许当事人和法院自主决定诉讼合并问题。⑤ 这与我国改革开放初期实务中的做法较为类似，也被广泛确立于《乌克兰苏维埃社会主义共和国民事诉讼法典》第 183～185 条、《格鲁吉亚苏维埃社会主义共和国民事诉讼法典》第 164～166 条、《爱沙尼亚共和国民事诉讼法典》第 107 条以及《塔吉克共和国民事诉讼法典》第 102 条。⑥

然而，上述共同诉讼的一体化立法模式并未得到苏联司法实践的严格遵守，立法和司法的二元格局逐步生成。苏联最高法院全体会议在 1946 年 12 月 27 日的决议中认为，审理集体农庄请求赔偿已在国家保险公司投保的牲畜损失案件，法院应通知国家保险公司作为共同原告参加诉讼。⑦ 在 1950 年 5 月 5 日的决议中则要求在拖拉机手对拖拉机站或对集体农庄

① 参见李龙：《民事诉讼标的理论研究》，法律出版社 2003 年版，第 83 页。
② 参见刘君博：《当事人与法院交互视角下共同诉讼研究》，《清华法学》2022 年第 6 期。
③ 参见《苏俄民事诉讼法典》，张文蕴译，人民出版社 1951 年版，第 49 页。
④ 参见《苏俄民事诉讼法典》，梁启明、邓曙光译，法律出版社 1982 年版，第 52 页。
⑤ 参见［苏］克列曼：《苏维埃民事诉讼》，法律出版社 1957 年版，第 129 页。
⑥ 参见［苏］克列曼：《苏维埃民事诉讼》，法律出版社 1957 年版，第 130 页；［苏］阿·阿·多勃罗沃里斯基等：《苏维埃民事诉讼》，李衍译，法律出版社 1985 年版，第 64 页以下。
⑦ 参见［苏］克列曼：《苏维埃民事诉讼》，法律出版社 1957 年版，第 129 页。

提起支付工资的诉讼时，追加拖拉机站和集体农庄参与诉讼。① 在上述认识基础上，若干加盟共和国确立了强制追加规则。例如，《摩尔达维亚共和国民事诉讼法典》第 37 条规定，当根据法律关系的性质或者根据法律，法院的判决可能涉及其他没有参加该案件的人的权利和法律保护的利益时，法院必须传唤他们作为共同被告人参加诉讼，或者通知这些人作为共同原告人参加诉讼。② 苏俄最高法院民事案件审判委员会也在一起强制搬迁抗诉案（1974 年 7 月 12 日）中认为，法院重新审理案件时"应传唤被告人家庭的全体成年人参加诉讼"③。

苏联学界据此认为，必要共同诉讼的识别标准是争议法律关系的主体有共同权利义务。相反，在权利义务并非共同而只是存在关联性时，则成立可选择的共同诉讼（普通共同诉讼）。④ 总体而言，苏联模式虽然也强调实体法律关系的重要作用，但必要共同诉讼的制度目的依旧是精简诉讼过程、降低诉讼成本以及实现"同案同判"。⑤ 是故，苏联模式对共同权利义务的理解也出现了抽象化与模糊化，相关讨论通常并不分析甚至不援引实体规范，而是抽象地将复数继承人、数人要求认定遗嘱无效、共有财产（如房屋）损害赔偿、数人实施犯罪行为造成损害、请求家庭整体迁出住宅、个体农民家庭的分家和分割财产等案件作为权利义务共同，据此导出必要共同诉讼，要求追加所有主体参加诉讼。以必要共同诉讼的制度目的、识别标准、实体与程序脱节等要素观察，苏联立法虽并未规定必要共同诉讼的构成要件（如"诉讼标的共同"），但实务与理论偏重程序导向模式。

尽管苏联法上的"享有共同权利或负担共同义务"的语义范围较我国的"诉讼标的共同"更广，但苏联的程序导向不及我国。首先，苏联学界明确将我国公认的第二类必要共同诉讼排除在外，即基于同一事实和法律

---

① 参见 [苏] C. H. 阿布拉莫夫：《苏维埃民事诉讼（上）》，中国人民大学民法研究室译，中国人民大学出版社 1954 年版，第 139 页。

② 参见 [苏] 阿·阿·多勃罗沃里斯基等：《苏维埃民事诉讼》，李衍译，法律出版社 1985 年版，第 64 页。

③ [苏] 阿·阿·多勃罗沃里斯基等：《苏维埃民事诉讼》，李衍译，法律出版社 1985 年版，第 63 页。

④ [苏] 阿·阿·多勃罗沃里斯基等：《苏维埃民事诉讼》，李衍译，法律出版社 1985 年版，第 62 页以下。

⑤ 参见 [苏] C. H. 阿布拉莫夫：《苏维埃民事诉讼（上）》，中国人民大学民法研究室译，中国人民大学出版社 1954 年版，第 137 页；[苏] 阿·阿·多勃罗沃里斯基等：《苏维埃民事诉讼》，李衍译，法律出版社 1985 年版，第 64 页。

上原因而产生的权利义务，在苏联法上构成普通共同诉讼。① 其次，连带责任并不构成必要共同诉讼。虽然《苏俄民事诉讼法典》第164条但书规定，"除诉讼系由连带债务所发生者外，其利害不及于其余的当事人"；但苏联最高法院第51次全体会议决议未将连带责任纳入必要共同诉讼范畴，而仅规定被告人中一人对诉讼请求的承认，将对其他负有连带责任的民事共同被告人产生拘束力。② 学界更进一步认为，连带责任诉讼中个人的诉讼行为不约束其余共同诉讼人，每个共同诉讼人都是独立的诉讼主体。③

程序导向的必要共同诉讼也在苏联司法实践中出现了扩大化趋势，上述苏联最高法院全体会议1946年12月27日决议以及1950年5月5日决议即为例证。可见，必要共同诉讼的扩大化和恣意化并非我国独有，而可谓程序导向模式的固有弊病。

二、德国、日本的复数诉讼标的之实体导向模式

由于《苏俄民事诉讼法典》第163～165条并未凸显程序导向模式，我国1982年《民事诉讼法（试行）》第47条第1款被认为实际是以《大清民事诉讼律草案》第72条以及作为立法参照。④ 而上述立法例在表达方式和条文结构上又与《日本民事诉讼法》第38条及《德国民事诉讼法》第59、60条存在亲缘关系。《德国民事诉讼法》第59条包含两种共同诉讼类型，即数人对诉讼标的有共同权利，以及根据同一事实及法律上原因而有权利义务；第60条规定了第三类共同诉讼，即诉讼标的同种类且基于同种类的事实及法律上原因。⑤《日本民事诉讼法》第38条则将三类共同诉讼整合于同一法律条文中。

仅就条文表述而言，1982年《民事诉讼法（试行）》第47条第1款采两分模式，即吸收上述第一类作为必要共同诉讼（第1款第一种情形），将第三类作为普通共同诉讼（第1款第二种情形），而未对第二类共同诉讼加以明文规定，不过通说在"诉讼标的共同"项下纳入了第二类共同诉讼。尽管如此，我国对三类共同诉讼的理解和认识却与德国、日本的"貌合神离"。以"诉讼标的共同"为规范根据，我国将前两类情形纳入必要

---

① 参见［苏］阿·阿·多勃罗沃里斯基等：《苏维埃民事诉讼》，李衍译，法律出版社1985年版，第63页。

② 参见［苏］克列曼：《苏维埃民事诉讼》，法律出版社1957年版，第129页。

③ 参见［苏］C. H. 阿布拉莫夫：《苏维埃民事诉讼（上）》，中国人民大学民法研究室译，中国人民大学出版社1954年版，第140页。

④ 参见李龙：《民事诉讼标的理论研究》，法律出版社2003年版，第83页。

⑤ 参见《德意志联邦共和国民事诉讼法》，谢怀栻译，中国法制出版社2001年版，第12页；《德国民事诉讼法》，丁启明译，厦门大学出版社2016年版，第12页。

共同诉讼。相反，德国多数说认为，《德国民事诉讼法》第 59 条与第 60 条均系对普通共同诉讼的规定。必要共同诉讼的核心特征并非"诉讼标的同一性"，而是"合一确定必要性"（《德国民事诉讼法》第 62 条）。① 这同样为日本的多数观点所采纳。②

"貌合神离"的根源在于单一民事权利（义务）与诉讼法律关系的转化机制差异。"诉讼标的共同"在我国将导出诉讼标的同一性，进而使复数民事主体以单一当事人的诉讼地位加入同一诉讼法律关系。这一理解也曾是德国的立法选项。就必要共同诉讼，德国立法者曾有三个选项，即单一强制型诉讼法律关系、单一非强制型诉讼法律关系及复数诉讼法律关系。其中，前两个选项均将必要共同诉讼理解为单一的民事诉讼法律关系，生成单数诉讼标的，因此，复数原告或被告仍以单一当事人之诉讼地位进行诉讼。这种见解系受旧日耳曼法的影响③，为德国普通法初期的司法实务所认可。④ 而以法院是否有权强制追加关系人为准据，单一诉讼法律关系模式被进一步细分为强制型和非强制型。前者的代表性学者根纳（Gönner）认为，应通过职权追加的方式使未进入诉讼的关系人加入共同诉讼体，从而使纷争得到终局性解决。后者的代表性学者马丁（Martin）则强调当事人自治，主张将共同体的形成交由共同诉讼人自主决定。相反，普朗克（Planck）认为，单一的实体法律关系亦将转化为复数诉讼法律关系，单一实体权利（义务）同理转化为复数诉讼标的。虽然当事人在实体法上不能单独处分其民事权利，却可自由处分其程序权利，法官则根据各共同诉讼人的自由处分加以合一裁判。⑤

德国立法者最终采取复数诉讼法律关系的实体导向模式：必要共同诉讼只是普通共同诉讼的特别规定，其同样有多个诉讼标的，由此产生诉讼主体之间的复数法律关系。必要共同诉讼只是将它们合并于同一程序中，

---

① 参见〔德〕罗森贝克、〔德〕施瓦布、〔德〕戈特瓦尔德：《德国民事诉讼法（上）》，李大雪译，中国法制出版社 2007 年版，第 307 页以下；〔德〕穆泽拉克：《德国民事诉讼法基础教程》，周翠译，中国政法大学 2005 年版，第 139 页。

② 参见〔日〕新堂幸司：《新民事诉讼法》，林剑锋译，法律出版社 2008 年版，第 540 页；〔日〕高桥宏志：《民事诉讼法重点讲义》，张卫平、许可译，法律出版社 2021 年版，第 209 页；姜世明：《民事诉讼法（上）》，新学林出版股份有限公司 2019 年版，第 232 页；吕太郎：《民事诉讼法》，元照出版公司 2018 年版，第 121 页；刘明生：《民事诉讼法实例研习》，元照出版公司 2019 年版，第 433 页。

③ Vgl. Mantzouranis, Die notwendige Streitgenossenschaft im Zivilprozess, 2013, S. 7.

④ 参见张卫平：《民事诉讼法》（第六版），法律出版社 2023 年版，第 159 页。

⑤ Vgl. Mantzouranis, Die notwendige Streitgenossenschaft im Zivilprozess, 2013, S. 7 ff.

类似于反诉及诉的客观合并。① 必要共同诉讼人则遵循独立性原则。② 由于单一实体权利（义务）同样形成复数诉讼标的，故诉讼标的在德国无法成为识别必要共同诉讼的核心标准，单一实体权利（义务）只得通过对裁判结果的"合一确定"体现其实体决定性，并形成实体导向模式中的裁判结果决定型必要共同诉讼。因此，《德国民事诉讼法》第62条仅对独立性原则加以例外限制，其并非必要共同诉讼的一般性规定。③ 由于《德国民事诉讼法》第59、60条并不肩负必要共同诉讼的界定功能，对于"对诉讼标的有共同权利"在德国法上有较为宽泛的理解与认识。无论共同共有抑或按份共有，以及连带责任、连带债权、保证责任、人保与物保、主债务人与债务承受人、无限责任公司与其股东、民法合伙与其成员等关系，均被纳入《德国民事诉讼法》第59条第一种情形。④ 与之不同，我国必要共同诉讼并非普通共同诉讼的特殊规定，而是共同诉讼制度的核心与重点。"诉讼标的共同"在我国指向唯一的民事诉讼法律关系，法院据此追加关系主体参加诉讼。正是基于上述认识，1982年《民事诉讼法（试行）》第47条第1款将德国三分法中的前两类均纳入必要共同诉讼，而仅将诉讼标的同种类理解为普通共同诉讼。

总体而言，德国、日本的必要共同诉讼设置是实体导向的。虽然日本学理曾出现活用固有必要共同诉讼的学术倡导，主要表现为实体法的二元构造或柔性结构以及灵活性的固有必要共同诉讼⑤，但其出发点仍是对实体导向的程序修正。这种受到《美国联邦民事诉讼规则》第19条影响而主张扩大固有必要共同诉讼适用范围的见解在日本引发了质疑与反思⑥，通说和判例并未接纳该倡导，而是严格以实体权利构造为导向。⑦

复数诉讼标的形态存在扩张适用必要共同诉讼的制度风险。德国和日本都曾经历泛化适用阶段，连带债务、不可分债务都曾被纳入必要共同诉

---

① Vgl. Stein/Jonas/Bork, Kommentar zur Zivilprozessordnung, 22. Aufl. 2004, Bd. 2, vor § 59 Rn. 6.

② Vgl. BGHZ 131, 376, 379.

③ Vgl. Stein/Jonas/Bork, Kommentar zur Zivilprozessordnung, 22. Aufl. 2004, Bd. 2, § 61 Rn. 13 und § 62 Rn. 30.

④ Vgl. MünchKommZPO/Schultes, ZPO, 6. Aufl. 2020, § 59 Rn. 8.

⑤ 参见［日］高桥宏志：《民事诉讼法重点讲义》，张卫平、许可译，法律出版社2021年版，第228页脚注30。

⑥ 参见［日］中村英郎：《必要的共同訴訟》，载［日］中村英郎：《民事訴訟法理論の法系の考察》，成文堂1986年版，第178页。

⑦ 参见［日］高桥宏志：《民事诉讼法重点讲义》，张卫平、许可译，法律出版社2021年版，第229页脚注32。

讼范畴。① 直到德国学者赫尔维格将"合一确定"限定为既判力②，才使复数诉讼标的形态锁定实体导向。因此，无论是立法模式的"貌合神离"，抑或是复数诉讼标的形态的扩大适用风险，都使复数诉讼标的形态难以作为民法典视域下我国必要共同诉讼模式转换与制度重塑的最佳参考。

三、奥地利与瑞士的单一诉讼标的之实体导向模式

奥地利和瑞士的必要共同诉讼坚持单一的诉讼法律关系（单一诉讼标的），据此形成必要共同诉讼与普通共同诉讼的二元格局。《奥地利民事诉讼法》第 11 条集中规定了共同诉讼的三种类型，即在诉讼标的方面形成权利共同体、诉讼标的基于相同事实原因以及连带债权债务、诉讼标的同种类且法院对所有被告均有管辖权。该法第 14 条第 1 句对必要共同诉讼作专门规定："当基于争议法律关系的性质或者根据法律规定，判决将对全体共同诉讼人发生效力，则这些共同诉讼人将形成合一诉讼当事人。"学界据此发展出"合一诉讼当事人"理论，即数个共同诉讼人处于单一诉讼当事人地位，其诉讼标的唯一且只能被合一确定。③ 该理解更接近于日耳曼法上的综合体概念，即综合体的所有成员都是权利和义务的主体，故而以诉讼团体的特殊身份参加诉讼。④ 以民法规范为准据，必要共同诉讼在奥地利被进一步区分为"请求合一"与"效力合一"两种情形。前者如共同共有人请求返还原物之诉，后者如股东根据《奥地利有限责任公司法》第 42 条第 6 款提出公司决议无效之诉。⑤ 此外，由于《奥地利民事诉讼法》第 12 条就主债务人和保证人的共同诉讼作出专门规定，其因此被称为"法定的共同诉讼"。考虑到诉讼标的并非同一，学界将其纳入普通共同诉讼范畴。⑥

瑞士法进一步强调必要共同诉讼。《瑞士民事诉讼法》第三章用三个条文规定共同诉讼，该章开篇（第 70 条）即对必要共同诉讼作系统规定，于第 71 条规定普通共同诉讼，于第 72 条规定共同诉讼代表规则。据此可见，必要共同诉讼在立法上与普通共同诉讼形成二元格局。根据《瑞士民

---

① 参见［日］中村英郎：《必要的共同訴訟》，载中村英郎：《民事訴訟法理論的法系的考察》，成文堂 1986 年版，第 186 页。

② 参见［日］高桥宏志：《民事诉讼法重点讲义》，张卫平、许可译，法律出版社 2021 年版，第 208 页脚注 2。

③ Vgl. Kodek/Mayr, Zivilprozessrecht, 5. Aufl., 2021, Rn. 332.

④ 参见［日］中村英郎：《必要的共同訴訟》，载中村英郎：《民事訴訟法理論的法系的考察》，成文堂 1986 年版，第 169 页。

⑤ Vgl. Kodek/Mayr, Zivilprozessrecht, 5. Aufl., 2021, Rn. 329 - 331.

⑥ Vgl. Kodek/Mayr, Zivilprozessrecht, 5. Aufl., 2021, Rn. 334.

事诉讼法》第 70 条第 1 款，数人参与同一法律关系而仅能针对所有人一起作出裁判时，必要共同诉讼成立。瑞士学界据此认为，由于诉讼标的同一，必要共同诉讼仅有单一诉讼法律关系，其成立并非出于诉讼经济、减轻审理负担及避免矛盾事实认定等程序考量，而是基于实体法上的理由要求数人共同进行诉讼。① 实体法上的理由包含两种情形：一是数人共有同一权利，对此须共同处分（《瑞士民法典》第 653 条第 2 款）；二是数人须共同变动他们之间的法律关系，如子女起诉母亲及其配偶要求撤销父子关系（《瑞士民法典》第 256 条）。相反，当民事主体形成复数法律关系时，即便法律关系之间具有从属性，亦不成立必要共同诉讼，连带责任因此构成普通共同诉讼。②

与我国《民事诉讼法》第 55 条第 1 款类似，《瑞士民事诉讼法》第 71 条将基于同种类的事实或者法律上原因成立的共同诉讼归入普通共同诉讼。学界认为，事实或法律原因同种类旨在于复数权利义务之间建立相对松散的牵连性。③ 是故，普通共同诉讼的成立无须原因同一，仅需结构上更为松散的原因同种类即可。不仅如此，瑞士司法实践对"同种类的事实和法律原因"这一立法表述作出了更灵活的解读，即只要出于诉讼经济或为避免矛盾判决的目的，就能满足普通共同诉讼的法定要求。④ 除"实质的"普通共同诉讼外，瑞士学界还发展出"程序的"普通共同诉讼，即法院对非同种类的诉讼标的仍得合并为普通共同诉讼，以实现诉讼经济。

四、我国必要共同诉讼的模式定位及转型方向

无论是在将共同权利义务作为必要共同诉讼的核心特征上⑤，还是在将其与职权追加相关联上⑥，我国均与苏联模式一脉相承。但我国进一步扩张权利义务共同性，弱化诉讼标的的同一性，通过强制追加全体关系人来实现纠纷一次性解决，较之苏联模式更偏向程序导向一端。虽然程序导向与实体导向共用若干核心概念，尤其是"权利义务共同"，但程序导向模式实乃借助这些概念为诉讼经济提供实体注脚。

在实体导向模式中，单一实体权利（义务）构造与诉讼标的之对应性有不同形式。德国、日本的实体导向模式采"单一实体权利（义务）→复

---

① Vgl. Markus/Droese, Zivilprozessrecht, 2018, § 8 Rn. 13 - 14.

② Vgl. Markus/Droese, Zivilprozessrecht, 2018, § 8 Rn. 24.

③ Vgl. Markus/Droese, Zivilprozessrecht, 2018, § 8 Rn. 22.

④ Vgl. BGE 142 III 581.

⑤ 参见常怡主编：《民事诉讼法学》，中国政法大学出版社 1994 年版，第 93 页以下。

⑥ 参见王瑞贺主编：《中华人民共和国民事诉讼法释义》，法律出版社 2023 年版，第 100 页。

数诉讼标的"之转换形式，据此将必要共同诉讼作为普通共同诉讼的特别规定，并以"合一确定必要性"作为识别标准。而奥地利和瑞士的实体导向模式则坚持"单一实体权利（义务）→单一诉讼标的"之对应形式，必要共同诉讼与普通共同诉讼据此形成二元格局：必要共同诉讼中，复数主体作为个别当事人参与单一诉讼法律关系，这遵循实体法的决定性；普通共同诉讼中，复数主体作为复数当事人参与复数诉讼法律关系，其遵循程序法的决定性，如诉讼经济、减轻审理负担以及避免矛盾裁判。

（一）复数诉讼标的形态的转型困境

虽然我国《民事诉讼法》第55条第1款系对《德国民事诉讼法》第59条和第60条的整合，进而与《日本民事诉讼法》第38条近似，但德国法的复数诉讼标的形态难以成为我国必要共同诉讼的实体导向转型参考。主要理由如下：

第一，法律规范性质不同。《民事诉讼法》第55条虽系对《德国民事诉讼法》第59、60条的整合，但该两条的定性与我国的迥异。德国法将共同诉讼的三种类型均纳入普通共同诉讼，我国则将诉讼标的的共同以及同一法律和事实上原因的权利义务构造归入必要共同诉讼，而仅将基于同种类之事实和法律上原因的作为普通共同诉讼。是故，诉讼标的的共同乃我国必要共同诉讼的核心标准。若照搬德国法上的"诉讼标的有共同权利"以及"基于同一事实上或法律上原因"，必将导致我国必要与普通共同诉讼的混淆，并引发必要共同诉讼的进一步扩大化。

第二，必要共同诉讼定位不同。德国法将必要共同诉讼作为普通共同诉讼的特别规定，进而形成"原则—例外"之共同诉讼一元模式。必要共同诉讼同样贯彻独立性原则，其相较普通共同诉讼的特殊性主要在于出庭当事人对缺席共同诉讼人的代理（《德国民事诉讼法》第62条第1款）。[1]相反，我国立法、司法和理论的重点是必要共同诉讼，坚持必要共同诉讼与普通共同诉讼的二元分立。如果考虑到必要共同诉讼的扩张适用与普通共同诉讼的束之高阁，甚至可以认为我国趋近必要共同诉讼一元模式。

第三，诉讼标的的数量不同。必要共同诉讼中的标的数量在德国法上呈"单一实体权利（义务）→复数诉讼标的"的转换形式。[2]然而，无论是根据我国《民事诉讼法》第55条第1款之"诉讼标的共同"，还是第2款

---

① Vgl. Stein/Jonas/Bork, Kommentar zur Zivilprozessordnung, 22. Aufl.，2004，Bd. 2，§ 61 Rn. 13.

② 参见卜元石：《中国法学对外交流与研究中的概念对接——以多数人之债实体与程序的中德比较研究为例》，《法学研究》2024年第3期。

中的"承认—生效"规则，必要共同诉讼均呈诉讼标的单一性。

第四，判决效力作用不同。由于复数诉讼标的形态下存在必要共同诉讼与普通共同诉讼的趋同，德国学者不得不另寻"合一确定"建立裁判结果决定型实体导向模式，即依托实体法中的诉讼实施权与判决效力规定识别必要共同诉讼。相较而言，上述规则在我国实体法中显著不足。以连带责任为例，德国法将其纳入普通共同诉讼，系基于《德国民法典》第425条第2款之判决效力规定。[①] 由于连带责任判决仅对诉讼当事人产生效力，合一确定必要性据此被实体法否定。我国《民法典》第520条并无对应规则，有观点认为，此乃诉讼事项，而不宜由实体法加以规定，且诉讼法已经将连带债务归入固有必要共同诉讼，故不存在生效判决的涉他效力问题。[②] 不仅如此，我国民事诉讼立法并无既判力及其相对性的系统规定，司法与理论也未对此达成基本共识。有鉴于此，诉讼实施权、既判力理论难以用来在我国准确界定必要共同诉讼，复数诉讼标的之实体导向模式的前景并不乐观。

（二）单一诉讼标的形态的制度优势

与复数诉讼标的形态相比，以瑞士法和奥地利法为代表的单一诉讼标的必要共同诉讼形态或更契合我国的发展需要。主要理由如下：

第一，法律规范性质契合。虽然承继了德国必要共同诉讼三分法，但《奥地利民事诉讼法》第11条的规范性质乃共同诉讼要件，而非普通共同诉讼要件。瑞士法更是对必要共同诉讼予以专门系统规定。其不仅与我国《民事诉讼法》第55条第一款第一种情形的规范性质契合，而且为建立必要共同诉讼一般规则提供了更具针对性的立法参考。

第二，必要共同诉讼定位契合。奥地利法和瑞士法呈必要共同诉讼与普通共同诉讼的二元构造。《奥地利民事诉讼法》第14条以"合一确定当事人概念"与诉讼标的之不可分作为必要共同诉讼的核心特征，《瑞士民事诉讼法》第70条第1款则将诉讼标的的同一性作为内因，将合一裁判必要性作为表征。我国立法和司法同样以诉讼标的的同一性作为必要共同诉讼的核心判断标准。

第三，诉讼标的的数量契合。以瑞士法和奥地利法为代表的实体导向模式坚持诉讼标的的同一性。"单一实体权利（义务）→单一诉讼标的"的对

[①] 关于德国民法典的学术争论及其立法选择，参见 Historisch-kritischer Kommentar zum BGB/Meier, 2007, Bd. 2, §§ 420-432, Rn. 68-69。

[②] 参见王利明主编：《中国民法典释评·合同编通则》，中国人民大学出版社2020年版，第288页。

应形式，使实体法与程序法的协同实施更为顺畅，两法融合更为紧密。这不仅有助于弥合我国诉讼法与实体法的割裂，而且能有效弥补裁判效力规范在民法典中的不足。仍以连带责任为例，虽然《民法典》第 520 条并无《德国民法典》第 425 条第 2 款的判决效力规则，故无法据此排除合一确定必要性，但结合连带责任乃互有牵连性的复数权利义务关系，可直接借助"复数实体权利（义务）→复数诉讼标的"在我国导出普通共同诉讼。这不失为必要共同诉讼识别标准的中国范式。

第四节　实体导向下必要共同诉讼的制度重塑

基于我国必要共同诉讼的规范性质、理论构成及体系定位，单一诉讼标的的形态更契合《民法典》视域下必要共同诉讼的转型需要，是重塑我国必要共同诉讼制度的重要参照。以下，按此思路重塑我国必要共同诉讼的制度目的、概念内涵、基本类型、法律效果，以及作为其配套制度的普通共同诉讼制度。

一、制度目的重塑

实体导向的模式转型要求凸显实体权利（义务）构造与"诉讼标的共同"的协同性，在此基础上形成二元的共同诉讼制度目的，即必要共同诉讼乃体现实体决定性，当实体构造呈现单一权利（义务）时，原则上要求当事人和法院以单一诉讼标的予以回应。相反，复数实体权利（义务）构造并不导出必要共同诉讼，而是形成普通共同诉讼。至于是否合并审理，则由法院以案件事实查明、纠纷一次性解决和避免矛盾裁判作为程序导向加以综合判断。可见，1982 年《民事诉讼法（试行）》第 47 条第 1 款第二种情形仅将"诉讼标的同一种类"和"人民法院认为可以合并审理"作为普通共同诉讼的程序要求，具有前瞻性与合理性。遗憾的是，现行《民事诉讼法》第 55 条第 1 款第二种情形同时要求"经当事人同意"，这是普通共同诉讼适用困境的重要规范原因，其实质是对共同诉讼制度目的之误读。

二、概念内涵重塑

实体导向模式转型要求将必要共同诉讼的概念内涵限定为狭义的"诉讼标的共同"。诉讼标的的同一性不仅能全面实现实体决定性，而且能有效疏解普通共同诉讼的适用困境，即通过将基于同一事实和法律上原因的共同诉讼类型整体纳入普通共同诉讼，有效扩展其概念内涵与适用范围，进一步加强法院合并审理权能以实现诉讼经济和避免矛盾裁判，促进纠纷的一次性解决。须强调的是，普通共同诉讼的丰满化和实在化是必要共同诉讼模式转型的重要制度保障。如若案件事实查明乏力、纠纷难以一次性解决以及前后裁判矛盾频发，我国必要共同诉讼制度重塑也必将停滞不前甚至退回原处。

三、基本类型重塑

《民事诉讼法》第 55 条第 1 款并未涉及必要共同诉讼的类型。受日本和我国台湾地区学理的影响，学界将必要共同诉讼划分为固有和类似两种类型。《民事诉讼法》第 55 条虽然以"诉讼标的共同"作为必要共同诉讼的识别标准，但并未明确规定共同诉讼的必要性。不仅如此，《民事诉讼法》第 135 条也未明确将"必须共同进行诉讼的当事人"与必要共同诉讼相关联。有鉴于此，我国学界将"必须共同进行诉讼"作为固有必要共同诉讼的程序要求，而在学理上提出不适用《民事诉讼法》第 135 条但符合"诉讼标的共同"的类型，即所谓类似必要共同诉讼。①

固有和类似必要共同诉讼均贯彻实体导向，区分不同类型的根据在于实体法对共同诉讼必要性的差别要求。例如，根据《民法典》第 970 条第 2 款，除另有约定外，合伙事务由全体合伙人共同执行。据此，当不存在其他约定时，全体合伙人在涉及合伙事务的共同诉讼中成立固有必要共同诉讼。② 相反，合伙合同约定或全体合伙人决定数人分别执行合伙事务时成立类似必要共同诉讼，并于一人执行合伙事务时形成单独诉讼形态。然而，《民诉法解释》第 60 条一般性地将全体合伙人作为固有必要共同诉讼人。因此，制度重塑必然要求进一步厘清实体规范与必要共同诉讼的协同关系，夯实必要共同诉讼的实体导向。

固有和类似必要共同诉讼的划分要充分考量我国实体法的自身特色，而不能照搬建立在他国实体法基础上的必要共同诉讼分类。以股东派生诉讼为例，《日本公司法》第 847 条之一规定，持续持有公司股份 6 个月以上的股东，可以以书面或者法令规定的其他方式，请求公司对公司董事提起责任追究之诉，公司怠于起诉时，股东得以自己名义提起诉讼。由于其对股东持股比例没有限制，故而日本股东派生诉讼应归入类似必要共同诉

---

① 参见张卫平：《民事诉讼法》（第六版），法律出版社 2023 年版，第 161 页以下。

② 上述讨论不包括依法登记并领取营业执照的合伙企业。根据《民诉法解释》第 52 条第 1 款第 2 项，合伙企业是《民事诉讼法》第 51 条规定的其他组织，具备诉讼当事人能力。合伙企业起诉或被诉形成单独诉讼形态，而非共同诉讼。

讼。原因在于，数名潜在共同诉讼人（股东）主张的实体权利均系公司对公司董事的损害赔偿请求权，故而有必要对所有潜在股东以及公司作出合一确定之判决。在此基础上，任何满足条件的股东都可以自己的名义提起股东派生诉讼，故而并不存在共同诉讼必要性。然而，上述推论在我国语境下并不完全成立。《公司法》第189条第1款规定，股份有限公司连续180日以上单独或者合计持有公司1%以上股份的股东才是股东派生诉讼的适格原告。据此，股东持股比例的不同将分别成立类似必要共同诉讼（单独持有公司1%以上股份的股东）和固有必要共同诉讼（合计持有公司1%以上股份的股东）。合计持有公司1%以上股份的复数股东共同行使公司对公司董事的损害赔偿请求权时，单一股东并不满足股东派生诉讼的原告适格要求，故而复数股东在合计1%以上股份的股东范围内有共同诉讼必要性。存在类似情形的还有《农村集体经济组织法》第60条，由于集体成员派生诉讼的适格原告为10名以上具有完全民事行为能力的集体成员，故而成立固有必要共同诉讼，而非类似必要共同诉讼。

实体导向下对固有和类似必要共同诉讼进行类型化整理与检验，可以《民诉法解释》关于必要共同诉讼的集中规定为例。数名继承人根据《民诉法解释》第55条参加诉讼，将因其共同担任遗产管理人（《民法典》第1145条）而成立固有必要共同诉讼。《民诉法解释》第55条、第60条之复数继承人、复数合伙人以及复数适格原告根据《公司法》第189条第1款和《农村集体经济组织法》第62条提起的派生诉讼，同样因数人共有同一权利或共负同一义务而构成固有必要共同诉讼。生父根据《民法典》第1073条起诉要求确认其与子女之间的亲子关系，其所追求的法律效果是变动复数主体之间的法律关系，故子女及其父亲理应作为共同被告。[①]变动他人之间诉讼法律关系的情形，如《民事诉讼法》第59条第3款之第三人撤销之诉，《民诉法解释》第296条要求将原当事人列为共同被告。《民法典》第1145条之遗产管理人和《企业破产法》第22条之破产管理人为复数时，则因复数主体共同管理或执行职务而成立固有必要共同诉讼。上述情形也可能因实体法规定或民事主体约定而成立类似必要共同诉讼，已如上述。

四、法律效果重塑

我国传统观点将《民事诉讼法》第55条第1款第一种情形与第135

---

① 参见重庆市綦江区人民法院（2022）渝0110民初7784号民事判决书。

条挂钩，要求法官在必要共同诉讼中追加所有关系人。① 为缓和共同诉讼必要性并减轻法官的追加负担，学界倡导引入类似必要共同诉讼，得到了最高人民法院的认同②和《民诉法解释》第 54 条、第 59 条第 2 款、第 65 条及第 71 条的贯彻。借助类似必要共同诉讼，法官仅在固有必要共同诉讼中依职权追加所有关系人参加诉讼③，职权追加的范围已被大幅限缩。

然而，实体导向模式转型必然要求进一步反思固有必要共同诉讼的法律效果。固有必要共同诉讼乃基于单一实体权利（义务）构造，叠加共同行使诉讼实施权的实体法指引。此类实体规范亦须贯彻私法自治，坚持意思自治和责任自负。鉴于此，固有必要共同诉讼的形成应以当事人自主形成共同诉讼体为前提，其应以形式当事人为基础，未起诉或被诉的所谓潜在必要共同诉讼人并非本案当事人。若因当事人或关系人原因导致固有必要共同诉讼欠缺诉讼实施权，法院应裁定驳回起诉。由此可见，职权追加并非必要共同诉讼的应有之义，此乃程序导向模式片面追求诉讼经济与纠纷一次性解决的制度设计。虽然德国普通法末期曾有学者主张职权追加，但未被立法者采纳。④ 实体导向模式的主要立法例也普遍否定职权追加。

与必要共同诉讼的恣意化和扩大化类似，职权追加的适用困境同样是程序导向模式的固有弊病。我国《民事诉讼法》第 135 条已为此预留改革空间。其中，"必须共同进行诉讼的当事人"这一主体条件不仅可以排除类似必要共同诉讼，而且可能导出近似如下条件限制：将参加通知限定适用于潜在固有必要共同诉讼人无正当理由而拒绝参加诉讼的情形。此处的"当事人"同样可被进一步限定为原告：原告有权自由选择被告，法院不应无视原告的明确选择而追加其他潜在被告作为共同被告；原告选定的被告人无权要求法院强制追加其他潜在被告。此外，《民事诉讼法》第 135 条仅规定法院"应当通知其参加诉讼"，而未明确通知的法律效果。据此，职权追加宜回归立法文义。若全体共同原告根据通知均参加诉讼，则法院可对此进行实体审理并作出裁判；若部分潜在原告选择不参加诉讼，则法

---

① 参见王瑞贺主编：《中华人民共和国民事诉讼法释义》，法律出版社 2023 年版，第 100 页、第 260 页。

② 参见陶凯元、杨万明、王淑梅主编：《中华人民共和国民事诉讼法理解与适用（上）》，人民法院出版社 2024 年版，第 683 页。

③ 参见最高人民法院修改后民事诉讼法贯彻实施工作领导小组编著：《最高人民法院民事诉讼法司法解释理解与适用（上）》，人民法院出版社 2015 年版，第 231 页。

④ Vgl. Hahn/Stegemann, Die gesamte Materialien zu den Reichs-Justizgesetzen, Bd. 2, 1881, S. 184.

院将因诉讼实施权的欠缺裁定驳回起诉。

五、作为配套制度的普通共同诉讼制度重塑

实体导向的必要共同诉讼模式转型必然要求配套制度的重塑，尤其是普通共同诉讼制度的完善。由于我国共同诉讼采一体化制度目的的设定，必要和普通共同诉讼的制度目的存在混淆和误用，普通共同诉讼制度反而陷入了实体导向。由于同一事实和法律原因的权利义务被错误纳入必要共同诉讼，"诉讼标的同种类"便成为普通共同诉讼的唯一情形，甚至根据实体法采取严格的理解与适用，即要求争议法律关系或请求权的性质相同，常见如房屋出租人对数个承租人起诉要求支付租金，物业管理人向数个业主起诉追缴物业费。司法实践进一步将相同性质的请求权理解为同种类的合同法律关系，进而排除不同种类的合同法律关系以及合同与非合同法律关系争议之间形成"诉讼标的同种类"。① 普通共同诉讼采以实现诉讼经济和避免矛盾裁判为目的的程序导向，这要求"诉讼标的同种类"具备足够的灵活性。实体导向的必要共同诉讼模式转型也必然要求协同构建程序导向的普通共同诉讼。据此，凡是有利于诉讼经济和避免矛盾裁判的共同起诉或共同被诉，法院均宜肯定其"诉讼标的同种类"予以合并审理。为进一步扩大普通共同诉讼的适用范围，《民事诉讼法》第 55 条第 1 款第二种情形应回归 1982 年《民事诉讼法（试行）》第 47 条第 1 款第二种情形的传统模式，即删去"经当事人同意"之要求，赋予法官对成立普通共同诉讼的诉讼指挥权。

以实体为导向，《民诉法解释》中的大多数必要共同诉讼情形实为普通共同诉讼。其中，挂靠人与被挂靠人（第 54 条）承担连带债务，根据《民法典》第 178 条第 1 款呈复数主体负担复数义务之实体构造，故并非诉讼标的同一，此处之"共同诉讼人"不是对类似必要共同诉讼的提示，而是要求法院将两个诉作为普通共同诉讼进行合并审理。同理，《民诉法解释》第 58 条中的劳务派遣单位根据《民法典》第 1191 条承担相应责任，而《民法典》第 177 条规定相应的责任乃二人以上依法承担按份责任且能够确定责任大小之情形。是故，劳务派遣期间被派遣人的工作人员因执行工作任务造成他人损害时，受害人同时起诉接受劳务派遣的用人单位和劳务派遣单位之诉讼形态为普通共同诉讼。虽然接受劳务派遣的用人单位和劳务派遣单位共同参加诉讼有助于查明案件事实、一次性解决纠纷且

---

① 如上海逸彩商业保理有限公司与上海中技桩业股份有限公司合同纠纷案，参见上海金融法院（2018）沪 74 民初 117 号民事裁定书。

能避免矛盾裁判，但按份责任之实体构造并不能证成"诉讼标的共同"，法院不得强制潜在共同被告参加诉讼或禁止受害人向潜在共同诉讼人另行起诉。与之相比，《民诉法解释》第 59 条要求登记的经营者和实际经营者为共同诉讼人，并无明确的实体权利根据，最高人民法院也并未对此进行阐明①，其直接目的是查明案件事实，该规定可谓程序导向模式的集中写照。然而，无论其成立连带责任还是按份责任，登记的经营者和实际经营者均非必要共同诉讼人。

同一所有权并不必然得出诉讼标的同一性，而是存在普通共同诉讼的可能。例如，原告分别向数名被告主张确认同一标的物之所有权，或数人向同一人起诉要求确认该物所有权，并不因实体法上的"一物一权"成立必要共同诉讼。客观实体秩序中贯彻的"一物一权"，不能得出诉讼标的同一性。数个当事人乃对被告提出各自独立的所有权确认主张，故而产生复数诉讼标的，成立紧密型普通共同诉讼。综上，通过考察司法解释和审判实践中必要共同诉讼的实体规范，分析其权利构造并验证诉讼标的同一性，必要共同诉讼之泛化适用将能得到有效遏制与科学化解。

普通共同诉讼制度还有必要设置特殊的管辖规定。司法实践之所以发展出"政策性"必要共同诉讼，正是因为要在诉讼标的为复数时提供全案管辖的依据。是故，必要共同诉讼模式转型须同步设置普通共同诉讼的特殊管辖规定。对此，奥地利法和瑞士法提供了两种改革方案。奥地利法根据普通共同诉讼中诉讼标的之间的牵连程度，区分程序性的普通共同诉讼和实质性的普通共同诉讼。前者乃同种类的诉讼标的，牵连较为松散；后者乃同一事实或法律上原因的诉讼标的，如连带债权债务，牵连较为紧密。二者的区别在于是否创设共同审判籍。实质的普通共同诉讼因为诉讼标的之间的紧密性而具备共同审判籍。② 瑞士法虽然区分"实质的"与"程序的"普通共同诉讼，但并不对共同审判籍作二元处理，《瑞士民事诉讼法》第 15 条第 1 款对所有共同诉讼作出特别管辖规定：对任一被告有管辖权的法院，即对共同诉讼有管辖权，只要该管辖权并非基于协议管辖而取得。考虑到管辖在我国的特殊性，共同诉讼的模式转型可采取"两步走"，即首先根据诉讼标的之间的牵连性确定共同诉讼管辖特别规定，待"同案同判"获得有效保障后，可考虑采取瑞士法方案，为普通共同诉讼的全部类型创设管辖权。当然，程序导向的普通共同诉讼还有赖于体系化

---

① 参见最高人民法院修改后民事诉讼法贯彻实施工作领导小组编著：《最高人民法院民事诉讼法司法解释理解与适用（上）》，人民法院出版社 2015 年版，第 239 页。

② Vgl. Kodek/Mayr, Zivilprozessrecht, 5. Aufl., 2021, Rn. 325.

和全方位的诉讼制度变革，如彻底解决证人出庭难、有效规制恶意诉讼和
虚假诉讼、协同界定案件事实预决效力以及清晰划定和系统构建诉讼实施
权与既判力扩张等配套制度。《民诉法解释》及相关规范性文件中的共同
诉讼类型及其特征见表 10－1。

表 10－1　《民诉法解释》及相关规范性文件中的共同诉讼类型及其特征①

特征	实体导向的必要共同诉讼		程序导向的普通共同诉讼	
	固有必要	类似必要	紧密普通	松散普通
实体权利构造	单一	单一	复数	复数
诉讼标的数量	单一	单一	复数	复数
共同诉讼必要	有	无	无	无
事实牵连程度	有	有	有	无
实体判决数量	单一	单一	复数	复数
合并审理必要	有	有	有	无
共同管辖必要	有	有	有	无
举例	第 55 条结合《民法典》第 1145 条（继承人未推选管理人）	第 60 条结合《民法典》第 970 条第 2 款第 2 句（约定数人分别执行合伙事务）	第 54 条结合《民法典》第 1211 条及第 178 条第 1 款（挂靠人和被挂靠人承担连带责任）	合租纠纷结合《民法典》第 703 条
	第 60 条结合《民法典》第 970 条第 2 款第 1 句（全体合伙人共同执行合伙事务）			
	第 70 条结合《民法典》第 1145 条（继承人共同担任遗产管理人）		第 58 条结合《民法典》第 1191 条第 2 款后半句（接受劳务派遣的用工单位承担侵权责任，劳务派遣单位承担相应的责任）	同种类物业服务合同纠纷结合《民法典》第 937 条第 1 款
	第 72 条结合《民法典》第 300 条前段（约定共同管理）		第 59 条第 2 款（营业执照上登记的经营者与实际经营者不一致）	同种类供用电、水、气、热力合同纠纷结合《民法典》第 648 条第 1 款和第 656 条

---

① 条文号无特别说明时意指《民诉法解释》。

续表

特征	实体导向的必要共同诉讼		程序导向的普通共同诉讼	
	固有必要	类似必要	紧密普通	松散普通
举例	《公司法》第189条第1款（数人合计持有公司1%以上股份）		第63条后半句结合《民法典》第67条第2款及第518条第1款（分立后的法人享有连带债权，承担连带债务）	
			第64条后半句结合《公司法》第240条第3款及《公司法解释（二）》第20条第1款（公司注销未经清算，有限责任公司股东、股份有限公司董事和控股股东，以及公司实际控制人对公司债务承担清偿责任）	
		第72条结合《民法典》第300条后段（各共有人均有管理的权利和义务）	第65条（借用业务介绍信、合同专用章、盖章的空白合同书或者银行账户）	
			第66条结合《民法典》第687、688条（一般保证与连带责任保证）	
			第67条结合《民法典》第1188条（非完全民事行为能力人造成他人损害）	
	《农村集体经济组织法》第60条（10名以上有完全民事行为能力的农村集体经济组织成员）	《公司法》第189条第1款（数人分别持有公司1%以上股份）	第71条结合《民法典》第167条及第178条第1款（被代理人和代理人承担连带责任）	
			第72条结合《民法典》第307条及第518条第1款（因共有物产生的债权，共有人对外享有连带债权）	

第五节　实体/程序交互的共同诉讼

我国必要共同诉讼的程序导向模式源于苏联，条文表达主要借鉴德国法。比较研究表明，必要共同诉讼的扩大化和恣意化是程序导向模式的固有弊病。无论是立法模式的"貌合神离"，抑或复数诉讼标的形态的扩大适用风险，均使德国模式难以作为科学参照。以瑞士法为代表的单一诉讼标的形态更契合我国模式转型与制度重塑的需要。具体而言，我国应建立二元的共同诉讼制度目的，即必要共同诉讼的实体导向模式和普通共同诉讼的程序导向模式；在必要共同诉讼的概念理解上严格解释"诉讼标的共同"，强调"单一实体权利（义务）→单一诉讼标的"之实体决定性；在基本类型界定方面充分贯彻我国实体法的独特性，以实体权利构造、管理处分权（如《民法典》第970条第2款）以及实体权利（义务）之间的牵连关系（如《民法典》第178条第1款）为准据，科学界定共同诉讼类型；在法律效果方面回归《民事诉讼法》第135条之立法文义，在充分尊重当事人实体权利及程序选择权的前提下实现纠纷一次性解决。最后，必要共同诉讼的实体导向模式转型及制度重塑还须协同构建和夯实程序导向的普通共同诉讼，以此确保民法典中复数主体的权利义务构造得到共同诉讼制度的有效落实。

我国共同诉讼的模式转型与制度重塑注定是一项艰巨的系统工程，其不仅会受到"先程序，后实体"的民事立法模式及其惯性思维的掣肘，而且将面对若干司法解释、司法性文件以及法院判例的现实阻力，此外还须接受民法学与诉讼法学的双向检视。不仅如此，实体导向的内涵、外延与基本主张也存在比较法上的不同选项，其改革方案或将引发更多学术论争。尽管如此，共同诉讼的模式转型与制度重塑是"切实实施民法典"的题中之义，其关乎复数主体的权利义务关系（如多数人之债）能否借助共同诉讼得以科学认定和顺畅实现，复数主体的民事法律制度能否得到正确回应与科学实现，系民法典与民事诉讼法协同实施的关键步骤和更高要求。

第十一讲　连带责任的共同诉讼类型

《民法典》的颁行为民事诉讼基础理论的重塑提供了实体导向。不仅如此，实体/程序交互的民事诉讼基础理论亦是"切实实施民法典"的重要制度保障，是两法协同实施的基础分析框架。随着民法典与民事诉讼法的双向审视（本书第一讲到第三讲），在以实体为导向完成民事诉讼目的论（第四讲）、诉讼标的论（第五讲到第六讲）、证明责任论（第七讲到第八讲）、裁判效力论（第九讲）和必要共同诉讼论（第十讲）的模式转型和制度重塑后，民事诉讼基础理论理应成为民事诉讼立法、司法和理论研究的共同遵循。

然而，囿于"先程序，后实体"的民事立法模式以及超大规模的民事纠纷，以两法协同实施为底色的民事诉讼基础理论面临边缘化和空转化的问题。如何在《民法典》时代充实和完善民事诉讼基础理论？如何在民法典与民事诉讼法的交错问题上贯彻民事诉讼基础理论，这不仅具有"切实实施民法典"的现实意义，而且蕴含方法论等法理价值。我国法理学经历了三次转型升级。第一次是20世纪80年代初"法学基础理论"取代"国家与法的理论"，第二次是20世纪90年代初"法理学"取代"法学基础理论"，第三次是21世纪初期确立"法理"为法理学的中心主题、以"法理"为主线建构法理学体系。① 与法理学的发展一脉相承，我国民事诉讼法学目前正处于"法理化"的转型升级中，即从民事诉讼制度构建和实践研究转型升级为民事诉讼基础理论研究，克服轻视法理研究所带来的民事诉讼法学研究的"贫困化"。而在"法理化"的转型升级中，民事诉讼基础理论及其分析方法是重中之重。②

基础理论是四阶层的民事诉讼理论体系中处于上位的三个层次。本讲

---

① 参见张文显：《法理：法理学的中心主题和法学的共同关注》，《清华法学》2017年第4期。

② 参见张卫平：《对民事诉讼法学贫困化的思索》，《清华法学》2014年第2期；张卫平：《转型时期我国民事诉讼法学的主要任务与重心》，《北方法学》2016年第6期。

以处于第一层的诉讼目的和诉权以及处于第二层的约束性辩论原则与约束性处分原则为指引，以处于第三层的诉讼标的和既判力为中心，重新审视民事连带责任的共同诉讼类型（第四层），以期融贯以实体为导向的必要共同诉讼模式转型，探索实体/程序交互的共同诉讼制度体系，并提出两法协同实施的民事诉讼基础理论分析框架。

第一节　民事诉讼基础理论的边缘化

民事诉讼理论有用吗？从人类知识成果和历史经验教训的角度看，回答当然是肯定的。[1] 不过，民事诉讼理论愈发受到法学学习者、司法实践者甚至理论研究者的拷问，其质疑多集中在民事诉讼理论对我国民事诉讼法的理解与适用是否有用以及有何用处，尤其是其理论指引是否清晰明确，是否能切实回应司法实际，而循着基础理论分析框架所得出的结果又是否逻辑一贯并具有可操作性，并在结果上充分保障"同案同判"。

一、民事诉讼基础理论的有用性质疑

上述质疑是我国语境下的真问题，也是必须被认真回应的问题。遗憾的是，其在我国虽然还没有经过广泛的讨论更无一般性共识，却逐渐影响了问题的分析进路，甚至因为立场的不同而出现对同一法律条文大相径庭的理解与适用。[2] 以《民事诉讼法》第55条为代表的共同诉讼制度不过是又一例证。该条第1款以诉讼标的的同一性作为区分必要共同诉讼和普通共同诉讼的核心标准，但《民诉意见》第43条以下将连带责任诉讼一并作为了必要共同诉讼的适用情形[3]，这也逐渐成为司法实践中的一般做法。[4]

---

[1]　关于普鲁士由当事人主义向职权主义的反向体制转型及其经验教训，参见本讲第二节。

[2]　立场选择对第三人撤销之诉的影响，参见任重：《回归法的立场：第三人撤销之诉的体系思考》，《中外法学》2016年第1期。

[3]　连带责任这一概念在我国法律文本中具有多义性，至少还包括不真正连带责任。基于集中讨论的需要，本讲讨论的连带责任限于真正连带责任和不真正连带责任，而不包括补充责任和共同之债。——特此说明

[4]　参见肖建华：《论共同诉讼分类理论及其实践意义》，载陈光中、江伟主编：《诉讼法论丛》（第6卷），法律出版社2001年版，第355、398页；段厚省：《共同诉讼形态研究——以诉讼标的理论为方法》，载陈光中、江伟主编：《诉讼法论丛》（第11卷），法律出版社2006年版，第266页；章武生、段厚省：《必要共同诉讼的理论误区与制度重构》，《法律科学》2007年第1期；张永泉：《必要共同诉讼类型化及其理论基础》，《中国法学》2014年第1期；段文波：《德日必要共同诉讼"合一确定"概念的嬗变与启示》，《现代法学》2016年第2期；王亚新：《"主体/客体"相互视角下的共同诉讼》，《当代法学》2015年第1期。

2015年《民诉法解释》第54条以下基本延续了《民诉意见》的规范表述，但起草者认为，连带责任诉讼属于类似必要共同诉讼。① 然而，即便是以争议民事法律关系作为诉讼标的识别标准也无法解释，缘何连带责任诉讼会被整体归入必要共同诉讼。相关司法解释与司法实践逐渐架空了"诉讼标的共同"这一实体导向的法定识别标准，并可能使《民法典》第178条第1款规定的债权人选择权沦为具文。可见，民事诉讼基础理论分析框架蕴含两法协同实施的天然基因，背离民事诉讼基础理论的民事诉讼具体制度运用也将在结果上拒斥实体导向，并与两法协同实施的愿景渐行渐远。

二、为民事诉讼基础理论辩护

针对上述以理论/实践龃龉与实体/程序割裂为表征的民事诉讼基础理论边缘化问题，本讲首先描述和限定基于民事诉讼基础理论的分析框架并讨论其在我国的适用可能性；随后重新审视我国民事连带责任共同诉讼的立法、司法与理论，在此基础上试图界定出符合基础理论框架的共同诉讼类型，描绘实体/程序交互的共同诉讼制度体系。

需要首先承认的是，本讲的结论可能与司法解释以及实践中的做法有诸多不合之处，其能否被最终采纳还须经相当长的检验期，因此，本讲重在提出实体/程序交互的民事诉讼基础理论分析框架。这更像是在想象另一种可能，试图对我国民事诉讼法律规范、司法实践与基础理论的协调统一之道以及程序法与实体法的衔接之路起到抛砖引玉的作用。以民事诉讼基础理论为导向检视和重塑民事诉讼法律制度，是"切实实施民法典"、民事诉讼法典化、民事诉讼法学的法理化和民事程序法治现代化的关键核心技术。②

第二节 实体/程序交互的民事诉讼理论分层

基于德国法学家赫尔维格教授对民事诉讼基础理论的奠基性贡献，其

---

① 参见最高人民法院修改后民事诉讼法贯彻实施工作领导小组编著：《最高人民法院民事诉讼法司法解释理解与适用（上）》，人民法院出版社2015年版，第231页。

② 参见张卫平：《民事诉讼现代化标准判识》，《东方法学》2024年第2期；任重：《论我国民事诉讼法学的法理化——兼论法理学与法教义学的关系》，《南通大学学报（社会科学版）》2024年第4期。

被学界誉为"诉讼法学之父"。① 赫尔维格学说同样对日本及我国台湾地区民事诉讼理论产生了极为强烈而深刻的影响。我国台湾地区学者吕太郎教授引用日本著名法学家三月章教授在台湾大学访问时的演讲内容来说明赫尔维格学说的深远影响："在文化的各层面可看到如下的共通现象，亦即在某种意义上的一贯体系之理论，一经带进向无学问上、实务上传统可言，而如白纸状之地，则容易强固地造成信仰于该理论立场之情况，且其所存残的紧缚力，较诸在其母国，更为根深蒂固。"② 赫尔维格学说的长久生命力源于其在构建民事诉讼法学体系时坚持"法生规则，而非规则生法（regula ex iure sumatur, non ius ex regula）"，亦即民事诉讼理论体系的构建要根据本国民事诉讼法，而不能直接套用罗马法和共同法理论。③

一、民事诉讼基础理论的本土性和规律性

赫尔维格教授的上述智慧箴言也道出了我国民事诉讼基础理论怀疑者的初衷：毕竟民事诉讼理论是以德国和日本民事诉讼法律规定与司法实践为基础的理论升华和系统总结，其是否能被自然适用于我国？抑或应当对其进行何种调整或修正才有可能在我国被适用？的确，我国民事诉讼理论研究有诸多重要的本土性课题，例如两审终审、审限制度、第三人撤销之诉、审判监督程序和追加被执行人等本土法律制度，再如"起诉难""证明难""再审难""执行难"等民事司法现象；复如以"秋菊打官司"为代表的本土资源问题。④ 然而，上述有益探讨虽然表明我国具体法律规定、法律制度以及司法环境与以德日为代表的大陆法系国家有差别，但又是否能够充分得出结论民事诉讼基础理论在我国全盘不可用？

这一问题的回答首先需要明确民事诉讼基础理论是什么，而要界定范畴，又不得不引出民事诉讼规范研究或法教义学。虽然民事诉讼法教义学在我国是新提法，但绝非新事物。在教义学这一较为生僻的概念被引入之前，相同的研究方法一直以民事诉讼规范研究的称谓被持续推进。⑤ 规范研究方法的前提是承认和尊重实在法的权威性、确定性和自身的逻辑性。这里的实在法包括制定法、法律的基本原理、原则和体系的自洽。如果出

---

① 参见张卫平：《民事诉讼法》（第六版），法律出版社 2023 年版，第 214 页脚注 11。

② 吕太郎：《民事诉讼之基本理论（一）》，元照出版有限公司 2009 年版，第 191 页。

③ 参见［德］赫尔维格：《诉权与诉的可能性：当代民事诉讼基本问题研究》，任重译，法律出版社 2018 年版，第 110 页脚注 27。

④ 参见苏力：《变法，法治建设及其本土资源》，《中外法学》1995 年第 5 期。

⑤ 参见任重：《论我国民事诉讼法学的法理化——兼论法理学与法教义学的关系》，《南通大学学报（社会科学版）》2024 年第 4 期。

现具体法律规定的矛盾和漏洞，规范研究提供在法律原理和原则框架之下解决和应对的方法。①

与我国民事诉讼规范研究如出一辙的是，德国民事诉讼法教义学也是体系化地将个案归到基本规则或基本原则中的方法。这种归类是在现行法的基础上或在对现行法的解析过程中完成的。不仅如此，世界上没有一个现代文明社会的法律体系可以不依赖这种体系化的工作而存在。只有依托这种工作，人类正义的最基本元素即平等才可能得到完全实现，即同样情况同样对待，不同情况区别对待，相似情况修正性对待。②

综上，民事诉讼基础理论分析方法具有规律性和普适性，而民事诉讼基础理论的学说选择应充分照应本国法的时代精神、改革方向以及现行法律、司法实践，予以总结、升华并实现体系化和科学化。以诉讼标的为例，其作为"切实实施民法典"的程序对照，是《民法典》第5条和《民事诉讼法》第13条第2款协同实施的集中呈现。是故，诉讼标的理应体现民事实体权利，理应划定诉讼审理对象和裁判效力范围。也因此其系具有贯穿性的民事诉讼最小审理单位。③ 可以说，上述民事诉讼标的基础理论具有规律性和普遍性，也理应在我国当事人主义诉讼体制转型过程中被坚守和遵循。不过，对于民事诉讼标的之识别标准如何界定，是否因德国民事诉讼标的理论历经从传统诉讼标的理论（旧实体法说）到诉讼法二分肢（支）说的理论变迁，而应该"从新不从旧"，并不能机械照搬德国的学说选择。对此详见本书第六讲第三节，此处不再赘文。

二、民事诉讼理论分层

无论是我国的民事诉讼规范研究方法抑或是德国的民事诉讼法教义学，都要求在现行法基础上进行解释和抽象，通过抽取合并同类项最终形成金字塔形的体系框架和理论分层。而在体系框架和理论分层中，至少可根据抽象程度将其分为基础理论层（第一层到第三层）和应用理论层（第四层）。虽然分层操作有不同见解，但就民事诉讼理论进行"抽象—具体"的分层存在着基本共识。如有观点认为：大陆法系民事诉讼理论中，诉讼标的被当作识别另行起诉、诉的变更与追加的试金石，但请求权竞合问题暴露出诉讼标的理论的短板，出现理论的"内卷化"；面对生动的司法实

---

① 参见张卫平：《民事诉讼法学方法论》，《法商研究》2016年第2期；张卫平：《我国民事诉讼法理论的体系建构》，《法商研究》2018年第5期。

② 参见［德］施蒂尔纳：《民事诉讼法中法教义学思维的角色》，霍旭阳译，载孙笑侠主编：《复旦大学法律评论》（第2辑），法律出版社2015年版，第219-220页。

③ 参见张卫平：《民事诉讼法》（第六版），法律出版社2023年版，第213-214页。

践，尤其是正处在改革与自我塑形中的中国司法制度，理论研究中更有价值的或许是尝试提出一系列的中层理论。① 当然，中层理论是个相对概念。对于民事诉讼理论中的哪些内容可以被归入其中，不同学者存在不同认识，亦有观点将上述诉讼标的理论作为中层理论的核心范畴。②

总体而言，有用性质疑主要集中于基础理论层，而非应用理论层。只不过哪些理论板块应被归入基础理论，基础理论内部是否可再行分层，以及如何理顺基础理论和应用理论的关系，这些都还有待更进一步的探讨。本讲也是在此语境下使用基础理论这一民事诉讼法学讨论中的常用概念表述③，并试图通过理论分层来界定其内涵与外延。

三、四阶层的民事诉讼理论体系

诉讼标的理论之所以被视为另行起诉、诉的变更与追加等理论的试金石，原因在于它提供了抽象且统一的标准。也就是说，诉讼标的与以此为基础的另行起诉、诉的变更与追加存在着理论上的分层，处于上层的理论被预设对下层理论产生统筹和指引作用。那么，在诉讼标的理论之上是否还有更抽象的理论分层？抑或诉讼标的与诉讼目的、诉权、辩论原则和处分原则处于同一维度？为了厘清理论之间的相互作用，同一维度论并非最优选择，因此，有必要对包含诉讼标的在内的基础理论层做再分层的尝试和努力。

（一）第一层：民事诉讼的起点和原点

为了解决民事纠纷，国家设立了法院，从而使公民得以主张和实现民事权利，对此详见本书第四讲第二节。为了规范法院的民事程序，国家制定民事诉讼法。当事人最关心的也是其可在满足何种条件后获得胜诉并得到法院提供的权利保护。由此可见，民事诉讼的目的和诉权不仅是立法的逻辑起点，而且是民事诉讼理论的出发点。④ 它们构成了金字塔形民事诉讼理论体系的第一层。所有其他民事诉讼理论问题均脱胎于此。不仅如此，民事诉讼目的与诉权本就是一体两面。诉讼目的论是诉权的对应物。⑤ 从表

---

① 参见吴英姿：《诉讼标的理论"内卷化"批判》，《中国法学》2011 年第 2 期。

② 参见刘哲玮：《论民事诉讼模式理论的方法论意义及其运用》，《当代法学》2016 年第 3 期。

③ 以"基础理论"为主题词的学术论文，如肖建国：《民事公益诉讼的基本模式研究——以中、美、德三国为中心的比较法考察》，《中国法学》2007 年第 5 期；唐力：《案外人执行异议之诉的完善》，《法学》2014 年第 7 期；周翠：《行为保全问题研究——对〈民事诉讼法〉第 100 - 105 条的解释》，《法律科学》2015 年第 4 期。

④ 参见李燕、胡月：《我国民事诉权司法保障的实证考察与完善路径》，《人权》2021 年第 5 期。

⑤ 参见何文燕、廖永安：《民事诉讼目的之界定》，《法学评论》1998 年第 5 期；段厚省：《民事诉讼目的：理论、立法和实践的背离与统一》，《上海交通大学学报（哲学社会科学版）》2007 年第 4 期；任重：《民法典的实施与民事诉讼目的之重塑》，《河北法学》2021 年第 10 期。

面来看，诉权是原告拥有的提起诉的权能，但其内容的确定则经常与民事诉讼目的论这一问题相结合，并呈现出"有什么诉权学说就有什么诉讼目的认识"的决定关系。①

任何民事诉讼法律制度的起点都在于国家仅在极小的范围内准许个人动用自己的力量去保护其受到损害或受到威胁的民事权益。如果因为事实上或法律上的原因，个人不被准许或者也没有能力用自己的力量去保护其受到损害或被威胁的权益，那么，他就应当向国家设置的司法机关寻求救助。诉权正是诉讼目的的必然要求。国家通过排除私力救济并规定司法机关应当提供这样或那样的法律保护的前提条件，承认了提供法律保护是国家的义务，并将诉权赋予个人。②诉讼目的和诉权虽然抽象，但却与民事诉讼法律体系的具体样态密切相关，这也直接影响到当事人是否可以通过提起民事诉讼主张自己的民事权益。从诉讼目的论和诉权观出发，无论诉讼请求（诉讼标的）是否在事后看来有根据，任何人都应当被准许进入民事诉讼并在法院面前接受符合法律规定的审判。这正是禁止私人暴力的国家承诺，也是保障社会和平稳定的必然代价。

（二）第二层：民事诉讼基本原则

在第一层以下，具有统领意义的第二层集中体现为民事诉讼基本原则，它们是对诉讼目的和诉权的具体贯彻，起到承上启下的重要作用。无论一个国家处于何种诉讼体制或模式③，其都必须回答如下三个重要问题：（1）诉讼标的或法院审理和裁判的对象由谁来确定？（2）法院如何重现案件事实？（3）诉讼程序如何以及由谁来负责推进？对上述三个问题的回答分别呈现出处分原则和职权原则、辩论原则和纠问原则、当事人进行原则和依职权进行原则等三组对立模式。既有文献已经对约束性处分原则和约束性辩论原则进行了充分探讨和实质推进，本讲不再赘述。④

---

① 参见［日］伊藤真：《民事诉讼法》（第四版补订版），曹云吉译，北京大学出版社 2019年版，第 12 页。

② 参见［德］赫尔维格：《诉权与诉的可能性：当代民事诉讼基本问题研究》，任重译，法律出版社 2018 年版，第 38－39 页和第 65 页以下。

③ 参见张卫平：《转制与应变——论我国传统民事诉讼体制的结构性变革》，《学习与探索》1994 年第 4 期。

④ 参见张卫平：《我国民事诉讼辩论原则重述》，《法学研究》1996 年第 6 期；张卫平：《民事诉讼处分原则重述》，《现代法学》2001 年第 6 期；张卫平：《诉讼体制或模式转型的现实与前景分析》，《当代法学》2016 年第 3 期；许可：《论当事人主义诉讼模式在我国法上的新进展》，《当代法学》2016 年第 3 期；刘哲玮：《论民事诉讼模式理论的方法论意义及其运用》，《当代法学》2016 年第 3 期；冯珂：《从权利保障到权力制约：论我国民事诉讼模式转换的趋向》，《当代法学》2016 年第 3 期。

值得注意的是，回答诉讼程序如何以及由谁来负责推进的基本原则并不构成识别民事诉讼模式或体制的根据，德国和日本都在民事诉讼法初立后不久便转向了职权进行原则，理由是其并不直接涉及当事人的民事实体权利，也不会使法官丧失中立地位，且由法院推进诉讼更有利于快速解决纠纷，能够节省司法资源并在结果上有助于权利人快速实现其民事权利。① 因此，诉讼进行原则项下的送达制度无法导出当事人主导型诉讼模式在我国的水土不服，这一认识本就是民事诉讼理论分层的具体运用。当事人主义诉讼体制必须经由民事诉讼理论体系的转码表达，而不能停留在口号化之维。一方面，当事人主义诉讼体制不是万能的；另一方面，诉讼体制转型期呈现出的问题也无法完全归咎于当事人主义诉讼体制。作为应用理论层（第四层）的送达制度无法归入第二层的约束性处分原则和约束性辩论原则，反而是依职权进行原则项下的核心板块。是故，当事人主义诉讼体制在第二层的基础理论表达是"约束性辩论原则＋约束性处分原则＋依职权进行原则"，而非"约束性辩论原则＋约束性处分原则＋当事人进行原则"。关于当事人主义诉讼体制的基础理论表达更进一步的探讨可参见本节第四部分。

（三）第三层：实用性的民事诉讼基础理论

相比第一层，处于第二层的民事诉讼基本原则对法律的理解与适用发挥更为显著的作用。不过，司法实践不宜以基本原则作为直接裁判根据，以避免向基本原则逃逸，尤其是避免对民事诉讼诚信原则的任意理解和一般适用。② 不仅如此，在超大规模民事纠纷的持续审判压力作用下，法官在司法实践中也难有精力逐案检讨具体诉讼规范对相关基本原则的遵循。鉴于此，处于第二层的民事诉讼基本原则（主要是约束性辩论原则和约束性处分原则）和处于第四层的民事诉讼具体制度（应用理论）之间亟须更具可操作性的第三层，其也被称为中间层。③

1. 第三层的基本范畴

与上述第一层和第二层不同，处于第三层的基础理论为数众多，本书以实体/程序交互为视角展开的民事诉讼标的论（第五讲和第六讲）、证明

---

① 参见［德］罗森贝克、［德］施瓦布、［德］戈特瓦尔德：《德国民事诉讼法》，李大雪译，中国法制出版社 2007 年版，第 539 页；［日］新堂幸司：《新民事诉讼法》，林剑锋译，法律出版社 2008 年版，第 289－290 页。

② 参见任重：《论我国民事诉讼诚信原则的适用范围——兼论本土案例组的生成与反思》，《当代法学》2024 年第 6 期。

③ 参见［德］施蒂尔纳：《民事诉讼法中法教义学思维的角色》，霍旭阳译，载孙笑侠主编：《复旦大学法律评论》（第 2 辑），法律出版社 2015 年版，第 220 页。

责任论（第七讲和第八讲）、裁判效力论（第九讲）均可归入第三层。为免重复，本讲仅以既判力的作用方式和相对性为例①，说明其与第一层、第二层的互动，并探讨其对第四层的指引作用。

2. 第三层的枢纽作用

民事诉讼目的是确认和实现当事人的民事权利，而并非通过法院的诉讼程序和生效判决创设新的民事法律关系。当事人享有的诉权并不等同于客观存在的民事权利或民事法律关系，而法院生效裁判也并不直接针对于此。此外，法院是在当事人提出的事实主张和证据资料的基础上认定事实并作出生效裁判。生效裁判中确认的民事权利并非总能与民事权利义务客观状态保持一致，错误的裁判将使当事人和案外第三人生活在"双重的法律关系"（doppelte Rechtsordnung）当中：一方面，当事人之间的实体法律关系存在或不存在的状态并未被法院的错误裁判所改变，即真正的实体法律关系；另一方面，错误的生效裁判又确认了一种并不真实存在的"实体法律关系"。②

不仅如此，处分原则还要求法官不得超出诉讼标的范围进行裁判。处于第一层的诉权、第二层的辩论原则和处分原则以及第三层的诉讼标的都要求，民事生效裁判原则上不应直接变动民事法律关系，例外限于《民法典》第 229 条所圈定的法律文书范畴，对此详见本书第九讲第三节。既判力的作用方式决定了其必须严守相对性要求，这同样能得到《民诉法解释》第 247 条至第 250 条的印证和融贯。

3. 第三层的适用风险

在德国，第三层的出现衍生出一种实用教义学，一种简化了的实用教义学，其任务在于使法律适用更易于操作，但对其风险则不可不察：其缺乏相关基本原则和基本规则的检验，而只有基本原则和基本规则才展示支撑判决的论据，并使其保持透明。③ 司法实践止于第三层的倾向及其风险同样对我国有重要的警示作用。遗憾的是，通过考察我国民事共同诉讼与

---

① 有关既判力相对性原则的讨论参见张卫平：《既判力相对性原则：根据、例外与制度化》，《法学研究》2015 年第 1 期；林剑锋：《既判力相对性原则在我国制度化的现状与障碍》，《现代法学》2016 年第 1 期；严仁群：《既判力客观范围之新进展》，《中外法学》2017 年第 2 期；卜元石：《重复诉讼禁止及其在知识产权民事纠纷中的应用——基本概念解析、重塑与案例群形成》，《法学研究》2017 年第 3 期。

② Vgl. Walter Zimmermann, Zivilprozessordnung mit FamFG（Allgemeiner Teil sowie Verfahren in Familiensachen），GVG, EGGVG, EGZPO, EU-Zivilverfahrensrecht, 9. Aufl., Verlag ZAP, 2013, § 322 Rn. 11.

③ 参见［德］施蒂尔纳：《民事诉讼法中法教义学思维的角色》，霍旭阳译，载孙笑侠主编：《复旦大学法律评论》（第 2 辑），法律出版社 2015 年版，第 220－221 页。

诉讼标的之间的关系就会发现，止于第三层的体系化过程在我国甚至都无法得到坚守和遵循。受诉讼标的（第三层）直接影响的共同诉讼（第四层）并未严格融贯诉讼标的（诉讼请求）的内涵与外延，而是扩展至所有法律上和事实上的牵连性关系，亦即虽有实体导向的外观，但内核实为程序导向，详见本书第十讲第二节。

（四）第四层：应用型的民事诉讼理论

无论是连带责任的共同诉讼制度，抑或送达制度，在四阶层的民事诉讼理论体系中均位于第四层。第四层民事诉讼理论是与民事司法实践直接衔接的理论分层，这一方面使其更体现民事司法的本土性和实践性，另一方面也更易出现与民事诉讼基础理论分层的疏离，进而呈现脱离实体导向的任意性和随机性。相较民事诉讼基础理论第三层的理论数量，第四层所包含的理论内容更为繁多，其与实用性民事诉讼基础理论（第三层）的衔接工作也更为艰巨，尤其是应融贯基础理论的规律性与应用理论的本土性，并实现实体/程序交互式的有机衔接。连带责任的共同诉讼类型正是突出例证。

四、民事诉讼体制转型的基础理论表达

民事诉讼理论分层中的第一层和第二层分别回答为何以及如何在总体上构建民事诉讼，因此，其对所有民事诉讼法律体系而言都是无法回避的问题。尽管如此，不同诉讼体制/模式在上述问题的回应和选择上有着显著差异，集中表现为当事人主义和职权主义在第二层的对立，而这又是对第一层不同认知的放大。在"实体权利保障→私法秩序维持→纠纷解决"的诉讼目的坐标轴上，越强调后位的诉讼目的，就越倾向于限制当事人行使诉权，其在民事诉讼基本原则上也就越倾向于职权主义。当然，第二层中的诉讼进行原则并非民事诉讼体制的决定性要素，尤其是"约束性辩论原则＋约束性处分原则＋当事人进行原则"的第二阶层民事诉讼基础理论表达的仍是当事人主义诉讼体制，而并未落入职权主义诉讼模式。

而进入更强调技术性和实用性的第三层基础理论，其对当事人主义诉讼体制的决定性就更为间接。例如，无论采取传统诉讼标的理论抑或采取诉讼法二分肢（支）说，都不妨碍其成立当事人主义诉讼体制。对第三层民事诉讼基础理论具有决定性的是本国的实体/程序法律制度以及诉讼环境等要素。我国之所以选择旧实体法说作为诉讼标的的识别方法，是考虑到"原告在诉讼上所为一定具体实体法之权利主张"，该理论"简便易行""诉讼秩序稳定""当事人攻击防御目标集中"，"是其他诉讼标的的理论所无法比拟的"①。虽然新诉讼标的理论是今后的努力方向，但由于我国国民法律意识有待提高，律师制度还有待健全，并且在相当长的时期内我国诉讼政策应侧重于对当事人权利的保护，因此仍应贯彻和坚持传统诉讼标的理论，避免原告的诉讼权利因诉讼标的范围过大而受到不当否定。② 而待上述制约因素得到基本解决后再采纳新诉讼标的理论，虽然加重了法院的责任，但对当事人来说则较为有利。只要当事人把裁判要求交给法院，法院就有责任对其要求的合法性从多种法律角度进行审查、评价。这有助于尽快解决当事人之间的纠纷，有利于发挥诉讼的功能。③

（一）我国民事诉讼理论体系的本土国情

在德国和日本，民事诉讼基础理论已经对具体法律制度和司法实践发挥了长时间和深入的影响，并形成了裁判者潜意识中的行为习惯，而在此基础上的理论创新和相对化操作对基础理论分析框架并不产生根本影响。以法官释明为例，虽然这一制度为法官突破基础理论分析框架提供了可能，但法官依旧会自我拷问，其释明的内容是否突破了基础理论所圈定的界限，而上级法院也会在基础理论框架内对下级法院的释明活动进行规制，以此实现民事诉讼基础理论对司法实践的指引功能，对此的集中例证是诉讼时效抗辩权释明。④

与我国《诉讼时效规定》第 2 条类似，2001 年《德国民事诉讼法改革法》的修正理由也认为，如果当事人的主张中并不包含对新抗辩最低限度的暗示，法院不负释明义务，诉讼时效抗辩权亦同。⑤ 德国柏林高等法院在 2002 年作出的裁定却认为，新法修正后，法院释明义务范围已经扩大，法官可以对诉讼时效抗辩权加以释明，这并不违反法官中立性要求，不构成当事人申请法官回避的事由。⑥ 德国联邦最高法院则在 2003 年作出的裁定中指出，法官如就可能的诉讼时效进行释明就违反了法官中立性要求，构成当事人申请法官回避的事由，因此，法官对诉讼时效抗辩权并不负有释明义务。⑦ 而法官中立性要求正是民事诉讼目的和诉权论的应有之义，即国家不仅保障向法院起诉的可能性，而且赋予每个参与人要求得

---

① 最高人民法院修改后民事诉讼法贯彻实施工作领导小组编著：《最高人民法院民事诉讼法司法解释理解与适用（上）》，人民法院出版社 2015 年版，第 635 页。

② 参见江伟、肖建国：《论既判力的客观范围》，《法学研究》1996 年第 4 期。

③ 参见江伟、韩英波：《论诉讼标的》，《法学家》1997 年第 2 期。

④ 参见任重：《我国民事诉讼释明边界问题研究》，《中国法学》2018 年第 6 期。

⑤ Vgl. BT-Drucks. 14/4722, S. 77.

⑥ Vgl. KG NJW 2002, 1732.

⑦ Vgl. BGHZ 156, 270 ff.

到实际有效的权利保护的请求权。①

虽然我国目前在总体上仍处于职权主义模式，但当事人主义已成为立法、司法和理论的共同坚守和基本共识。② 尽管如此，我国正处于并将在相当长的时期内处于民事诉讼体制转型中，这是我国民事诉讼基础理论分析框架的基本出发点。于民事诉讼体制转型仍在进行当中，我国经过数十年持续推进所形成的实体/程序交互式基础理论分层（第一层到第三层）正面临与应用理论层（第四层）的疏离。除裁判文书说理不足导致研究者无法真正洞察司法实务部门的观点这一原因③，这也受制于若干理论问题探讨止于第四层的做法。

（二）我国应用理论的职权主义要素

第四层的相对化趋势开始逐步瓦解我国尚未完全形成自觉的基础理论层，这也是各级法院积极推动的改革创新所不应忽视的副作用。第三层在我国正受到所谓"现代"挑战，对此详见本书第八讲第一节。通过职权干预型诉讼模式的司法实践反推第四层并进一步提升到基础理论层，有可能使民事诉讼体制转型作业出现停滞甚至倒退。

透过理论之间的密切联系，由司法实践反推出的理论观点可能产生蝴蝶效应。以案件事实预决效力为例，无论是诉讼目的、诉权抑或是处分原则和辩论原则以及既判力理论都难以为案件事实预决效力提供理论背书。④ 若根据《民诉法解释》第93条第1款第5项和司法实践中的做法，广泛认可人民法院发生法律效力的裁判所确认的事实都是无须举证证明的事实，则不仅将在第三层突破既判力的客观范围，而且将在第二层削弱辩论原则的正当性：错误的事实认定因为案件事实预决效力而产生连锁反应，为了避免这种风险变为现实，法官就必须保证事实认定的可靠性，也就不能满足于只是依靠当事人提出的事实和证据，而是要在事实认定上发挥主观能动性，这就部分否定了辩论原则的正当性。

不仅如此，既然生效裁判所认定的事实会对后诉和他人发生作用，那么，民事诉讼目的也就不仅仅是保护当事人的民事权利，还包括发现事实真相。由于事实真相涉及第三人的合法权益甚至社会公共利益，因而不能

---

① 参见［德］罗森贝克、［德］施瓦布、［德］戈特瓦尔德：《德国民事诉讼法》，李大雪译，中国法制出版社2007年版，第16页。

② 参见许可：《论当事人主义诉讼模式在我国法上的新进展》，《当代法学》2016年第3期；冯珂：《从权利保障到权力制约：论我国民事诉讼模式转换的趋向》，《当代法学》2016年第3期。

③ 参见曹志勋：《对民事判决书结构与说理的重塑》，《中国法学》2015年第4期。

④ 参见曹志勋：《反思事实预决效力》，《现代法学》2015年第1期。

由当事人自由处分。

（三）德国反向民事诉讼体制转型的历史教训

民事诉讼体制转型是一项系统作业，实体/程序交互的四阶层民事诉讼理论体系是其集中表达。当前，当事人主义虽然是立法、司法和理论上达成共识的民事诉讼体制转型目标，但民事诉讼立法和司法仍在相当程度上停留于职权主义范畴，民事诉讼体制转型在我国尚未最终完成。是故，民事诉讼法教义学存在较大异化风险，亦即凡是我国民事诉讼法没有明确规定的，就不是民事诉讼理论体系的应有组成部分；凡是实务部门的做法甚至看法，就应该作为学理建构的准据。如若不对上述异化现象进行反思与修正，民事诉讼法学共识或将面临瓦解风险，当事人主义诉讼体制转型也将倒退回改革的原点。

对此，德国民事诉讼反向体制转型的深刻历史教训能为我国提供最为生动的历史教训。虽然《弗里德里希诉讼法典》（1781 年）和《普鲁士邦国一般法院法》（1793 年）用职权探知原则代替了辩论原则，意图实现社会公共利益和诉讼效率，但在短短几十年后，普鲁士民事诉讼就再次被修改了，职权探知原则也因此被抛弃。《1871 年德国民事诉讼法草案及理由书》第 202 页写道："普鲁士诉讼法在最重要的基本原则上与德意志普通诉讼不同，并且构成了其直接的反面。普鲁士诉讼中，辩论原则和随时提出原则被指示程序所取代，法官据此被要求进行官方的救助，通过任何合法的手段去查明当事人之间存在的实体法律关系，这是从普通法中的形式主义的严格限制中解放出来的一次伟大尝试。但在司法实践中，这被证明是错误的和无法实现的，因此，很快就产生了修法的需求。可以说，法律发展的历史表明，在所有的诉讼体系中没有任何一个能够像普通诉讼法一样协调统一。"①

这或许也从一个侧面表明，对司法权威的质疑和对司法不公的抱怨其实并非本土问题，而是职权干预型诉讼体制的固有弊病。同样，中国式民事程序法治现代化不能在既有职权主义应用理论基础上叠床架屋和"头痛医头，脚痛医脚"，而应充分结合本土性与普遍性，通过实体/程序交互的民事诉讼基础理论体系指引应用理论的当事人主义转型，经由四阶层民事诉讼理论体系的体系化和科学化最终确立和融贯当事人主义民事诉讼体制。在此基础上提炼和总结中国民事诉讼法学自主知识体系。

---

① ［德］莱波尔特：《民事诉讼与社会意识》，任重译，载中国法学会民事诉讼法学研究会主办：《民事程序法研究》（第18辑），厦门大学出版社 2017 年版，第 7 页脚注 1。

综上，在民事诉讼具体问题包括民法典与民事诉讼法交错问题的分析过程中，不止于四阶层民事诉讼理论体系的第四层，而使目光不断往返于基础理论（第一层到三层）、应用理论（第四层）以及司法实践之间，是我国民事诉讼法学研究的应然之义。这也表明，在我国继续探讨民事诉讼基础理论分析框架及其具体运用的迫切性和现实性。考虑到我国民事诉讼体制转型尚未最终完成，当司法实践与民事诉讼理论特别是其基础理论分层出现矛盾冲突时，或更应强调用理论指导实践；当下位理论与上位理论不符时，更应强调下位理论对上位理论的贯彻与服从。为使讨论更为集中和深入，本讲将借助基础理论分析框架具体反思民事连带责任的共同诉讼类型，并尝试提出可行的解决方案。这既是对必要共同诉讼之实体导向的个案运用，又是对实体/程序交互式民事诉讼基础理论分析框架的具体展开。

第三节　连带责任共同诉讼的基础理论检视

如前所述，《民诉意见》第 43 条将连带责任与必要共同诉讼挂钩后，《民诉法解释》第 54 条及以下继续将其作为必要共同诉讼，只是考虑到当事人选择权而将其修正为类似必要共同诉讼。然而，《民事诉讼法》第 55 条第 1 款乃以"诉讼标的共同"作为固有和类似必要共同诉讼的核心特征。连带责任共同诉讼的基础理论检视要求以诉讼标的同一性（第三层）为核心标准，实体/程序交互地检视其在我国的发展阶段、主要观点及理论成因。虽然民事连带责任型共同诉讼制度是我国民事诉讼理论研究中相对薄弱的环节，但其仍能呈现出较为显著的三个研究阶段，表现为三种主要观点。

一、第一阶段：固有必要共同诉讼和诉讼标的扩大化

第一阶段始于 20 世纪 90 年代初，其集中表现为固有必要共同诉讼论。[①] 与现行《民事诉讼法》第 55 条第 1 款保持一致的 1991 年《民事诉讼法》第 53 条第 1 款并非使连带责任诉讼被归入必要共同诉讼的直接原因。1992 年颁布实施的《民诉意见》第 43 条及以下才通过列举的方式将其纳入必要共同诉讼的范畴。由于诉讼标的概念并没有得到立法者的进一步解释，加之诉讼标的在这一时期并未得到理论上的充分讨论和发展，因

---

① 固有必要共同诉讼是第二阶段提出的学术概念，特此说明。

此，直接以《民诉意见》第 43 条以下的具体情形反推"诉讼标的共同"或为无奈之举。只不过，这样做的同时也就有意或无意地放弃了将司法解释及其实践归入第四层并进一步提升到第三层的尝试和努力。

（一）"诉讼标的共同"的扩大化

诉讼标的在我国一般被界定为当事人之间争议的民事法律关系。这种理解虽然在共有关系中不会遇到太大困难，但在连带责任中存在相当的障碍。为了能够尽最大可能以诉讼标的论证司法解释规定，"诉讼标的共同"逐渐囊括了一切法律上和事实上的牵连性。由于连带责任中任何一个债务人清偿全部债务都将相应免除其他连带责任人的清偿责任，因此，这被理解为存在着法律上的牵连性。而在无意思联络的多数人侵权案件中，因为行为之间的联系共同造成了总体上的损害结果，其被认为存在事实上的牵连性，所以必须综合判断每个人的行为才可能查清责任份额。[1] 在上述扩大解释影响之下，司法实践逐渐将《民诉意见》中并未列举的其他连带责任诉讼也纳入了必要共同诉讼的范畴。

（二）虚置"诉讼标的共同"的理论反思

如果能够重回第一阶段讨论，摆在研究者面前的是否只有扩大诉讼标的内涵和外延这一条路可走呢？答案或许是否定的。根据《立法法》第 119 条第 1 款，最高人民法院所作的司法解释应当针对具体的法律条文，而且要符合立法的目的、原则和原意。如果其认为法律规定需要进一步明确具体含义或者法律制定后出现了新情况，需要明确适用法律依据，则应当向全国人民代表大会常务委员会提出法律解释的要求或者提出制定、修改有关法律的议案。[2] 对《民诉意见》第 43 条以下的理解理应遵照 1991 年《民事诉讼法》第 53 条第 1 款的法律条文原意（第四层）。不仅如此，还要符合立法目的（第一层）和原则（第二层）。如果要坚持"诉讼标的共同"这一法定标准，显然就不能将《民诉意见》第 43 条以下涉及的所有类型均归入必要共同诉讼。

遗憾的是，具体分析诉讼标的同一性的必要步骤在本阶段的讨论中缺位了。如若认为连带责任的民事法律关系为复数，进而得出其诉讼标的并不唯一的结论，那么，《民诉意见》第 55 条或可被限缩解释为，当权利人向法院分别起诉被代理人和代理人时，人民法院应将其作为普通共同诉讼

---

① 参见段厚省：《共同诉讼形态研究——以诉讼标的理论为方法》，载陈光中、江伟主编：《诉讼法论丛》（第 11 卷），法律出版社 2006 年版，第 267－268 页。

② 虽然《民诉意见》颁布实施时《立法法》尚未出台，但现行《立法法》第 119 条第 1 款的具体要求正是 1982 年《宪法》第 58 条和第 127 条在逻辑上的必然结果。

加以合并审理。当然，这会被质疑与该解释第 55 条的文义解释存在出入，但这里面临的两难选择是，当 1991 年《民事诉讼法》第 53 条和《民诉意见》第 55 条可能存在矛盾时，应当遵从前者还是后者。较为遗憾的是，鉴于司法解释的明确和具体，从司法实践的一般做法来看，"诉讼标的共同"这一法定标准并未得到坚持。

二、第二阶段：类似必要共同诉讼和既判力实在化

在第一阶段，司法实践中逐渐形成了宽泛理解诉讼标的的一般做法。《民诉意见》第 43 条以下无视现行《民事诉讼法》第 55 条第 1 款中"诉讼标的共同"这一法定标准，而不断将新的案件类型塞入必要共同诉讼。这种状况自 2000 年前后的第二阶段开始发生积极转变。第二阶段的关键词是类似必要共同诉讼，理论研究所运用的主要是比较法。[①] 随着一批在日本研习民事诉讼法学的前辈学者回国，用日本民事诉讼基础理论审视检验中国民事诉讼立法、司法和理论的研究新范式逐渐开启了。由于我国关于共同诉讼的法律规定与日本法近似，并且在产生历史上存在着较为明显的传承关系[②]，因此，比较法的反思和建议具有相当的理论价值和实践意义，并逐渐得到了我国理论界和实务界的接受。

（一）类似必要共同诉讼的引入

在第二阶段，理论界提出了类似必要共同诉讼这一我国立法中并未明确规定的新类型，并且在实际效果上保障了当事人诉权和债权人的实体选择权，便于当事人运用民事诉讼，缓解我国共同诉讼制度的僵化。由于我国《民事诉讼法》和《民诉意见》并未明确承认类似必要共同诉讼，因此，类似必要共同诉讼亟须在我国找到规范注脚。我国现行《公司法》第 26 条即为一例。如果股东提起撤销之诉，难道要苛求上市公司的全体股东一起诉讼，否则法院必须依职权予以追加？这种做法显然不合常理，且不具有现实可行性。如果认为每位股东都独立享有撤销权，那么，是否可允许每个股东都单独向法院提起撤销之诉？从诉讼经济和纠纷一次性解决的角度看，这显然也不可能为法院所认同。

是故，在必须一同起诉和可以独立诉讼之间产生了对折中方案的需求，类似必要共同诉讼为其提供了较为稳妥的解决方案：若多个股东一起

---

① 参见韩象乾、葛玲：《关于完善我国共同诉讼制度的一个理论前提——兼谈民事审判方式改革》，《政法论坛》2001 年第 1 期；廖永安、彭熙海：《论必要共同诉讼》，《湖南财经高等专科学校学报》2001 年第 3 期；叶永禄、张玉标：《论我国必要共同诉讼制度之重构：以票据诉讼为视角》，《法律适用》2007 年第 6 期。

② 详见第十讲第三节。

诉讼，则按照必要共同诉讼处理；若一个或者部分股东起诉，也并不存在遗漏诉讼当事人的风险，且其判决效力约束其他股东。据此，类似必要共同诉讼在以股东撤销之诉为代表的法律表述中逐渐找到了规范根据并获得了实务部门的认可。

（二）民事诉讼基础理论的运用

相比第一阶段，本阶段的讨论发生了方法上和理论上的实质性跃升。在方法上，类似必要共同诉讼论不再止于司法实践，也不再满足于第四层，而是用处于第三层的诉讼标的和既判力在我国的立法和司法实践中寻找突破口。其初衷是贯彻处分原则，保障当事人诉权，并寻求与债权人选择权的衔接之道。因此，这已经是典型的规范研究或法教义学进路。而过去停留在教科书中的诉讼标的和既判力，也在类似必要共同诉讼讨论中被具体化和实在化，也即必须回答股东撤销之诉的诉讼标的是什么，在部分股东获得生效判决后其既判力又缘何出现了扩张。

（三）"合一确定"识别标准的本土性反思

不过，将连带责任共同诉讼也纳入类似必要共同诉讼的做法同样引人深思。虽然第二阶段强调诉讼标的和既判力，但对于类型必要共同诉讼标的之界定及其表达尚未达成广泛共识。这并非第二阶段才出现的问题，而是第一阶段的自然延伸。第二阶段讨论并未反思诉讼标的与争议民事法律关系的混同。连带责任有可能因为法律上或事实上的牵连性而被宽泛地理解为同一民事法律关系，并导出同一诉讼标的。类似必要共同诉讼论主要着眼于缓和固有必要共同诉讼的僵化，而对"诉讼标的共同"并未进行应有的澄清。

此外，类似必要共同诉讼论还存在本土性缺失的风险。《日本民事诉讼法》第 40 条第 1 款第 1 项规定："诉讼标的应在共同诉讼人全体间合一确定时，其中一人的诉讼行为在有利于全体利益时才生效。"[①] 其中，"合一确定"而非"诉讼标的共同"构成必要共同诉讼的核心标准。然而，我国本土的"诉讼标的共同"是否可与"合一确定"互换，其实尚未得到实质性的对待和回应。仅从实体导向必要共同诉讼的单一诉讼标的形态与复数诉讼标的之对立，以及日本法乃复数诉讼标的形态的代表性法域考察[②]，将"诉讼标的共同"替换为"合一确定"存在着本土语境的丢失和对"诉讼标的共同"的背离。

---

① 《日本民事诉讼法典》，曹云吉译，厦门大学出版社 2017 年版，第 19 页。
② 对实体导向和程序导向的界分，以及实体导向必要共同诉讼中的两种形态，详见本书第十讲第三节。

三、第三阶段：类似必要共同诉讼扩大化

虽然第二阶段以类似必要共同诉讼作为关键词，但不能忽视的是其他观点的提出，特别是普通共同诉讼说[1]，只是这些观点的声音还较为微弱。承接第二阶段的讨论，第三阶段讨论的主基调依旧是类似必要共同诉讼。以现行《民事诉讼法》第 55 条第 1 款为根据，第三阶段还呈现出继续坚持统一标准的体系化解决方案和相对化处理方法之间的分歧。

（一）诉讼标的相对化视域下的类似必要共同诉讼

考虑到现实生活中纠纷牵涉复数主体时纷繁多样的具体形态，有学者提出以诉讼标的相对论化解共同诉讼制度难题的解释方案，亦即在"绝对不可分"和"完全可分"的两极之间存在着若干呈现出"过渡环节"或"中间样态"性质的共同诉讼案件或纠纷类型，司法实务的处理也是介于"分"与"合"之间。[2] 针对主合同与从合同构成复数法律关系的实体导向问题，相对论观点认为，无论学理上怎样理解，我国民事司法实务对某些共同诉讼形态的处理既不同于"绝对不可分"的必要共同诉讼，又不同于普通共同诉讼，这已经是一种既成的现实。[3]

同理，不真正连带责任中两个不同性质的法律关系也被上述见解纳入《民事诉讼法》第 55 条第 1 款"诉讼标的共同"中的类似必要共同诉讼。对于类似必要共同诉讼与债权人另诉权之间的紧张关系，相对论观点采取妥协方案，即如果原告在第一个诉讼结束后已经得到全部清偿则违反"一事不再理"，否则应允许原告再次起诉，亦即将胜诉后无法得到全部清偿视为既判力标准时之后出现的新事实，进而根据《民诉法解释》第 248 条例外地认可债权人另诉的权利。[4]

（二）类似必要共同诉讼的民事诉讼基础理论检视

依四阶层的民事诉讼理论分析框架加以检视可以发现，将不真正连带责任作为类似必要共同诉讼并不符合我国传统诉讼标的识别标准。为解决不真正连带责任共同诉讼类型（第四层）与"诉讼标的共同"（第三层）之间的矛盾冲突，相对论者突破了一体化的诉讼标的论，选取案件事实作为诉讼标的识别标准，进而在形式上实现了第三层和第四层之间的契合。

由于民事诉讼基础理论环环相扣，诉讼标的识别标准的改变会相应引

---

① 参见卢正敏、齐树洁：《连带债务共同诉讼关系之探讨》，《现代法学》2008 年第 1 期。

② 参见王亚新：《诉讼程序中的实体形成》，《当代法学》2014 年第 6 期。

③ 参见王亚新：《诉讼程序中的实体形成》，《当代法学》2014 年第 6 期。

④ 参见罗恬漩、王亚新：《不真正连带责任诉讼问题探析》，《法律适用》2015 年第 1 期。

发四阶层民事诉讼理论体系的系统紊乱。为避免债权人受偿不能的实体风险，相对论又不得不实质改变既判力相对性原则，亦即将债务人无力偿债以及债权人未获全部清偿作为既判力标准时后的新事实，进而跳出类似必要共同诉讼内含的既判力扩张要求。然而，既判力标准时后的新事实是能够导致当事人之间民事权利义务关系发生变动的要件事实。[①] 若将还债不能或不充分理解为新事实，那么，相同原告也就同理可在此情形下再次起诉相同被告。是故，若宽泛解释《民诉法解释》第 248 条之新事实，必然架空《民事诉讼法》第 127 条第 5 项结合《民诉法解释》第 247 条的"一事不再理"原则。不仅如此，两个不同性质的民事法律关系被作为同一诉讼标的对待，不仅背离了诉讼标的识别的实体导向（第二层），且在总体上否定了原告本应享有的另诉权（第一层）。

总体而言，相对论深入挖掘了我国类似必要共同诉讼实践，这为经由司法实践衔接民事诉讼应用理论（第四层）并进一步融贯民事诉讼基础理论分层（第一层到第三层）提供了宝贵经验和坚实基础。

第四节　连带责任型普通共同诉讼的基础理论证成

四阶层的民事诉讼理论分析框架在我国的可适用性不仅取决于理论证成，更取决于实践检验，亦即其能否针对具体问题提出逻辑一贯且具有可操作性的解决方案，能否在坚持实体导向的"诉讼标的共同"标准前提下有效回应连带责任共同诉讼的司法实践难题。

一、从第四层到第三层：诉讼标的与既判力的规定性

现行《民事诉讼法》第 55 条第 1 款以"诉讼标的共同"作为我国必要共同诉讼的法定识别标准，因此，对连带责任型共同诉讼的定性起到决定作用的是其诉讼标的的数量分析。如若诉讼标的唯一，则自然得出必要共同诉讼；若诉讼标的为复数，则只能排除成立必要共同诉讼的可能。当然，复数诉讼标的并不必然得出普通共同诉讼，盖因《民事诉讼法》第 55 条第 1 款将普通共同诉讼的成立条件规定为"诉讼标的是同一种类"、"人民法院认为可以合并审理"且"当事人同意"，此外还须满足管辖等程序性要求。

---

① 参见曹云吉：《论裁判生效后之新事实》，《甘肃政法学院学报》2016 年第 3 期；［德］罗森贝克、［德］施瓦布、［德］戈特瓦尔德：《德国民事诉讼法》，李大雪译，中国法制出版社 2007年版，第 1170－1171 页。

（一）连带责任共同诉讼的诉讼标的分析

1. 传统诉讼标的理论的证成以及其内涵

虽然诉讼标的学说林立，但我国以传统诉讼标的理论（旧实体法说）为通说。[①] 以 2001 年《证据规定》第 35 条第 1 款为例，如果当事人主张侵权法律关系，但人民法院根据案件事实认定其为合同法律关系，此时还并不能直接判决原告胜诉，而是必须释明当事人可以变更诉讼请求。民事法律关系并不是裁判的理由，而是裁判的对象本身。我国的民事诉讼标的与民事法律关系存在着一一对应关系。不过，民事法律关系的概念范围可能呈现出三个不同层次：（1）大民事法律关系，如借款合同和保证合同基于其法律上的牵连性可能会被理解为同一民事法律关系；（2）中民事法律关系，即便存在法律上的牵连性，但依旧将借款合同和保证合同识别为主合同和从合同两个民事法律关系；（3）小民事法律关系，即请求权，例如买卖合同就包含"价款给付请求权—价款给付义务"与"货物给付请求权—货物给付义务"这两个民事法律关系。

作为我国民事诉讼标的的识别标准的"民事法律关系"究竟意指上述哪一层次？其实不要说大民事法律关系，即便是中民事法律关系业已无法在我国民事司法实践中贯彻下去。例如，买卖合同中的买受人向出卖人请求给付货物，法院判决买受人胜诉。如果认为此案的诉讼标的是买卖合同法律关系，那就意味着出卖人不得另诉要求买受人给付货款。为了避免这种情况发生，法官必须在前诉中分别就给付和对待给付作出生效判决。当然，这种理解无法得到司法实践的认同。[②] 而根据《民诉法解释》第 247条，虽然给付和对待给付被包含在同一民事法律关系也即同一诉讼标的中，但因其请求内容不同，故并不能满足"一事不再理"的"三同"要求，法院应当依法受理并审理。

综上，作为给付诉讼标的的识别标准的民事法律关系只能在上述第三层意义上加以理解，即在给付之诉中等同于请求权主张，第二层意义上的民事法律关系只可能成为确认之诉和形成之诉的诉讼标的。[③]

2. "民事权利→民事义务→民事责任"的转换关系

连带责任有外部关系和内部关系之分，对共同诉讼类型起决定作用的

---

① 参见最高人民法院修改后民事诉讼法贯彻实施工作领导小组编著：《最高人民法院民事诉讼法司法解释理解与适用（上）》，人民法院出版社 2015 年版，第 635 页。

② 参见最高人民法院（2013）民申字第 178 号裁定书。

③ 参见严仁群：《诉讼标的之本土路径》，《法学研究》2013 年第 3 期；［德］赫尔维格：《诉权与诉的可能性：当代民事诉讼基本问题研究》，任重译，法律出版社 2018 年版，第 48 页脚注 29。

是外部关系。内部关系与外部关系的互动集中体现为"纠纷一次性解决"，而一般不落入共同诉讼问题。是故，民事连带责任的诉讼标的展开以外部关系为限。基于同样的考虑，本讲对真正连带责任和不真正连带责任进行了统一把握。在上述限定后，共同诉讼类型的定性直接取决于民事连带责任外部关系的请求权构造。规定民事连带责任外部关系的《民法典》第178条第1款规定："二人以上依法承担连带责任的，权利人有权请求部分或者全部连带责任人承担责任。"仅通过文义解释还无法充分确定其请求权构造，原因在于该条采取以责任为导向的表述方法，故而尚需将责任表述转化为权利表达。

《民法典》第176条规定了民事责任与民事义务的关系。民事责任被认为是民事主体违反民事义务应承担的法律后果，是保障民事权利实现的措施，也是对不履行义务行为的一种制裁，"民事权利→民事义务→民事责任"三位一体的立法模式被认为是本土特色。[①] 然而，连带责任一般被认为是多数人承担同一责任，每个责任人都对权利人负担全部履行义务。[②] 连带责任的法律特征表现为责任人各自负担全部履行义务，在外部关系上均以全部给付为内容。[③] 而基于权利与义务的对应关系，也应当同时认可权利人对义务人分别享有要求其履行全部义务的请求权。债权人的选择权同样可证实上述判断：正因为债权人分别对所有债务人享有全部履行的请求权，所以其既可以要求部分连带责任人承担责任，也可要求全部连带责任人承担责任。由于各债务人的清偿目的具有同一性，因此，多次受偿的风险将通过清偿对其他债务人的效力被克服，即一次全部履行使其他责任人的义务随之消灭，并可能转化为内部求偿关系。[④]

3. "同一责任"的实体/程序内涵

据此，"同一责任"可被理解为，虽然连带责任的数量可能被视为总体上唯一，但并不妨碍认定义务人分别负有全部履行的义务，从而呈现出"复数全部请求权→复数全部履行义务→同一连带责任"的递进关系。当

[①] 参见李适时主编：《中华人民共和国民法总则释义》，法律出版社2017年版，第546页；王利明主编：《中华人民共和国民法总则详解》，中国法制出版社2017年版，第806页；张新宝：《〈中华人民共和国民法总则〉释义》，中国人民大学出版社2017年版，第384页。

[②] 参见李适时主编：《中华人民共和国民法总则释义》，法律出版社2017年版，第550-551页；石宏主编：《〈中华人民共和国民法总则〉条文说明、立法理由及相关规定》，北京大学出版社2017年版，第415-416页。

[③] 参见王利明主编：《中华人民共和国民法总则详解》，中国法制出版社2017年版，第813-814页。

[④] 参见王洪亮：《债法总论》，北京大学出版社2016年版，第493页。

然，另一可能的解释方案是认定"同一责任"并不表明责任只有一个，而是说明给付目的具有同一性，从而依旧遵循"复数全部请求权→复数全部履行义务→复数连带责任"的对应关系。上述两种解释进路并不会对诉讼标的数量分析产生实质影响，作为其识别标准的并非责任而是请求权。是故，债权人起诉部分或全部连带责任人时并不构成固有或类似必要共同诉讼，而是在满足《民事诉讼法》第 55 条第 1 款后半句的前提下形成普通共同诉讼。

（二）连带责任共同诉讼的既判力分析

与固有必要共同诉讼相比，类似必要共同诉讼保证裁判合一确定的方法是既判力扩张。连带责任共同诉讼的标的为复数已能排除《民事诉讼法》第 55 条第 1 款前半句的适用，进而整体否定固有和类似必要共同诉讼的归类。尽管如此，本讲仍有必要以既判力扩张为标准进行四阶层民事诉讼理论分析框架的再探讨。

1. 类似必要共同诉讼的制度机理

类似必要共同诉讼的制度机理在于，虽然诉讼标的共同，但是为了缓解必须共同进行诉讼的僵化而赋予个人以独立的诉讼实施权，以此区别于全体共同享有唯一诉讼实施权的固有必要共同诉讼。由于诉讼标的唯一，虽然允许当事人选择单独诉讼抑或是共同诉讼，但诉讼标的必须在判决中被合一确定，并未一同诉讼的当事人自然要服从前诉判决结果。

由于类似必要共同诉讼限制潜在共同诉讼人的另诉权（第一层），且与既判力相对性原则（第三层）相矛盾，故只有当法律明确规定既判力扩张时才构成类似必要共同诉讼，这也是其在德国被称为诉讼法原因之必要共同诉讼的缘由。《德国民事诉讼法》并未规定连带责任诉讼产生既判力扩张。不仅如此，《德国民法典》第 425 条第 2 款从反面规定连带债务判决只对诉讼当事人发生既判力。是故，连带责任共同诉讼在德国被界定为普通共同诉讼。①

2. 既判力扩张标准在我国的解释困境

与德国法相比，我国既判力相对性理论和制度还相对薄弱。不过，《民诉法解释》第 247 条至第 250 条业已初步确立既判力的主观相对性、客观相对性和时间相对性，并且在第 249 条规定诉讼过程中争议民事权利义务转移时的既判力扩张制度。对上述条文进行体系解释，已能得出我国

---

① 参见刘明生：《民事诉讼之程序法理与确定判决之效力及救济》，新学林出版股份有限公司 2016 年版，第 234 - 235 页。

以既判力相对性为原则，以既判力扩张作为例外，且例外须经法律明确规定的结论。[①] 在我国民事诉讼法律规范中几乎找不到关于连带责任既判力扩张的例外规定，可能进入视野的是《人身损害赔偿解释》第 2 条第 1 款，不过其更应当被解读为对共同诉讼的要求，而不是关于既判力扩张的规定。同样，既判力扩张规定也在《民法典》中付之阙如，原因是连带责任共同诉讼的实体/程序分离。有观点认为，此乃诉讼事项，而不宜由实体法加以规定，且诉讼法已经将连带债务归入固有必要共同诉讼，故不存在生效判决的涉他效力问题。[②]

综上，在四阶层的民事诉讼理论分析框架内，连带责任型共同诉讼只能被界定为普通共同诉讼，其因诉讼标的为复数而并不满足《民事诉讼法》第 55 条第 1 款前半句之"诉讼标的共同"的法定识别标准，并因不存在既判力扩张的明确规定而同样不满足类似必要共同诉讼的另一核心特征。

二、第一层和第二层的再检视

以处于第三层的诉讼标的和既判力为中心，本讲将连带责任的共同诉讼界定为普通共同诉讼，其论证过程已经包含来自第一层和第二层的指引。

（一）民事诉讼目的之实体导引

虽然不同国家和地区对民事诉讼目的有不同认识，但均将保障当事人的民事实体权利作为首要目的。我国《民事诉讼法》第 2 条"确认民事权利义务关系，制裁民事违法行为，保护当事人的合法权益"的规定业已蕴含实体导向，尤其是在《民法典》颁行后亟待将民事诉讼目的从纠纷解决说重塑为权利保护说。

《民法典》第 178 条赋予债权人对连带责任人的自由选择权。通过法律解释可以得出，债权人对每个债务人都有要求其履行全部债务的独立请求权。鉴于此，固有必要共同诉讼并未遵循连带责任的实体导向。由于起诉本身甚至生效判决的作出不等于债权人业已获得清偿，在权利人获得全部清偿之前，其针对各债务人的请求权依旧存在。可见，不允许债权人另诉其他债务人的做法同样缺乏实体法根据。类似必要共同诉讼所要求的既

[①] 参见张卫平：《既判力相对性原则：根据、例外与制度化》，《法学研究》2015 年第 1 期；林剑锋：《既判力相对性原则在我国制度化的现状与障碍》，《现代法学》2016 年第 1 期；金印：《既判力相对性法源地位之证成》，《法学》2022 年第 10 期。

[②] 参见王利明主编：《中国民法典释评·合同编通则》，中国人民大学出版社 2020 年版，第 288 页。

判力扩张将使债权人无法通过另诉方式再向其他债务人主张请求权，故而亦将导致权利保护之民事诉讼目的之违背和落空。

（二）权利保护对纠纷解决的规制

值得进一步反思的是，我国民事诉讼目的并不单一，除实体权利保护外，还包含纠纷解决。然而，当纠纷的一次性解决和民事实体权利保障之间发生冲突时，当固有或类似必要共同诉讼与债权人自由选择权不能两全时，应当如何权衡？对此亟待将权利保护说作为首要目的，并通过权利保护的制度目的规制纠纷一次性解决的适用限度。[1]

债权人起诉一个或多个债务人是其起诉自由的表现，固有必要共同诉讼通过追加共同诉讼人直接限制原告行使诉讼权利，而类似必要共同诉讼通过既判力扩张，间接强迫权利人将所有潜在债务人一次性拉入民事诉讼。可见，普通共同诉讼在结果上降低当事人的起诉门槛，充分保障了当事人依法享有的诉权。

（三）处分原则对连带责任共同诉讼的型塑

根据处分原则，原告有选择起诉或不起诉、何时起诉以及以何种方式和内容起诉的处分自由。[2] 强制追加和既判力扩张都将构成对债权人处分原则的直接或间接的不当限制。因此，普通共同诉讼不仅是第三层之诉讼标的和既判力的检验结果，而且能与第一层和第二层保持逻辑统一。不仅如此，这也与限制固有必要共同诉讼适用、尽量引导普通共同诉讼成立的现代民事诉讼发展潮流保持一致。[3]

第五节　实体/程序交互的民事诉讼理论分析框架

本讲以过半篇幅探讨实体/程序交互的民事诉讼理论分析框架，不仅考虑到这一分析框架在我国尚未达成共识，更是因为它对以民事连带责任共同诉讼类型为代表的两法交错问题研究具有举一反三的作用和方法论上的深远影响。无论是民法典与民事诉讼法的分离，抑或民事司法实践与诉讼学理的割裂，均可在民事诉讼理论分析框架中被实在化和具体化。其可被具体归结为如下层层递进的三个方面。

---

[1]　参见任重：《民事纠纷一次性解决的限度》，《政法论坛》2021年第3期。

[2]　参见张卫平：《民事诉讼法》（第六版），法律出版社2023年版，第59页。

[3]　参见［日］三木浩一：《日本民事诉讼法共同诉讼制度及理论——兼与中国制度的比较》，张慧敏、臧晶译，《交大法学》2012年第2期。

第一，当事人主义诉讼体制转型虽然是共识，但仍未形成分析框架的理论自觉。在"约束性辩论原则＋约束性处分原则＋当事人进行原则"的当事人主义诉讼体制要旨中，现行《民事诉讼法》第 12 条和第 13 条第 2 款与约束性辩论原则、约束性处分原则的核心主张还有相当距离，这也使我国现行立法和司法实践中存在着职权主义的 DNA。不仅如此，当事人主义诉讼体制还被误解为当事人进行原则，这加剧了诉讼体制转型的现实困境。

第二，以诉讼标的、既判力为代表的实用性基础理论还存在解释和适用的现实困境。传统诉讼标的理论虽是宝贵共识，但仍存在理论学说对统一认识的侵蚀作用，由传统诉讼标的理论于连带责任分析中的失语可见一斑。传统诉讼标的理论要求确立"请求权（主张）→诉讼标的"之间的对应关系，这在《民法典》文本中还有必要进一步推进"复数请求权基础规范→单数诉讼标的的规范→单数诉讼标的"的两法协同实施，据此在确保权利保护作为民事诉讼首要目的之前提下实现纠纷的一次性解决，化解超大规模民事纠纷带来的审判压力。对此可详见本书第五讲。与诉讼标的基本共识难以落地不同，囿于既判力相对性原则缺乏明确规范，且司法实践中还存在泛化适用生效判决效力的做法，这使既判力的主观相对性、客观相对性和时间相对性面临更为艰巨的挑战。

第三，与司法实践有对应关系的民事诉讼应用理论尚未建立与基础理论分层的血肉联系。受纠纷一次性解决和事实查明等政策性因素影响，司法实践倾向于扩大理解必要共同诉讼范围，先后将连带责任作为固有必要共同诉讼和类似必要共同诉讼。面对上述基础理论分层与连带责任共同诉讼应用理论之间的脱节，民事诉讼理论研究在充分回应司法实践诉求的同时，也呈现出理论指引作用缺失的倾向和问题。融贯权利保护之民事诉讼目的（第一层），体现处分原则（第二层）并以诉讼标的同一性（第三层）为民事诉讼基础理论指引的连带责任普通共同诉讼定位始终未能得到确立。

不仅如此，实体/程序交互的民事诉讼理论分析框架还需要就其分析结果接受司法实践的检验，特别是要有针对性地回应和解决实践质疑与挑战。连带责任型普通共同诉讼的主要挑战是纠纷的一次性解决和二次受偿风险。例如，债权人若仅起诉一名连带责任人，则在诉讼上存在再行起诉其他潜在连带责任人的可能，这将产生多次诉讼，浪费宝贵的司法资源。不仅如此，若法院针对同一连带责任作出多个胜诉判决，债权人还有超额受偿的可能。其实，这也是民事诉讼理论分析框架曾经考虑的问题。纠纷的一次性解决本就是普通共同诉讼的设计初衷，它并不天然等于诉讼标的同一。通过普通共同诉讼中的主张和证据共通原理，借助法官的自由心证，同样可以避免对同一事实的不同认定。不仅如此，为查明案件事实，并不必须将所有连带债务人以共同诉讼人的身份拉入诉讼，而是可根据《民事诉讼法》第 75 条以证人身份或根据《民事诉讼法》第 59 条第 2 款第 1 句以无独立请求权第三人身份参加诉讼，以协助法院和当事人查明案件事实并避免错判。

可见，实体/程序交互的民事诉讼理论分析框架若要切实保障两法协同实施，有效弥合理论与实践的龃龉，则不仅要以《民法典》为参照实现民事诉讼理论体系的重塑，而且须直面必要共同诉讼之程序导向，特别是在探明程序导向逻辑及其制度优势的前提下分析实体导向所面对的本土挑战和改进路径，这构成了本书第十二讲的问题意识。

第十二讲　必要共同诉讼程序导向的反思

必要共同诉讼的程序导向有其特殊立法成因，尤其是现行《民事诉讼法》第 55 条第 1 款之"诉讼标的共同"与"诉讼标的同种类"之间的适用范围留白以及普通共同诉讼成立要件的高阶化。受此影响，"诉讼标的同种类"被严格解释与适用：即便是不同种类的合同法律关系也不被认定为"诉讼标的同种类"①。这使普通共同诉讼限缩适用于《民法典》第 703 条之合租纠纷、《民法典》第 937 条第 1 款之同种类物业服务合同纠纷以及《民法典》第 648 条第 1 款和第 656 条之同种类共用电、水、气、热力合同纠纷。

不仅如此，除了满足上述"诉讼标的同种类"的严苛条件，还须符合《民事诉讼法》第 55 条第 1 款后半句之"人民法院认为可以合并审理并经当事人同意"。是故，连带保证纠纷中共同被诉的债务人和保证人不仅不被归入"诉讼标的同种类"，而且在法院认为可以合并审理、被告同意合并审理以及法院管辖方面等程序要求上面临现实挑战。是故，司法实践亦将有合并审理必要的多数人诉讼纳入必要共同诉讼，目的是实现纠纷一次性解决和案件事实查明。与此同时，这不仅得到《民诉意见》《人身损害赔偿解释》《民诉法解释》等司法解释的明确支持，且在《民法典》颁行后并未被实质改变。

上述必要共同诉讼的程序导向是实体/程序交互的民事诉讼理论分析框架的现实挑战，也是实体导向之必要共同诉讼必须认真面对的"对手"。以四阶层的民事诉讼理论分析框架观之，程序导向模式的主要特征有三：（1）以纠纷解决而非权利实现作为民事诉讼目的（第一层）；（2）为增强纠纷解决效用而实质突破约束性处分原则和辩论原则对审判权的约束（第二层）；（3）通过对诉讼标的、既判力等基础理论进行弹性化处理（第三

---

① 如上海逸彩商业保理有限公司与上海中技桩业股份有限公司合同纠纷案，参见（2018）沪 74 民初 117 号民事裁定书。

层），以使"诉讼标的共同"涵盖请求权构造实为复数的多数人诉讼（第四层）。程序导向模式不仅呈现于连带责任诉讼，而且以多数人侵权作为主要应用场景。是故，本讲以多数人侵权的共同诉讼类型为参照，探讨并反思必要共同诉讼的程序导向，以此为基础进一步证成实体/程序交互的民事诉讼理论分析框架，并在结果上筑牢实体导向的必要共同诉讼论。

第一节　多数人侵权共同诉讼的程序导向

《民法典》第 1168 条至第 1172 条用 5 个条文详细规定了多数人侵权责任的构成要件与法律效果，目的是使司法实践能正确区分不同类型的多数人侵权责任，准确适用连带责任或按份责任。①

一、多数人侵权的民事诉讼理论分析框架

具体而言，共同加害行为（《民法典》第 1168 条）、教唆帮助行为（《民法典》第 1169 条）、共同危险行为（《民法典》第 1170 条）的多数人侵权承担连带责任，无意思联络的数人侵权则根据其原因力大小而分别承担连带责任（《民法典》第 1171 条）和按份责任（《民法典》第 1172 条）。

其中，承担连带责任的多数人侵权与连带责任共同诉讼共享民事诉讼理论分析框架，其特殊性仅在于《民法典》第 1168 条至第 1171 条向《民法典》第 178 条第 1 款的归入，在此基础上可沿用连带责任的请求权构造分析进路及其适用结果。结合本书第十一讲就连带责任共同诉讼的探讨，《民法典》第 1168 条至第 1171 条结合《民法典》第 178 条第 1 款构建出复数请求权构造，亦即受害人对共同实施侵权行为的多数行为人分别享有损害赔偿请求权。而根据传统诉讼标的理论之"请求权主张→诉讼标的"之决定关系，受害人起诉复数行为人时，其诉讼标的实为复数，进而并不满足"诉讼标的共同"这一必要共同诉讼的核心特征。当然，《民法典》第 1168 条虽是请求权基础规范，但不宜作为诉讼标的规范，否则，受害人针对同一行为人将因选择《民法典》第 1168 条抑或是第 1170 条以及第 1165 条第 1 款而成立复数诉讼标的，难以在"切实实施民法典"的同时有效实现实体公正与诉讼效率之间的衡平。对此可参见本书第五讲第六节。

二、程序导向模式的提出背景

上述依循实体/程序交互的民事诉讼理论分析框架而得出的分析结论

---

① 参见程啸：《侵权责任法》（第三版），法律出版社 2021 年版，第 369 页。

仍面临现实挑战。在《民法典》颁行后修正的《人身损害赔偿解释》依旧在第 2 条第 1 款第 1 句规定："赔偿权利人起诉部分共同侵权人的，人民法院应当追加其他共同侵权人作为共同被告"。上述规定源于 2003 年《人身损害赔偿解释》第 5 条第 1 款第 1 句，其与《侵权责任法》第 13 条（"法律规定承担连带责任的，被侵权人有权请求部分或者全部连带责任人承担责任"）之间的紧张关系曾是多数人侵权共同诉讼之程序导向模式的出发点和落脚点。① 为化解受害人选择权与追加其他共同侵权人作为共同被告这一民法规范与司法解释之间的矛盾冲突，程序导向模式通过归纳总结我国相关司法实践经验，提出以"案件基本事实查明"作为必要共同诉讼的成立要件，以"案件事实"这一浮动元素理解"诉讼标的"，进而弥合法定标准和实务标准之间的裂痕。

三、程序导向模式的主要观点

《民法典》第 1168 条结合《民法典》第 178 条第 1 款的程序导向模式与现行《人身损害赔偿解释》第 2 条第 1 款第 1 句之间的裂痕得到了直接回应和形式上的解决。总体而言，程序导向模式对多数人侵权司法实践的理论升华有三个层面：（1）法院在处理具体案件时存在"案件基本事实查明"的实务标准，这有别于《民事诉讼法》第 55 条第 1 款前半句的共同诉讼识别标准；（2）比较法上的"合一确定判决必要性"标准短期内难以被我国司法实务人员所掌握和采用；（3）宜以具有弹性的"案件事实"解释"诉讼标的共同"，并作为《民事诉讼法》第 55 条第 1 款前半句之必要共同诉讼识别标准。②

四、程序导向模式的方法论意义

程序导向模式的上述观点具有创新性，是依托实践经验反哺和修正共同诉讼学理的创新性研究，亦是对民事诉讼研究方法的深入思考。

首先，在"先程序，后实体"的民事立法模式以及"诉讼爆炸""案多人少"的司法环境影响下，实体法与程序法、法律规范与司法解释之间存在并不细微的紧张关系。挖掘司法实践经验并以此为基础修正改进诉讼理论，不仅契合实践对理论的检验功能，而且是构建本土法律和理论体系的必经之路。

其次，"合一确定判决必要性"标准提出于我国连带责任共同诉讼讨

---

① 参见卢佩：《多数人侵权纠纷之共同诉讼类型研究——兼论诉讼标的之"案件事实"范围的确定》，《中外法学》2017 年第 5 期。

② 参见卢佩：《多数人侵权纠纷之共同诉讼类型研究——兼论诉讼标的之"案件事实"范围的确定》，《中外法学》2017 年第 5 期。

论的第二阶段（第十一讲第三节），系经由比较法研究而被引入的必要共同诉讼新标准，用以解读和替换"诉讼标的共同"这一《民事诉讼法》第55条第1款前半句的法定条件。程序导向模式精准地提出了"合一确定判决必要性"的本土化困境，明确了"诉讼标的共同"与"合一确定判决必要性"的本质区别，打破了二者之间的对应和转化关系。不仅如此，上述理论见解还蕴含着比较法研究与本土资源之间的协同方法。

最后，"案件事实"这一弹性标准的提出实现了本土实践经验与比较法新动向之间的共振。具体而言，受证人出庭难等查明事实的制度和现实制约①，法官通过扩大适用必要共同诉讼来"代偿"案件事实查明的"乏力"。这一做法则与诉讼标的的识别标准在比较法上的新发展存在若干共通性，亦即减弱甚至摆脱诉讼标的的识别的实体导向（第五讲），转而以具体案件事实作为识别本案与彼案的标准，据此拓宽法院审理对象的范围，尽可能实现纠纷的一次性解决。不仅如此，"案件事实"这一程序导向模式要素的提出同样对以德国法为代表的比较法运用及本土改造都具有举一反三的方法论价值。

鉴于此，本讲将对我国相关司法实践进行再考察，以检讨"案件基本事实查明"的实务标准，并审视程序导向模式之案例研究方法的可能风险；随后对"合一确定判决必要性"与"诉讼标的共同"的相互关系及程序导向模式在我国的适用可能性加以分析与讨论。在此基础上，本讲还将依照民事诉讼理论分析框架对"案件事实"这一弹性标准加以评估，在此基础上重思多数人侵权的共同诉讼类型。

第二节　"案件基本事实查明"之实践标准探析

如上所述，《民法典》第178条第1款与《人身损害赔偿解释》第2条第1款第1句之间的矛盾是程序导向模式的研究起点，这也是贯穿《民法典》编纂与颁行的两法协同实施痛点、难点问题。在"切实实施民法典"的背景下，《民法典》与相关司法解释之间的不协调问题原则上蕴含着较为明确的答案，即以《民法典》为纲，重塑不协调和不统一的司法解释规定及其所蕴含的程序导向模式。

---

① 证人出庭难曾是我国司法实践的痼疾，亦是相关理论研究的出发点。值得注意的是，这一问题业已得到实质性化解。参见刘鹏飞：《民事诉讼证人出庭：出庭率、驱动模式与治理转向》，《华东政法大学学报》2024年第5期。

一、实践标准的逻辑前提

须明确的是，《人身损害赔偿解释》第 2 条第 1 款第 1 句与《民法典》第 178 条第 1 款并非具有同一效力等级的法律规范冲突。根据《立法法》第 119 条第 1 款，最高人民法院所作的司法解释应当针对具体法律条文，而且要符合立法目的、原则和原意。如果法律规定需要进一步明确其具体含义或者法律制定后出现了新情况，最高人民法院应当向全国人民代表大会常务委员会提出法律解释的要求或者提出制定、修改有关法律的议案。是故，若认定《人身损害赔偿解释》第 2 条第 1 款第 1 句与《民法典》第 178 条第 1 款之债权人选择权之间出现难以调和的矛盾，似宜根据《立法法》第 119 条第 1 款得出司法解释不再适用的结论。若《民法典》第 178 条第 1 款在司法实践中存在适用困境，则最高人民法院应向全国人民代表大会常务委员会提出修改《民法典》的具体议案。

值得讨论的是，《人身损害赔偿解释》第 2 条第 1 款第 1 句与《民法典》第 178 条之间是否存在无法调和的紧张关系。以《民诉法解释》第 71 条第 1 款为例，其规定："原告起诉被代理人和代理人，要求承担连带责任的，被代理人和代理人为共同被告。"若将被代理人和代理人作为共同被告的多数人诉讼归入必要共同诉讼，则面临其与《民法典》第 167 条及《民法典》第 178 条第 1 款的冲突：依循实体/程序交互的民事诉讼理论分析框架，代理人和被代理人作为共同被告并非必要共同诉讼，而系普通共同诉讼，《民诉法解释》第 71 条第 1 款却存在类似必要共同诉讼的外观。《民诉法解释》第 71 条是对《民诉意见》第 55 条的继承和发展。《民诉意见》第 55 条规定："被代理人和代理人承担连带责任的，为共同诉讼人。"代理人和被代理人必须一同被诉，否则，人民法院应根据《民诉意见》第 57 条通知潜在共同诉讼人参加诉讼。[1] 是故，2015 年《民诉法解释》颁行前，代理人与被代理人作为共同被告的多数人诉讼乃固有必要共同诉讼。为了贯彻连带责任共同诉讼的实体导向，特别是突出债权人对连带责任债务人起诉时的选择权，《民诉法解释》第 71 条一改《民诉意见》第 55 条的规定模式，认定成立必要共同诉讼的前提是债权人一并起诉被代理人和代理人，未被起诉的被代理人或者代理人中一方并非必须共同进行诉讼的当事人。[2]

是故，上述《民法典》第 167 条及《民法典》第 178 条第 1 款与《民

---

[1] 参见刘子赫：《职权追加阶层论》，《法学家》2024 年第 6 期。

[2] 参见最高人民法院修改后民事诉讼法贯彻实施工作领导小组编著：《最高人民法院民事诉讼法司法解释理解与适用（上）》，人民法院出版社 2015 年版，第 266 页。

诉法解释》第71条第1款之间的矛盾冲突可借助对后者的进一步限缩解释加以解决：原告起诉被代理人和代理人时，法院才将其作为共同被告加以合并审理。此乃普通共同诉讼的提示而非针对类似必要共同诉讼的规定。与《民诉法解释》第71条第1款相比，调和《人身损害赔偿解释》第2条第1款第1句与《民法典》第178条的难度更大。"人民法院应当追加其他共同侵权人作为共同被告"的明确要求并未如《民诉法解释》第71条第1款一样留有进一步限缩解释的空间和余地。一种可能的解释路径是将"应当追加"解释为倡导性规定而非强制性规定，亦即法官释明原告追加起诉其他潜在共同被告，并在原告提起诉讼后合并审理作为普通共同诉讼予以解决。当然，法官释明仍应坚持实体导向。对此详见本书第十三讲。

鉴于此，下述探讨默认程序导向模式的讨论前提，亦即《立法法》第119条第1款无法调和《民法典》第178条第1款与《人身损害赔偿解释》第2条第1款第1句的紧张关系，两者处于同一效力等级，且穷尽所有法律解释途径都无法缓和二者之间的矛盾冲突。以此为逻辑前提，本讲继续探讨"案件基本事实查明"这一实践标准的理解与运用。

二、"案件基本事实查明"标准的实践样态

随着裁判文书在互联网上的公开，疑难法律问题的分析和解决愈发得到司法实践经验的回应与支持。依托本土案例组探究民事诉讼诚信原则等不确定概念的内涵与外延逐渐成为可能。① 以指导性案例、公报案例等典型案例为样本，民事诉讼理论争议问题得到了更为生动和实质性的推进和解决。② 同样，《民法典》第178条第1款之债权人选择权与《人身损害赔偿解释》第2条第1款第1句之固有必要共同诉讼的协同实施也能在司法实践中得到若干启发和指引。

（一）"案件基本事实查明"的实践标准

经过对法院依职权追加潜在共同被告人的司法实践进行分析与总结，程序导向模式卓有成效地归纳出"案件基本事实查明"这一司法实践的核心标准。法院在多数人侵权案件的不同类型，甚至相同类型中，对共同诉讼类型的判断在结果上存在多样性，但结果上的无序并不意味着法官对共同诉讼判断标准的选择和适用无章可循。只有在案情清晰、权责明确的前

---

① 参见任重：《论我国民事诉讼诚信原则的适用范围——兼论本土案例组的生成与反思》，《当代法学》2024年第6期。

② 参见胡学军：《中国式举证责任制度的内在逻辑——以最高人民法院指导案例为中心的分析》，《法学家》2018年第5期。

提下，当事人意思自治与处分自由价值才拥有更高的价值位阶。①

就此而言，认可受害人单独诉讼的司法实践做法并非以债权人的选择权为导向，而系以案情清晰、权责明确为基本前提，否则法院就须追加潜在共同被告加入诉讼并作为固有必要共同诉讼，这构成了程序导向模式的核心观点和理论特征。

（二）"案件基本事实查明"的实体/程序协同

案例1：杨某与江苏如家物业管理有限公司、马某敢财产损害赔偿纠纷案。② 本案中的杨某是某房屋的所有权人，该房屋所处小区的物业管理公司为江苏如家物业管理有限公司（简称如家公司）。某年大年三十晚21时左右，杨某所有的房屋发生火灾，经火灾事故调查起火部位在房屋的阳台，起火原因是外来火种，造成了杨某的财产损失。原告杨某仅起诉一位共同危险行为人马某敢。二审法院认为杨某仅起诉了马某敢一人，其庭审中虽陈述当晚放烟花的有多人，但未能确定放烟花的人数及具体人员，也未将除马某敢之外的其他燃放烟花者诉至法院，法院基于共同危险行为理论，视为其免除对全体共同危险行为人的连带民事责任。理由如下：第一，共同危险行为的损害后果具有不可分割的共同性质；第二，由于共同危险行为中实际侵权人不明，杨某未起诉的其他共同危险行为人有可能正是实际侵权人，此时如果让非实际侵权人马某敢承担责任显然有悖公平。综上，马某敢对杨某的损失不承担赔偿责任。

案例2：王某英等诉陈某飞等机动车交通事故责任纠纷再审案。③ 王某英等是受害人的妻子和子女。受害人骑自行车被一辆蓝色货车撞倒，当场死亡，肇事车辆逃逸。经公安机关交通管理部门调查，事故发生时相继有5辆车经过该路段，陈某飞驾驶的福田车和另一辆看不清车号的车分别是第三辆和第四辆，但无法确定具体肇事车辆。二审法院认为福田车和看不清车号的车辆均具有导致本案事故发生的高度盖然性，可以认定两辆车驾驶人的行为构成共同危险行为，两辆车驾驶人并应就本起事故对原审原告承担连带赔偿责任。如果能够查到看不清车号的车辆，被告在承担责任后可以追偿。④

---

① 参见卢佩：《多数人侵权纠纷之共同诉讼类型研究——兼论诉讼标的之"案件事实"范围的确定》，《中外法学》2017年第5期。

② 参见江阴市人民法院（2015）澄华民初字第00559号民事判决书；无锡市中级人民法院（2016）苏02民终2054号民事判决书。

③ 参见江苏省淮安市中级人民法院（2013）淮中民再终字第0027号民事判决书。

④ 值得注意的是，案例2中驾驶机动车通过相关路段的行为是否成立危险行为存在实体法上的商榷空间，本讲分析以肯定结论作为前提展开。

案例1以共同危险行为的损害后果具有不可分割性为着眼点，首先肯定原告在诉讼上可以只起诉一个共同危险行为人，而并未以欠缺诉讼实施权为由裁定不予受理或裁定驳回起诉。在实体问题上，法院却认为"杨某未起诉的其他共同危险行为人有可能正是实际侵权人，此时如果让非实际侵权人马某敢承担责任显然有悖公平"，因此，"视为原告免除对全体共同危险行为人的连带民事责任"。虽然法院在案例1中对原告仅起诉一个共同危险行为人的评价同样是负面的，但其选取的理由并非必要共同诉讼，而是因果关系要件未得满足。

如是观之，实体事项与程序事项的协同互动是法官解决案例1的核心技术。《民事诉讼法》第55条第1款之共同诉讼识别标准虽然是重要的民事诉讼理论和制度板块，但就民事司法裁判而言则归属于程序事项而非实体事项。在以《民事诉讼法》第122条和第127条为中心的程序事项中，固有必要共同诉讼是对《民事诉讼法》第122条第1项原告适格的进一步解释和对该条第2项被告明确性的特别规定。据此，欠缺共同原告或共同被告的潜在固有必要共同诉讼将因原告或被告不适格而不满足起诉条件。法院通知或追加潜在共同诉讼人的目的也是修补固有必要共同诉讼之程序事项瑕疵，而并非对法官三段论中作为小前提之案件基本事实的查明。同理，类似必要共同诉讼并非对《民事诉讼法》第122条第1项和第2项的具体解释或特别规定，而是对《民事诉讼法》第127条第5项结合《民诉法解释》第247条之既判力相对性原则的例外规则。据此，部分共同诉讼人获得的生效判决将对潜在共同诉讼人发生既判力，其不得另诉或另行被诉，否则将根据《民事诉讼法》第127条第5项落入"一事不再理"。

以"实体事项/程序事项"的二元构造作为分析方法，法院在案例1中并未适用《民事诉讼法》第55条第1款之固有或类似必要共同诉讼，而是在认可以《民事诉讼法》第122条和第127条为中心的起诉条件后，判定实体事项中的因果关系要件未得证明，故而判决驳回原告的诉讼请求。

案例2中，受害人的亲属只起诉一位共同危险行为人，法院不仅未以必要共同诉讼裁定驳回起诉，而且肯定了被告的行为与损害结果之间的因果关系，并判定若今后可查明真正的侵权人，被告在承担责任后可向真正的侵权人追偿。这不仅是更贴近实体法的做法，而且在实际效果上减轻了权利人的诉讼负担，切实贯彻了民事权利保护的民事诉讼目的。

三、"案件基本事实查明"标准的多元解释路径

考虑到裁判文书说理的规范性和充分性仍有进一步改进的空间，且在超大规模民事纠纷的审判压力下，法官对相关法律问题的说理存在一定的简略性和模糊性，民事司法实践经验的总结和升华存在多元性，亦即无论是以程序导向模式还是以实体导向模式为参照，均可在司法实践中找到印证和支持，甚至对同一裁判文书的分析解读可能出现多元化的解释路径，并分别得出截然相反的认识结论。尽管如此，实体/程序交互的民事诉讼理论分析框架为程序导向模式和实体导向模式提供了可能增进相互理解和实质交流的平台与机制。以"实体事项/程序事项"的二元分析框架为例，有必要进一步界分"案件基本事实查明"的对象是实体事项还是程序事项。案件基本事实这一表述通常指向的是"请求→抗辩→再抗辩→再再抗辩"之实体审理结构中的要件事实，这一概念也于 2019 年全面修正的《证据规定》第 10 条第 1 款第 6 项中被用于限定案件事实预决效力（"已为人民法院发生法律效力的裁判所确认的基本事实"）。是故，若以实体事项中的要件事实作为"案件基本事实查明"实践标准的对象，则存在实体事项与程序事项的混同，即为了查明实体事项中的要件事实而变动程序事项中必要共同诉讼的成立要件，进而对《民事诉讼法》第 122 条与第 127 条中的当事人适格与既判力相对性发挥实质影响。

面对程序导向模式可能引发的实体事项与程序事项的混同以及在诉权要件分层中胜诉权要件的起诉权化的现象和问题①，实体导向模式在一定程度上达成了两法协同实施以及民事司法实践与诉讼学理的有机融合。案例 1 和案例 2 中法院认可起诉部分行为人的做法，既可能被解读为案件基本事实查明的不可能，亦即在合理期间内难以查明所有烟花燃放人和机动车驾驶人，故退而求其次地认可原告对部分行为人的起诉。与此同时，案例 1 和案例 2 也可支持在程序事项上坚持将诉讼标的为复数的多数人诉讼归入普通共同诉讼（第十讲），并借助《民法典》第 1170 条之法律上事实推定克服案件基本事实（相当因果关系）的掣肘（第三讲），切实发挥民事法律规范中蕴含的受害人保障导向和证明不能的风险分配功能，这也本就是实体/程序交互的民事证明责任的应有之义（第七讲）。

综上，程序导向模式深度挖掘民事司法实践经验，提纯出"案件基本事实查明"这一必要共同诉讼的实践标准和解释方案，这不仅直接解决了多数人侵权诉讼之共同诉讼类型界定的实践难题，而且回应了《民法典》第 178 条第 1 款与《人身损害赔偿解释》第 2 条第 1 款第 1 句之间的紧张关系，从而为构建本土化的必要共同诉讼理论打下了较为坚实的基础。不

---

① 参见任重：《中国式现代化视域下民事诉权的反思与重塑》，《中国法学》2024 年第 4 期。

仅如此，程序导向模式的上述实践标准总结也为实体/程序交互的民事诉讼理论分析框架注入了新活力，而并非构成难以克服的实践挑战。以"实体事项—程序事项"的二元结构进行分析，以案例 1 和案例 2 为代表的多数人侵权司法实践亦蕴含实体/程序交互的解释路径和裁判思维。这也为程序导向模式与实体导向模式的相向而行提供了方法论上的基本保障。

第三节　"合一确定判决必要性"标准的再解读

在"案件基本事实查明"的实践标准总结和提纯之外，程序导向模式亦存在本土资源与比较研究之间的协同方法，这为科学理解和准确评估比较法上的"合一确定判决必要性"标准与《民事诉讼法》第 55 条第 1 款前半句的"诉讼标的共同"这一本土标准之间的相互关系提供了全新视角和有益思路。

作为民法典与民事诉讼法的交错论题，多数人侵权纠纷的共同诉讼类型研究主要依循两条路径：一是借鉴大陆法系特别是德国法，采取"合一确定判决必要性"之判断标准；二是沿用本土的共同诉讼判断标准，即从当事人与诉讼标的关系出发对多数人侵权纠纷进行诉讼标的的数量分析及共同诉讼类型判断。

一、"合一确定判决必要性"与"诉讼标的共同"的界分

对于共同诉讼类型判断而言，学理一般认为存在两个重要变量，亦即共同诉讼的必要性与合一判决的必要性：如果既有共同诉讼的必要，也有合一判决的必要，则构成学理上的固有必要共同诉讼；如果只有合一判决之必要而无共同诉讼之必要，则构成类似的必要共同诉讼；如果既无共同诉讼的必要也无合一判决的必要，则是普通共同诉讼。① 其中，类似必要共同诉讼并非现行《民事诉讼法》第 55 条第 1 款前半句的固有类别，而系在必要共同诉讼讨论的第二阶段经由比较法研究而被学界倡导和引用。尽管如此，类似必要共同诉讼对民事司法实践愈发产生实质影响。例如，对于连带责任的共同诉讼类型，2015 年《民诉法解释》的起草者即明确提出类似必要共同诉讼这一新分类："连带责任并非固有的必要共同诉讼，而是类似的必要共同诉讼。所谓类似必要共同诉讼，是指数人为诉讼标的的法律关系，虽然不必一同起诉或者一同被诉，而是有选择单独诉讼或共

---

① 参见张卫平：《民事诉讼法》（第六版），法律出版社 2023 年版，第 161-169 页。

同诉讼的自由，若数人中一人选择单独诉讼，该一人所受判决的既判力及于未诉讼的其他人。"①

值得注意的是，民事司法实践对必要共同诉讼的扩大理解与适用亦受到"合一确定判决必要性"这一比较法资源的实质影响。"合一确定判决必要性"标准源于德国，类似必要共同诉讼于德国19世纪同样呈现出扩张适用的态势，盖因"合一确定判决必要性"这一标准本身的抽象性与模糊性。据此，连带债务关系也被作为类似必要共同诉讼处理。进入20世纪后，德国法学家赫尔维格倡导以既判力扩张限定"合一确定判决必要性"。该主张不仅迅速成为德国司法和理论的通说，而且对日本法产生了实质影响。② 以多数连带债务人为共同被告虽然有避免矛盾判决的实效，但并不存在既判力扩张。结合德国《民法典》第425条第2款③，既判力乃个别效力，法院无须对所有连带债务人作出合一确定判决。考虑到各连带债务在实体法上的独立债务性质，其共同诉讼形态并非必要共同诉讼，而系普通共同诉讼。

"合一确定判决必要性"标准并不强调诉讼标的分析，而系以"合一确定判决必要性"作为核心标准，并辅以共同诉讼必要性作为固有必要共同诉讼和类似必要共同诉讼的细分标准。这无疑使实为复数请求权主张及其诉讼标的的多数人诉讼更易被归入类似必要共同诉讼甚至固有必要共同诉讼，《人身损害赔偿解释》第2条第1款第1句正是突出例证。而《民诉法解释》的起草者并用"数人为诉讼标的的法律关系"和"既判力及于未诉讼的其他人"的相关表述以界定类似必要共同诉讼，但"合一确定判决必要性"显然较"诉讼标的共同"更具决定性，进而呈现出"重合一确定，轻标的共同"的倾向。

考虑到我国必要共同诉讼的诉讼标的的同一性标准更贴合实体导向模式中的单一诉讼标的的形态，而非凸显"合一确定判决必要性"的复数诉讼标的形态，我国必要共同诉讼的实体导向重塑宜扭转"重合一确定，轻标的共同"的状态，以"归责原则→请求权基础→诉讼标的的规范"的关系重塑为依托，理顺"请求权主张→诉讼标的"的对应关系。在此基础上，"合一确定判决必要性"与"诉讼标的的共同"也将有机实现协同实施。

---

① 最高人民法院修改后民事诉讼法贯彻实施工作领导小组编著：《最高人民法院民事诉讼法司法解释理解与适用（上）》，人民法院出版社2015年版，第231页。
② 参见［日］三木浩一：《日本民事诉讼法共同诉讼制度及理论——兼与中国制度的比较》，张慧敏、臧晶译，《交大法学》2012年第2期。
③ 参见陈卫佐译注：《德国民法典》（第四版），法律出版社2015年版，第153页。

二、"合一确定判决必要性"与"诉讼标的共同"的协同

"合一确定判决必要性"标准源于比较法研究，并在我国引发类似必要共同诉讼的扩大适用。尽管如此，"合一确定判决必要性"与"诉讼标的共同"并非不可调和。"合一确定判决必要性"所引发的必要共同诉讼扩大适用问题也并非该标准的固有问题，囿于实体/程序交互的民事诉讼理论分析框架在我国尚未完全确立，以诉讼标的和既判力为代表的实用基础理论尚不完善和统一。是故，在德国和日本得以有效规制必要共同诉讼扩大和任意适用的"合一确定判决必要性"标准，却在我国产生了"南橘北枳"的负面作用。考虑到"合一确定判决必要性"业已成为我国司法实践判定类似必要共同诉讼的重要准据，亦有必要在诉讼标的同一性的语境下实现其本土化改造与重塑。

在"诉讼标的共同"的本土标准语境下，"合一确定判决必要性"在本质上只是诉讼标的的同一性的表现形式，而不再是复数诉讼标的的形态下依诉讼法上的特别规定（既判力扩张）判定类似必要共同诉讼的准据。鉴于此，我国判决合一确定的必要性源于民事权利和诉讼标的之同一性，这与固有必要共同诉讼并无不同。是故，固有和类似必要共同诉讼在我国的规范根据均为现行《民事诉讼法》第 55 条第 1 款前半句。为了缓和共同诉讼必要性对当事人造成的诉累和使法官肩负的通知和追加负担，类似必要共同诉讼在坚持诉讼标的的同一性的条件下在立法上赋予权利人或义务人以独立和完整的诉讼实施权。考虑到其在实体权利和诉讼标的上仍系同一，未参加诉讼的潜在共同诉讼人也必须服从判决结果。上述要求将通过法律明确规定的既判力扩张予以实现。[①]

《民诉法解释》第 247 条至第 250 条业已具备了既判力相对性原则的规范雏形。[②] 根据既判力相对性原则，合一确定判决必要性在我国同样需要既判力扩张的明确授权。可见，法院依据合一确定判决必要性扩大适用类似必要共同诉讼，乃在实体/程序交互的民事诉讼理论分析框架第三层对既判力相对性原则予以放松并在立法未明确授权既判力扩张时，即宽泛判定必要共同诉讼的成立。这可谓程序导向模式的基础理论表达。

当然，考虑到我国"先程序，后实体"的民事立法模式，《民法典》

---

① 参见刘明生：《民事诉讼之程序法理与确定判决之效力及救济》，新学林出版股份有限公司 2016 年版，第 231、236 页。

② 参见张卫平：《既判力相对性原则：根据、例外与制度化》，《法学研究》2015 年第 1 期；林剑锋：《既判力相对性原则在我国制度化的现状与障碍》，《现代法学》2016 年第 1 期；金印：《既判力相对性法源地位之证成》，《法学》2022 年第 10 期。

欠缺就既判力扩张的系统规定。这源于既判力扩张被作为诉讼事项，被认定为不宜由实体法加以规定。[①] 而民事诉讼立法和司法解释中又欠缺既判力扩张的具体规则，例外限于《民诉法解释》第 249 条第 1 款："在诉讼中，争议的民事权利义务转移的，不影响当事人的诉讼主体资格和诉讼地位。人民法院作出的发生法律效力的判决、裁定对受让人具有拘束力。"此外，我国《公司法》也含有既判力扩张的相关规定。对此将于本书第十五讲再加展开。

综上，"合一确定判决必要性"虽然源于诉讼学理上的比较法运用，但其并非类似必要共同诉讼扩大化的根源。在坚持《民事诉讼法》第 55 条第 1 款前半句之诉讼标的同一性的前提下，"合一确定判决必要性"可与"诉讼标的共同"和谐共舞，共同发挥引导法院科学适用类似必要共同诉讼的效果。据此，类似必要共同诉讼仍须借助"请求权主张→诉讼标的"之对应关系完成诉讼标的的分析，并在诉讼标的为单数时进一步检索立法和司法解释中的既判力扩张授权。据此，《民法典》第 1168 条至第 1172 条中的连带责任和按份责任均存在复数请求权构造，且立法和司法解释中不存在类似于《民诉法解释》第 249 条第 1 款之既判力扩张授权。鉴于此，《人身损害赔偿解释》第 2 条第 1 款第 1 句虽然规定"赔偿权利人起诉部分共同侵权人的，人民法院应当追加其他共同侵权人作为共同被告"，但无法满足"诉讼标的共同"和"合一确定判决必要性"的必要共同诉讼标准。

第四节 对诉讼标的标准的再认识

如前所述，程序导向模式深刻提出了"合一确定判决必要性"的比较法色彩及其与我国必要共同诉讼识别标准的异同。通过考察"合一确定判决必要性"在德国法中的模式演进，结合其在我国引发类似必要共同诉讼扩大化的基础理论成因，"合一确定判决必要性"亟待在《民事诉讼法》第 55 条第 1 款的文义范围内，以诉讼标的同一性为前提完成本土化改造：(1) 首先检验诉讼标的同一性；(2) 在肯定基础上判定立法和司法解释中的既判力扩张授权。据此，《民法典》第 1168 条至第 1172 条均因复数请

---

① 参见王利明主编：《中国民法典释评·合同编通则》，中国人民大学出版社 2020 年版，第 288 页。

求权构造而成立复数诉讼标的，故而不满足类似必要共同诉讼的标的同一性要求。不仅如此，我国立法和司法解释中也并不存在既判力扩张的明确具体授权。鉴于此，《民法典》第 1168 条至第 1172 条原则上均构成普通共同诉讼，而不成立固有或类似的必要共同诉讼，《人身损害赔偿解释》第 2 条第 1 款第 1 句并不满足上述实体导向要求。

然而，为使《人身损害赔偿解释》第 2 条第 1 款继续发挥作用，程序导向模式倡导将必要共同诉讼之诉讼标的同一性理解为"案件事实"同一性，以此实现《人身损害赔偿解释》第 2 条第 1 款第 1 句与《民事诉讼法》第 55 条第 1 款之间的形式统一。其比较法参照是德国法上的诉讼标的识别标准。

一、诉讼法二分肢（支）说对传统诉讼标的理论的传承与发展

德国诉讼标的理论经历了从实体法说向诉讼法说的转变。赫尔维格率先提出了独立于民事实体权利的诉讼标的概念，这构成其权利保护请求权说的重要组成部分。虽然赫尔维格提出的旧实体法说以民法请求权和民事法律关系作为识别标准，但是依旧是在诉讼法意义上展开，其实体法之称谓只表明其以民事实体权利作为识别根据，并不意味着不存在民事实体权利就不存在诉讼标的，例如消极确认之诉。按照赫尔维格的观点，一个法律构成要件产生一个（实体）请求权，而有多少个（实体）请求权就有多少个诉讼标的。[①]

旧实体法说在以"电车案"为代表的请求权竞合中会出现多次诉讼的可能性，例如受害人 A 在乘坐电车时，电车突然刹车，导致 A 跌倒受伤。A 为了求得赔偿，便向法院提起诉讼。如果按照实体法说，该案的损害赔偿请求权至少有两种，亦即基于不法行为的侵权损害赔偿请求权和基于债务不履行的违约损害赔偿请求权。[②] 上述问题同样是我国《民法典》第186 条的规范目的，该条规定："因当事人一方的违约行为，损害对方人身权益、财产权益的，受损害方有权选择请求其承担违约责任或者侵权责任。"[③] 而《民法典》第 186 条结合 2019 年修正后的《证据规定》第 53 条第 1 款也是在我国建立传统诉讼标的的实体和程序规范准据。[④] 为有效应对请求权竞合带来的复数诉讼标的问题，德国诉讼学理衍生出不同改进方

---

① 参见张卫平：《民事诉讼法》（第六版），法律出版社 2023 年版，第 215－216 页。
② 参见张卫平：《民事诉讼法》（第六版），法律出版社 2023 年版，第 216 页。
③ 参见冯祝恒：《〈民法典〉第 186 条（违约与侵权请求权竞合）诉讼评注》，《华东政法大学学报》2023 年第 1 期。
④ 参见任重：《论中国民事诉讼的理论共识》，《当代法学》2016 年第 3 期。

案，并呈现出新实体法说（规范竞合）、诉讼法二分肢（支）说、诉讼法一分肢（支）说、诉讼法三分肢（支）说以及欧洲核心点理论等诉讼标的新标准。①

必须指出的是，诉讼法说的提出和发展主要应对请求权竞合问题，但其案件生活事实的划分根据依旧是民事请求权和民事法律关系，只不过通过稍稍放宽其界限来实现纠纷的一次性解决，且为了摆脱请求权竞合论争的牵绊而采取程序性说理。例如，电车案缘何被识别为同一案件生活事实？"购票→乘车→刹车→跌倒→受伤"的发展经过在不同人眼中可能会被理解为多个案件生活事实。而其之所以一般被认为只有一个案件生活事实，是因为在合同之债和侵权之债构成不同诉讼标的的问题上司法者希望借助案件事实标准以在结果上实现纠纷一次性解决。因此，脱离了民法请求权和民事法律关系内核的诉讼法说无法提供标准统一和外观明晰的案件生活事实识别标准。

综上所述，诉讼法说不妨被看作是传统诉讼标的理论的 2.0 版本，缺少传统诉讼标的理论积淀和支撑的诉讼法说无异于空中楼阁。不仅如此，在上述演进过程中同样不容忽视的是诉讼法说的适用前提，也即原则上在相同当事人之间出现的一次纠纷：在时间上，诸如先后要求对两次侵权行为承担责任的诉讼请求，这难以被视为是同一案件生活事实；在主体上，德国多数人侵权的共同诉讼之所以被归入普通共同诉讼，也是因为受害人向债务人甲提起的诉讼与向债务人乙提起的诉讼是不同纠纷，即便其内容均为全部清偿，却由于要求给付的主体不同且请求权不同，因而同样并非二分肢（支）说视角下的同一生活事实。

二、我国诉讼标的理论与共同诉讼识别标准

我国《民事诉讼法》第 55 条第 1 款前半句将必要共同诉讼的前提条件理解为：（1）当事人一方或双方为二人以上；（2）诉讼标的共同。该条第 1 款后半句则系普通共同诉讼的构成要件：（1）当事人一方或双方为二人以上；（2）诉讼标的同种类；（3）人民法院认为可以合并审理；（4）经当事人同意。

在司法实务中界分必要共同诉讼和普通共同诉讼的难点有两个层面：一是法官对诉讼标的共同和同种类的识别有困难，二是普通共同诉讼需要当事人（包括被告）的同意。其中，普通共同诉讼须当事人同意适用，这构成程序导向模式不考虑普通共同诉讼的直接原因。② 被告通常并不会同

---

① 参见张卫平：《民事诉讼法》（第六版），法律出版社 2023 年版，第 213－217 页。
② 参见卢佩：《多数人侵权纠纷之共同诉讼类型研究——兼论诉讼标的之"案件事实"范围的确定》，《中外法学》2017 年第 5 期。

意合并审理，从而使纠纷无法在一个诉讼中得到解决。对此，一种可能的解决方案是限缩解释"当事人"，将其理解为"并经原告同意"。原告同时起诉多个共同被告本身就表明其希望合并审理的意愿，故法官无须另行征求原告同意。同样，普通共同诉讼与必要共同诉讼存在不同的诉讼构造。与必要共同诉讼的诉讼标的同一性不同，普通共同诉讼本就存在复数诉讼标的，故其程序机理系合并审理。在当事人主义诉讼体制中，依职权进行原则本就是题中之义，故而法官可根据具体案情决定是否合并审理。是故，通过限缩解释《民事诉讼法》第 55 条第 1 款而实质除去经被告同意，并不构成当事人程序权利的贬损。不仅如此，上述解释方案亦能得到 1982 年《民事诉讼法（试行）》第 47 条第 1 款的呼应："当事人一方或者双方为二人以上，其诉讼标的是共同的，或者诉讼标的是同一种类、人民法院认为可以合并审理的，为共同诉讼。"

在扫清普通共同诉讼的适用障碍后，还需要回应法官对诉讼标的共同和同种类的识别困难。这部分源于法官欠缺相应的民事裁判方法训练[①]，也源于我国民事诉讼识别标准的多义与模糊。我国诉讼标的的识别标准一般被理解为当事人之间争议的民事法律关系。不过，民事诉讼法学界对民事法律关系的理解大概有三个不同层次：（1）大民事法律关系，例如借款合同和保证合同基于其法律上的牵连性可能会被理解为同一民事法律关系。（2）中民事法律关系，即虽然有法律上的牵连性，但是不妨碍将其识别为主合同和从合同两个民事法律关系。（3）小民事法律关系，即民事法律关系就是请求权，例如买卖合同就包含着价款给付请求权—价款给付义务和货物给付请求权—货物给付义务这两个民事法律关系。对此详见本书第十一讲第四节。在多数人侵权的损害赔偿诉讼中，诉讼标的应被界定为民法请求权主张，而非第一和第二层次的民事法律关系。在此基础上，《民法典》第 1168 条至第 1172 条中权利人向复数侵权行为人主张损害赔偿时存在多个诉讼标的，并不符合《民事诉讼法》第 55 条第 1 款前半句"诉讼标的共同"的法定识别标准，而是可能扩张解释为"诉讼标的同种类"的普通共同诉讼。在对普通共同诉讼的构成要件进行系统重塑后（第十讲第四节），多数人侵权的普通共同诉讼同样能满足司法实践所追求的纠纷一次性解决和同案同判的目标，进而实现实体导向模式与程序导向模式的密切配合，共同推动民法典与民事诉讼法的协同实施。

---

① 参见卜元石：《法教义学：建立司法、学术与法学教育良性互动的途径》，载田士永、王洪亮、张双根主编：《中德私法研究》（第 6 卷），北京大学出版社 2010 年版，第 18 页。

第五节　比较法对民事诉讼理论分析框架的挑战

通过中国司法实践与德国诉讼理论资源的整合，程序导向模式归纳出了"案件基本事实查明"的实践识别标准，并以德国法中具有弹性的"案件事实"重塑我国《民事诉讼法》第 55 条第 1 款之诉讼标的识别标准，以期实现法定标准和实务标准的统合，进而将《民法典》第 1168 条至第 1170 条以及第 1172 条均归入必要共同诉讼，而将《民法典》第 1171 条纳入普通共同诉讼。经过案例研究可以发现，呈现"案件基本事实查明"标准的法院判例存在多种解释可能。实体导向模式同样可以获得裁判文书的支持。裁判观点不统一的根源是对诉讼标的共同或同种类的不同解读，案件事实范围是表象而不是本质。《民事诉讼法》第 55 条第 1 款提供的法定标准并不存在难以克服的障碍。以实体/程序交互的民事诉讼理论分析框架为准据，连带责任和按份责任的请求权数量并不唯一，诉讼标的也并不共同。是故，《民法典》第 1168 条至第 1172 条应被统一归入普通共同诉讼，并通过限缩解释"并经当事人同意"最大限度实现合并审理，以保证案件事实的一致认定。

无论是将我国司法实践识别标准总结为"案件基本事实查明"，还是将我国诉讼标的识别标准理解为具有弹性的案件事实，都是受到比较法的实质影响，特别是受到德国新理论的启发，德国案件事实一分肢（支）说或欧洲核心点理论是程序导向模式的隐藏主线。是故，如何看待比较法的新理论，如何在实体/程序交互的民事诉讼理论分析框架中恰当融入比较法新发展，是亟待两法协同实施研究予以直面回应的重大课题，以下分为三个层面加以简要展开：

第一，坚持中国问题导向，也即比较法新理论是为中国的真问题服务，而不是用外国法在中国找问题，或许可称其为比较法理的有限适用。

第二，坚持历史发展视角，亦即不仅了解比较法新理论是什么，同时还应考察其产生的历史背景以及所要解决的问题，否则可能产生"南橘北枳"的风险。

第三，充分尊重外国通说，通说地位的形成正是因其能与他国法律规定及配套基础理论保持最完美的契合，因此在引入比较学理时原则上应该在通说层面展开。这在我国语境下还意味着须以中国通说对他国通说进行再考察和再调整，传统诉讼标的理论在我国的选取和坚守即为例证。

　　在此基础上，比较法的贡献不仅在于具体问题的解决，而且在于在夯实实体/程序交互的民事诉讼理论分析框架基础上，系统性和科学性地解决司法实践中的痛点问题、难点问题和重点问题。这尤其表现为坚持以当事人主义诉讼体制为改革方向的民事诉讼目的和诉权论，贯彻约束性辩论原则和处分原则的基本要求，建立标准统一和排除法官恣意的中间层，也即诉讼标的论、证明责任论、裁判效力论以及法官释明论（第十三讲）。上述分析框架既是民事审判方式改革的宝贵经验，也是民事立法、司法和理论研究不宜轻易逾越的红线。

第十三讲　实体导向的法官释明论

在实体/程序交互的民事诉讼理论分析框架中，法官释明论具有重要意义。在以《民法典》为参照重塑四阶层民事诉讼理论体系后，当事人的实体权利保护贯穿于民事诉讼目的和诉权（第一阶层）、民事诉讼基本原则（第二阶层）、诉讼标的论和证明责任论及裁判效力论（第三阶层），"请求权主张→诉讼标的"的对应关系亦是重塑共同诉讼制度（第四阶层）的重要导向。与此同时，上述两法协同实施的精密结构也会在法官与当事人之间形成并不细微的信息差。鉴于此，就实体和程序权利保障而言，法官释明可谓民事诉讼的大宪章。①

根据第二阶层中的约束性处分原则，法院的审理对象（诉讼标的）由原告划定。在传统诉讼标的模式下，诉讼标的之确定遵循"请求权基础规范→诉讼标的规范→请求权主张→诉讼标的"之转换关系，对此详见本书第五讲。这必然要求当事人为其诉求准确选择请求权主张，否则将承受被判决驳回诉讼请求的不利后果，并不得不依另一请求权主张而提出后诉，徒增讼累并加剧法院审理负担。这不仅拖延了当事人实现民事权益的时效，而且在结果上进一步加剧"诉讼爆炸""案多人少"。不仅如此，我国并未采取律师强制代理制度，实务中当事人本人诉讼的比例较高。②

可见，《民法典》中精密的请求权体系将对当事人造成并不轻微的诉讼负担，法官经审理查明的实体权利义务状态不同于原告诉讼标的选定的情况或难以避免。是故，以《民法典》为参照，变更诉讼请求释明亟待在实体和程序权利保障、法官中立、"同案同判"及纠纷一次性解决之间达成平衡，这集中呈现为实体导向的法官释明论。

---

① 参见［德］瓦瑟尔曼：《从辩论主义到合作主义》，载［德］施蒂尔纳编：《德国民事诉讼法学文萃》，赵秀举译，中国政法大学出版社 2005 年版，第 364 页。

② 参见苏志强：《诉权保障视野下民事诉讼律师强制代理引进论》，《人权》2023 年第 2 期。

第一节　《民法典》时代的释明变更诉讼请求

进入《民法典》时代，法官应否向当事人释明变更诉讼请求？相关司法解释呈现出立场变动。总体而言，释明变更诉讼请求规范历经三次重大模式变迁。

第一阶段以 2001 年《证据规定》第 35 条第 1 款为标志，其明确将法律关系性质和民事行为效力的不同判定作为前提条件，规定"人民法院应当告知当事人可以变更诉讼请求"。2015 年《民间借贷规定》第 24 条第 1 款、《九民纪要》第 36 条、第 49 条均为具体适用情形。

第二阶段以 2019 年修正的《证据规定》第 53 条第 1 款为中心。据此，法官应将法律关系性质或民事行为效力作为焦点问题进行审理。修正后的《证据规定》第 53 条第 1 款不再将释明变更诉讼请求作为法官义务，但同样并未明确禁止法官向当事人释明变更诉讼请求。值得注意的是，最高人民法院于同年发布的《九民纪要》第 36 条、第 49 条要求法官"防止机械适用'不告不理'原则，仅就当事人的诉讼请求进行审理，而应向原告释明变更或者增加诉讼请求，或者向被告释明提出同时履行抗辩，尽可能一次性解决纠纷"。

第三阶段以《民法典》的颁布实施为重要背景。《民法典》被称为社会生活的百科全书，是民事权利的宣言书和保障书。《民法典》共计 1 260 条法律条文规定了民事主体丰富的民事权利，同时也对其准确锁定并科学主张自身权利提出了更高要求。进入《民法典》时代，法官必须依法履行包括变更诉讼请求在内的释明职责，否则，《民法典》作为民事权利宣言书和保障书的重要功能将无法顺畅实现。

可见，释明变更诉讼请求仍是《民法典》时代两法协同实施研究的重点问题、热点问题、难点问题和痛点问题。一方面，2019 年修正的《证据规定》第 53 条第 1 款在形式上放松了对法官释明变更诉讼请求的具体要求，看似由释明义务转换为释明权力。另一方面，《民法典》时代的释明变更诉讼请求实践并未偃旗息鼓，法官应否以及是否正确释明变更诉讼请求仍构成司法实践中的争议焦点。在入选"人民法院案例库"参考案例的"福建省某物业管理有限公司诉福州市台江区某业主委员会物业服务合同纠纷案"① 中，再审法院认为"在履行不能的情况下，因合同之存在对

---

① 福建省高级人民法院（2022）闽民再 304 号民事裁定书。

于双方并无实质意义，故应向当事人释明是否变更诉讼请求，如果当事人主张解除合同，则对于解除之后果应一并解决"。基于《民法典》时代的释明司法实践，实体法和诉讼法学界也围绕情势变更的司法适用、民间借贷纠纷中的积极释明等课题展开释明变更诉讼请求研究。①

2019年修正的《证据规定》第53条第1款之所以要弱化法官释明变更诉讼请求制度，是因为释明标准不明确将引发滥用释明、违背当事人处分原则、因未释明而引发的发回重审等程序空转等严重问题。② 解铃还须系铃人，只有借助2001年《证据规定》第35条第1款划定释明变更诉讼请求的科学边界，才能"切实实施民法典"，同时充分保障法官中立地位并有效避免程序空转。

2001年《证据规定》于第35条第1款首次在我国确立了释明变更诉讼请求制度③，其规定："诉讼过程中，当事人主张的法律关系的性质或者民事行为的效力与人民法院根据案件事实作出的认定不一致的，不受本规定第三十四条规定的限制，人民法院应当告知当事人可以变更诉讼请求。"据此，变更诉讼请求释明的主要适用情形可区分为法律关系性质和民事行为效力两个基本类型。触发法官释明的条件是对上述法律关系性质或民事行为效力在法官与当事人之间存在不同认识。法律关系的性质或民事行为效力的不同将引发请求权主张之变动，如《民法典》第186条。④ 这就要求法官通过释明促使当事人（原告）变动诉讼请求（诉讼标的），以在处分原则和法官中立的前提下实现纠纷一次性解决。不仅如此，2001年《证据规定》第35条第1款将法官释明理解为"应当告知"，亦即释明变更诉讼请求乃法院义务，而非自由裁量事项。

以2001年《证据规定》第35条第1款为准据，相关司法解释中的变

---

① 参见周恒宇：《关于〈民法典〉情势变更制度的若干重要问题》，《中国应用法学》2022年第6期；严仁群：《消失中的积极释明》，《法律科学》2023年第4期；陶禹行：《论我国不动产物权变动合同中登记请求权的执行——兼评〈民事强制执行法（草案）〉第199条》，《甘肃政法大学学报》2023年第4期；石佳友：《情势变更制度司法适用的重要完善》，《法律适用》2024年第1期。

② 参见最高人民法院民事审判第一庭编著：《最高人民法院新民事诉讼证据规定理解与适用》（下），人民法院出版社2020年版，第501—502页。

③ 虽然表述为"说明"和"告知"，但起草者认为，2001年《证据规定》第3条第1款和第35条第1款是在我国民事诉讼中首次确立了释明制度。参见最高人民法院民事审判第一庭：《民事诉讼证据司法解释的理解与适用》，中国法制出版社2002年版，第25页以下；最高人民法院修改后民事诉讼法贯彻实施工作领导小组编著：《最高人民法院民事诉讼法司法解释理解与适用》，人民法院出版社2015年版，第696页。

④ 参见冯祝恒：《〈民法典〉第186条（违约与侵权请求权竞合）诉讼评注》，《华东政法大学学报》2023年第1期。

更诉讼请求释明大体上可在法律关系性质和民事行为效力的分类中找到根据。① 2015年《民间借贷规定》第24条第1款规定："当事人以签订买卖合同作为民间借贷合同的担保，借款到期后借款人不能还款，出借人请求履行买卖合同的，人民法院应当按照民间借贷法律关系审理，并向当事人释明变更诉讼请求。当事人拒绝变更的，人民法院裁定驳回起诉。"上述将买卖合同请求权主张变更为民间借贷请求权主张的变更诉讼请求释明乃对法律关系性质这一基本类型的具体化。而法律行为效力之变更诉讼请求释明则集中体现为《九民纪要》第36条之"合同无效时的释明问题"和第49条之"合同解除的法律后果"。

"切实实施民法典"对释明变更诉讼请求提出了更高要求，亦即借助法律关系释明和法律行为效力释明以切实保障当事人对《民法典》的援引和适用，尽可能引导当事人借助一次诉讼实现其民事权益。然而，2001年《证据规定》第35条第1款在《民法典》编纂过程中历经重要修订。2019年全面修正的《证据规定》第53条第1款规定："诉讼过程中，当事人主张的法律关系性质或者民事行为效力与人民法院根据案件事实作出的认定不一致的，人民法院应当将法律关系性质或者民事行为效力作为焦点问题进行审理。但法律关系性质对裁判理由及结果没有影响，或者有关问题已经当事人充分辩论的除外。"经过对比可以发现，在当事人主张的法律关系性质或民事行为效力与法院根据案件事实作出的认定不一致时，《证据规定》第53条第1款不再要求人民法院"应当告知当事人可以变更诉讼请求"，而是采取柔性处理，亦即"将法律关系性质或者民事行为效力作为焦点问题进行审理"。②

由于《证据规定》第53条第1款删去释明变更诉讼请求的强制要求，法律关系性质和民事行为效力认定不一致时的处理方案产生了显著分歧。与2019年《证据规定》同年颁布的《九民纪要》在第36条和第49条将合同无效与合同解除时的释明变更诉讼请求理解为法定义务，其目标是实现纠纷的一次性解决，减轻当事人讼累和后诉法院审理负担。③ 相较而言，2020年修订的《民间借贷规定》第24条第1款则根据2019年《证据规定》第53条第1款而被调整为："当事人以订立买卖合同作为民间借贷

---

① 例外情形如《消费民事公益诉讼解释》第5条，详见本讲第四节。

② 参见最高人民法院民事审判第一庭编著：《最高人民法院新民事诉讼证据规定理解与适用（下）》，人民法院出版社2020年版，第502页。

③ 参见最高人民法院民事审判第二庭编著：《〈全国法院民商事审判工作会议纪要〉理解与适用》，人民法院出版社2019年版，第271-273页。

合同的担保，借款到期后借款人不能还款，出借人请求履行买卖合同的，人民法院应当按照民间借贷法律关系审理。当事人根据法庭审理情况变更诉讼请求的，人民法院应当准许。"然而，"应当按照民间借贷法律关系审理"是否意味着法官可不经释明而径行变动诉讼标的，即在当事人主张的诉讼标的仍为买卖合同请求权时径直变动为民间借贷请求权并作出肯定性判决？这与当事人根据法院审理情况变更诉讼请求是否存在矛盾？若法官"应当按照民间借贷法律关系审理"意指径行变动诉讼标的，又如何产生当事人变更诉讼请求的空间？关于上述论题仍在理论界和实务界中存在较为显著的分歧。[①]

综上所述，历经 2001 年《证据规定》第 35 条第 1 款向 2019 年《证据规定》第 53 条第 1 款的模式转型，变更诉讼请求释明的"退场"并非表明其实践作用和理论价值的缺失，反而是"考虑到释明问题在理论和实践中争议较大"以及"解决人民法院应如何进行适当告知的实务操作难题，避免对当事人处分权和审判中立原则造成不当冲击"[②]，这恰恰表明实体导向的法官释明研究具有重要性和紧迫性。不仅如此，《证据规定》于 2019 年全面修正后，释明变更诉讼请求的司法实践仍广泛存在。[③] 鉴于此，本讲以《民法典》为重塑释明变更诉讼请求的标准，旨在使实体导向的法官释明论切实发挥其民事实体和程序权利保障的大宪章功能。

第二节　释明变更诉讼请求的标准化困境

2001 年《证据规定》第 35 条第 1 款虽然早已确立释明变更诉讼请求制度，但实践中法官对此制度多有困惑。这其实是《证据规定》确立释明制度以来一直存在的问题[④]，且得到了最高人民法院裁判文书的证实。对于合同无效时变更诉讼请求的释明便存在不同处理思路，对此详见本讲第三节。其实，我国学界已经对释明变更诉讼请求进行了相当长时间的研究。早在《证据规定》颁布实施之前，学者们就主要借助德国、日本的比

---

① 参见严仁群：《消失中的积极释明》，《法律科学》2023 年第 4 期。

② 参见最高人民法院民事审判第一庭编著：《最高人民法院新民事诉讼证据规定理解与适用（下）》，人民法院出版社 2020 年版，第 502 页。

③ 参见熊跃敏、陈海涛：《新〈证据规定〉第 53 条：实务考察、适用要件与逻辑转换》，《法律适用》2022 年第 4 期。

④ 参见厦门市中级人民法院、厦门大学法学院联合课题组：《新民事诉讼证据司法解释的执行与完善》，《法律适用》2003 年第 4 期，第 30 页。

较法资源将其细分为诉讼请求不充分和除去不当诉讼行为两种类型。①

一、理论分类方法的实践转化困境

上述分类方法基本得到了学界的接受和沿用。② 然而，标准化和具有可操作性的释明边界依旧是未尽之问题。③ 造成标准化困境的主要原因如下：

第一，法官仅通过上述分类依旧无法处理具体问题。例如，原告只向法院起诉要求判决被告返还本金，但法官经开庭审理发现原告尚可要求被告给付利息若干，此时是否应当向原告释明增加诉讼请求？ 这能否归入上述"诉讼请求不充分"的类型？

第二，我国法律和司法解释对于变更诉讼请求的规定过于简单，司法实践中对其产生了不同解读。④ 不仅如此，理论界对诉讼请求与诉讼标的的相互关系存在不同认识，即"变更诉讼请求"所改变的究竟是诉的声明（例如原告要求法院判决被告给付人民币 1 000 元）抑或是诉讼标的。而旧实体法说语境下的诉讼标的在我国应当被理解为当事人之间争议的民事法律关系⑤，抑或是当事人对具体实体权利的要求（例如原告要求法院判决被告给付买卖合同价金人民币 1 000 元）。这在更深层次上制约着法官对于释明变更诉讼请求的理解与适用。

二、诉讼标的与诉讼请求的关系模式困境

我国民事诉讼理论对于诉讼请求与诉讼标的的相互关系的认识大致经历了三个阶段。在第一阶段，诉讼标的一般被界定为当事人双方争议的民事法律关系⑥，而诉讼请求通常被理解为民事法律关系中具体的权利主张（例

---

① 参见江伟、刘敏：《论民事诉讼模式的转换与法官的释明权》，载陈光中、江伟主编：《诉讼法论丛（第 6 卷）》，法律出版社 2001 年版，第 343 页以下。

② 参见张卫平：《民事诉讼"释明"概念的展开》，《中外法学》2006 年第 2 期；熊跃敏：《民事诉讼中法院释明的实证分析——以释明范围为中心的考察》，《中国法学》2010 年第 5 期；严仁群：《释明的理论逻辑》，《法学研究》2012 年第 4 期；王杏飞：《论释明的具体化：兼评〈买卖合同解释〉第 27 条》，《中国法学》2014 年第 3 期。

③ 参见熊跃敏：《民事诉讼中法院的释明：法理、规则与判例——以日本民事诉讼为中心的考察》，《比较法研究》2004 年第 6 期。2016 年颁布实施的《北京市第四中级人民法院登记立案释明规则》第 5 条规定："人民法院应当推进标准化释明，按照法律、司法解释规定的权限、范围、程序等标准化事项进行释明。当事人认为释明超过规定的权限、范围、程序的，可以向人民法院纪检监察部门进行投诉。"

④ 参见许尚豪、欧元捷：《诉讼请求变更的理念与实践——以诉讼请求变更原因的类型化为切入点》，《法律科学》2015 年第 3 期；马丁：《论诉状内容变更申请之合理司法应对》，《中外法学》2017 年第 5 期。

⑤ 民事法律关系这一概念本身较为模糊，具有多义性，关于其内涵和外延，学界和实务界并未达成共识。详见王亚新：《诉讼程序中的实体形成》，《当代法学》2014 年第 6 期。

⑥ 也有观点认为诉讼请求是法律关系主体的主观愿望和企求，诉讼标的则属于客观存在的事物。参见姚飞：《诉讼请求与诉讼标的不是一回事》，《法学》1982 年第 12 期。

如原告要求法院判决被告给付买卖合同价金人民币 1 000 元)。① 也只有以此为出发点，才能导出只允许变更诉讼请求而不准变更诉讼标的的推论。② 在第二阶段，民事法律关系的模糊性促使学者不断限缩诉讼标的的范畴，并最终将其限定为当事人具体的权利主张。③ 然而，一旦将诉讼标的限缩为具体权利主张，第一阶段所理解的诉讼请求也将成为诉讼标的的同义词，而不再具有独立存在的必要。不过，诉讼标的与诉讼请求的一元理解，在《民诉法解释》第 247 条将二者并列后须重新加以反思与论证 (第三阶段)。

司法解释的起草者将"诉讼标的"理解为"原告在诉讼上所为一定具体实体法之权利主张"，将"诉讼请求"界定为"建立在诉讼标的基础上的具体声明"④。虽然起草者对《民诉法解释》第 247 条中的"诉讼标的"和"诉讼请求"这两项客体要素采取了二元理解，但并非向第一阶段的回归。由于诉讼标的仍然被界定为"具体实体法之权利主张"，而非"争议的民事法律关系"，因此仅仅将诉讼请求定义为"建立在诉讼标的基础上的具体声明"，尚难以清晰勾勒出其在第三阶段的内涵与外延。从起草者的表述来看，对此处的诉讼请求可能存在两种解释方案：一种是将诉讼请求理解为诉的声明，即不因诉讼标的理论的不同而变化的概念。⑤ 另一种是将诉讼标的和诉讼请求理解为同一事物的不同表述，进而认为诉讼请求并不独立于诉讼标的。⑥ 这也可以从"建立在诉讼标的基础上"这一限定中获得支持。第一种解释方案的逻辑前提是倡导将我国诉讼标的的识别标准调整为案件事实一分肢 (支) 说。⑦ 而在旧实体法说语境下，诉讼标的与诉讼请求将不得不采取一元理解，原因在于，作为具体实体法之权利主张的诉讼标的本身含有"请求什么"这一诉的声明的核心内容。当诉讼标的相同时，诉的声明必然相同，而后诉声明与前诉声明不同时，也必然会导

① 参见常怡主编：《民事诉讼法学》，中国政法大学出版社 1999 年版，第 133、135 页。

② 参见柴发邦等：《民事诉讼法通论》，法律出版社 1982 年版，第 193 页。

③ 参见李浩：《走向与实体法紧密联系的民事诉讼法学研究》，《法学研究》2012 年第 5 期。

④ 最高人民法院修改后民事诉讼法贯彻实施工作领导小组编著：《最高人民法院民事诉讼法司法解释理解与适用》，人民法院出版社 2015 年版，第 635 页。

⑤ 参见卜元石：《重复诉讼禁止及其在知识产权民事纠纷中的应用——基本概念解析、重塑与案例群形成》，《法学研究》2017 年第 3 期。

⑥ 参见夏璇：《论民事重复起诉的识别及规制——对〈关于适用《中华人民共和国民事诉讼法》的解释〉第 247 条的解析》，《法律科学》2016 年第 2 期；刘哲玮：《论民事诉讼模式理论的方法论意义及其运用》，《当代法学》2016 年第 3 期；任重：《论中国民事诉讼的理论共识》，《当代法学》2016 年第 3 期。

⑦ 详见王亚新、陈晓彤：《前诉裁判对后诉的影响——〈民诉法解释〉第 93 条和第 247 条解析》，《华东政法大学学报》2015 年第 6 期；卜元石：《重复诉讼禁止及其在知识产权民事纠纷中的应用——基本概念解析、重塑与案例群形成》，《法学研究》2017 年第 3 期。

致诉讼标的不同。这使《民诉法解释》第 247 条第 1 款第 3 项前段成为同语反复，由后段却又难以导出"诉讼标的相同"条件下的适用空间。

对诉讼标的与诉讼请求的一元理解也为我国民事诉讼法及相关司法解释中"重诉讼请求，轻诉讼标的"的表述方式提供了可行的解决方案，对此详见本书第六讲。本讲在释明变更诉讼请求的分析和探讨中同样坚持一元理解。此外，对变更诉讼请求的理解有广义和狭义之分。狭义理解是指通过新的诉讼请求替代原诉讼请求的特殊诉讼制度，广义理解是诉讼请求的变化。广义的诉讼请求变更存在统一的释明标准，本讲采广义解读。不仅如此，虽然变更被告、追加必要共同诉讼人以及可能被判决承担民事责任的第三人通常被理解为特殊的诉讼制度，但考虑到其也在实质上改变诉讼标的①，同样将其纳入了讨论范畴。

第三节　关于法律关系性质与民事行为效力的释明

《民事诉讼法》第 54 条第 1 句虽明确准许原告变更诉讼请求，但并未明确界定何谓变更诉讼请求。2001 年《证据规定》第 34 条首次一般性地限定了变更诉讼请求的申请时间，其第 35 条第 1 款则首次列举了释明变更诉讼请求的两种类型，即关于法律关系性质和民事行为效力的释明。而1999 年《合同法解释（一）》第 30 条第 1 句和 2015 年《民间借贷规定》第 24 条第 1 款并非 2001 年《证据规定》第 35 条第 1 款之外的类型，而是属于"法律关系性质"这一分类。严格来说，"法律关系性质"与"民事行为效力"并不构成两个独立的类别，同一案件可能同时存在当事人主张的法律关系性质和民事行为效力与人民法院的认定均不一致的情况。尽管如此，法律关系性质与民事行为效力却构成了相关司法实践的主要类别。除若干法律关系作为诉讼理由而非诉讼标的，对其性质的不同认识并不导致诉讼请求的变更，进而无须释明变更诉讼请求外②，依民事诉讼标

---

① 参见［德］罗森贝克、［德］施瓦布、［德］戈特瓦尔德：《德国民事诉讼法》，李大雪译，中国法制出版社 2007 年版，第 261 页。

② 最高人民法院认为："上诉人提出的被上诉人向其支付违约金等诉讼请求，是以被上诉人未履行向其转让苏宁环球公司的股权为前提的。因此，确认当事人之间系股权转让关系而非原告所诉称的股权置换关系，并不改变上诉人的一审诉讼请求，即上诉人在本案中的实体权利并不因人民法院的认定而受到影响，原审法院认定本案当事人之间为股权转让关系亦不违背《证据规定》第 35 条。"参见许尚龙、吴娟玲与何健、张康黎、张桂平股权转让纠纷案，最高人民法院（2013）民二终字第 52 号民事判决书。

的之旧实体法说，不同的法律关系性质与民事行为效力分别形成不同的诉讼标的，这才要求法官释明当事人变更诉讼请求。

一、法律关系性质释明

案例 1：原审原告起诉请求人民法院判令被告返还投资款本息。诉讼过程中，一审法院认为本案系基于股权转让行为而产生的纠纷，因此向原告进行了释明，而后原告变更了一审诉讼请求。而二审法院经审理认定本案是出资纠纷并据此确定了案件审理范围。最高人民法院认为，当事人在本案被定性为出资纠纷的前提下参与了二审庭审活动，行使了诉讼权利。而且虽然原告对涉案款项的性质认定与二审判决的认定不一致，但其请求返还涉案款项本息的请求范围并未发生变化，二审判决的结论并未超过原告诉讼请求的范围。被告认为二审判决超越原告诉讼请求范围，属于判非所请的理由不能成立。①

本案中，二审法院认定的法律关系不同于原审原告经一审法院释明后变更的法律关系。但二审法院并未释明变更诉讼请求，而是按照自己的认定继续进行审理并作出裁判。这一做法是否违反 2001 年《证据规定》第35 条第 1 款？上述问题的核心判断标准是诉讼请求的内涵与外延。如果将此处的诉讼请求定义为诉的声明（这被最高人民法院表述为请求范围），则案例 1 中并未发生诉讼请求的变化，故无须释明当事人变更诉讼请求。但由于我国诉讼标的识别标准采旧实体法说，虽然本息数额并未发生变化，一审诉讼请求和上诉请求（股权转让纠纷）却不同于二审法院的裁判对象（出资纠纷），属于"判非所请"。

值得进一步讨论的是：二审法院为何不释明变更诉讼请求，而是直接按照自己的认定作出裁判？如果是为了避免后诉被判定为重复诉讼，其完全可以进行诉权释明。② 其实，除了对诉讼请求的形式化理解，二审法院的主要考虑因素可能还有纠纷的一次性解决。如若原审原告在二审中经释明不变更诉讼请求，按照一般做法二审法院只能裁定驳回起诉，故无法避免后诉的发生。即便原告经释明后申请变更诉讼请求，为了保障当事人特别是原审被告的审级利益，法院也只能尝试调解，调解不成时法院同样无法对其认定的法律关系进行实体审理，而只能根据《民事诉讼法》第 177 条第 1 款第 3

---

① 参见福建全通资源再生工业园有限公司、全通集团有限公司与万威实业股份有限公司股东出资纠纷申请再审案，最高人民法院（2015）民申字第 2944 号民事裁定书。

② 如辽宁和欣装饰工程有限公司与张某强、乌鲁木齐辰光旅行社有限公司股东损害公司债权人利益责任纠纷申诉、申请再审案，最高人民法院（2016）最高法民再 249 号民事裁定书。关于诉权释明，详见任重：《我国民事诉讼释明边界问题研究》，《中国法学》2018 年第 6 期。

项裁定撤销原判、发回重审。① 因此，案例 1 可以被看作是以纠纷一次性解决为导向的尝试和努力，但以突破处分原则和法官中立原则为代价。

纠纷一次性解决与处分原则、法官中立原则之间能否达成共赢，是案例 1 中二审法院应该首先考虑的问题。判断案例 1 是否可能类推适用《民诉法解释》第 326 条的关键在于如何理解"独立的诉讼请求"。一种思路是参酌《德国民事诉讼法》第 263 条和第 264 条对变更诉讼请求进行细分。虽然《德国民事诉讼法》第 263 条原则性规定，变更诉讼请求在被告同意或法院认为有助于诉讼时予以准许，但其第 264 条规定有三种情形不被视为诉之变更：一是补充或更正事实上或法律上的陈述；二是扩张或限制关系本案或从债权的诉讼申请；三是因事后发生的情事变更而请求其他诉讼标的或利益，以代替原来所请求的诉讼标的。②

由于德国诉讼标的的识别模式采诉讼法二分肢（支）说③，而我国采旧实体法说，因此，不同的法律关系性质在德国并不构成诉讼标的的变更，而是符合第一种情形，即补充或更正法律上的陈述。而其他法域有将"请求之基础事实同一"作为诉之变更的例外，从而将请求权竞合纳入其中的做法。综上，无论是以旧实体法说为标准还是根据诉讼法二分肢（支）说，法律关系性质认定不同均不构成"独立的诉讼请求"。因此，原审原告经法院释明变更诉讼请求的，二审法院并不必须进行调解，即便调解不成也无须撤销原判发回重审，而是可以由二审法院按照原审原告变更后的诉讼请求加以裁判。其实质理由在于，新的诉讼请求依旧以一审中处理过的事实和证据为基础，故并未损害对方当事人的审级利益，没有撤销原判发回重审的必要。可见，二审中释明变更诉讼请求与纠纷一次性解决之间并不存在无法调和的矛盾。

案例 2：原告主张双方存在民间借贷法律关系，一审法院经审理认为原告所主张的民间借贷关系缺乏有效证据支持，于是判决驳回诉讼请求，并明确原告如需就其提交证据的付款主张权利，可另案提出。二审法院维持原判。最高人民法院认为，这是出于保护原审原告的诉权而作出的释明，二审法院对此予以维持并无不当。④

---

① 参见最高人民法院民事审判第一庭编著：《最高人民法院民间借贷司法解释理解与适用》，人民法院出版社 2015 年版，第 430 页。

② 参见《德国民事诉讼法》，丁启明译，厦门大学出版社 2016 年版，第 70 页。

③ 参见［德］罗森贝克、［德］施瓦布、［德］戈特瓦尔德：《德国民事诉讼法》，李大雪译，中国法制出版社 2007 年版，第 673 页。

④ 参见潍坊锦汇钢材有限公司与潍坊金福来物资贸易有限公司、李某等民间借贷纠纷申诉、申请再审案，最高人民法院（2016）最高法民申 3408 号民事裁定书。

最高人民法院的这一裁定具有重要的指导意义。法院应当释明当事人变更诉讼请求，但前提条件是法院认定的法律关系的性质与当事人的主张不一致。而在案例2中，原告主张的法律关系虽然无法被法院认同，但根据当事人提出的事实和证据，法官也无法确定另一性质的法律关系存在。对此，《上海市高级人民法院民事诉讼释明指南》第7条第2款规定，当事人主张的法律关系性质或效力存在较大争议，法官一时难以认定的，法官在释明时应贯彻谨慎原则。其第3款进一步规定，在告知当事人变更诉讼请求时，应当告知当事人变更诉讼请求并不意味着其必然胜诉。① 案例2为此提供了有益的解决思路：并非只要当事人主张的法律关系与法官的认定不同，法官就必须释明其变更诉讼请求。如果原告未提供相应的事实和证据或者其事实与证据无法指向另一法律关系，法官应当遵循谨慎原则，即法官不得进行"无中生有"的释明。② 这对于贯彻当事人自己责任原则和维护法官中立地位都具有重要意义。

二、民事行为效力释明

相比于关于法律关系性质的释明，人民法院对民事行为效力的释明显得更为主动。③

案例3：原告（某公司）的副董事长提交虚假材料变更公司法定代表人登记后，代表原告将公司房屋出卖并转让给了原审被告。原告起诉被告，请求法院判决被告返还该房屋。一审和二审法院认定房屋转让行为没有法律效力，判令返还房屋。被告向最高人民法院申请再审，主张如果合同无效，合同双方依据合同取得的财产应当相互返还。最高人民法院认为：一、二审法院在认定合同不成立或合同无效的情况下，本应对合同不成立或无效的后果即双方返还财产、赔偿损失等问题一并审理，并在判令

---

① 类似规定走见《浙江省高级人民法院关于规范民商事案件中法官释明的若干规定（试行）》第15条第2款和第16条。

② "无中生有"的释明也被称为新诉讼资料提出释明。《德国民事诉讼法》第139条是否允许法官在没有当事人最低限度的暗示时进行"无中生有"的释明，在德国引起过学理上的争论，出现狭义主观说、广义主观说、诉讼经济客观说和折中说的林立。目前的有力说认为，法律并未认可"无中生有"的释明，其违背当事人自己责任原则，并使法官丧失中立地位。参见刘明生：《民事诉讼之程序法理与确定判决之效力及救济》，新学林出版股份有限公司2016年版，第5页以下。

③ 最高人民法院认为："合同效力的认定属于人民法院依职权审查事项，即便案涉当事人未对合同效力提出异议，经审查具有导致合同无效的情形，人民法院应依法认定合同无效。"参见海南宁龙实业有限公司、海口市公共交通集团有限责任公司与海南宁龙实业有限公司、海口市公共交通集团有限责任公司返还原物纠纷申请再审案，最高人民法院（2015）民申字第1803号民事裁定书。

原审被告返还原审原告房产的情况下，对原审原告是否应当返还被告购房款作出认定。一、二审法院对此未予审理有不当之处。但鉴于一、二审法院均在裁判文书中释明被告可另循法律途径解决，且原审被告确实享有这一诉权，在程序上仍有得到救济的途径和可能，故对原审被告的再审申请不予支持。[①]

在法院对民事行为效力的认定与当事人的主张不一致时，法院应当释明。在本案中，最高人民法院并未认可法官对于民事行为效力的释明可以自由裁量，而只是认为仅据此并不满足再审事由。其实，一、二审法院不仅存在释明上的瑕疵，而且违背了处分原则。虽然原告的请求范围（返还房产）没有发生变化，但合同有效和无效分别构成不同的诉讼标的。因此，一、二审法院支持原告返还房产的诉讼请求，实际上超越了原告设定的诉讼标的范围，与案例1存在同样的问题。不过，本案还是为民事行为无效的释明条件提供了参考标准。原告提出的事实和证据涉及其副董事长利用假冒签名的欺骗手段取得其法定代表人身份。不仅如此，原告还提出事实和证据证明其副董事长与被告存在恶意串通。此时，若法院在相同的请求范围内对合同无效的法律后果进行释明，则并非"无中生有"。

案例4：原告向法院起诉，诉称建设工程施工合同已经解除，要求判令被告给付超付的工程施工款。被告辩称，双方签订的合同违反法律法规，并反诉要求法院判令原告给付拖欠的工程款。一审法院认为本案所涉合同无效，除判令被告返还原告超付的工程款外，驳回原告的其他诉讼请求以及被告的反诉请求。二审法院认为本案所涉合同无效的原审认定并无不当。原审原告申请再审，主张法院未释明其变更诉讼请求，一审法院在未经释明的情况下，剥夺了双方当事人的辩论权利。最高人民法院认为：人民法院在审理合同纠纷案件中应当对合同效力主动进行审查。本案一审中，原审被告即提起了反诉且明确主张案涉合同无效，由于反诉属于独立的诉，因此，人民法院不能仅仅因为对合同效力的认定与原审原告有关合同效力的主张不一致而停止对合同无效的法律后果进行审理。[②]

本案与案例3都体现出法院依职权审查合同效力的倾向。不过，依职权审查合同效力不能直接导出依职权变动诉讼请求。本讲认为，当原告并未基于合同无效提出相应请求时，仅通过被告的反诉请求及要件事实无法

---

① 参见深圳市矩强进出口贸易有限公司与骏业塑胶（深圳）有限公司房屋买卖合同纠纷案，最高人民法院（2013）民申字第178号民事裁定书。

② 参见山东恒瑞房地产开发有限公司与华丰建设股份有限公司建设工程施工合同纠纷案，最高人民法院（2015）民申字第728号民事裁定书。

导出原告有提出相应诉讼请求的意图。此时，法院应释明的内容并非变更诉讼请求，而是对合同无效进行法律释明。① 审理法院应在原告未变更诉讼请求时判决驳回诉讼请求，并判决支持被告的反诉请求。

案例 5：原审原告以合同有效为基础主张权利，一审法院认定协议无效，却未向其释明。原告以此为由申请再审。最高人民法院认为，释明变更诉讼请求意在加强对当事人诉权的保护，避免当事人因法律知识缺乏、诉讼能力不足等发生认识错误并因此承担不利后果。就本案而言，其一，原审原告在原审中委托了专业律师代理诉讼，在自身诉权行使及诉讼风险预测方面具备充分认知，原审法院亦依法履行了诉讼权利告知义务，不存在违反法定程序的情形；其二，案涉土地置换协议的效力需经全面审理后方能认定，不属于法定应予释明的范围。故原审原告主张原审法院违反法定程序的理由没有法律依据。②

本案中，最高人民法院认为有律师代理时应相应限制释明变更诉讼请求之适用。由于避免当事人因缺乏法律知识而承担不利后果的规范目的已经因为律师的代理而被实现，因此，法官的认定与当事人（律师）主张的民事行为效力不同时，不属于法定的应释明的范围。这与《民诉法解释》第 268 条的规范目的类似。值得反思的是，律师代理虽然能弥补当事人法律知识的不足，但因律师代理而不进行释明仍可能引发诸多问题：一方面，这会促使当事人不聘请律师，以避免因律师代理而在释明上可能出现的不利益；另一方面，我国现阶段律师水平参差不齐，因当事人聘请律师而不进行释明，则无法保证当事人不因法律知识的缺乏而遭受不利益。因此，不应一刀切地限定释明变更诉讼请求的适用。③ 此外，本案还引出了适用 2001 年《证据规定》第 35 条第 1 款的另一限定条件，即法院是否已经对民事行为的效力有确定的答案。这一问题同样出现在关于法律关系性质的释明的案件中，如案例 2。

案例 6：原审原告起诉原审被告要求给付其所拖欠的房屋租金。原审

---

① 法律释明是最高人民法院采用的术语。参见尹某功、尹某根物权保护纠纷案，最高人民法院（2016）最高法民终 161 号民事裁定书。关于合同无效的法律释明参见湖南兴益房地产开发有限公司与蔡某芳、孙甲、孙乙商品房销售合同纠纷案，最高人民法院（2015）民申字第 2526 号民事裁定书。

② 参见咸宁市志成物业发展有限公司、咸宁市咸安区永安办事处东门村村民委员会房屋租赁合同纠纷案，最高人民法院（2018）最高法民申 66 号民事裁定书。

③ 这同样可以得到德国法的支持。参见［德］奥特马·尧厄尼希：《民事诉讼法》，周翠译，法律出版社 2003 年版，第 129 页；［德］汉斯-约阿希姆·穆泽拉克：《德国民事诉讼法基础教程》，周翠译，中国政法大学出版社 2005 年版，第 64 页；［德］罗森贝克、［德］施瓦布、［德］戈特瓦尔德：《德国民事诉讼法》，李大雪译，中国法制出版社 2007 年版，第 529 页。

被告申请再审，认为二审法院超出上诉请求作出判决。原审原、被告诉争的标的为合同约定的租金，二审法院却判决原审被告承担房屋占有使用费。最高人民法院认为：二审卷宗显示，2016 年 4 月 21 日开庭审理笔录中记载，法官向原审原告释明，如果二审法院认定租赁合同无效，则原审原告无权要求原审被告支付租金，但有权请求对方参照合同约定的租金标准支付房屋占有使用费。原审原告当庭表示假如合同无效，则将原租金请求变更为请求支付房屋占有使用费。二审法院就此认定原审被告应向原审原告支付房屋占有使用费，并不存在超出当事人诉讼请求的情形。①

二审法院在案例 6 中的释明并不仅仅是语气的缓和，而是在司法实践中确立了我国民事诉讼法中并未明确规定的预备性诉之合并制度，即由当事人根据合同可能无效的释明提出补位请求，从而与原请求之间形成一主一辅的关系。② 如果法官经过全面审理最终认定合同无效，则针对当事人的补位请求作出裁判，故此其并非"判非所请"。

第四节 关于解除、请求数额、变更与追加当事人及第三人的释明

在我国，2001 年《证据规定》第 35 条第 1 款虽然是释明变更诉讼请求的核心规范，但并非一般性规范。虽然《民诉法解释》第 268 条规定人民法院在庭审中除可以对回避、自认、举证证明责任等内容作出必要的解释或者说明外，还可以在庭审过程中适当提示当事人正确行使诉讼权利、履行诉讼义务，但该条适用于没有委托律师和基层法律服务工作者的简易程序。不仅如此，"正确行使诉讼权利、履行诉讼义务"是否能包含 2001 年《证据规定》第 35 条第 1 款以外的变更诉讼请求释明，也存在进一步讨论的必要。根据《消费民事公益诉讼解释》第 5 条，人民法院认为原告提出的诉讼请求不足以保护社会公共利益的，可以向其释明变更或增加停止侵害等诉讼请求。然而，作为专门针对贯彻职权主义的消费民事公益诉讼的特别规定，其同样无法被一般地适用于普通民事诉讼程序。对于2001 年《证据规定》第 35 条第 1 款以外的诉讼请求变更释明，最高人民

---

① 参见西藏雪雁商业运营管理有限责任公司与西藏弘晨新能源有限公司房屋租赁合同纠纷申诉、申请再审案，最高人民法院（2016）最高法民申 3576 号民事裁定书。

② 关于释明预备合并的具体讨论，参见许可：《民事审判方法：要件事实引论》，法律出版社 2009 年版，第 287 页。

法院的相关裁判文书提供了分析样本。这些样本与 2001 年《证据规定》第 35 条第 1 款一道,勾勒出我国变更诉讼请求释明的主要类型,在此基础上有望析出系统的变更诉讼请求的释明标准。

案例 7:原审原告(反诉被告)与原审被告(反诉原告)签订《房地产合作开发协议书》,约定原审被告以土地作为投入,原告以资金作为投入,以被告的名义进行开发,由原告进行运行。合同签订后,原告分多次合计给付被告 1.901 亿元,被告分两次共偿还原告 800 万元。原审原告起诉要求法院判决被告继续履行合同,并根据《关于审理房地产管理法施行前房地产开发经营案件若干问题的解答》(现已失效)第 44 条,要求被告承担违约损害赔偿责任。原审被告认为原告的开发资金不能完全到位,使项目开发无法进行,反诉请求判令解除“房地产合作开发协议书”,判令原告返还其垫付的土地税款以及银行贷款利息。一审法院认为,由于被告已经将土地与本案第三人合作开发,继续履行合同已经不可能,《房地产合作开发协议书》应予解除。原审原告请求继续履行,不予支持。最高人民法院在二审中认为,原审原告在本案诉讼中提出的诉讼请求是以继续履行合作协议为前提。虽然原告在其一审起诉时未提出返还投资款的诉讼请求,但在案涉协议应予解除的前提下,返还已付投资款是该协议解除的法律后果,也是对原告付款方权利的基本保障。一审法院在认定案涉合同应当解除的情况下,判决被告返还已收取的投资款,于法有据,亦符合诉讼经济的原则。最高人民法院前述由原审被告向原告返还 18 210 万元及支付相应利息的认定,是在合作协议解除的情况下,依法对原告利益的保护。由于一审法院在审理过程中未就合作协议解除的情况下原告是否变更诉讼请求进行释明,二审中双方亦无法对本案诉讼达成和解,本案也不属于依法应当发回重审的情形,因此,如果原告认为在合作协议解除后,其还有除返还 18 210 万元及相应利息之外的请求,可另行主张。①

需要首先明确的是,法院在本案中“就合作协议解除的情况下原告是否变更诉讼请求进行释明”的规范根据为何?其能否被纳入民事行为效力释明的范畴?本案中,原告通过起诉划定审理范围时,合同依旧处于有效的状态。对此,对方当事人和法院应不存在不同认识:无论是本诉请求继续履行合同,抑或是反诉请求解除合同并判令返还垫付款及其利息,均以合同有效作为前提。合同的解除并非合同效力问题,而是合同特有的终止

---

① 参见沈阳坤泰房地产开发有限公司与沈阳新奉基房产开发有限公司建设用地使用权转让合同纠纷案,最高人民法院(2015)民一终字第 142 号民事判决书。

原因。① 虽然本案并不属于民事行为效力型变更释明，但理论上或可将其扩大解释为法律关系性质释明，即原告主张的法律关系性质（合同关系存续）和法院认定的不同（合同被解除）。不过，合同关系存续与合同被解除是否为不同性质的民事法律关系，抑或是同一法律关系的存续与消灭，依旧有较大的讨论空间。不仅如此，最高人民法院也未将合同解除释明的规范根据明确指向 2001 年《证据规定》第 35 条第 1 款。② 因此，本讲未将该案列入第一部分。

与案例 4 类似，被告在一审中提起了反诉，要求解除合同并要求原告承担合同解除的法律后果。一审法院在本案中首先据此判定合同解除，并以合同已解除为基础，支持了原告以合同继续有效为前提的诉讼请求，其背后的考量可能同样是纠纷的一次性解决。最高人民法院在彭某辉、南华县星辉矿业有限公司与郎某春合同纠纷再审复查与审判监督民事裁定书［最高人民法院（2015）民申字第 88 号］中也认为："二审法院为避免当事人诉累，在依法认定《合同协议书》合法有效的前提下，结合原告的诉讼请求，判令解除《合同协议书》、返还合作款，适用法律亦无不当。"本案与案例 1 存在相同的问题，虽然请求范围（给付特定金额的价款）并未发生改变，但诉讼标的已经发生改变。以旧实体法说为标准，根据《合同法》第 107 条要求继续履行及损害赔偿与根据《合同法》第 97 条要求恢复原状及相应的损害赔偿构成不同的诉讼标的。因此，最高人民法院虽然以保护原告实体权益为初衷，却存在"判非所请"的问题，突破了处分原则。其实，最高人民法院在下文将讨论的案例 8③ 和永信（眉山）农林贸易有限公司与眉山市明申生态农林科技开发有限公司、王某刚一般买卖合同纠纷申请再审民事裁定书［最高人民法院（2014）民申字第 944 号］中均支持了释明变更诉讼请求但尊重当事人选择的做法。为何最高人民法院在本案中采取不同的处理方案？从裁判文书的具体表述看，主要原因有两个：一是对《民诉法解释》第 326 条的误用，因"二审中双方无法对本案诉讼达成和解"，故担心在二审中释明变更诉讼请求无法实现纠纷的一次性解决④；二是对诉讼请求作形式化理解（即理解为诉的声明）。相同问

---

① 参见韩世远：《合同法总论》，法律出版社 2018 年版，第 644 页。

② 如永信（眉山）农林贸易有限公司与眉山市明申生态农林科技开发有限公司、王某刚一般买卖合同纠纷申请再审，最高人民法院（2014）民申字第 944 号民事裁定书。

③ 参见北大荒鑫亚经贸有限责任公司与北大荒青枫亚麻纺织有限公司保管合同纠纷案，最高人民法院（2015）民二终字第 199 号民事判决书。

④ 二审中根据 2001 年《证据规定》第 35 条第 1 款释明变更诉讼请求与纠纷一次性解决并不存在无法调和的矛盾与冲突。详细论证参见案例 1 的相关讨论。

题也出现在案例 1、案例 3 和案例 4 中。

案例 8：原审原告与被告签订有加工合同，原告交付给被告亚麻布若干由其代为加工。加工完成后，原告要求被告给付，被告只部分交付了符合标准的亚麻布。原告要求判令被告按约交付符合质量的亚麻布以及支付迟延违约金。最高人民法院在二审中认为，虽然合同在事实上已经不能履行，但原告在一审法院依法释明其是否变更诉讼请求时，并未依法行使合同解除权，而是依旧坚持要求被告交付货物。一审判决据此驳回其该项诉讼请求并无不当。

相比于案例 7，最高人民法院在本案中采取了更为尊重当事人处分权的做法。同样作出于 2015 年的两份裁判文书呈现出截然相反的态度，其根源在于对诉讼请求的形式化理解。案例 7 中，原告的请求内容为金钱给付，而合同解除后可能的请求内容也同样为金钱给付，这使法官误认为其判决并未超出当事人的诉讼请求。① 而本案中，原告的请求内容是给付特定货物，与合同解除后的金钱给付不同，这也使法官意识到，如果原告坚持不变更诉讼请求，法院径行判决将落入"判非所请"。

案例 9：再审申请人主张，二审法院超出了一审中原告的诉讼请求。最高人民法院认为，原审原告在一审法院释明后增加了利息请求，因此，二审中判决原审被告支付给原告利息 224 万元并未超出一审中原告诉讼请求的范围。②

案例 9 中二审法院的处理方式虽然不违反处分原则，但却有违法官中立，这也是原审被告申请再审的缘由。法院为何在原告请求范围之外，释明当事人新增利息请求？如果说案例 1 还是在相同请求范围内的纠纷一次性解决，本案的一审法院则更进一步，突破了案例 1、案例 3、案例 4 和案例 7 对"诉讼请求"的形式化理解，即以原告请求范围为限。这也凸显出纠纷一次性解决在司法实践中缺乏明确和可预见的标准，受法官个人理解的影响较大。除了纠纷一次性解决，增加利息请求释明还受到第一阶段诉讼标的的理解的影响。如果将诉讼标的理解为当事人之间争议的民事法律关系，则本金请求和利息请求均可能被包含在内，法官进而可能误以为对利息请求的释明并未超出诉讼标的的范围。而按照第二阶段诉讼标的的理

---

① 尽管只有一个金额，表面上看只有一个诉的声明，但实际上包含着多个诉讼标的。详见卜元石：《重复诉讼禁止及其在知识产权民事纠纷中的应用——基本概念解析、重塑与案例群形成》，《法学研究》2017 年第 3 期。

② 参见中煤地质工程总公司、贵州贵聚能源有限公司探矿权纠纷案，最高人民法院（2017）最高法民再 377 号民事判决书。

解，虽然本金和利息均表现为一定数额的金钱，但本金请求权和利息请求权分别构成不同的诉讼标的，法院释明新增利息请求构成对新诉讼标的的释明。

案例10：原审原告向法院起诉要求判决被告返还借款和利息。诉讼过程中，被告虽然以诉讼时效问题提出抗辩，但主张的是借款超过诉讼时效，并未就每一笔贷款利息是否超过时效问题具体抗辩。最高人民法院认为，一、二审法院在当事人没有提出该诉讼时效的具体抗辩理由的情况下，没有进行释明符合法律规定。[①]

以我国采取的旧实体法说为标准，本金请求和利息请求构成不同诉讼标的，这同样得到了案例10的印证。虽然请求权和抗辩权的性质与功能均存在显著不同，但案例10所确立的释明界限可能被统一适用于利息请求释明。本案中，原审被告仅对本金请求提出诉讼时效抗辩，而并未明确对利息请求提出具体抗辩。最高人民法院认为，对本金请求的诉讼时效抗辩并不自然包含对利息请求进行抗辩的意思，故不能对利息请求的诉讼时效抗辩进行"无中生有"的释明。同样，当原告仅主张本金时，也不应认为其存在请求利息的意思，不应超过原告的请求范围释明其新增利息请求。这同样是德国与我国台湾地区的一般做法。[②]

案例11：原审原告向法院起诉要求判决被告破产清算组支付一次性安置费。一审法院向原告释明本案适格被告为造纸厂，因为起诉时造纸厂的营业执照尚未注销。原告经释明后仍拒绝变更被告，一审法院裁定驳回其起诉。原审原告遂先后提起上诉并申请再审，主张审判程序违法。最高人民法院认为，因原审原告在一审法院释明本案适格被告后拒绝变更，本案并未进行进一步的实体审理。原审原告主张审理违法没有依据，且不足以作为启动本案再审的理由。[③]

案例12：原审原告向法院起诉要求被告承担损害赔偿责任。一审法院查明本案被告与案外人共同侵害了原告的著作权，于是释明原告追加共同被告。在原告表明不同意追加后，一审法院认为原告放弃追加共同被告

---

① 参见陆某珍与凉山州农村信用联社股份有限公司等申请再审案，最高人民法院（2013）民申字第2306号民事裁定书。

② 参见刘明生：《民事诉讼之程序法理与确定判决之效力及救济》，新学林出版股份有限公司2016年版，第39、43页；Stein/Jonas/Leipold, Kommentar zur Zivilprozessordnung, 22. Aufl., Verlag Mohr Siebeck 2005，§ 139 Rdnr. 50；Thomas/Putzo, Zivilprozessordnung, 33. Aufl., Verlag C. H. Beck 2012，§ 139 Rdnr. 10。

③ 参见程某爱与国营乐山造纸厂破产清算组职工破产债权确认纠纷申请再审案，（2016）最高法民申291号民事裁定书。

的行为系对自己诉讼权利的处分。最高人民法院认为，原审原告复以一、二审法院遗漏了必须参加诉讼的当事人为由申请再审不能成立。[1]

案例 13：原审原告与案外人公司签订《房屋拆迁产权调换安置协议书》，原审被告公司在协议书上加盖了公章，并且在协议履行过程中与本案原告协商将本应安置给原告的 225-2 号商铺变更为 152 号商铺。一审庭审前，一审法院向被告释明是否申请追加案外人作为第三人参加诉讼，被告未予申请。一审中，被告也明确表示同意承担安置的实体责任。最高人民法院认为，被告是本案的适格主体，无须再追加案外人参与本案诉讼。[2]

案例 11 的焦点问题是被告适格。虽然对被告适格的讨论主要集中在诉讼主体层面，也即变更当事人，且变更当事人和诉的变更被认为是两项不同的诉讼制度，但不可忽视的是，被告的变更必然带来诉讼请求变更：判决被告乙向原告甲给付 1 万元人民币（诉的声明）或基于买卖合同给付 1 万元人民币（诉讼标的）和判决被告丙向原告甲给付相同数额，并不能因为请求数额相同而被视为同一诉的声明和同一诉讼标的。这同样是《民诉法解释》第 247 条第 1 款第 1 项的应有之义。基于相同考虑，本讲也将案例 12 中释明追加必要共同诉讼人和案例 13 中释明追加被告型无独立请求权第三人作为释明变更诉讼请求的类型，因为它们同样因为被请求主体的变化而在形式上和实质上引起了诉讼请求的变化。

最高人民法院不仅在案例 11 中支持对适格被告的释明，而且在张某勋与高某云、乌海市彤阳能源科技发展有限公司民间借贷纠纷申请再审民事裁定书［最高人民法院（2014）民申字第 1059 号］中确定了被告不适格时的一般处理方法，即法院可以向原告释明更换被告，同时，法院也可以判决驳回原告的诉讼请求。但究竟何时释明、何时驳回，最高人民法院并未进一步阐明。从"可以"这一表述看，最高人民法院并不认为变更被告是应释明事项。[3] 这也为解读以《民诉法解释》第 64 条为代表的被告适格规定提供了思路。首先，该条针对的主体是原告还是法院？它是否要求原告必须以企业法人为当事人，否则其起诉将不被受理或者被裁定驳回？对此，最高人民法院的上述表述已经作出了否定回答。既然这一规定并不是对原告起诉的要求，那是不是对法院释明的要求？即是否要求法官

---

[1] 参见罗某阳与刘某生一案，最高人民法院（2011）民监字第 649 号民事裁定书。

[2] 参见东港市金洋房地产开发有限公司、于某房屋拆迁安置补偿合同纠纷案，最高人民法院（2017）最高法民申 1266 号民事裁定书。

[3] 我国释明边界存在三种样态，分别是应释明、不应释明和可释明。参见任重：《我国民事诉讼释明边界问题研究》，《中国法学》2018 年第 6 期。

在《民诉法解释》第 64 条的情况下应释明原告以企业法人为当事人？但最高人民法院认为释明变更被告并非法院的义务，而是由法官根据具体情形裁量作出。在此基础上，以《民诉法解释》第 64 条为代表的被告适格规定或可被看作是对法官的提示，当存在上述情形时，应挖掘当事人的真实意图，在其因缺乏法律知识或因对案件事实存在错误认识而不正确地选择被告时，根据当事人真意释明其变更被告。而在案例 11 中，原告选择被告破产清算组并不存在认识错误（例如误以为造纸厂已经注销），法院在此时释明变更被告突破了当事人的真意。不仅如此，法院在原告经释明而不变更被告时，亦不应裁定驳回起诉，因为《民事诉讼法》第 122 条第2 项仅要求"有明确的被告"；而应在实体审理后判决驳回诉讼请求。

依《民诉法解释》第 73 条，必须共同进行诉讼的当事人没有参加诉讼的，人民法院应当通知其参加，当事人也可以向人民法院申请追加。虽然本条并未明确规定法院释明追加必要共同诉讼人，但司法实践出现了从职权追加到释明当事人申请追加的趋势。如《北京市第四中级人民法院登记立案释明规则》第 8 条规定，当事人遗漏必要共同诉讼人的，人民法院应当释明其依程序申请追加。在释明追加共同诉讼人的范围上，我国司法实践也呈现出逐渐缩小的态势。2003 年《人身损害赔偿解释》第 5 条第 1款第 1 句虽然规定赔偿权利人起诉部分共同侵权人的，人民法院应当追加其他共同侵权人作为共同被告，但《民诉法解释》的起草者已经修改了上述观点，其认为连带责任并非固有的必要共同诉讼，而是类似的必要共同诉讼。① 这也得到了案例 12 的证实。不无遗憾的是，2022 年修正的《人身损害赔偿解释》第 2 条第 1 款第 1 句仍要求追加共同侵权人为共同被告，故存在以实体为导向重塑连带责任共同诉讼和多数人侵权共同诉讼的必要，对此详见本书第十二讲，此处不再赘文。

此外，《北京市第四中级人民法院登记立案释明规则》第 8 条关于非必要共同诉讼人的释明追加规定也有待商榷：仅仅因为可能影响案件事实查明或可能导致误判，就要求法官必须释明追加被告的做法，尚需进一步论证。因为民事诉讼法已经提供了诸多机制可以解决案件事实查明问题，如潜在的共同诉讼人可以证人或无独立请求权第三人身份参加诉讼，协助法院和当事人查明案件事实以避免错判。② 对上述必要共同诉讼程序导向

---

① 参见最高人民法院修改后民事诉讼法贯彻实施工作领导小组编著：《最高人民法院民事诉讼法司法解释理解与适用》，人民法院出版社 2015 年版，第 231 页。

② 参见任重：《反思民事连带责任的共同诉讼类型——基于民事诉讼基础理论的分析框架》，《法制与社会发展》2018 年第 6 期。

的分析与反思，详见本书第十二讲。

案例 13 与案例 12 类似，都体现出从职权追加到释明申请追加的转变。根据《民事诉讼法》第 59 条第 2 款，无独立请求权第三人的追加存在职权追加和申请追加两种模式。案例 13 中，一审法院向被告释明是否申请追加第三人参加诉讼，被告经释明后未予申请。首先应当肯定的是，从职权追加过渡到释明追加体现出对当事人处分权的尊重，是从职权主义向当事人主义转型的具体表现。不过，根据《民事诉讼法》第 59 条第 2 款规定的第二种情形追加可能被判赔承担民事责任的第三人，其实质是绕开原告变更了本案的诉讼请求，这也是所谓被告型无独立请求权第三人的痼疾。① 而从释明变更诉讼请求的标准来看，当原告不存在最低限度的暗示时，法院不应进行"无中生有"的追加释明。不仅如此，法院应当释明的主体是原告而非被告，因为是否起诉，何时或以何种内容、范围对何人起诉，原则上由原告自由决定，国家不能干预，这是民事诉讼处分原则的应有之义。②

第五节　释明变更诉讼请求的标准重塑

上述释明变更诉讼请求的类型化分析表明，虽然 2001 年《证据规定》第 35 条第 1 款仅包含关于法律关系性质和民事行为效力的释明两种基本类型，但其确立的释明标准在实际上影响到了其他类型。例如，案例 1、案例 3 和案例 4 对 2001 年《证据规定》第 35 条第 1 款中"诉讼请求"的形式化理解也影响到法院在案例 7 中对释明的处理，即只要请求范围未发生改变，法院就可以在释明后甚至是在未经释明的情况下径行变更诉讼标的；反诉在案例 4 中对释明的影响也出现在案例 7 中，即只要被告主张合同无效或解除合同并提起反诉，法院就可以经释明甚至未经释明而实质变更诉讼标的。除此之外，案例 9 到案例 13 虽然看似距离法律关系性质和民事行为效力较为遥远，但在实质上受到了 2001 年《证据规定》第 35 条第 1 款规范目的的影响，体现出以纠纷一次性解决为目标，超过诉讼标的甚至请求范围进行释明，甚至未经释明直接改动诉讼标的的倾向。同样，2019 年全面修正的《证据规定》第 53 条第 1 款虽然不再对释明变更诉讼请

---

① 参见张卫平：《"第三人"：类型划分及展开》，载张卫平主编：《民事程序法研究（第 1 辑）》，中国法制出版社 2004 年版，第 58 页以下。

② 参见张卫平：《民事诉讼法》（第六版），法律出版社 2023 年版，第 59 页。

求作强制性要求，但以《九民纪要》第 36 条和第 49 条为代表的释明变更诉讼请求规范仍呈现出 2001 年《证据规定》第 35 条第 1 款的规范目的。

一、纠纷一次性解决与变更诉讼请求的泛化释明

释明变更诉讼请求的制度目的何在？是弥补当事人法律知识的不足，即采以当事人为视角的主观标准，还是纠纷的一次性解决，即采以法官视角的客观标准？这在相关裁判文书中出现了不同解读。最高人民法院在许某龙、吴某玲与何某、张某黎、张某平股权转让纠纷二审判决书［最高人民法院（2013）民二终字第 52 号］中认为：释明变更诉讼请求旨在避免增加当事人另诉的诉讼成本，使人民法院在当事人请求范围内对案件进行审理。仅从最高人民法院的表述来看，其更侧重于纠纷的一次性解决：即便没有当事人最低限度的暗示，法院也应当基于纠纷一次性解决的目标，释明变更诉讼请求。案例 3 中，最高人民法院沿用客观标准，并认为在认定合同不成立或合同无效的情况下，法院本应对双方返还财产、赔偿损失问题一并审理。这其实暗含着更为宽泛的客观标准：即便是并未提出诉讼请求的被告，法院为了纠纷一次性解决也要释明其提起反诉。

与此不同的是，最高人民法院在案例 5 中认为，释明变更诉讼请求意在加强对当事人诉权的保护，避免当事人因法律知识缺乏、诉讼能力不足等产生错误认识，进而承担不利后果。在此案中，由于原告委托了律师，最高人民法院认为无须在认定合同无效之后释明其变更诉讼请求。这其实是以主观标准来看待 2001 年《证据规定》第 35 条第 1 款：由于存在律师代理，法官推定其诉讼请求的提出是深思熟虑后的慎重选择，故不存在释明变更诉讼请求的必要。相反，如若以案例 3 采取的客观标准审视案例 5，将得出不同结论：虽然原告聘请了律师，但法院释明的目的并不是弥补当事人法律知识的不足，而是在客观上实现纠纷的一次性解决，故依旧应当释明其变更诉讼请求。

2001 年《证据规定》的起草者认为："如果当事人变更诉讼请求的，人民法院应当重新指定举证期限，这是因为如果法律关系的性质发生了改变，那么当事人的诉讼请求和诉讼证据就得做相应的修改，否则当事人的权利就得不到充分的保护……通过法院的指导，避免了甲要打两个官司才能要回投资款的讼累，提高了诉讼效率。在民事行为效力改变的情况下，也是如此。"① 从上述表述来看，《证据规定》第 35 条第 1 款的规范目的更

---

① 最高人民法院民事审判第一庭：《民事诉讼证据司法解释的理解与适用》，中国法制出版社 2002 年版，第 203 页。

偏向于纠纷的一次性解决。可供对比的是 2001 年《证据规定》第 3 条的规范目的："法院为救济当事人在举证和质证过程中存在的能力上的不足或缺陷，通过发问、指导等方式以澄清或落实当事人所主张的某些事实，以引导和协助当事人对案件的主要事实和主要证据进行有效和积极辩论的权力。"① 如果说 2001 年《证据规定》第 3 条更侧重主观标准的话，那么，其第 35 条则更偏重客观标准。不仅如此，2001 年《证据规定》第 35 条第 2 款重新指定举证期限的做法也表明，前后诉讼标的并不必须建立在同一事实基础上，甚至可能以当事人未曾提出的事实为准，这才产生了重新指定举证期限的需求。或许正是司法解释的起草者在表达上述两条规范目的时的显著差异，才使得若干判例采取了侧重于纠纷一次性解决的处理方式。

二、纠纷一次性解决的限度和边界

通过梳理最高人民法院的相关判例，并结合 2001 年《证据规定》起草者的相关表述，释明变更诉讼请求的标准更侧重于纠纷的一次性解决，法院在相同请求范围内释明当事人变更诉讼请求，甚至超出请求范围进行利息释明，都是对这一规范目的的具体贯彻。虽然在当事人经释明变更诉讼请求的情况下，法院的裁判并不会超出诉讼请求的范围，并非"判超所请"，但法院所进行的此种释明面临有违中立性的质疑，引发当事人申请再审。不仅如此，以纠纷一次性解决作为规范目的，还存在标准不明的问题：案例 1、案例 3、案例 4 和案例 7 中的相同请求范围这一标准并未得到案例 9 的遵循。案例 9 中的一审法院认为释明原告增加利息请求更有利于纠纷的一次性解决。可见，科学划定释明变更诉讼请求的标准有赖于纠纷一次性解决这一释明标准的进一步厘清。

我国为何需要释明变更诉讼请求？其他国家或地区是否有类似规定可供比对？对我国民事诉讼理论产生较大影响的德国并无类似规定，原因在于其诉讼标的识别标准采诉讼法二分肢（支）说，即"诉的声明＋案件生活事实"。2001 年《证据规定》第 35 条第 1 款中的不同法律关系性质在我国生成多个诉讼标的，但在德国仅为同一诉讼标的，请求权基础并非标的，而是退居为诉讼理由。纠纷一次性解决的释明标准的确定应该结合我国诉讼标的自身的特点，不能对域外制度机械照搬和简单套用。鉴于此，变更诉讼请求的释明标准亟待以实体为导向予以科学重塑，尤其是在贯彻

---

① 最高人民法院民事审判第一庭：《民事诉讼证据司法解释的理解与适用》，中国法制出版社 2002 年版，第 25 页。

处分原则和法官中立原则的前提下实现当事人自我决定和纠纷一次性解决之间的平衡。

三、实体导向的法官释明标准

法官释明标准的实体导向也为我国 2001 年《证据规定》第 35 条第 1 款规范目的的厘清提供了有益思路。最高人民法院支持突破当事人处分原则和法官中立原则的若干裁判文书，初衷都是纠纷的一次性解决。然而，如何才能实现当事人处分原则、法官中立原则与纠纷一次性解决的共赢？

（一）"根据案件事实"的限缩解释

与当事人处分原则不同，纠纷一次性解决的含义其实并不明确，特别是"纠纷"的范围难以划定。如若认为"纠纷"等于"诉讼标的"，则我国所采用的旧实体法说也能够实现一次性解决纠纷，也即通过一次诉讼至少解决一个诉讼标的。显然，2001 年《证据规定》第 35 条第 1 款的规范目的并不止于此，而是在更宽泛的意义上理解"纠纷"。虽然与我国台湾地区"民事诉讼法"第 199 条之一第 1 项的表述不同，2001 年《证据规定》第 35 条第 1 款并不存在"依原告之声明及事实上之陈述"这一限定，而只是规定当事人主张的法律关系性质或民事行为效力与人民法院"根据案件事实"作出的认定不一致，但结合辩论原则的第一要义，法院的裁判依旧必须以当事人的要件事实主张为基础。若辩论原则的第一要义在我国最终得以落实和贯彻①，"根据案件事实"其实能够导出与"依原告事实上之陈述"相同的限定条件，即法院必须以当事人的请求范围及其主张的要件事实为根据。

（二）释明变更诉讼请求的要件事实限定

至于如何判定当事人特别是原告是否已经主张过相关要件事实，或可参考《上海市高级人民法院民事诉讼释明指南》第 23 条。② 通过对该条进行反面解释可以得出：如果释明指向当事人已经提出的基础规范（权利发生规范）或反对规范（权利妨碍规范、权利消灭规范、权利制约规范）③，则不构成"帮助当事人"，如案例 3 中原告公司提出其副董事长

---

① 对于我国是否已经建立起辩论原则第一要义，学者尚有不同认识。参见许可：《论当事人主义诉讼模式在我国法上的新进展》，《当代法学》2016 年第 3 期。

② 该条规定："一方当事人提出诉讼主张和诉讼理由后，应由另一方当事人自己提出反驳主张和理由，包括权利发生、权利妨碍、权利消灭、权利制约等抗辩。在诉讼过程中，法官不得帮助当事人组织权利抗辩事由，不得帮助当事人组织辩论理由。"

③ 基础规范和反对规范的概念内涵和外延可参见［德］罗森贝克：《证明责任论》，庄敬华译，中国法制出版社 2018 年版，第 123 页以下。其在我国的展开可参见李浩：《规范说视野下法律要件分类研究》，《法律适用》2017 年第 15 期。

利用假冒签名的欺骗手段取得其法定代表人身份，且其副董事长与被告存在恶意串通，从而指向了彼时的《合同法》第 51 条和第 58 条。在此基础上，如果当事人的要件事实主张并未指向产生另一诉讼标的的基础规范，则法院并无义务且不得释明变更诉讼请求，否则将违反法官中立原则。

（三）释明变更诉讼请求的请求范围限定

在要件事实主张这一限定条件之外，还应重视和强调请求范围对释明的限定作用。以案例 9 为例，虽然原告的要件事实主张可能指向了利息，但原告的请求范围明确限定在本金。《上海市高级人民法院民事诉讼释明指南》第 6 条第 3 款考虑到部分请求可能产生的失权后果，将此种面临失权的部分请求作为应当释明的事项。需要首先明确的是，利息虽然具有附属性，但依旧与本金构成主债和从债的关系，分别构成两个诉讼请求，而非部分请求。不仅如此，先诉本金后诉利息，也并不存在类似《婚姻家庭编解释（一）》第 88 条第 1 款第 1 项的失权规定。是故，法官不能仅基于原告对本金的请求及其相关要件事实主张便认为其存在主张利息的意图。为了预防利息之诉被后诉法院以"一事不再理"为由裁定驳回，或可考虑由审理法院在判决书中释明原告可另诉主张利息。就此而言，请求范围较要件事实主张更具决定性。

综上，以原告请求范围和要件事实主张为标准限定纠纷一次性解决，既能在当事人提出过相关诉的声明和要件事实时实现纠纷的一次性解决，也严守了处分原则的底线，恪守了作为法官之根本的中立原则。

将释明变更诉讼请求的标准重塑为有限的纠纷一次性解决，即以原告的请求范围和要件事实主张作为纠纷一次性解决的限定条件，并不必然带来诉讼效率的低下。由于法官的认定必须建立在当事人的要件事实主张基础上，因此重新指定举证期限的必要性大大降低了：由于案件事实和证据一般不发生变化，因此，原则上无须重新指定举证期限并由当事人重新提出事实和证据。这同样能得到 2019 年全面修正的《证据规定》第 53 条第 2 款的印证："存在前款情形，当事人根据法庭审理情况变更诉讼请求的，人民法院应当准许并可以根据案件的具体情况重新指定举证期限。"[1]

相反，如果不限缩纠纷一次性解决的范围，如在案例 3 中释明被告提起反诉和在案例 9 中释明原告增加利息请求，则涉及诸多新事实，从而不

---

[1] 参见最高人民法院民事审判第一庭编著：《最高人民法院新民事诉讼证据规定理解与适用（下）》，人民法院出版社 2020 年版，第 503 页。

得不重新指定举证期限。不仅如此，一旦释明原审原告增加、变更独立的诉讼请求或者释明原审被告提出反诉，则在二审法院与一审法院认定不一致时，必然引出审级利益问题，并使二审中的释明陷入困境：如若不释明，将违反《证据规定》第35条第1款，因为其适用条件并未限定在一审；如若释明，在被告不接受调解时只得撤销原判发回重审；如若径行变更诉讼请求，无论是否经过释明，均将严重违背处分原则，并使法官丧失中立地位。

四、法官释明之实体导向的例外

（一）情势变更时释明变更诉讼请求

案例8的一审法院曾释明原告变货物给付请求为损害赔偿请求。在原告依旧坚持要求被告交付货物的情况下，一审法院判决驳回了原告的此项诉讼请求。本案中，原告的事实主张已经指向了合同解除及其法律后果，但给付货物和损害赔偿构成不同的请求范围。此时，根据"请求范围＋要件事实主张"的限定条件，审理法院本不应释明原告变更诉讼请求，但案例8的一审法院选择了突破请求范围这一限定：原告在起诉时主张继续履行合同，但合同于诉讼中被判定已无法继续履行，法院此时释明当事人根据这一新情况来相应变更诉讼请求。同样，在诉讼过程中标的物灭失或被转让给第三人以及被告在诉讼过程中解除合同（如案例7），也均存在释明原告相应变更诉讼请求的必要。以案例8为代表的此类例外情形可被纳入因情事变更而释明原告变更诉讼请求的类型（《德国民事诉讼法》第264条第1款第3项）。

（二）释明增加请求数额

我国并不存在只表明最低请求数额的诉讼制度，因此，在难以确定具体请求数额的案件中，或可考虑由法官根据审理情况释明原告增加请求数额。不过，这只是权宜之计，根本之策是在《民事诉讼法》第122条第3项例外规定最低请求额制度。

（三）失权时释明增加诉讼请求

为促进当事人一并提出实体权利主张，实现纠纷一次性解决，我国存在失权的特殊处理。针对《民法典》第1091条规定的无过错方离婚损害赔偿请求权，《婚姻家庭编解释（一）》第88条第1项规定："符合民法典第一千零九十一条规定的无过错方作为原告基于该条规定向人民法院提起损害赔偿请求的，必须在离婚诉讼的同时提出。"由于存在上述失权规定，法官在无过错方并未于离婚诉讼中主张损害赔偿请求权时，应释明增加该诉讼请求。

值得注意的是，失权情形的变更诉讼请求释明应以实体为导向动态调整。例如，2001 年《精神损害赔偿解释》曾于第 6 条规定："当事人在侵权诉讼中没有提出赔偿精神损害的诉讼请求，诉讼终结后又基于同一侵权事实另行起诉请求赔偿精神损害的，人民法院不予受理"。而在 2020 年修正后的《精神损害赔偿解释》中业已删去失权规定。是故，精神损害赔偿请求权不再构成实体导向之法官释明的例外情形。

第六节　实体/程序交互的案例研究方法

裁判文书在互联网上的公开不仅为民事诉讼理论的验证提供了广阔的试验场，而且为难以单纯通过规范圆满解决的民事诉讼法律问题提供了充足的养分，释明变更诉讼请求就是一例。尽管处分原则为释明变更诉讼请求提供了底线，但提供具体标准的是法官中立原则。不过，究竟某一具体做法是否有悖法官中立，是见仁见智的问题，这也导致我国司法实践长期以来并未形成明确的释明标准，并最终促使 2019 年全面修正的《证据规定》第 53 条第 1 款采取柔性规定。面对此种情况，究竟应当如何借助民事诉讼案例充实立法与理论？如何夯实实体/程序交互的民事诉讼理论分析框架？如何确保民法典与民事诉讼法的协同实施？这同样是本讲的出发点和立足点：收集和整理了最高人民法院涉及释明变更诉讼请求的裁判文书，并通过案例充实释明变更诉讼请求的两个基本类型，随后列举出释明法律关系性质和民事行为效力之外的情形。虽然相关裁判文书中呈现出的类型不可能穷尽释明变更诉讼请求的所有理论可能，但却表现出趋同的倾向和问题，即以削弱当事人主义为代价，追求纠纷的一次性解决，这可谓民事司法实践中的程序导向与职权主义色彩。

当前，我国民事诉讼理论研究最主要的语境是改革与转型。虽然 2001 年《证据规定》第 35 条第 1 款本身就是贯彻当事人主义的改革成果，但需要首先明确的是，我国目前尚未彻底完成模式转型，当事人主义在我国尚未彻底建立。我国既有法律规范和司法实践依旧在总体上呈现出职权主义的特征和色彩。① 法院在案例 1、案例 3 和案例 7 中对处分原则的突破便是突出例证。在上述裁判文书基础上总结出的变更诉讼请求释明标准无疑先天带有职权主义的印记。然而，这是否要求民事诉讼研究者必须怀

---

① 参见张卫平：《诉讼体制或模式转型的现实与前景分析》，《当代法学》2016 年第 3 期；张卫平：《民事诉讼法》（第六版），法律出版社 2023 年版，第 30 页。

揣当事人主义的梦想，而完全置我国现行法律法规及相关司法实践于不顾？以释明变更诉讼请求的裁判文书为例，当事人主义解释方法及其结论并不与我国现有规范背道而驰。部分裁判文书中体现出的职权主义倾向，固然是由于对处分原则的忽视，但也受制于对"诉讼请求"的形式化理解以及对二审变更"独立的诉讼请求"这一标准的忽视。

在不变动现行规范的前提下，释明变更诉讼请求中的"诉讼请求"可理解为诉讼标的，根据辩论原则第一要义引出"要件事实主张"这一法院认定法律关系性质和民事行为效力的基础，并结合《民事诉讼法》第13条第2款规定的处分原则，将释明变更诉讼请求的标准界定为有限的纠纷一次性解决。上述解释方案并未实质改动2001年《证据规定》第35条第1款和2019年全面修正的《证据规定》第53条第1款的适用条件，且能与部分裁判文书的精神和做法相契合，如案例8。尽管如此，这一解读却与多数裁判文书的观点相悖。

由此引出的问题是，我们应如何看待司法实践中的一般做法。如果从数量多寡来看，案例8无疑是少数，但研究者是否要因为其数量较少而降低对其的重视？以经释明不变更诉讼请求的处理方法为例，多数裁判文书裁定驳回起诉[1]，少数裁判文书选择判决驳回诉讼请求[2]，但这是否说明一般做法具有正当性？通过对《民事诉讼法》第122条和第127条进行体系解释，当事人关于法律关系性质或民事行为效力的主张与法官的认定不同，并不影响起诉条件的满足，而是落入实体审理范畴，显然应以判决驳回诉讼请求。不仅如此，当我们区分裁判文书中的一般做法和例外做法时，还不得不面对尖锐的质疑，即在我国"重实体，轻程序"且裁判文书撰写尚有诸多不足的背景下，何以分析得出裁判文书中的法律见解。法院选择裁定驳回起诉，是否就意味着其将法律关系性质或民事行为效力问题的认定归入了程序问题，抑或主要顾及当事人的另诉权极易被后诉否定的现实？这种担心同样得到了本讲的印证，如果不是当事人在案例6中申请再审，最高人民法院查明的二审卷宗内容或许并不会显示在裁判文书中，

---

① 如王某平与海南博海投资咨询有限公司借款合同纠纷案，最高人民法院（2016）最高法民终52号民事裁定书；中铁物资集团兰州有限公司与上海安炫实业发展有限公司、徐州宏力置业有限公司、郑某秀买卖合同纠纷案，最高人民法院（2016）最高法民终488号民事裁定书；南京羽舜实业有限公司与北京祥胜明新技术开发有限责任公司、沈某坚合资、合作开发房地产合同纠纷申诉案，最高人民法院（2014）民抗字第14-1号民事裁定书；陈某峰、张某平与营口丽湖地产有限公司、营口河海新城房地产开发有限公司民间借贷纠纷案，最高人民法院（2018）最高法民终234号民事裁定书；郑某与余某、北海海拓投资咨询服务有限责任公司房屋买卖合同纠纷申诉、申请民事再审案，最高人民法院（2016）最高法民申1234号。

② 如丹东科漫材料有限公司与丹东玉龙镁业有限公司、田某海买卖合同纠纷申请再审案，最高人民法院（2015）民申字第1825号民事裁定书。

从而会使预备合并表现为"无中生有"的变更释明。

　　尽管存在上述风险与不足,借助案例开展研究已经成为难以逆转的研究趋势。两法协同实施研究更应强调以当事人主义为标准对相关案例加以批判和筛选,在现有规范的最大文义范围内实现法解释学范畴的诉讼体制转型。在此基础上析出无法通过法律解释完成的转型作业,为我国今后的民事诉讼法修订准备明确和具体的建议与方案。

第十四讲　民法典、公司法的诉讼分析

民法典与民事诉讼法的交错问题众多，难以在一本书的篇幅内予以穷尽式解决。鉴于此，本书旨在揭示民法典与民事诉讼法协同实施中的规律性认识以及本土性挑战，在此基础上整理和归纳实体法与程序法协同实施的一般分析框架，从而不仅为民法典与民事诉讼法的交错课题提供体系化和科学化的解决方案，而且为民事诉讼视域下的公司法、知识产权法、劳动法等实体法与程序法的协同实施问题提供初步分析思路。

受"先程序，后实体"的民事立法模式影响，在"诉讼爆炸""案多人少"的持续审判压力影响下，我国民事诉讼逐渐脱离其固有的实体导向，转而采用融贯案件事实查明和纠纷一次性解决为代表的程序导向。随着《民法典》的颁行，四阶层的民事诉讼理论体系亟待实现实体导向的重塑与转型，这同样是当事人主义诉讼体制转型的自然逻辑延伸。通过将实体权利保护确立为民事诉讼制度目的（第一阶层），继续夯实"约束性辩论原则＋约束性处分原则＋依职权进行原则"的当事人主义诉讼核心要求（第二阶层），切实发挥诉讼标的论、证明责任论、裁判效力论等实用基础理论（第三阶层），民事诉讼基础理论分析框架可为两法协同实施的应用性民事诉讼理论（第四阶层）提供逻辑一贯的重塑方法，实体/程序交互的共同诉讼论和法官释明论可谓典型例证。

在此基础上，公司法与民事诉讼法的协同实施将为四阶层的民事诉讼理论分析框架提供试验场。这同样是切实实施公司法的应有之义。鉴于此，本书首先对实体法典的诉讼分析方法展开讨论，在此基础上结合2023年最新修订的《公司法》进行总论式探讨（第十四讲），随后以股东代表诉讼的程序衔接为例加以深入分析，以期为公司法与民事诉讼法协同实施的其他问题提供样本和框架（第十五讲）。上述分析框架亦可适用于其他依托民事诉讼的实体法典分析及其诉讼实施研究。

第一节　实体法典的诉讼分析对象

要实现对实体法典的正确理解与适用，就不能忽视其法典结构和具体条文的诉讼分析。具体而言，实体法典须在民事诉讼程序中实现模式转换，并主要包含两项基本内容：（1）实体事项的阶层化和动态化重塑；以及（2）程序事项的精准识别与诉讼展开。

一、实体事项的诉讼分析

以此为视角，本书第四讲到第九讲呈现的四阶层民事诉讼理论分析框架主要针对实体事项，即借助诉讼目的论和诉权论（第四讲）确立民事诉讼的实体导向，通过"请求权主张→诉讼标的"的对应关系切实保障民事实体权利（第五讲和第六讲），随后以证明责任论为内核实现实质民法规范的动态分层，亦即"请求（诉讼标的规范）→抗辩→再抗辩→再再抗辩"。在此基础上，双方当事人公平承担败诉风险（第七讲和第八讲）。民事诉讼是"切实实施民法典"的重要保障机制。民事诉讼基础理论分析框架亦应贯彻实体导向。当事人主义诉讼体制及其约束性辩论原则/处分原则决定了生效判决并不直接变动客观民事权利义务秩序，而是根据《民法典》第229条例外认可生效判决对实体法律关系的直接变动。这同样为科学规制虚假诉讼和正确适用第三人撤销之诉提供了实体/程序交互的分析框架（第九讲）。

二、程序事项的诉讼分析

实体事项的诉讼分析以阶层化和动态化的实体审理构造为核心。相较而言，程序事项的诉讼分析则可细分为如下两项基本步骤：（1）在实体法典中有效识别程序要素；（2）将上述实质诉讼规范有机纳入以《民事诉讼法》第122条至第127条为中心的程序事项分析框架。[①] 其中，实体法典的程序要素识别已由本书第三讲第一节"民法典中的诉讼规范"予以部分回应。《民法典》蕴含为数众多的显性和隐性程序指引，这也为实体法典中实质诉讼规范及其程序要素的分析与讨论提供了重要样本和基本思路。

（一）显性程序要素

在《民法典》共计 1 260 个条文中，"人民法院"出现 87 次，"诉讼"出现 49 次，"判决"出现 13 次，"仲裁机构"出现 13 次，"起诉"出现 19

---

① 参见张卫平：《起诉条件与实体判决要件》，《法学研究》2004 年第 6 期。

次，"证据"和"证明"则分别出现 17 和 47 次，此外"审判"以及"审理"各出现 1 次。上述检索结果中不乏程序要素，是实质民事诉讼法的重要指引。[①] 上述形式民法规范的正确实施也不能忽略诉讼视角，其只有在实体/程序交互的民事诉讼理论分析框架中才能得到正确理解与科学适用，《民法典》第 229 条中人民法院"法律文书"的界定即为例证。[②] 如若忽视形成判决之程序视角，而将"法律文书"扩展至给付判决和确认判决，则不仅会造成判决效力体系的紊乱，还将在结果上违背意思自治。对此详见本书第九讲。

（二）隐性程序要素

上述以"人民法院""诉讼""判决"等关键词为标志的显性程序要素亟待被纳入实体/程序交互的分析框架。在此基础上，隐性程序要素的识别和探讨更为复杂艰巨。

《民法典》第 1170 条规定："二人以上实施危及他人人身、财产安全的行为，其中一人或者数人的行为造成他人损害，能够确定具体侵权人的，由侵权人承担责任；不能确定具体侵权人的，行为人承担连带责任。"以显性程序要素为标准，《民法典》第 1170 条难以进入诉讼分析的视野：一方面，上述条文表述中并无"人民法院""诉讼""判决"等关键词；另一方面，《民法典》第 1170 条常被作为多数人侵权的法定类型[③]，并被理解为请求权基础规范。[④]

实体/程序交互的民事诉讼分析框架为《民法典》第 1170 条提供了新视角。"能够确定具体侵权人"以及"不能确定具体侵权人"的主语为何？上述条文的适用语境是在诉讼程序前、诉讼程序外抑或诉讼程序中？显然，《民法典》第 1170 条系在诉讼程序中以人民法院为主语的实质诉讼规范，对此详见本书第三讲。据此，《民法典》第 1170 条可被改写为"诉讼过程中，二人以上实施危及他人人身、财产安全的行为，其中一人或者数人的行为造成他人损害，人民法院能够确定具体侵权人的，判决侵权人承担责任；人民法院不能确定具体侵权人的，判决行为人承担连带责任"。经过补充的《民法典》第 1170 条亦包含"诉讼过程中""人民法院""判决"等程序要素，故实体/程序交互的分析框架亦有必要将其纳入程序事项。

[①] 参见陈刚：《民事实质诉讼法论》，《法学研究》2018 年第 6 期。

[②] 参见房绍坤：《导致物权变动之法院判决类型》，《法学研究》2015 年第 1 期。

[③] 参见程啸：《侵权责任法》（第三版），法律出版社 2021 年版，第 370 页。

[④] 参见吴香香编：《民法典请求权基础检索手册》，中国法制出版社 2021 年版，第 174 页。

具体而言，原告向法院起诉要求被告承担侵权损害赔偿责任的，其必须列明被告。《民法典》第 1170 条并未削弱被告的明确性要求。根据《民事诉讼法》第 122 条第 1 款第 2 项，"有明确的被告"是法院受理起诉的法定条件。是故，即便原告并不确认该被告就是具体侵权人，也须以其为明确被告提起诉讼。这同样是《民事诉讼法》第 124 条第 2 项规定的起诉状应记载的事项，亦即"被告的姓名、性别、工作单位、住所等信息，法人或者其他组织的名称、住所等信息"。在满足起诉条件和起诉状记载要求后，原告在以"请求（诉讼标的规范）→抗辩→再抗辩→再再抗辩"为框架的实体审理结构中，须对侵权损害赔偿请求权的成立承担证明责任（《民诉法解释》第 91 条第 1 项），进而因不能确定具体侵权人而面临因果关系要件的证明困境。作为实质诉讼规范，《民法典》第 1170 条并非诉讼标的规范，也未在上述实体审理结构中塑造抗辩体系，而是在将因果关系作为诉讼标的规范之构成要件的基础上降低受害人对相当因果关系的证明困境。是故，法官无须要求原告将《民法典》第 1170 条作为请求权基础，进而释明其变更诉讼请求，而可依职权适用《民法典》第 1170 条，通过缓解因果关系的证明困境支持原告的损害赔偿请求权主张。①

第二节 实体法典的诉讼分析方法

上述《民法典》第 1170 条之程序要素补充以及归类表明，相较实质民法规范的阶层化和动态化分析，以程序事项为内核的实质诉讼规范更为复杂且面临挑战。尽管如此，这并未降低实体法典程序要素分析的价值，反而凸显其紧迫性和挑战性。

一、民法规范的诉讼场景

在《民法典》中检索"人民法院"共得到 87 处检索结果。对此，实体法典诉讼分析的首要设问是：为何在规定平等主体之间权利义务关系的《民法典》文本中会出现上述显性和隐性的程序要素？上述程序要素将带来何种实体/程序法律效果？

（一）《民法典》第 193 条诉讼分析

《民法典》第 193 条规定："人民法院不得主动适用诉讼时效的规定。"

---

① 参见任重：《〈民法典〉第 1170 条（共同危险行为）诉讼评注》，《法学杂志》2023 年第 3 期。

上述规定是否必要？若无《民法典》第193条，法官就可主动适用诉讼时效规定吗？其实，借助民事诉讼法基本原则，特别是约束性辩论原则（第二阶层），人民法院不得主动适用诉讼时效（诉讼抗辩权）乃题中之义。[①] 当然，《民事诉讼法》第12条与约束性辩论原则尚有一定距离，当事人主义诉讼体制仍未最终确立。[②] 是故，《民法典》第193条在当事人主义诉讼体制转型尚未完成的背景下仍有重要价值，亦即证成约束性辩论原则的实体正当性。

（二）《民法典》第233条诉讼分析

《民法典》第233条规定："物权受到侵害的，权利人可以通过和解、调解、仲裁、诉讼等途径解决。"与《民法典》第193条的必要性问题类似，若无《民法典》第233条，物权纠纷就不能通过和解、调解、仲裁、诉讼等途径解决吗？若《民法典》有必要在物权编规定上述内容，那么是否亦应在合同编、侵权责任编等相应章节重申上述内容？可见，《民法典》第233条体现出实体法典与民事诉讼法的分离，落入了私法诉权说的窠臼。[③] 在以权利保护为诉讼目的并贯彻权利保护请求权说（第一阶层）的民事诉讼基础理论分析框架中，"实体权利主张→诉讼标的"的转换关系无须实体法典的特别授权，例外限于形成诉权。[④] 鉴于此，《民法典》第233条实乃宣示性条款，其并无具体的实体和程序内涵。

（三）《民法典》第234条诉讼分析

《民法典》第234条规定："因物权的归属、内容发生争议，利害关系人可以请求确认权利。"相较《民法典》第233条，该条更为具体。然而，其能否产生具体的实体和程序法律效果，对此仍有必要依托实体/程序交互的分析框架予以剖析。在物权的归属和内容发生争议时，利害关系人可以向谁请求确认？与《民法典》第1170条类似，上述问题的回应涉及隐性程序要素的补充。

其中，实体解释路径是将被请求人理解为平等主体，亦即请求相对人确认。然而，从确认的实效性出发，将作为平等主体的相对人补入《民法

---

① 参见任重：《我国民事诉讼释明边界问题研究》，《中国法学》2018年第6期。

② 参见张卫平：《我国民事诉讼辩论原则重述》，《法学研究》1996年第6期；张卫平：《诉讼体制或模式转型的现实与前景分析》，《当代法学》2016年第3期。

③ 参见任重：《民事诉权的中国意涵——基于民事诉讼自主知识体系的追问》，《河北法学》2025年第3期。

④ 参见张卫平：《民事诉讼法》（第六版），法律出版社2023年版，第208-209页；任重：《形成判决的效力——兼论我国物权法第28条》，《政法论坛》2014年第1期；宋史超：《形成诉权行使方式的反思与重构》，《环球法律评论》2024年第5期。

典》第234条并非最优解。在双方就物权归属、内容发生争议时，立法难以苛求相对人作出确认。不仅如此，相对人的确认也无法实现定分止争的法律效果。

相较而言，程序解释路径更具合理性。据此，《民法典》第234条可被改写为"因物权的归属、内容发生争议，利害关系人可以请求人民法院判决确认"。将"人民法院"补入《民法典》第234条作为被请求主体后，确认请求权相应地从实体权利转换为公法性质的诉权，亦即通过起诉的方式请求法院在原、被告之间就物权归属及其内容作出法律判定。不过，《民法典》第234条并非宣示性条款，而是具有独特的程序法律效果的条款。

《民法典》第234条的重点并非提示当事人在物权归属、内容发生争议时向人民法院提起确认之诉，而是授权所有权人之外的利害关系人请求法院确认。鉴于此，《民法典》第234条的规范定位是实质诉讼规范，亦即对《民事诉讼法》第122条第1项（原告适格）的特别规定：若无《民法典》第234条，则所有权人以外的利害关系人并非"与本案有直接利害关系的公民、法人和其他组织"，故难以满足《民事诉讼法》第122条至第127条规定的起诉条件。

（四）《民法典》第1073条诉讼分析

《民法典》第1073条规定："对亲子关系有异议且有正当理由的，父或者母可以向人民法院提起诉讼，请求确认或者否认亲子关系。对亲子关系有异议且有正当理由的，成年子女可以向人民法院提起诉讼，请求确认亲子关系。"结合前述《民法典》第193条、第233条和第234条的实体/程序交互分析框架，《民法典》第1073条具有独特的实体和程序法律效果。就实体法律效果而言，《民法典》第1073条系亲子关系诉讼的诉讼标的规范，据此形成亲子关系诉讼的实体审理构造。在《民法典》第1073条规定亲子关系诉讼后，《案由规定》于2020年修订后新增"亲子关系纠纷"的案由，并进一步细分为"确认亲子关系纠纷"和"否认亲子关系纠纷"两类，这在一定程度上证成了《民法典》第1073条的请求权基础定位和诉讼标的规范功能。[1] 除充当诉讼标的规范外，《民法典》第1073条还同时引发实质诉讼规范之程序效果。

1. 作为诉讼标的规范的形成诉权

《民法典》第1073条和第233条虽然均存在向人民法院起诉的表述，

---

[1] 关于案由与诉讼标的之间的关系，参见曹建军：《民事案由的功能：演变、划分与定位》，《法律科学》2018年第5期。

但《民法典》第 1073 条并非宣示性条款，而蕴含着实体法典对形成诉权的赋予。总体而言，给付诉权和确认诉权不需要实体法典的特别授权。一方面，请求权和民事法律关系难以被实体法典穷尽式规定；另一方面，诉权也不需要实体法典的特别授权，而是在"脱私入公"后作为公民基本权利和人权得到民事诉讼的一般性保障。据此，《民法典》中的实体请求权及其法律关系只是当事人获得胜诉的构成要件，而并非当事人进入诉讼和获得法院实体审理的前提条件。① 与此不同，由于形成判决具有直接变动实体权利义务关系的强效果，故其需要实体法典或诉讼法典的明确授权②，并遵循"形成诉权→形成诉讼→形成判决→形成力"的递进关系。③当事人提起实体法典并未授权的形成之诉，将存在诉讼要件瑕疵，无须实体审理便可以裁定驳回起诉。考虑到亲子关系判决可能产生变动家庭生活秩序的强效果，《民法典》第 1073 条理应被界定为形成诉权规定④，而非如《民法典》第 233 条系对诉讼途径的一般性提示。在此基础上，《民法典》第 1073 条亦对起诉条件提出了进一步要求。

2. 作为特殊起诉条件规范的诉讼规制

党的十八届四中全会以来，民事诉讼实质推进立案登记制改革，亦即"改革法院案件受理制度，变立案审查制为立案登记制，对人民法院依法应该受理的案件，做到有案必立、有诉必理，保障当事人诉权"（《中共中央关于全面推进依法治国若干重大问题的决定》）。在立案登记制改革背景下，《民法典》第 1073 条旨在实现稳固的家庭关系与当事人诉权保障之间的动态衡平，亦即针对伦理色彩浓厚的亲子关系诉讼提高起诉门槛，对《民事诉讼法》第 122 条第 1 项之适格原告和第 3 项之"事实、理由"进行特殊化处理，以此避免草率起诉和滥用诉权对婚姻家庭关系的实质侵扰及不可逆的伤害。据此，法官将根据《民法典》第 1073 条对起诉人是否为父或者母以及是否为成年子女进行确认，此外还须实质审查异议是否有正当理由，否则将对起诉裁定不予受理⑤，而不再根据《民事诉讼法》第 128 条将起诉状副本发送被告。

---

① 参见任重：《中国式现代化视域下民事诉权的反思与重塑》，《中国法学》2024 年第 4 期。
② 诉讼法典授权的形成诉权如第三人撤销诉权，参见张卫平：《中国第三人撤销之诉的制度构成与适用》，《中外法学》2013 年第 1 期。
③ 参见张卫平：《民事诉讼法》（第六版），法律出版社 2023 年版，第 208 页。
④ 参见林剑锋：《〈民法典〉第 1073 条（亲子关系诉讼）诉讼评注》，《法学杂志》2023 年第 3 期。
⑤ 参见黄薇主编：《中华人民共和国民法典婚姻家庭编解读》，中国法制出版社 2020 年版，第 160 页。

二、"实体事项/程序事项"的二元构造

经过上述分析，以诉讼标的规范和特殊起诉条件规范为代表的"实体事项/程序事项"的二元构造呼之欲出。一般而言，实体法典中的实质民商事规范系对实体事项的规定，其诉讼分析集中表现为"请求（诉讼标的规范）→抗辩→再抗辩→再再抗辩"的阶层化、动态化实体审理构造。实体法典的适用需要两法交叉融合，这本就是两法关系的自然逻辑和司法裁判的诉讼规律。然而，囿于两法在我国的长期分离割裂，实质民法规范向实体审理事项的转化难谓顺畅，故仍有必要加以梳理和总结。

（一）诉讼标的规范：四类民事权利→三种诉讼类型

民事诉讼有三大诉讼类型，亦即给付之诉、确认之诉、形成之诉。每一种诉讼类型所对应的诉讼规则有所区别，其判决效果亦有不同。具体而言，执行力仅是给付判决的效力，形成力乃形成判决的作用，而既判力则是给付判决、确认判决和形成判决的通用效力。相应地，实体法典的诉讼分析重在将实质民商事规范有机融入三种诉讼类型。例如，《民法典》第565条第1款规定："当事人一方依法主张解除合同的，应当通知对方。合同自通知到达对方时解除；通知载明债务人在一定期限内不履行债务则合同自动解除，债务人在该期限内未履行债务的，合同自通知载明的期限届满时解除。对方对解除合同有异议的，任何一方当事人均可以请求人民法院或者仲裁机构确认解除行为的效力。"其中，"请求人民法院或者仲裁机构确认"这一表述分别涉及请求和确认。那么，解除权诉讼究竟是给付之诉还是确认之诉？这就需要结合四类民事权利（请求权、抗辩权、支配权和形成权）明确其诉讼标的规范，进而有机融入三种诉讼类型。

给付之诉的诉讼标的是请求权。当然，请求权主张仅标示出诉讼标的规范，并以此为起点阶层化和动态化地形成"请求→抗辩→再抗辩→再再抗辩"的实体审理结构。虽然给付之诉是最常见的诉讼类型，但实质实体规范的阶层化和动态化仍面临严峻挑战，以《民法典》第1245条至第1247条为代表的实体审理构造转化困境即为例证。对此详见本书第五讲。据此，《民法典》第565条第1款虽然有"请求"这一表述，但考虑到被请求主体系人民法院或仲裁机构而非合同相对方，此处的"请求"系对诉权的提示，而并非请求权的赋予。鉴于此，对诉讼类型具有决定性的是《民法典》第565条第1款中的"确认解除行为的效力"，这标识出合同解除权的权利保护形式系确认之诉，亦即通过确认判决对合同解除后的法律效果予以法律确认。

尤其值得注意的是，虽然合同解除权系形成权，但在不考虑《民法典》第 580 条第 2 款的前提下，其权利性质乃普通形成权，而非形成诉权。[①] 是故，在提起诉讼前解除合同的情况下，解除权人向法院起诉时的诉讼标的是确认合同被解除的法律效果，亦即被解除后的实体权利义务关系；而通过起诉解除合同亦非形成诉权主张，而系借助起诉实现民法合同解除权的效果。鉴于此，《民法典》第 565 条第 2 款规定："当事人一方未通知对方，直接以提起诉讼或者申请仲裁的方式依法主张解除合同，人民法院或者仲裁机构确认该主张的，合同自起诉状副本或者仲裁申请书副本送达对方时解除。"同理，虽然《合同编通则解释》第 54 条规定："当事人一方未通知对方，直接以提起诉讼的方式主张解除合同，撤诉后再次起诉主张解除合同，人民法院经审理支持该主张的，合同自再次起诉的起诉状副本送达对方时解除。但是，当事人一方撤诉后又通知对方解除合同且该通知已经到达对方的除外"，但这不宜被视为形成诉权的法律效果，而仍宜在民法合同解除权的框架内予以解读，例如解约通知随撤诉一并撤回。

在明确给付之诉与请求权主张之间的协同关系以及普通形成权与确认之诉的相互转换之后，形成之诉的诉讼标的规范被严格限定为形成诉权。以起诉方式主张普通形成权，并不能使其转换为形成诉权，而仍应在普通形成权的框架内判定其实体和诉讼法律效果。是故，普通形成权和形成诉权的实质界分并非应用场景（诉讼外或诉讼中），而系形成权的行使方式。普通形成权可通过向对方当事人发出单方意思表示的方式予以主张和实现。相反，形成诉权的权利主张方式限定为请求人民法院或仲裁机构变更法律关系。据此，《民法典》第 580 条第 2 款之违约方司法解除权并非普通形成权，而系形成诉权，盖因其规定："有前款规定的除外情形之一，致使不能实现合同目的的，人民法院或者仲裁机构可以根据当事人的请求终止合同权利义务关系，但是不影响违约责任的承担。"

（二）诉讼抗辩规范：以证明责任分配为内核的实体规范分层

就实体审理结构而言，诉讼标的规范的锁定是关键第一步。由于诉讼抗辩规范系以诉讼标的规范为基础对其进行法律调整，故诉讼标的规范的选定错误将产生多米诺骨牌效应。在根据约束性处分原则充分挖掘当事人真意而选定诉讼标的规范后，对诉讼抗辩规范及其再抗辩和再再抗辩规范

---

① 参见刘子赫：《〈民法典〉第 580 条第 2 款（违约方司法解除权）诉讼评注》，《云南社会科学》2023 年第 1 期。

发挥决定性作用的是证明责任分配,亦即《民诉法解释》第91条依据罗森贝克规范说所确立的分配标准:"人民法院应当依照下列原则确定举证证明责任的承担,但法律另有规定的除外:(一)主张法律关系存在的当事人,应当对产生该法律关系的基本事实承担举证证明责任;(二)主张法律关系变更、消灭或者权利受到妨害的当事人,应当对该法律关系变更、消灭或者权利受到妨害的基本事实承担举证证明责任。"对此详见本书第七讲,此处不再赘文。

(三)程序事项规范:以《民事诉讼法》第122条至第127条为中心

以法典形式作为基本界分,"请求→抗辩→再抗辩→再再抗辩"的实体审理结构主要由实体法典负责构建,而在我国语境下以起诉条件为内核的程序事项则主要呈现于民事诉讼法。改革开放以来,受"诉讼爆炸""案多人少"的持续性影响,出现程序事项起诉条件中心化以及实体事项程序事项化等现象,其诱因是据此筑高起诉门槛以缓解审判压力。然而,在立案登记制改革的背景下,程序事项的科学界定须以实体权利保护为精神内核,进而通过诉权要件分层逐步降低起诉门槛,切实保障当事人诉权。①

1. 反思实体事项的程序事项化

程序事项在我国具有超大规模民事案件的筛选分流功能,司法实践由此采取了将实体事项前移为起诉条件(程序事项)的做法。这不仅模糊了实体事项与程序事项的界限,而且在结果上进一步抬高了起诉门槛。诉讼时效抗辩权可谓典型例证。随着《民法通则》第135条首次在民事基本法中确立诉讼时效制度,关于其定位为实体事项抑或诉讼事项曾引发争论。② 有观点将其作为《民事诉讼法(试行)》颁行后起诉条件的首次扩充,据此,法院应在受理阶段判定诉讼时效。③《民法典》第188条以下对诉讼时效制度的专门规定旨在表明其实体事项的基本定位,且在"请求→抗辩→再抗辩→再再抗辩"的实体审理结构中其被作为诉讼抗辩事项,而非起诉条件事项。不仅如此,《民法典》第193条禁止人民法院主动适用诉讼时效,是重申诉讼时效抗辩权的实体事项定位,以避免出现诉讼时效的程序事项化。

2. 程序事项的法定化

以起诉条件为内核的程序事项系实体审理并切实保护民事权利的前提。是故,"切实实施民法典"必然要求程序事项的法定化,避免法院囿

---

① 参见任重:《中国式现代化视域下民事诉权的反思与重塑》,《中国法学》2024年第4期。

② 关于诉讼时效系消灭诉权抑或是对请求权发生作用的学术分歧,参见王锡三:《近代诉权理论的探讨》,《现代法学》1989年第6期。

③ 参见刘新英:《论诉权和诉权的消灭》,《法学评论》1988年第3期。

于审判压力恣意添加程序事项以拒斥实体审理和权利判定。总体而言，程序事项可在理论上分为三个基本类别：（1）一般程序事项；（2）特殊程序事项；以及可能的（3）程序事项抗辩。

一般程序事项集中规定于《民事诉讼法》第122条至第127条，其中，《民事诉讼法》第122条对积极起诉条件进行了规定："起诉必须符合下列条件：（一）原告是与本案有直接利害关系的公民、法人和其他组织；（二）有明确的被告；（三）有具体的诉讼请求和事实、理由；（四）属于人民法院受理民事诉讼的范围和受诉人民法院管辖。"第127条则对消极起诉条件加以列举："人民法院对下列起诉，分别情形，予以处理：（一）依照行政诉讼法的规定，属于行政诉讼受案范围的，告知原告提起行政诉讼；（二）依照法律规定，双方当事人达成书面仲裁协议申请仲裁、不得向人民法院起诉的，告知原告向仲裁机构申请仲裁；（三）依照法律规定，应当由其他机关处理的争议，告知原告向有关机关申请解决；（四）对不属于本院管辖的案件，告知原告向有管辖权的人民法院起诉；（五）对判决、裁定、调解书已经发生法律效力的案件，当事人又起诉的，告知原告申请再审，但人民法院准许撤诉的裁定除外；（六）依照法律规定，在一定期限内不得起诉的案件，在不得起诉的期限内起诉的，不予受理；（七）判决不准离婚和调解和好的离婚案件，判决、调解维持收养关系的案件，没有新情况、新理由，原告在六个月内又起诉的，不予受理。"

在"实体事项/程序事项"的二分构造中，实体法典和诉讼法典中的程序要素须以上述一般程序事项为基准进行体系解释，从而有机融入上述积极和消极起诉条件。若意图以具体规定提高上述程序事项要求，则应对特殊起诉条件进行实质说理，以证成提高起诉门槛的正当性。例如，《民法典》第1073条系对《民事诉讼法》第122条第1项和第3项的实质变动，旨在维系和谐的婚姻家庭关系，避免无根据的亲子关系起诉造成不可逆的消极影响。相反，若无上述实质理由，程序事项的具体规定宜在一般程序事项框架内予以解释与适用。

3. 程序事项的证明责任分配

《民事诉讼法》第122条和第127条所规定的程序事项原则上均由原告承担证明责任，盖因诉讼径由原告的起诉而开启，故其应对程序事项承担证明责任，以促使法官对实体事项进行审理和判定。[①] 在此基础上，若

---

① 关于程序事项的证明责任探讨，参见李浩：《民事诉讼法适用中的证明责任》，《中国法学》2018年第1期；胡学军：《证明责任中国适用的限缩——对"程序法上证明责任"在本土适用性的质疑》，《法学家》2022年第2期。

将仲裁协议作为程序事项抗辩，则可进一步丰富我国程序事项的分类，并呈现出"一般和特殊程序事项→程序事项抗辩"的证明责任分层。

《民事诉讼法》和《仲裁法》共有三处程序事项规定涉及仲裁协议问题。第一处为《民事诉讼法》第122条第4项"属于人民法院受理民事诉讼的范围和受诉人民法院管辖"，据此，仲裁协议将作为法院主管问题而被归入积极起诉条件。第二处为，《民事诉讼法》第127条第2项（"依照法律规定，双方当事人达成书面仲裁协议申请仲裁、不得向人民法院起诉的，告知原告向仲裁机构申请仲裁"），其将仲裁协议纳入消极起诉条件。人民法院在立案登记前发现原告提交的证据材料中存在仲裁协议的，将根据《民事诉讼法》第122条第4项裁定不予受理；在被告答辩后才了解仲裁协议的存在的，则根据《民事诉讼法》第127条第2项裁定驳回起诉。

第三处为《仲裁法》第26条，其规定："当事人达成仲裁协议，一方向人民法院起诉未声明有仲裁协议，人民法院受理后，另一方在首次开庭前提交仲裁协议的，人民法院应当驳回起诉，但仲裁协议无效的除外；另一方在首次开庭前未对人民法院受理该案提出异议的，视为放弃仲裁协议，人民法院应当继续审理。"可见，若以《仲裁法》第26条为据将仲裁协议纳入程序事项抗辩范畴，则人民法院不宜根据《民事诉讼法》第122条第4项和第127条第1款第2项主动适用仲裁协议，而可参照《民法典》第193条仅在被告提出仲裁协议抗辩时再裁定驳回起诉。

以此为基础，程序事项规范将在我国呈现出：（1）以《民事诉讼法》第122条至第127条为中心的一般程序事项；（2）以《民法典》第1073条为代表的特殊程序事项；（3）以《仲裁法》第26条为核心的程序事项抗辩。

第三节　新公司法中的程序要素

《公司法》自1993年颁布实施以来，历经1999年、2004年、2005年、2013年、2018年和2023年等六次修改。最新修订的《公司法》删去16个条文，新增和修改228个条文，实质性修改的条文达112条。新公司法进一步完善了公司资本制度和公司治理结构，加强了股东权利保护，强化了控股股东、实际控制人和董监高责任。受公司法学研究之"重实体，轻程序"和民事诉讼法学研究之"重民事，轻商事"的双重消极影响，和民事诉讼法的分离与割裂是公司立法、司法和理论研究的历史遗留问题。

以新公司法的颁布实施为重要契机，本讲在上述实体/程序交互的民事诉讼理论分析框架基础上，进一步探讨公司法与民事诉讼法的协同实施之道，以期推进新公司法的切实有效实施。

包含程序要素的公司法规定仍是实质的实体规范，典型例证是《公司法》第 57 条股东知情权规定。《公司法》第 57 条第 2 款第 3 句并非为股东知情权诉讼设置前置程序，而是对起诉的一般性提示，否则将陷入实体事项的程序事项化。可见，《公司法》中的程序要素主要表现为一般诉讼指引规范。与之相对，《公司法》中的诉讼规范旨在就民事诉讼中的起诉条件和诉讼构造加以特殊化处理，前者如《公司法》第 189 条股东代表诉讼对原告适格、诉之利益以及判决效力的特别规定，后者如《公司法》第 25 条、第 26 条对股东会、董事会决议无效和撤销之诉实体审理结构的特殊安排。

就实体法与程序法的分工协作而言，民商事实体法主要负责平等主体之间的权利义务关系（《民法典》第 2 条）以及商事组织关系（《公司法》第 1 条），而程序法则往往以诉讼为语境或场景，解决民商事主体向法院起诉的特殊条件、诉讼形态以及实体审理构造（如《民事诉讼法》第 2 条）。鉴于此，"人民法院"、"起诉"、"诉讼"、"裁判"以及"判决"等关键词是快速锁定《公司法》中程序要素与诉讼规范的试金石。通过全文检索，《公司法》含有"人民法院"31 处、"提起诉讼"16 处。在 16 处"提起诉讼"规范之外，还有 3 处"诉讼"，分别出现在《公司法》第 164 条、第 205 条和第 234 条第 1 款第 7 项。

第四节 程序要素的类型整合

对上述 31 处"人民法院"、16 处"起诉"及在此基础上的 3 处"诉讼"予以分析和梳理，可将《公司法》中的程序要素和诉讼规范区分为三种基本类型。其中，程序要素主要表现为一般诉讼指引规范，诉讼规范则集中呈现出特殊起诉条件规范。此外，若干程序要素亦指向公司诉讼实体规范。

一、一般诉讼指引规范

考虑到我国长期存在"重实体，轻程序""重民事，轻商事"的窠臼，《公司法》的若干程序要素并不旨在提出新的起诉条件或构造新的诉讼类型，而是将相关民商事争议指引到民事诉讼的一般程序中去，以方便民商事主体向法院主张权利和法院根据《公司法》进行裁判。例如，《公司法》第 164 条对《民事诉讼法》第 229 条至第 234 条的指引，《公司法》第 57 条第 1 款第 3 句关于股东向人民法院提起诉讼要求公司提供查阅，第 86 条第 1 款第 2 句后段关于转让人、受让人依法向人民法院提起诉讼等的规定。总体而言，公司法中的程序要素并未形成公司诉讼的特殊规则，而只是方便法官索引《民事诉讼法》中的一般诉讼指引规范。

二、特殊起诉条件规范

为适应商品经济和市场经济发展，公司被拟制为民商事主体（《民事诉讼法》第 3 条、《民法典》第 76 条第 2 款和《公司法》第 3 条第 1 款）。然而，公司的权利能力和行为能力均是法律拟制，其仍须由自然人代为作出民事法律行为及诉讼法律行为，这就要求《公司法》对原告适格、诉的利益等起诉条件进行特别安排。典型例证是《公司法》第 234 条第 7 项之原告适格特别规定。《公司法》第 189 条在一条之内使用"起诉"9 次、"法院"6 次，这也表明股东代表诉讼制度的诉讼规范定位。其以原告适格（持股时间、持股比例）和诉的利益（前置程序、豁免事由及洁手原则）之特别规定而可被纳入特殊起诉条件规范。本书第十五讲将对此详加分析与展开。

三、公司诉讼实体规范

公司诉讼实体规范乃着眼于"请求→抗辩→再抗辩→再再抗辩"的实体审理构造，如《公司法》第 25 条、第 26 条规定的无效之诉和撤销之诉，第 23 条规定的滥用公司法人独立地位和股东有限责任的连带赔偿责任以及第 190 条规定的股东直接诉讼等。上述实体事项呈现为两种基本类型：（1）组织法上的形成诉权规定；（2）董监高及其他主体因违反信义义务等而对公司和股东负有的特别损害赔偿责任。

第五节　程序要素的阶层化

随着实体法与程序法的互动与交融，无论是公司法学研究的"重实体，轻程序"还是民事诉讼法学研究的"重民事，轻商事"，均得到实质缓解。尽管如此，制约两法协同实施的若干历史遗留问题并未彻底消失。这集中表现为程序要素的静态化、实体化以及由此引发的公司诉讼起诉难等诉权保障困境，而诉讼规范也亟待实现动态调整并完成公司诉讼实体规范的集约化。

一、反思程序要素的静态化和实体化

公司法中的程序要素较为普遍地存在静态化和实体化之趋向。《公司法》第 57 条第 2 款宜被界定为一般诉讼指引规范，即提示股东可提起提供查阅之给付诉讼。然而，受静态化和实体化之影响，知情权可能被理解为只有在公司拒绝提供查阅时才授权股东向法院提起诉讼。这种理解不但与我国民事诉权基础理论不符，而且进一步筑高了股东通过诉讼主张权利的门槛并急剧增加败诉风险，这与股东知情权保护的实体立法目的相悖。

可见，若要确保新公司法中程序要素的科学理解与正确实施，就要破除程序要素的静态化与实体化。公司法中的程序要素理应回归其一般诉讼指引规范的基本定位，而不能教条地根据文义不当提高公司诉讼的起诉门槛和受理条件。公司诉讼亦应强调和贯彻"有案必立、有诉必理，保障当事人诉权"。

二、诉讼规范的体系解释

新公司法中的诉讼规范同样呈现出静态化和实体化的特点，在此基础上又有自身的特殊性。不同于一般的诉讼指引规范，新公司法中的诉讼规范是对公司诉讼的起诉条件和诉讼形态作特殊处理，从而充分体现公司法作为商事法和组织法的特殊性。例如，《公司法》第 189 条之前置程序须与民事诉讼法中的起诉条件（诉讼要件）协同实施，从而在组织安定、效率和诉权保障之间达成动态平衡。鉴于此，《公司法》第 189 条不宜整体对接《民事诉讼法》第 122 条第 1 项之原告适格，而有必要阶层化和动态化地实现与起诉条件（诉讼要件）的"多点对焦"。考虑到原告适格乃根据单方提出的事实主张和可能之初步证据在 7 日内予以判定之事项，且是法院受理起诉的关键前提，不宜将先诉请求、前置程序及其豁免事由均纳入股东代表诉讼之原告适格范畴。简言之，（1）《公司法》第 189 条之股东身份、持股比例及持股期限可对接《民事诉讼法》第 122 条第 1 项之原告适格（法定诉讼担当）；（2）先诉请求、前置程序及其豁免事由可类推适用《民事诉讼法》第 127 条第 3 项作为诉的利益之特别规定；（3）洁手原则可作为《民事诉讼法》第 13 条第 1 款之具体内容而与《民事诉讼法》第 115 条第 1 款对接，作为虚假诉讼之特别情形；（4）判决效力扩张要求则对接《民诉法解释》第 247 条第 1 款第 3 项后段，作为"后诉的诉讼请求实质上否定前诉裁判结果"的特殊规定。

三、公司诉讼实体规范的程序协同

对于公司诉讼实体规范而言，民事诉讼法学有待提出体系协调且逻辑一贯的集约化处理方案，亦即在公司组织安定、效率与另诉权保障之间达成动态平衡。《公司法》第 24 条和第 25 条可能导致股东会、董事会的决议持续受到挑战而影响公司的组织稳定和正常运营。然而，若要求原告股东必须一揽子提出所有事由且不允许再次挑战股东会、董事会决议之效力，则可能导致对股东诉权的不当限制，甚至引发股东虚假诉讼。如若原告股东须在一次诉讼中提出所有可能导致决议无效或被撤销的事由，且为了避免决议再次受到挑战而要求其他股东必须服从判决内容，则原告股东有极大可能自始或事中进行虚假诉讼，其目的是剥夺其他股东的另诉权，确保股东会、董事会决议不受挑战。可见，公司诉讼实体规范的正确理解与适用不能局限于组织效率与安定的达成，还需融合其他股东诉权保障以及起诉股东虚假诉讼规制等多重视角。这同样须在公司法与民事诉讼法协同实施的框架内予以科学处理与妥当解决。

第十五讲　实体/程序交互的股东代表诉讼

新公司法的颁布实施为解决公司法学研究中的"重实体，轻程序"和民事诉讼法学研究中的"重民事，轻商事"倾向提供了宝贵契机。股东代表诉讼的诉讼规范属性及制度目的要求《公司法》第189条与民事诉讼程序精准对接，以实质改变当前的静态化和实体化倾向。以"实体事项—程序事项"和"原告适格—诉的利益"的双重二元结构为分析框架，《公司法》第189条并非实体请求权基础，而是起诉条件（诉讼要件）之特别规定。持股比例、持股期限系《民事诉讼法》第122条第1项之原告适格特别规定。先诉请求、前置程序及其豁免事由可类推适用《民事诉讼法》第127条第3项之诉的利益。"洁手原则"可与《民事诉讼法》第115条第1款有效对接。根据处分原则，《公司法》第189条的股东代表诉讼可能成立单独诉讼形态以及原告侧的固有必要共同诉讼和类似必要共同诉讼形态。股东代表诉讼判决之既判力扩张有三重程序法理。生效判决对其他股东的合一确定可借助《民诉法解释》第247条第1款第3项后段得到贯彻落实。股东代表诉讼的程序对接蕴含公司法与民事诉讼法协同实施的分析框架，据此可以点带面地推进新公司法的科学有效实施。

第一节　实体/程序交互的公司法

股东代表诉讼这一称谓彰显出"切实实施公司法"的基本路径，亦即通过协同民事诉讼法科学实现股东代表诉讼的多元制度目的，在鼓励中小股东通过诉讼维护公司合法权益的同时，有效遏制恶意诉讼对公司经营活动的不当干扰。[1] 民事诉讼法学长期存在程序与实体的分离甚至割裂[2]，

---

① 参见王瑞贺主编：《中华人民共和国公司法释义》，法律出版社2024年版，第266页。
② 参见张卫平：《对民事诉讼法学贫困化的思索》，《清华法学》2014年第2期。

"重实体，轻程序"亦是公司法学研究的痼疾。① 股东代表诉讼的程序对接无疑是切实实施新公司法的难点和痛点问题。

《公司法》于1993年颁布时并未授权股东代表公司提起诉讼。面对公司管理层通过与他人的关联交易或恶意串通直接损害公司利益并间接影响股东合法权益的道德风险和治理僵局，董监高难以被期待代表公司对自己或其他关联主体提起诉讼。② 与此同时，现行《民事诉讼法》第122条第1项又以原告适格原则上拒绝股东代表公司起诉董监高及侵害公司权益的其他主体。我国20世纪90年代的司法实践审慎突破上述立法局限，若干判例支持股东以自己的名义代表公司提起诉讼。③ 上述创新首先引起了程序法学界的关注④，实体法学者也借助比较法探讨股东代表诉讼的立法前景及模式选择。⑤ 在司法实践和法学理论、程序法和实体法的共同推动下，2005年《公司法》修正案肯定了股东为维护公司利益而享有起诉权，其在过去近20年来的商事司法实践中发挥着重要作用。⑥

以2005年《公司法》第152条为开端，最高人民法院通过相关司法解释、司法性文件分四个阶段持续完善股东代表诉讼制度。阶段一：2006年《公司法解释（一）》第4条明确持股期间计算方法和持股比例合计规则。阶段二：2017年《公司法解释（四）》第24条规定公司的诉讼地位和其他股东参与诉讼之规则，第25条对胜诉利益归属加以明定，第26条则以激励股东提起代表诉讼为导向要求公司在胜诉时承担股东因参加诉讼支付的合理费用。阶段三：2019年《九民纪要》在第七部分专门规定股东代表诉讼，并在第24条明确采取"持股期限原则"，排除"当时股份持有原则"，随后引出"洁手原则"，第25条肯定前置程序豁免的实益性标准（公司有关机关提起诉讼的可能性），第26条和第27条则对股东代表诉讼的反诉和调解等程序问题予以优化。阶段四：2019年《公司法解释

---

① 参见丁勇：《组织法的诉讼构造：公司决议纠纷诉讼规则重构》，《中国法学》2019年第5期；艾茜：《新公司法视域下的减资纠纷诉讼模式研究》，《法律科学》2024年第6期。

② 参见赵旭东主编、刘斌副主编：《新公司法诉讼实务指南》，法律出版社2024年版，第290页。

③ 参见段厚省：《略论股东代表诉讼》，《政治与法律》2000年第4期。

④ 参见江伟、段厚省：《论股东诉权》，《浙江社会科学》1999年第3期；刘海蓉：《股东诉权的程序保障》，《四川大学学报（哲学社会科学版）》2001年第6期。

⑤ 参见梁上上：《控股股东侵权案的法律障碍与制度创新》，《法学》2002年第7期。

⑥ 参见王毓莹：《新公司法二十四讲：审判原理与疑难问题深度释解》，法律出版社2024年版，第323页。

（五）》第 2 条进一步拓展股东代表诉讼的适用范围。

在此基础上，2023 年《公司法》第 189 条对股东代表诉讼的进一步修订可被归纳为协同优化和实质优化。前者主要表现在条文表述中的序号调整以及因为公司治理结构变迁而删去"不设监事会的有限责任公司的监事""不设董事会的有限责任公司的执行董事"等相关表述；后者的集中表现是增加第 4 款之双重股东代表诉讼，授权母公司股东在满足单重股东代表诉讼条件时，可向全资子公司书面提出先诉请求，或在豁免条件成就时直接代全资子公司向人民法院起诉。

新公司法对股东代表诉讼的实施提出了更高要求。本讲尝试以实体/程序交互的民事诉讼理论分析框架，以民法典、公司法的诉讼分析为基础重新审视股东代表诉讼的程序对接，以期澄清若干"重实体，轻程序"引发的历史遗留问题，推动改变公司法学研究中"重实体，轻程序"和民事诉讼法学研究中"重民事，轻商事"的痼疾。

第二节　《公司法》第 189 条的诉讼分析

股东代表诉讼是"重实体，轻程序"和"重民事，轻商事"的具体例证。受诉讼法与民商事实体法分离割裂的消极影响[1]，《公司法》中的诉讼规范长期以来并未得到足够强调和充分重视。[2] 这集中表现为：（1）公司法诉讼规范的静态化和实体化；以及（2）公司法特殊规范与民事诉讼法的二元化。是故，回归股东代表诉讼的制度原点和理论起点，协同公司法程序规范与民事诉讼基础理论，是正确实施《公司法》第 189 条的应有之义。这也将为正确理解与科学适用新公司法中的诉讼规范起到提纲挈领的积极作用。

一、股东代表诉讼的固有功能

股东代表诉讼是在公司的合法权益受到不法侵害而董监高等违反信义义务怠于起诉时，立法特别准许股东以自己的名义为公司和全体股东之公

---

[1]　参见任重：《民法典与民事诉讼法的协同实施：回眸与展望》，《当代法学》2023 年第 1 期。

[2]　关于实体法中的诉讼规范及其分类，参见陈刚：《民事实质诉讼法论》，《法学研究》2018 年第 6 期；刘子赫：《〈民法典〉第 580 条第 2 款（违约司法解除权）诉讼评注》，《云南社会科学》2023 年第 1 期；任重：《〈民法典〉第 1170 条（共同危险行为）诉讼评注》，《法学杂志》2023 年第 3 期。

益而起诉，将胜诉结果归于公司的特殊诉讼形态。可见，股东代表诉讼的固有功能是在特定条件下治愈原告股东的起诉条件（诉讼要件）瑕疵。无论是英国率先借助衡平法突破股东代表诉讼在普通法中的桎梏①，美国法对股东代表诉讼的优化完善②，还是法国、德国、韩国以及日本等大陆法系国家和地区受英美法系影响而陆续引入股东代表诉讼③，其着眼点均落在如何通过实体与程序的协同实施使股东得以自己的名义主张董监高和其他被告对公司负有的赔偿责任。虽然英美法系与大陆法系、大陆法系不同国家和地区对股东代表诉讼的制度建构有不同模式，例如美国采取"同时持有原则"，日本法设定不少于 6 个月的持股期限④，但多元化的立法模式可谓殊途同归。股东代表诉讼的精密构造旨在回应股东在何种条件下得以自己的名义代公司向法院起诉，要求法院就董监高及其他主体的赔偿责任进行实体审理和判决。就此而言，无论是 2005 年《公司法》第 152 条还是 2023 年《公司法》第 189 条，均系针对现行《民事诉讼法》第 122条和第 127 条的特别规定，其诉讼规范属性理应得到足够重视与充分强调。

二、作为诉讼规范的《公司法》第 189 条

现行《公司法》第 189 条第 2 款之"股东有权为公司利益以自己的名义直接向人民法院提起诉讼"较为精准地界定了股东代表诉讼的诉讼规范属性。（1）"为公司利益"凸显我国股东代表诉讼的非私益性，还表明其并未授予股东实体权利，而是通过特别诉讼制度由股东代替"失能"的公司，主张董监高及其他主体对公司负有之赔偿责任。新公司法将董监高赔偿责任的请求权基础后移以与股东代表诉讼紧密结合，也意在强调《公司法》第 189 条并非请求权基础，股东代表诉讼的实体法准据尚须回到《公司法》第 188 条。⑤（2）"以自己的名义"则排除诉讼代表人、代理人制度的适用，进一步明确股东代表诉讼中的原告是符合法定起诉条件的股东而非公司。虽然公司治理存在僵局，但《公司法》第 189 条并未因此突破公司治理结构而例外使股东成为公司的意思机关，《民事诉讼法》第 51 条第 2 款同样不准许股东代表公司作出意思表示。（3）《公司法》第 189 条

---

① 参见赵旭东主编、刘斌副主编：《新公司法条文释解》，法律出版社 2024 年版，第 413 页。

② 参见段厚省：《略论股东代表诉讼》，《政治与法律》2000 年第 4 期。

③ 参见赵万一、赵信会：《我国股东代表诉讼制度建立的法理基础和基本思路》，《现代法学》2007 年第 3 期。

④ 参见江伟、段厚省：《论股东诉权》，《浙江社会科学》1999 年第 3 期。

⑤ 参见王瑞贺主编：《中华人民共和国公司法释义》，法律出版社 2024 年版，第 267 页。

之"有权"应相应被界定为起诉权，此即对民事诉讼法中一般起诉条件的特别规定。[①] 就原告适格而言，股东援引《公司法》第 189 条可突破《民事诉讼法》第 122 条第 1 项之"原告与本案有直接利害关系"的明确要求。尽管如此，股东提起的代表诉讼能否得到实体审理还须法院根据《民事诉讼法》第 122 条和第 127 条进行全局判定。

概言之，虽然先诉请求和前置程序是公司治理的重要内容，但《公司法》第 189 条的首要规范目的是治愈股东在起诉条件上的程序瑕疵。《公司法》第 189 条的规范属性主要为诉讼面向的，而非规定权利义务及风险分配的实体规范。人民法院宜将《公司法》第 189 条作为《民事诉讼法》第 122 条和第 127 条的法定例外，亦即股东代表诉讼的特殊起诉条件。

三、股东代表诉讼的特殊起诉条件

《民事诉讼法》第 122 条第 1 项要求原告与本案有直接利害关系，亦即只有为保护自己的民事权益而提起诉讼的人，才是本案的合格原告。[②]虽然股东以自己的名义提起诉讼，但其主张的仍旧是公司的民事权益（如《公司法》第 188 条）。这使股东原则上并不满足《民事诉讼法》第 122 条第 1 项之原告适格要求。股东代表诉讼在对原告作出合理限定后突破了"原告与本案有直接利害关系"这一起诉条件。尽管如此，其并不意味着《公司法》第 189 条的全部内容都适宜被纳入原告适格规定，并作为受理股东代表诉讼的前提条件。原因在于，《公司法》第 189 条旨在保护中小股东通过诉讼维护公司利益的积极性，同时有效规制股东滥诉可能对公司自治造成的损害。[③] 党的十八届四中全会以来，诉权保障成为民事诉讼法治现代化的最强音。[④] 我国民事程序法治建设正处于立案登记制深化改革的攻坚期。[⑤] 鉴于此，《公司法》第 189 条的特殊程序规则亟待实现股东诉权保障及其滥用规制的平衡。

[①] 参见任重：《民事诉权的希尔伯特问题》，《上海政法学院学报》2024 年第 5 期。

[②] 参见王瑞贺主编、黄薇副主编：《中华人民共和国民事诉讼法释义》（最新修订版），法律出版社 2023 年版，第 242 页。

[③] 参见王毓莹：《新公司法二十四讲：审判原理与疑难问题深度释解》，法律出版社 2024 年版，第 329 页。

[④] 参见吴英姿：《论诉权的人权属性——以历史演进为视角》，《中国社会科学》2015 年第 6 期；任重：《民事迟延裁判治理转型》，《国家检察官学院学报》2016 年第 3 期。

[⑤] 参见冯珂：《民事诉讼驳回起诉的理论困境与功能转型》，《法治研究》2022 年第 3 期。

第三节　股东代表诉讼的"实体事项/程序事项"

囿于"重实体，轻程序"的痼疾，《公司法》第189条的规范模式和条文表达体现出较为浓厚的静态化和实体化倾向。（1）《公司法》第189条的行文逻辑以公司对董监高的损害赔偿请求权既存为前提，尤其表现为"董事、高级管理人员有前条规定的情形的"和"监事有前条规定的情形的"之相关表述。（2）《公司法》第189条系以客观真实为语境，从权利受害到权利保护递次规定股东的先诉请求、豁免事由直至起诉权。（3）股东代表诉讼存在权利化倾向，即在满足持股比例、持股期限、前置程序或豁免事由后赋予股东向人民法院起诉的权利。

实体权利受到侵害后，民事主体才有权向法院起诉。这一认识深受罗马法诉权论的影响，是私法诉权说的核心主张。据此，法院必须在受理起诉前详细考察实体权利的存在及受侵害情况。① 严格的立案审查制正是建基于私法诉权说，并与德国普鲁士时期的司法实践相配合。② 而这恰恰是马克思在《福格特先生》一文中的批评对象："不承认私人在他个人的私事方面有起诉权的法律，也就是对市民社会最起码的根本法还认识不清。起诉权由独立的私人的理所当然的权利变成了国家通过它的司法官员所赋予的特权。"③ "有案必立，有诉必理"必然要求变审查立案制为立案登记制④，其背后的理论逻辑则是从私法诉权说向公法诉权论的诉权模式转型。⑤ 新中国成立以来，我国民事诉讼规范和司法实践始终坚持公法诉权论，二元诉权论正是在权利保护请求权论基础上的本土化改造。然而，面对改革开放以来长期存在的"诉讼爆炸""案多人少"，1982年《民事诉讼法（试行）》逐渐以起诉权为中心，并呈现出胜诉权要件的起诉权化。⑥ 现行《民事诉讼法》仍包含3类近20种起诉条件，这是"起诉难"的重要法律成因。如若将《公司法》第189条悉数纳入原告适格规定作为

---

① 参见［德］康拉德·赫尔维格：《诉权与诉的可能性：当代民事诉讼基本问题研究》，任重译，法律出版社2018年版，第68页。

② 参见任重：《论我国民事诉讼标的与诉讼请求的关系》，《中国法学》2021年第2期。

③ 《马克思恩格斯全集（第19卷）》，人民出版社2006年版，第359页。

④ 参见《关于人民法院推行立案登记制改革的意见》《最高人民法院关于人民法院登记立案若干问题的规定》。

⑤ 参见任重：《民事诉讼法"去试行化"：以民法典为参照》，《法治社会》2024年第3期。

⑥ 参见任重：《中国式现代化视域下民事诉权的反思与重塑》，《中国法学》2024年第4期。

受理条件，必将使股东代表诉讼面临更严峻的"起诉难"，这显然与鼓励中小股东提起代表诉讼、保护公司利益、规制董监高关联交易等不当行为以及优化公司治理结构的多元化立法目标背道而驰。为了充分保障股东诉权，有效实现股东代表诉讼的多元制度目的，《公司法》第 189 条之构成要件亟待结合《民事诉讼法》第 122 条和第 127 条实现程序协同及其制度优化。

一、原告适格

以《民事诉讼法》第 122 条为参照，《公司法》第 189 条第 1 款之（1）有限责任公司的股东和（2）股份有限公司连续 180 日以上、单独或合计持有公司 1% 以上股份的股东，乃是较为典型的原告适格特别规定。立法者区分有限责任公司和股份有限公司，对适格股东提出不同要求，旨在遴选出具有投资实力又有足够忠诚度及心理素质良好的股东，赋予其起诉权（原告适格）。[1] 尚有疑问的是，《公司法》第 189 条第 1 款之先诉请求和第 2 款之前置程序、豁免事由是否同样适宜纳入《民事诉讼法》第 122 条第 1 项之原告适格项下。以实体法为视角，将先诉请求、前置程序及其豁免事由归入起诉条件无可厚非。原因在于，若股东未依法提出先诉请求，而是在公司并未完成内部治理的情况下就草率起诉，这必然浪费司法资源并损及公司自治。然而，在转换为程序法视角后不难发现，原告股东向人民法院提起代表诉讼之时，法官尚不存在充分的信息来源得以判定先诉请求、前置程序及其豁免事由。相反，《民事诉讼法》第 126 条要求人民法院须在 7 日内完成起诉条件的检查并决定立案。若将《公司法》第 189 条第 1 款和第 2 款悉数纳入"原告适格"并作为受理起诉的条件，恐将进一步筑高股东代表诉讼的受理门槛。考虑到有限责任公司的股东身份和股份有限责任公司股东之持股比例及其持有期限更适宜根据原告单方面提出的事实和证据进行核查，《公司法》第 189 条的上述构成要件可与《民事诉讼法》第 122 条第 1 项对接，作为原告适格的特别规定。

二、诉的利益

综合考量股东代表诉讼的制度目的及诉权保障，本书建议将先诉请求、前置程序及其豁免事由划出原告适格。一般认为，《公司法》第 189 条、《公司法解释（一）》第 4 条与《九民纪要》第 24 条结合形成了原告主体资格的完整要求。[2] 囿于《民事诉讼法》第 122 条第 1 项之原告适格通常被作为受理起诉时的检查事项，将《公司法》第 189 条整体纳入原告

---

① 参见刘俊海：《新公司法的制度创新》，中国法制出版社 2024 年版，第 548 页。

② 参见最高人民法院民事审判第二庭编著：《〈全国法院民商事审判工作会议纪要〉理解与适用》，人民法院出版社 2019 年版，第 206 页。

适格无疑将架空股东诉权，同样使其他制度目的无以附着。当然，这并非意在削弱甚至架空先诉请求、前置程序及其豁免事由的制度功能，也并非对公司内部治理及其自治等核心价值熟视无睹，而只是针对《公司法》第189条之构成要件加以动态化和阶层化处理。

对于先诉请求、前置程序及其豁免事由，可类推适用《民事诉讼法》第127条第3项"依照法律规定，应当由其他机关处理的争议"，即在肯定原告适格的基础上，待被告答辩后再进行全面分析和客观判定。这之所以构成类推适用而非直接适用或相应适用，是因为《民事诉讼法》第127条第3项之"其他机关"经体系解释和历史解释后均指向国家机关。① 尽管如此，诉的利益仍被纳入我国民事诉讼的法定起诉条件，即仅在有权机关通过内部程序处理之后，原告才有向法院起诉并获得实体审理和判决的必要性。通过扩大解释"其他机关"而将上述诉之利益要求类推适用于公司内部治理事项，可为《公司法》第189条的先诉请求、前置程序和豁免事由找到更妥适的解释方案。就民事诉讼基础理论而言，上述内容实乃股东代表诉讼之诉的利益事项，而非原告股东之适格问题。《九民纪要》第25条将违反前置程序的诉讼法律效果规定为"驳回起诉"，也旨在提示法院须在双方当事人共同参与下判定公司机关提起诉讼的可能性及股东直接提起诉讼的必要性。此外，最高人民法院拓宽豁免事由的探索和创新也只有借助对席甚至开庭方式才更可能被实现。在将先诉请求和前置程序纳入诉的利益后，原告股东提起代表诉讼的路径更为顺畅，原告股东仅需满足持股比例及期限要求，而无须与先诉请求的申请主体保持一致，这进一步降低了股东代表诉讼的起诉门槛。最后，以原告适格和诉的利益之二元结构阶层化地分析《公司法》第189条也更有助于第3款的细化完善。

《公司法》第189条第3款进一步扩张了股东代表诉讼的适用范围，授权股东在"他人侵犯公司合法权益"时提起股东代表诉讼。然而，这也对民事诉讼法与公司法的协同实施提出了较高要求，例如，是应将"侵犯公司合法权益"限缩解释为侵权案由，还是进一步扩张至合同案由②？ 又如，股东代行的实体权利类型宜被限定为请求权主张，还是进一步扩及形成权主张（普通形成权和形成诉权）？③ 解决上述问题还需积累更多判例

---

① 参见王瑞贺主编、黄薇副主编：《中华人民共和国民事诉讼法释义》（最新修订版），法律出版社2023年版，第251页。

② 参见冯祝恒：《〈民法典〉第186条（违约与侵权请求权竞合）诉讼评注》，《华东政法大学学报》2023年第1期。

③ 参见曹守晔主编：《公司法修改条文理解与适用》，法律出版社2024年版，第576页。

再由司法解释作一般规定。无论如何，股东以自己的名义代公司向他人主张的民商事权利类型及其范围，不宜以原告适格的方式在起诉受理阶段作出决断，而有必要在双方当事人以及公司、其他股东的共同参与下进行谨慎评估和科学解决，亦即将上述"他人侵犯公司合法权益"的适用范围作为诉的利益，而非原告适格。

三、双重股东代表诉讼

（一）实体事项

上述"实体事项/程序事项"以及程序事项中"原告适格—诉的利益"的双重二元结构同样有助于对《公司法》第189条第4款作出科学理解与准确适用。就"实体事项/程序事项"的二元结构而言，对"公司全资子公司的董事、监事、高级管理人员有前条规定情形"，须结合《公司法》第188条进行实体审理和判定。此乃赔偿责任构成要件成立与否之实体事项，而非股东代表诉讼的程序事项。同理，"他人侵犯公司全资子公司合法权益造成损失的"系诉的利益特别规定，对其具体请求权基础尚须根据《公司法解释（五）》第2条结合《公司法》《民法典》中他人侵犯公司合法权益之实体规范予以锚定，并就给付之诉结合《民法典》第179条明确责任承担方式及其请求内容，最终锁定诉讼标的。①

（二）程序事项

在划定实体事项后，《公司法》第189条第4款可在程序事项内根据"原告适格—诉的利益"的二元结构予以再分层。同理，"有限责任公司的股东、股份有限公司连续一百八十日以上单独或者合计持有公司百分之一以上股份的股东"宜归入《民事诉讼法》第122条第1项之原告适格规定。对于"依照前三款规定书面请求全资子公司的监事会、董事会向人民法院提起诉讼或者以自己的名义直接向人民法院提起诉讼"，更适宜类推适用《民事诉讼法》第127条第3项之诉的利益。对此不再赘文。

四、"洁手原则"

《公司法》第189条虽未明文规定，但《九民纪要》第24条经民事诉讼诚信原则导出"洁手原则"，即原告股东必须与案涉不法行为不存在牵连，才有资格提起股东代表诉讼。② 根据上述双重二元结构进行分析，（1）"洁手原则"并非公司与董监高、其他主体之间的实体权利义务规定，

---

① 参见任重：《释明变更诉讼请求的标准——兼论"证据规定"第35条第1款的规范目的》，《法学研究》2019年第4期。

② 参见最高人民法院民事审判第二庭编著：《〈全国法院民商事审判工作会议纪要〉理解与适用》，人民法院出版社2019年版，第207-208页。

而是对股东代表诉讼予以制度优化的程序事项；（2）在"原告适格—诉的利益"的二元结构中，"洁手原则"更适宜归入诉的利益规定，而非原告适格规定。"洁手原则"涉及股东代表诉讼的主体要求，这在广义上可被纳入原告适格问题，但其难以在7日法定不变期限内根据原告单方提出的初步事实和证据准确判定，并有贬损股东诉权之嫌。相较先诉请求、前置程序及其豁免事项，"洁手原则"在《民事诉讼法》中有更直接的诉讼协同规定。《民事诉讼法》第115条第1款规定："当事人之间恶意串通，企图通过诉讼、调解等方式侵害国家利益、社会公共利益或者他人合法权益的，人民法院应当驳回其请求。"[1] 据此，牵连股东若通过提起股东代表诉讼意图损害公司利益，亦即《民事诉讼法》第115条第1款之"他人合法权益"，法院可依诉的利益之程序法理以虚假诉讼为准据裁定驳回起诉。[2] 这不仅进一步拓宽了我国诉的利益之类型和范畴，而且有效实现了"洁手原则"与虚假诉讼规制的协同融合。

第四节 股东代表诉讼的诉讼形态及构造

在"实体事项/程序事项"和"原告适格—诉的利益"的双重二元结构中，"洁手原则"并非实体事项，对此应无疑问。相较而言，将"洁手原则"进一步纳入诉的利益范畴可能引发质疑，特别是若不在诉讼启动之前就明确排除牵连股东，是否会使已经进行的诉讼程序因违反"洁手原则"而归于无效，反而浪费宝贵的司法资源。上述认识有其合理性，但这种担心完全可借助《公司法》第189条的诉讼形态及其构造分析被有效化解。

根据当事人一方和双方的主体数量，民事诉讼可分为单独诉讼和共同诉讼两种基本诉讼形态，并在诉讼主体、诉讼标的和诉讼参加人方面呈现出共同性和差异性。值得注意的是，无独立请求权第三人等制度并不影响上述诉讼形态分类，盖因其虽为诉讼参加人，但并非诉讼当事人。若将参加诉讼的公司作为当事人，这便背离了《公司法》第189条第2款之"股东有权为公司利益以自己的名义直接向人民法院提起诉讼"。本书将首先选取原告和被告均为单数的单独诉讼形态，结合《公司法》第189条中各

---

① 参见任重：《论虚假诉讼：兼评我国第三人撤销诉讼实践》，《中国法学》2014年第6期。
② 参见李晓倩：《虚假诉讼的本质与边界》，《中外法学》2022年第4期。

主体的诉讼地位、诉讼标的、虚假诉讼规制和诉讼第三人展开分析。

一、单独诉讼

（一）诉讼主体

单独诉讼形态是民事诉讼立法和理论的基本模式。结合股东代表诉讼，单独诉讼形态意指一名股东根据《公司法》第189条起诉唯一责任人（董监高或其他主体）的股东代表诉讼。单独股东代表诉讼的适格原告是有限责任公司的股东以及符合持股比例和期限要求的股份有限公司股东。本案适格被告是根据《公司法》第188条对公司负有赔偿责任的董监高或根据公司法、民法典而对公司负有赔偿责任的其他主体中的单一被告。不仅如此，若原告在诉讼进行中转让其持有的股份致使其持股比例不足1%，则人民法院根据《民事诉讼法》第122条第1项结合《公司法》第189条裁定驳回起诉。值得注意的是，《民事诉讼法》第122条第2项并不要求被告适格，而仅要求被告明确性，《民诉法解释》第209条对此已有明确规定。是故，上述被告适格问题实乃本案适格范畴，属于实体审理事项。① 法院不宜以被告超出《公司法》第189条之主体范围为由裁定驳回起诉，而应经实体审理后判决驳回诉讼请求。

（二）诉讼标的

适格股东以及明确被告尚无法精确界分股东代表诉讼和股东直接诉讼（《公司法》第190条），为此还须结合股东代表诉讼之诉讼标的。体系解释《公司法》第189条第2款之"股东有权为公司利益以自己的名义直接向人民法院提起诉讼"结合第188条可知，股东代表诉讼的诉讼标的系公司对董监高以及其他主体的实体权利主张：就董监高违反信义义务的赔偿责任，其请求权基础为《公司法》第188条；而就其他主体对公司负有的赔偿责任，需根据具体情形结合公司法、民法典予以具体确定。

《公司法解释（五）》第2条系针对其他主体的诉讼标的规定。据此，在关联交易合同无效、可撤销等情形下，基于公司法仅对关联交易作出界定而有必要回溯《民法典》第157条结合第146条至第151条主张合同无效后的法律效果或提起股东代表撤销诉讼。上述诉讼标的及其构成要件是典型的实体事项，与被告本案适格一样须以开庭审理方式以判决回应之。

（三）股东代表型虚假诉讼的事中规制

为充分保障股东诉权，人民法院宜在原、被告参与下以开庭审理方式

---

① 参见姜世明：《民事诉讼法》（上册）（修订六版），新学林出版股份有限公司2018年版，第169页。

判定先诉请求、前置程序、豁免事由以及"洁手原则"。若经审理查明原告股东并未履行前置程序且不符合豁免事由，则类推适用《民事诉讼法》第 127 条第 3 项结合《公司法》第 189 条裁定驳回起诉；若原告股东违反"洁手原则"，则因构成虚假诉讼而由法院根据《民事诉讼法》第 115 条第 1 款结合《公司法》第 189 条裁定驳回起诉。这不仅契合民事诉讼一般规则，且为其他股东另行提起股东代表诉讼提供了有效制度保障，亦即后诉不因《民事诉讼法》第 127 条第 5 项及《民诉法解释》第 247 条而落入"一事不再理"适用范围。不仅如此，违反"洁手原则"的原告股东与关联被告还将根据《民事诉讼法》第 115 条受到罚款、拘留，甚至被追究虚假诉讼的刑事责任。①

　　总体而言，在《公司法》引入股东代表诉讼时，《民事诉讼法》尚无虚假诉讼规制程序。随着民事诉讼法 2012 年修正案引入虚假诉讼事中和事后规制并强调诚信原则②，2023 年修正案进一步拓宽虚假诉讼的类别和范畴③，"洁手原则"独自前行的状况已经根本改观。值得进一步探究的是牵连股东之发现机制，亦即股东代表诉讼与民事诉讼第三人的程序对接问题。

　　（四）股东代表诉讼中的第三人

　　当原告股东违反"洁手原则"时，关联被告通常不会提出异议。为有效贯彻"洁手原则"，须在民事程序中另寻信息来源。《公司法解释（四）》第 24 条第 1 款将公司列为第三人。值得注意的是，"应当列公司为第三人"的文义解释可导出法院依职权追加第三人，而无须经被追加人同意。考虑到司法实践对职权追加的审慎态度，强制追加的做法有违自愿原则且与民事诉讼制度目的相龃龉，对此处的"应当列公司为第三人"更宜结合《民事诉讼法》第 59 条第 2 款第 1 句后段并参照《民事诉讼法》第 135 条而理解为由法院依职权通知公司作为无独立请求权第三人参加诉讼。④ 鉴于公司已处于"失能"或被控制的状态，公司第三人也难以被期待作为信息来源，更合理的做法是允许其他股东作为无独立请求权第三人参加诉讼。值得细究的是，其他股东是否须同样根据《公司法》第 189 条满足适格要

---

　　① 参见任品杰：《论二元制模式下民刑虚假诉讼程序衔接》，《甘肃政法大学学报》2021 年第 2 期。

　　② 参见任重：《论我国民事诉讼诚信原则的适用范围——兼论本土案例组的生成与反思》，《当代法学》2024 年第 6 期。

　　③ 参见林剑锋：《论单方虚假诉讼的民事程序规制》，《现代法学》2023 年第 3 期。

　　④ 参见刘子赫：《职权追加阶层论》，《法学家》2024 年第 6 期。

求。本书认为，股东参加诉讼的目的是贯彻"洁手原则"，而非代公司进行诉讼，故不宜以持股比例及期限予以限制。任何股东均可申请以无独立请求权第三人身份参加诉讼。不过，诉讼学理上通常将无独立请求权第三人界定为原告或被告的辅助人，该第三人据此不能违背被辅助人（原、被告）的意愿独立作出诉讼法律行为。① 考虑到"洁手原则"系以原、被告恶意串通损害公司利益并间接影响其他股东合法权益为语境，其应被作为《民事诉讼法》第59条第2款之法定例外，即其他股东作为无独立请求权第三人可提出不利于被辅助人的诉讼法律行为，特别是主张原告股东违背"洁手原则"。

二、共同诉讼

将其他股东作为无独立请求权第三人的做法并不与《公司法解释（四）》第24条第2款相违背。据此，符合《公司法》第189条第1款规定条件的其他股东以相同的诉讼请求申请参加诉讼的，应被列为共同原告。显然，其他股东参加诉讼存在多元诉讼地位，交由其他股东根据自身情况作出选择：在其他股东并不希望承担败诉风险时，其可通过无独立请求权第三人身份参加诉讼并为法院提供原告股东违反"洁手原则"及构成虚假诉讼等的重要信息；而在其他股东希望一并作为原告参加诉讼时，其可根据《公司法解释（四）》第24条第2款在一审法庭辩论终结前作为共同原告参加诉讼。

（一）积极共同诉讼

在以原告身份参加诉讼时，其他股东与原告股东构成积极共同诉讼。《民事诉讼法》第55条第1款以诉讼标的之同一性/同种类界分必要共同诉讼与普通共同诉讼。《公司法解释（四）》第24条第2款之"以相同的诉讼请求申请参加诉讼"彰显出复数股东代表诉讼满足"诉讼标的共同"之必要共同诉讼形态。考虑到复数原告并无必要共同进行诉讼，学理将该种诉讼形态称为类似必要共同诉讼，并得到实务部门的认可和运用。② 鉴于此，法院不应依职权追加共同原告而形成积极共同诉讼形态，而宜完善对其他股东的告知机制，保障其他股东的知情权，由其他股东自愿加入而生成积极共同诉讼形态。

我国《民事诉讼法》第55条第2款就必要共同诉讼人的内部关系遵循"承认—生效"原则，即只有经过其他共同诉讼人的承认，部分诉讼人

---

① 参见张卫平：《民事诉讼法》（第六版），法律出版社2023年版，第175页。

② 参见汤维建：《类似必要共同诉讼适用机制研究》，《中国法学》2020年第4期。

的诉讼行为才生效力。2019 年修正的《证据规定》同样在第 6 条第 2 款重申"承认—生效"规则。可见，牵连股东可能借助积极共同诉讼形态使股东代表诉讼陷入僵局。鉴于此，积极共同诉讼也须为其他股东开辟"洁手原则"和虚假诉讼异议权，确保复数原告均遵循"洁手原则"。

最后，还须探讨借助"洁手原则"的虚假诉讼。在两名以上股东合计持有 1% 以上股份的情况下，其他股东若在诉讼中发现关联股东违反"洁手原则"，理应引发法院裁定驳回起诉的诉讼后果。然而，一旦关联股东的起诉被驳回，其他原告股东合计持有的股份将不足 1%，股东代表诉讼因此面临整体被驳回的风险。须强调的是，股东代表诉讼因其 1% 以上的持股比例要求而可能在我国形成固有必要共同诉讼形态，这与德日等大陆法系国家存在显著不同。我国股东代表诉讼的程序对接不能照搬比较法模式，而亟待强调中国模式。① 显然，机械驳回关联股东的起诉反而会实现其虚假诉讼目标。为贯彻"洁手原则"并实现股东代表诉讼的制度功能，关联股东的起诉可不予驳回，同时将"洁手原则"作为《民事诉讼法》第 55 条第 2 款之例外，即无论关联股东承认与否均不影响其他共同原告之诉讼行为效力。

（二）消极共同诉讼和混合共同诉讼

在原告为单数，而股东代表诉讼的被告为复数时，理论界将该种诉讼形态称为消极共同诉讼，而在原告同样为复数时则称为混合共同诉讼。② 如上所述，在作为原告的股东为二人以上时，其诉讼形态为类似必要共同诉讼，例外固有必要共同诉讼。值得注意的是，这并不意味着被告复数时自然成立必要共同诉讼。例如，对于股东根据《公司法》第 188 条起诉董监高复数主体承担连带赔偿责任，我国司法实践和诉讼学理主张的连带责任的共同诉讼类型呈现从固有必要共同诉讼向普通共同诉讼的转变。③ 本书认为，采普通共同诉讼形态更符合《民法典》第 178 条之实体导向。而对其他复数主体提起的代表诉讼的诉讼形态，同样宜根据实体导向予以分别确定。④ 限于篇幅不再赘文。

① 参见任重：《比较民事诉讼研究的中国问题意识》，《中国法律评论》2022 年第 5 期。
② 参见张卫平：《民事诉讼法》（第六版），法律出版社 2023 年版，第 159 页。
③ 参见任重：《反思民事连带责任的共同诉讼类型——基于民事诉讼基础理论的分析框架》，《法制与社会发展》2018 年第 6 期。
④ 参见任重：《实体导向的必要共同诉讼：模式转换与制度重塑》，《法学研究》2024 年第 5 期。

第五节　股东代表诉讼的判决效力及其他

股东代表诉讼之所以强调"洁手原则"并警惕虚假诉讼，其诉讼上的原因是既判力扩张可能引发的道德风险。[①] 在学界借助比较法探讨股东代表诉讼的立法前景及模式选择时，既判力向公司和其他股东的全面扩张以保证股东代表诉讼结果对所有相关主体的合一确定是应有之义。[②] 根据既判力扩张的制度设想，符合法定条件的股东代表公司并为全体股东之公益而善意公正地进行诉讼，其判决结果不仅应得到被告的遵守，而且须约束作为被担当人的公司以及其他未参加诉讼的股东，公司和其他股东对于裁判结果均不得再行争议。上述认识也一度成为《公司法解释（四）（征求意见稿）》第32条之内容，即判决对未参加诉讼的股东发生法律效力。[③] 囿于理论储备并不充分、司法实践经验尚不充足，《公司法解释（四）》最终删去上述内容。尽管如此，在新公司法背景下，上述历史遗留问题同样有必要得到程序对接和妥善解决。

一、股东代表诉讼判决的原有效力

囿于民事诉讼法学研究长期存在实体程序分离，我国生效判决的既判力范围尚未以实体法为导向得到清晰界定，突出表现是《民诉法解释》第93条第1款第5项及《证据规定》第10条第1款第6项之案件事实预决效力的扩张理解与泛化适用。[④] 随着当事人诉权保障成为时代命题，如何科学界定既判力范围以保障当事人另诉权成为立法、司法和理论的共同关注。[⑤]《民诉法解释》第247条提出的"三同"标准是重要一步。据此，前后诉的当事人相同、诉讼标的相同和诉讼请求相同原则上才能审慎证成"一事不再理"，法院才能以《民事诉讼法》第127条第5项否定另诉权。可见，在股东代表诉讼中的生效判决原则上仅拘束原告股东和作为被告的董监高及其他主体。虽然原告股东根据《公司法》第189条代公司进行诉

---

①　参见刘子赫：《共有物分割诉讼的类型分析》，《苏州大学学报（法学版）》2023年第3期。

②　参见赵万一、赵信会：《我国股东代表诉讼制度建立的法理基础和基本思路》，《现代法学》2007年第3期。

③　参见杜万华主编：《最高人民法院公司法司法解释（四）理解与适用》，人民法院出版社2017年版，第556页。

④　参见傅郁林：《改革开放四十年中国民事诉讼法学的发展——从研究对象与研究方法相互塑造的角度观察》，《中外法学》2018年第6期。

⑤　参见任重：《我国民事诉讼释明边界问题研究》，《中国法学》2018年第6期。

讼，但公司并非诉讼当事人，而仅以无独立请求权第三人的身份参加诉讼。若公司另行起诉董监高或其他主体承担赔偿责任，则并不违背"三同"标准。严格来说，公司并不受到股东代表诉讼判决原有效力的影响，对其既判力之扩张还须另寻规范根据。

二、股东代表诉讼的既判力扩张

股东代表诉讼的程序机理是诉讼担当，即原告股东作为担当人代行公司的起诉权和胜诉权，并将胜诉判决中的实体利益归于公司的特别程序机制。对于诉讼担当及其判决效力扩张，我国民事诉讼法并无明文规定。尽管如此，《民诉法解释》第 249 条为诉讼担当的诉讼构造及其判决效力提供了重要参照。对于诉讼担当的典型情形，即诉讼过程中的实体权利义务转移，《民诉法解释》第 249 条将原权利人作为担当人，而将受让人作为被担当人，同时规定"人民法院作出的发生法律效力的判决、裁定对受让人具有拘束力"。同样作为法定诉讼担当，通过相应适用《民诉法解释》第 249 条可证成股东代表诉讼的既判力扩及作为被担当人的公司，公司另行提起相同实体权利主张将落入"一事不再理"。

三、股东代表诉讼的判决效力再扩张

无论是既判力的原有效力还是初次扩张都难以辐射至其他股东。若要使其他股东服从股东代表诉讼的判决，不得不另寻其他准据。比较法对此主要呈现出两种解决方案。其一是二重诉讼担当，即作为原告的股东不仅是公司的担当人，而且是其他股东的担当人。据此，股东代表诉讼判决将因为二重诉讼担当而分别向公司和其他股东扩张既判力。其二是诉的利益，即作为原告的股东代行的是公司的权利，而非其他股东的权利，因此难以成立二重诉讼担当。尽管如此，由于股东对董监高和其他主体的民事权利主张已经获得生效判决，其他股东再次代行公司起诉权的，虽然并不违背既判力的原有效力和初次扩张效力，但针对同一实体权利的再次起诉并不存在诉的利益，法院可据此裁定驳回起诉，而不再对其进行实体审理和判决。[①]

本书认为，上述两种方案各有利弊。其中，二重诉讼担当能有效解决公司诉讼一体确定问题，避免因长期陷入诉讼而影响公司经营，但将作为原告的股东视为其他股东的诉讼担当人显然超出了诉讼担当的最大范畴，这也是诉的利益路径之理论优势。然而，诉的利益乃法官进行利益裁量的

---

① 参见姜世明：《民事诉讼法》（上册）（修订六版），新学林出版股份有限公司 2018 年版，第 208 - 209 页。

结果，这又使股东代表诉讼对其他股东的判决效力存在相当不确定性，这或许不能充分回应公司法作为组织法对稳定性的特殊要求。结合我国当前诉权保障依旧任重道远的司法现实，本书认为宜采诉的利益模式，亦即在法官有充分理由时参照《民诉法解释》第 247 条第 1 款第 3 项后段之"后诉的诉讼请求实质上否定前诉裁判结果"否定其他股东的另诉权，而不宜一律以"一事不再理"裁定驳回起诉。

四、股东代表诉讼的虚假判决规制

股东代表诉讼由公正勤勉的股东代为进行，这一理想在司法实践中并不总能变为现实。"洁手原则"业已暗示关联股东通过虚假诉讼架空股东代表诉讼的制度风险。从股东诉权保障和股东代表诉讼制度目的的视角观察，其他股东不宜被一概作为判决效力再扩张的主体，后诉法院宜根据具体案情判定是否准许其他股东另行提起代表诉讼。我国理论和实践对既判力范围有较大争议而尚未达成基本共识。[①] 若其他股东另行提起的代表诉讼被后诉法院以既判力扩张为由裁定驳回，则其他股东可根据《民事诉讼法》第 59 条第 3 款提起第三人撤销之诉，而将另行提起的股东代表诉讼作为备位请求。由于后诉法院认定既判力及于其他股东，其才据此满足《民事诉讼法》第 59 条第 3 款之"损害其民事权益"，成立程序权利损害型第三人撤销之诉。[②] 由于关联股东在先提起虚假诉讼并获得生效判决，其他股东提起的第三人撤销之诉及其备位请求抑或另诉，或可豁免先诉请求和前置程序，基于公司机关没有起诉可能而可直接向法院提起诉讼。

2023 年《公司法》的修订和实施对股东代表诉讼的程序对接提出了更高要求，也对公司法与民事诉讼法的协同实施提出了迫切期待。囿于民事诉讼法学研究的"重民事，轻商事"和公司法学研究的"重实体，轻程序"，股东代表诉讼呈现静态化和实体化的趋势，《公司法》第 189 条则与民事诉讼规范之间呈现二元化。这可谓股东代表诉讼的历史遗留问题和实施痛点问题。鉴于此，本书以民事诉讼法和公司法的协同实施为视角，以"实体事项/程序事项"和"原告适格—诉的利益"的双重二元结构对《公司法》第 189 条进行了动态化和阶层化的诉讼规范重塑，并以"洁手原则"的诉讼落实为线索对股东代表诉讼的单独和共同诉讼形态加以详解。以股东诉权保障以及股东代表诉讼之多元目的的实现为切口，股东代表诉讼的判决效力可被细分为三个层次。不过，上述以《公司法》第 189 条为中

---

① 参见金印：《既判力相对性法源地位之证成》，《法学》2022 年第 10 期；任重：《民事判决既判力与执行力的关系——反思穿透式审判思维》，《国家检察官学院学报》2022 年第 5 期。

② 参见任重：《回归法的立场：第三人撤销之诉的体系思考》，《中外法学》2016 年第 1 期。

心的程序对接研究难免挂一漏万，例如调解与反诉的合法性与容许性，再如股东代表执行申请权和诉讼保全申请权。[①] 本讲毋宁在于抛砖引玉，以股东代表诉讼中的起诉条件、诉讼形态和判决效力为样本，试图提出公司法与民事诉讼法协同实施的一般分析架构，以点带面地推进新公司法的科学有效实施。功成不必在我，而功力必不唐捐。

---

① 参见最高人民法院（2023）最高法执复 26 号民事裁定书。

关键词检索列表

（以拼音为序）

A

按份责任　54，56，73，245，246，277，288，292

案多人少　1，13，14，18－22，24，26－28，32－34，36，39，40，45，47，50，69，73，77，94，96－99，102，114，149，170，196，197，223，278，294，323，332，344

案件基本事实　278，279，281－285，292

案件生活事实　72，141，147，290，316

案件事实预决效力　47，116，247，261，284，353

案外人　20，48，217，218，255，311，312

案由　328，346

奥地利　237，239，240，246

B

保全程序　14，22，45，211

被告适格　312，313，349

被告型无独立请求权第三人　66，69，312，314

被推定事实　56，64，65，68，75

本案判决请求权论　43，44，46

本证　65，68，76，160，184，189

比较法　11，13，15，23，30，33，55，58，61，62，80，86，113，138，139，147，151，153，161，171，177，195，219，226，249，255，265，278，279，285－289，292，293，298，299，340，352－354

必要共同诉讼　116，117，126，222－252，263－268，271，274－281，283－293，301，312，313，351，352

变更当事人　145，312

C

J

K

T

后 记

呈现在各位师友和读者面前的是一部正处于"幼年时期"的实体/程序交互式民事诉讼法学教科书。虽然竭力吸收国内外两法协同实施的研究成果，但随着教学和研究的推进，笔者的知识盲点不断增加。既然如此，为何还要撰写和出版这本稍显稚嫩的教科书？

出版本书的主要目的是为清华大学本科生通选课"民法典与民事诉讼法"提供学习用书。2022 年秋季学期伊始，笔者在清华大学开设"民法典与民事诉讼法"特色课程，旨在于本科阶段培养学生的两法协同能力，通过对民法典的诉讼分析和对民事诉讼法典的实体分析，有效弥合民事诉讼法学研究与实体法的分离。三年来，同学们积极投入两法协同实施研究，不仅以此作为本科、硕士和博士学位论文的特色选题，而且还以课程报告为基础撰写学术论文并积极投稿，若干优秀研究成果有幸发表在《法学家》（刘子赫）、《环球法律评论》（冯祝恒）、《财经法学》（刘子赫）、《华东政法大学学报》（冯祝恒）、《云南社会科学》（刘子赫、戴书成、周奕彤）、《东北大学学报（社会科学版）》（冯祝恒）、《法学杂志》（刘子赫、周奕彤）、《河北法学》（冯祝恒）、《甘肃政法大学学报》（任品杰、陶禹行）、《北京理工大学学报（社会科学版）》（陶禹行）、《苏州大学学报（法学版）》（刘子赫、冯祝恒）、《北大法律评论》（刘子赫）等代表性学术刊物上。

在同学们的积极参与和共同努力下，以"民法典与民事诉讼法"为代表的实体/程序交互式民事诉讼法课程体系建设有幸入选清华大学本科教学改革项目，笔者也荣获 2022 年度清华大学青年教师教学优秀奖（青年教师教学最高奖项）。不过，"民法典与民事诉讼法"课程建设仍存在较为明显的短板，尤其表现为课程安排缺乏固定性。据笔者考察，国内外尚无以实体/程序交互式民事诉讼理论分析框架为主线的两法协同实施教科书。不论是德国两法协同实施研究的代表人物亨克尔（Wolfram Henckel）教授的《诉讼法与实体法》（Prozcssrecht und materielles Recht），还是日本兼子一教授的《实体法与诉讼法：民事诉讼的基础理论》以及中村宗雄教授的《实体法学与诉讼法学》，均重在学术研究。这些研究成果可以作为课程扩展学习资料，但难以成为学习用书。除了预设读者群的不同，上述经典作品还存在较为明显的语境差异：它们分别围绕德国和日本在二战后出现的实体法和诉讼法之间的冲突展开协同研究。相较而言，我国民事诉讼法尚未彻底摆脱"试行化"，民事诉讼法与民法典存在将近四十年的立法代差。不仅如此，我国司法实务长期存在"诉讼爆炸""案多人少"等现实制约。而民事诉讼法学研究则受到"重刑，轻民""重实体，轻程序"的双重消极影响。上述"本土资源"使我国的两法协同实施教学和研究虽可借鉴但不能照搬经典文献。

鉴于此，笔者根据课程安排指定若干经典文献供选课同学预习和复习使用。虽然这种方法集百家之长，但还是有不少同学反馈参考文献与课程内容有相当出入，笔者讲授的实体/程序交互式民事诉讼理论分析框架无法直观地呈现于参考文献中。进入民法典时代后，我国本土化的两法协同实施研究成果不断涌现。尽管如此，相关专著和论文仍在总体上以理论研究者和司法实务者为读者群，并非为法学生专门打造。

受同学们的鼓励和启发，笔者开始构思一部适应课程需要的学习用书。本书较为充分地借鉴了国内外两法协同实施研究的既有成果。在此基础上，笔者结合高年级本科生的学习进度和认识规律将"民法典与民事诉讼法"课程划分为四个学习阶段，共 15 讲，它们分别是知识传授阶段（第一讲至第四讲）、能力培养阶段（第五讲至第九讲）、方法应用阶段（第十讲至第十三讲）和思维拓展阶段（第十四讲、第十五讲）。

第一阶段：知识传授。

第一讲至第四讲是"民法典与民事诉讼法"课程的总论，分别从民法典与民事诉讼法的关系（第一讲）、民法典视域下的民事诉讼法（第二讲）、民事诉讼视域下的民法典（第三讲）以及民法典的实施与民事诉讼目的之重塑（第四讲）四个层面提出问题、分析问题和解决问题，尤其探讨了（1）民法典与民事诉讼法的应有关系、现有关系及其成因，（2）两法不协同的一般和具体表现，以及（3）两法协同实施的总体改革方案。第一阶段的教学目标是充分调动学生们已经掌握的法学知识，通过历史梳理、方法反思、双向审视、目的重塑，引导学生们自主生成有关两法协同实施研究的问题意识。总论部分的分析框架可以被归纳表述为"一、二、三、四"："一"是坚持民事诉讼法与民法典所具有的同一精神，坚持以民事权利保障作为民事诉讼目的。"二"是两法协同实施的两个面向，亦即从实体法看程序法和从程序法看实体法。"三"是两法协同实施的"权—诉"架构，即将民事权利/权能有机转化为三种诉讼类型及其实体审理结构。"四"是两法协同实施的四个重要板块，即诉讼标的、证明责任、判决效力和诉讼要件，它们呈现出"实体事项/程序事项"的二元结构。

第二阶段：能力培养。

第五讲至第九讲旨在充实上述实体/程序交互式民事诉讼理论分析框架，其中：第五讲至第六讲以"请求权基础规范→诉讼标的规范"的转换关系为内核，第七讲和第八讲则训练学生们以证明责任评价分层为抓手重塑实体法知识，据此生成阶层化和动态化的实体审理结构。此后，第九讲着力厘清生效判决对实体法律关系的作用方式，这为虚假诉讼的界定及治理提供了新视角和新思路。以诉讼要件的识别为表现形式的"实体事项/程序事项"二元结构同样是贯穿第二阶段的重要内容。

第三阶段：方法应用。

随着课程学习进入后半程，学生们基本掌握了两法协同实施的基础理论和实体/程序交互式民事诉讼理论分析框架，便进入第三阶段：第十讲至第十三讲旨在引导学生们自主运用和夯实实体/程序交互式民事诉讼理论分析框架。其中，第十讲至第十二讲选取共同诉讼这一民事诉讼法学研究中的难点问题，以实体/程序交互的民事诉讼理论分层为方法，引导探讨实体导向的必要共同诉讼，随后对连带责任、多数人侵权等应用场景展开具体分析。第十三讲则分析民法典时代的变更诉讼请求释明标准，以此推进实体导向的法官释明论。

第四阶段：思维拓展。

实体/程序交互式民事诉讼理论分析框架并不限于民法典与民事诉讼法的关系处理。上述两法协同实施思维可以拓展成实体法与诉讼法协同实施的一般方法。其中，第十四讲将两法协同实施的研究视野拓展至《公司法》，探讨实体法的诉讼分析对象、分析方法，《公司法》中的程序要素以及程序要素的类型整合和阶层化处理。第十五讲则围绕《公司法》第189条规定的股东代表诉讼展开实体/程序交互式研究。当然，"民法典与民事诉讼法"课程的目标同样并不限于《民法典》、《公司法》与《民事诉讼法》的协同实施研究，而是进一步引导学生们将实体/程序交互式民事诉讼理论分析框架拓展至民商法、经济法、知识产权法、环境法、财税金融法以及社会法等更为广阔的研究视阈。通过第四阶段的思维拓展训练，"民法典与民事诉讼法"课程将进一步提升学生们的多部门法交叉研究能力。

除了满足教学需要，本书还是向张卫平教授以及一直给予我指导、鞭策、鼓励和支持的老师们与同仁们交出的一份初步答卷。张卫平教授一向鼓励学生们勇于创新并坚持长线研究。在清华大学法学院的本科学习阶段，我就深深地被张卫平教授的为人为学所吸引。张卫平教授将诉讼法与实体法的分离归纳为民事诉讼法学研究的"贫困化"难题，为了推进实体/程序交互式民事诉讼法学研究，张卫平教授鼓励我们系统学习实体法，努力在学生阶段就建立起实体/程序交互式分析框架和思维方法。在清华大学法学院的本科和硕士学习阶段，我较为系统地学习了民法总论、商法总论、债法、物权法、公司法、票据法、亲属继承法、侵权责任法、民法案例研讨、民法专题研讨等实体法课程。清华大学的各位法学名师让我深刻体会到法学的体系之美与方法之妙。

清华大学法学院各位老师的悉心培养给了我在德国萨尔大学（Universität des Saarlandes）的期末考试中与德国同学同台竞争的信心和底气。我犹记得吕思曼（Helmut Rüßmann）教授在电子邮件中的鼓励："祝贺你在民法总论课程中取得第一名的好成绩，作为一名外国留学生的你应该为此感到自豪！"其实，除了克服语言障碍，我只是将国内学到的法学知识举一反三地写在了试卷上。这也说明法学的体系之美和方法之妙能在一定程度上超越国界，其无愧于 Wissenschaft（科学）的基本定位。我的博士学位论文指导教师马丁内克（Michael Martinek）教授是德国法学名著《施陶丁格民法典评注》（Staudingers Kommentar zum Bürgerlichen Gesetzbuch）的作者和编辑，他进一步引导我探索两法协同实施研究的可能性与可行性。

自在德国获得法学博士学位后，我有幸继续跟随张卫平教授从事博士后研究工作。张卫平教授鼓励我将"民法与民事诉讼法的衔接"作为主攻方向。由于民法学和民事诉讼法学在学科上的长期分隔，两法协同实施研究起初并不顺利。除了自己的知识盲区和能力局限这一根本性制约，还存在两法协同实施研究成果"投稿难"的外在制约：民法专业的外审专家会认为这是诉讼法学论文，而诉讼法专业的外审专家则认为其着眼于实体法。在将近一年的"难产期"里，张卫平教授一直鼓励我不要放弃，坚持下去必有所成。受益于前辈老师和学界同仁的包容与支持，以实体/程序交互式研究为特点的若干研究成果先后发于《政法论坛》《法制与社会发展》《法律适用》《当代法学》《法学研究》《法律科学》《中国法学》《河北法学》《云南社会科学》《法学杂志》《法治社会》《中国社会科学报》等学术刊物上。借此机会，我想由衷感谢陈慧妮、陈贻健、陈云良、程纪豪、程绍燕、冯珏、冯兆蕙、韩利楠、侯学宾、霍海红、李曼、李国慧、李晓倩、刘克毅、苗炎、杨小利、杨志航等编审老师。

我也想衷心感谢中国政法大学讲师刘子赫博士和冯祝恒博士、华东政法大学师资博士后陶禹行博士、清华大学博士研究生马鹏博、周奕彤和聂李烜对本书提出的意见和建议!

我还要感谢中国人民大学出版社的郭虹老师、白俊峰老师以及本书的编辑团队。正是郭虹老师和白俊峰老师的到访促成了本书及其所属的"民法典与民事诉讼法协同实施研究三部曲"。郭虹老师和白俊峰老师的期待与鞭策是一本论文集转型为专著并最终升华为教科书的催化剂。面对书稿清样上密密麻麻的编辑批注和修改意见,我佩服编辑团队的严谨和敬业。这也激励我用同样的精神去核实和回应每一处意见。当然,这并未改变这本教科书处于"幼年时期"的基本定位。我恳请各位师友和读者不吝赐教,帮助本书逐步成长为"少年阶段"甚至"青年阶段"的实体/程序交互式民事诉讼法学教科书。

最后,我要感谢我的父母、爱人、儿子和女儿,谢谢你们一直陪在我的身边,让我时刻感受到人生的馈赠。正是你们的包容和理解,让我可以长时间无忧无虑地思考和写作。我想把这本书献给你们!

任重

2025 年 6 月

于清华大学法律图书馆

图书在版编目（CIP）数据

民法典与民事诉讼法的交错 / 任重著. -- 北京：
中国人民大学出版社，2025. 6. -- ISBN 978-7-300
-34242-9

Ⅰ. D923.04；D925.104
中国国家版本馆 CIP 数据核字第 2025N95Y62 号

民法典与民事诉讼法协同实施研究三部曲·教科书

民法典与民事诉讼法的交错

任　重　著

Minfadian yu Minshi Susongfa de Jiaocuo

出版发行	中国人民大学出版社			
社　　址	北京中关村大街 31 号		邮政编码	100080
电　　话	010 - 62511242（总编室）		010 - 62511770（质管部）	
	010 - 82501766（邮购部）		010 - 62514148（门市部）	
	010 - 62511173（发行公司）		010 - 62515275（盗版举报）	
网　　址	http://www.crup.com.cn			
经　　销	新华书店			
印　　刷	北京七色印务有限公司			
开　　本	720 mm×1000 mm　1/16		版　　次	2025 年 6 月第 1 版
印　　张	26 插页 1		印　　次	2025 年 10 月第 2 次印刷
字　　数	444 000		定　　价	99.00 元